涉路工程交通安全评价

俞晓帆 赵刚 杨露露 魏宗雪 编著

东南大学出版社
SOUTHEAST UNIVERSITY PRESS
·南京·

内 容 提 要

为改变涉路行为交通安全评价工作实施过程中无章可循的现状，本书对各类涉路行为交通安全评价展开研究，书中涉及跨越、穿越、平交、并列和公路构筑物五种不同类型的涉路行为，针对不同涉路行为，给出了不同涉路行为的特点、评价内容和案例，同时提出了涉路行为安全评价可以付诸实践的评价流程和评价标准，不论对公路管理机构，还是设计单位、施工单位以及涉路工程申请人，都具有一定的指导意义。本书对不同涉路行为的评价内容进行了详细描述，评价内容较为齐全，并提出了完备的涉路行为安全评价流程，为公众出行、公共安全提供保障，具有重要的现实意义。

图书在版编目(CIP)数据

涉路工程交通安全评价/俞晓帆等编著. —南京：东南大学出版社，2021.3
 ISBN 978-7-5641-9478-9

Ⅰ. 涉… Ⅱ. ①俞… Ⅲ. ①道路工程—安全评价 Ⅳ. ①U415.12

中国版本图书馆 CIP 数据核字(2021)第 060229 号

涉路工程交通安全评价

编　　著	俞晓帆　赵刚　杨露露　魏宗雪
出版发行	东南大学出版社
社　　址	南京市玄武区四牌楼 2 号(邮编:210096)
出 版 人	江建中
责任编辑	丁志星
经　　销	全国各地新华书店
印　　刷	南京工大印务有限公司
开　　本	787mm×1092mm　1/16
印　　张	24
字　　数	610 千字
版　　次	2021 年 3 月第 1 版
印　　次	2021 年 3 月第 1 次印刷
书　　号	ISBN 978-7-5641-9478-9
定　　价	128.00 元

东大版图书若有印装质量问题，请直接与营销中心联系。电话(传真):025-83791830

序

　　涉路工程一直以来是交通基础设施建设中不可缺少的一部分。交通基础设施是为交通运输提供支撑的基础性设施，在交通建设中具有很强的先导作用。在基础设施的建设过程中，不可避免地会出现与原有道路或者道路附属设施有冲突的地方，这就涉及涉路工程安全的范畴，需要进行涉路工程交通安全评价来解决此类问题。据了解，目前市面上关于涉路工程的书籍并不多，大多只是地方针对自省行政区域内各级公路的涉路工程安全评价，本书《涉路工程交通安全评价》的出现完善了涉路工程体系，从理论、技术和实践方面给出了相关指引。

　　通读全书，可以看出，《涉路工程交通安全评价》一书以科学性、具体性、可实施性为主线，以促进交通运输服务功能、服务水平为导向，能够推动涉路行为的建设，以达到建设便捷顺畅、经济高效、安全可靠的交通运输基础设施的目标。

　　不难发现，作者在撰写过程中，经过了广泛的调查研究，查阅了大量有关涉路行为方面的文件资料，充分考虑了与其他标准和规范的相一致，围绕安全、畅通等基本要素，采纳和吸取了施工项目实施过程的先进技术和经验，并结合了涉路交通安全评价方面的现状。内容上，该书丰富详实，系统全面；结构上，该书严谨科学，浑然一体。总的来说，《涉路工程交通安全评价》是一本具有专业性、科学性的涉路工程工具书，对涉路工程相关的从业人员都具有一定的参考价值。

　　本书作者系东南大学博士研究生毕业，长期从事安全工程、通信、交通、建筑和智能制造与监控方面的工作，为本人所熟悉。作者所在公司和研究团队在本书所涉领域具有较多的课题研究、创新项目和实际工程的经验，为本书的成稿奠定了扎实的基础。本书的出版对涉路工程交通安全评价具有重要的理论参考价值和实践指导意义。

王修信
东南大学土木工程学院教授　博士生导师
江苏省政协委员　九三学社江苏省委常委
九三学社东南大学委员会主委
2021 年 3 月

前　言

公路交通运输具有灵活机动、直达门户的特点，是整个交通运输体系中不可或缺的部分。近年来，随着国家经济的不断发展，我国公路里程数、汽车保有量不断增加，在提高人们生活质量、交通幸福感的同时，也带来了一系列负面影响，比如在公路范围内无规范建设、私开道口等。在已通车公路上建设构造物，不但会破坏原有的公路结构及附属设施，还会产生交通拥堵，甚至引发交通事故，造成人员伤亡和经济上的损失，给社会带来不良影响。

交通事故的产生，除了人为因素外，更多的要关注道路的建设、管理和规范制度上是否存在不合理之处。现有工程规范和标准都只规定了公路建设和养护施工安全的技术要求，对于公路相关的涉路工程缺乏相关技术规定，使得涉路工程交通安全评价工作无章可循。

在涉路行为日趋普遍的情况下，对涉路行为的安全评价结论成为行政许可的重要依据。然而，我国目前对于相关安全评价工作还没有相对统一的实施办法，技术标准也存在不足，导致基层部门组织自行聘请技术人员进行评价，造成评价工作不规范、评价结论权威性不足和评价结果不被认可的局面。因此，建立完善的涉路工程交通安全评价制度，能够规范基础建设之间的关系，减少涉路工程施工对现有公路安全的影响，满足未来交通发展的需要，提高道路交通和出行者的安全，不论是理论还是现实，进行涉路工程交通安全评价都具有一定的必要性。此外，规范涉路工程施工和经营，有利于规范新建道路与原有公路及周边用地之间的关系，避免因涉路工程的实施影响原有公路和周边用地的发展。

本书对各类涉路行为展开研究，书中涉及跨越式涉路工程、穿越式涉路工程、平交与接入式涉路工程、并列式涉路工程和利用公路构筑物的涉路工程五种不同类型的涉路工程，基本涵盖了涉路工程的所有类型。对于不同类型的涉路工程，从工程特点及危险源分析、安全评价内容和实际案例三方面进行了详细介绍，其中，安全评价内容从设计和施工两方面进行了阐述，评价内容依据行业内相关规范与标准进行评定。同时，本书还提出了涉路行为安全评价可以付诸实践的评价流程和评价标准，不论对公路管理机构，还是设计单位、施工单位以及涉路工程申请人，都具有一定的指导意义。

本书在编写过程中得到镇江市公路事业发展中心的大力支持与帮助。在此，向在本书撰写过程中给予了大量富有建设性和专业性指导与意见的镇江市公路事业发展中心相关领导表示最诚挚的感谢！

由于编者的水平有限，书中难免存在不足之处，恳请广大读者给予批评指正，希望读者在阅读过程中，将所提意见与问题，发送至 9837525@qq.com，以便编者及时修改。

编　者

2021 年 3 月

目 录

1 概述 ·· 1
  1.1 涉路工程背景和必要性 ·· 1
  1.2 涉路工程定义及分类 ··· 3
  1.3 涉路工程交通安全评价指标原则 ··· 3
  1.4 涉路工程交通安全评价程序和方式 ·· 4
    1.4.1 基本程序 ··· 4
    1.4.2 完整程序 ··· 5
    1.4.3 评价方式 ··· 5
  1.5 涉路工程交通安全评价报告模板 ··· 6
    1.5.1 评价报告文本格式 ··· 6
    1.5.2 评价报告目录 ··· 8

2 跨越式涉路工程 ··· 9
  2.1 桥梁跨越 ·· 9
    2.1.1 工程特点及危险源分析 ··· 9
    2.1.2 安全评价内容 ··· 10
    2.1.3 实际案例 ··· 61
  2.2 电力线跨越 ··· 66
    2.2.1 工程特点及危险源分析 ··· 66
    2.2.2 安全评价内容 ··· 66
    2.2.3 实际案例 ··· 102

3 穿越式涉路工程 ··· 107
  3.1 铁路、公路或城市道路穿越 ·· 107
    3.1.1 工程特点及危险源分析 ··· 107
    3.1.2 安全评价内容 ··· 107
    3.1.3 实际案例 ··· 144
  3.2 油气、电力等管线穿越 ·· 151
    3.2.1 工程特点及危险源分析 ··· 151

		3.2.2 安全评价内容	151
		3.2.3 实际案例	180

4 平交与接入式涉路工程 …………………………………………… 192

4.1 公路平交 …………………………………………………………… 192
- 4.1.1 工程特点及危险源分析 …………………………………… 192
- 4.1.2 安全评价内容 ……………………………………………… 192
- 4.1.3 实际案例 …………………………………………………… 215

4.2 乡村道路接入 ……………………………………………………… 219
- 4.2.1 工程特点及危险源分析 …………………………………… 219
- 4.2.2 安全评价内容 ……………………………………………… 219
- 4.2.3 实际案例 …………………………………………………… 233

4.3 沿线单位出入口接入 ……………………………………………… 238
- 4.3.1 工程特点及危险源分析 …………………………………… 238
- 4.3.2 安全评价内容 ……………………………………………… 238
- 4.3.3 实际案例 …………………………………………………… 247

4.4 加油加气站接入 …………………………………………………… 253
- 4.4.1 工程特点及危险源分析 …………………………………… 253
- 4.4.2 安全评价内容 ……………………………………………… 253
- 4.4.3 实际案例 …………………………………………………… 271

5 并行式涉路工程 ………………………………………………………… 279

5.1 工程特点及危险源分析 …………………………………………… 279
5.2 评价内容 …………………………………………………………… 279
- 5.2.1 并行式涉路工程设计指标评价 …………………………… 279
- 5.2.2 并行式涉路工程施工指标评价 …………………………… 299

5.3 实际案例 …………………………………………………………… 300

6 利用公路结构物的涉路工程 …………………………………………… 303

6.1 工程特点及危险源分析 …………………………………………… 303
6.2 评价内容 …………………………………………………………… 303
- 6.2.1 利用公路结构物涉路工程设计指标评价 ………………… 303
- 6.2.2 利用公路结构物涉路工程施工指标评价 ………………… 305

6.3 实际案例 …………………………………………………………… 305

7 交通组织方案和通行能力 ……… 310
7.1 施工交通组织方案 ……… 310
7.1.1 作业区组成及一般布置 ……… 310
7.1.2 高速公路及一级公路作业区布置要求 ……… 314
7.1.3 双车道和单车道作业区布置要求 ……… 333
7.1.4 城市道路作业区布置要求 ……… 339
7.1.5 作业区标志的颜色、大小、尺寸和版面设计合理性 ……… 354
7.2 车道通行能力和服务水平 ……… 365
7.2.1 公路通行能力和服务水平 ……… 365
7.2.2 城市道路通行能力和服务水平 ……… 367

参考文献 ……… 372

作者简介

俞晓帆,1980年生,东南大学博士后,南京大学商学院MBA,研究员级高级工程师,"南京市五一劳动奖章"获得者。江苏至善交通科技有限公司创始人。长期从事涉路工程交通安全评价关键技术与标准规范研究,在国内外高等级学术核心期刊上发表学术论文十余篇。

江苏至善交通科技有限公司是基础设施领域综合解决方案供应商,始终致力于"为客户提供优越价值"。公司业务涉及公路、市政、水运、铁路、城市轨道、环境、建筑、电力等行业,提供包括交通设施技术开发服务、规划咨询、设计评估、施工监理、工程检测、项目管理、运营养护、技术咨询等服务,项目范围遍布江苏各地。

联系方式:13905183343

邮　　箱:9837525@qq.com

1 概 述

1.1 涉路工程背景和必要性

公路交通运输具有灵活机动、直达门户的特点,既是长途运输的骨干通道,又在短途运输中对"水、陆、空"等通道起补充作用,是整个交通运输体系中不可或缺的部分。随着国家经济的不断发展,我国公路里程数不断增加,公路等级不断提高。截至2019年末,全国公路总里程501.25万公里,铁路营业里程达到13.9万公里,快速交通网持续加密。

图1-1 2015—2019年全国公路总里程及公路密度

数据来源于中华人民共和国国家统计局2015年至2019年各年度统计年鉴

与此同时,我国汽车数量也在不断增加,据公安部统计,截至2020年6月,全国机动车保有量达3.6亿辆,其中,汽车2.7亿辆;机动车驾驶人4.4亿人,其中汽车驾驶人4亿人。

公路里程数和汽车保有量的增加,在提高人们生活质量、交通幸福感的同时,也带来了一些负面影响。公路沿线以其特有的经济价值和走廊资源吸引了许多单位,导致公路用地范围内无规范建设、私开道口、违章建筑等问题日益突出。在已通车公路上建设构造物,不但会破坏原有的公路结构及附属设施,还会产生交通拥堵,甚至引发交通事故,造成人员伤亡和经济上的损失,给社会带来不良影响。2019年全国交通事故受伤人数275 125人,死亡人数52 388人。

2019年5月27日,由中铁二十局施工的青岛地铁4号线沙子口静沙区间施工段发生坍塌事故,导致5名工人遇难。

2019年8月14日,成昆铁路埃岱2号至3号隧道附近突发山体坍塌险情,导致24人遇险。

2019年10月10日,江苏省无锡市锡山区312国道上海方向K135处、锡港路上跨桥桥面侧翻,事故导致3辆小车被压,3人死亡,2人受伤。

图 1-2　青岛地铁 4 号线坍塌事故

图 1-3　无锡高架桥事故

交通事故发生的原因,除了人为因素外,更多的要关注道路的建设、管理和规范制度上是否存在不合理之处。现有工程规范和标准都只规定了公路建设和养护施工安全的技术要求,对于公路相关的涉路工程缺乏相关技术规定,使得涉路工程交通安全评价工作无章可循。

为了规范基础建设之间的关系,减少涉路工程施工对现有公路安全的影响,满足未来交通发展的需要,提高道路交通和出行者的安全,应对涉路工程进行安全评价,减少涉路工程施工对公路结构和交通安全的影响。

进行涉路工程交通安全评价的必要性存在以下两点:

(1) 理论必要性——完善现有涉路工程交通安全评价体系

制定统一的实施办法和完备齐全的评价标准,建立完善的涉路工程交通安全评价制度,让更多专业人士参与行政审批,对涉路工程交通安全项目的设计、施工与管理提供重要且专业的理论指导,有利于规范行政许可,提升行政许可品质,提高行政审批透明度,提高涉路工程的道路交通安全水平,对涉路工程交通安全评价的发展具有现实意义。

(2) 现实必要性——提高公路交通安全性,预防安全事故的发生

涉路工程的设置意味着危险源和冲突点的增多,同时,涉路工程在施工过程中也会对原有道路和周边用地的经营造成影响,新建道路的建成也会对原有公路的结构造成影响,危害公路行车安全,所以进行涉路工程交通安全评价,有利于从技术层面提高公路的交通安全,预防交通事故的发生。

此外,规范涉路工程施工和经营,有利于提高道路通行能力,提高道路的服务水平,有利于规范新建道路与原有公路及周边用地之间的关系,避免因涉路工程的实施影响原有公路和周边用地的发展。

1.2 涉路工程定义及分类

不同法律规范对于涉路工程的定义不同。《中华人民共和国公路法》[1]规定:"涉路行为是指在已有公路的建筑控制区内进行挖掘、占用、埋设管线、增设平面交叉道口、穿(跨)越设施等活动。"

安徽省地方标准《涉路工程安全评价规范》[2]将涉路工程定义为"在公路用地范围内的构筑结构物或公共设施的建筑工程",该定义是以《中华人民共和国公路法》第五十六条相关规定"除公路防护、养护需要的以外,禁止在公路两侧的建筑控制区内修建建筑物和地面构筑物"为主要依据,以公路工程为研究主体,以公路用地范围为主要控制范围进行定义的。

《公路安全保护条例》[3]中从路政管理部门的角度对涉路工程进行了规定,第二十七条规定:"进行下列涉路施工活动,建设单位应当向公路管理机构提出申请:① 因修建铁路、机场、供电、水利、通信等建设工程需要占用、挖掘公路、公路用地或者使公路改线;② 跨越、穿越公路修建桥梁、渡槽或者架设、埋设管道、电缆等设施;③ 在公路用地范围内架设、埋设管道、电缆等设施;④ 利用公路桥梁、公路隧道、涵洞铺设电缆等设施;⑤ 利用跨越公路的设施悬挂非公路标志;⑥ 在公路上增设或者改造平面交叉道口;⑦ 在公路建筑控制区内埋设管道、电缆等设施。"

但总的来说,可以将涉路工程定义为:"在公路用地范围内跨越、穿越、并行、平交与接入公路或攀附公路结构物的一切公路设施以外的建筑构筑物。"

为了做好涉路工程的安全评价工作,应对涉路工程进行分类。根据不同的角度,涉路工程分类不同,借鉴美国涉路工程安全评价的经验,根据涉路工程的空间位置关系,从上到下将其分为跨越式、穿越式、平交与接入式和并行式四类[4]。

(1) 跨越式涉路工程:主要是道路、铁路以及各类管线等从公路及公路结构物上方架空通过的建设工程,如架空电力或通信线路、跨线桥等。

(2) 穿越式涉路工程:主要是从公路路面下方通过的涉路工程,包含开挖和非开挖工程,如油气管道与给排水管道穿越公路、道路下穿公路等建设工程。

(3) 平交与接入式涉路工程:主要是与既有公路进行平面交叉的涉路工程。如公路平交、乡村道路接入、加油加气站接入公路等建设工程。

(4) 并行式涉路工程:主要是在公路一侧或两侧公路用地范围内平行公路线形设置的涉路工程。如电力或通信线路、油气管道、市政给排水管道等建设工程。

1.3 涉路工程交通安全评价指标原则

涉路工程安全项目涉及因素较多,单个技术指标无法完全反映工程的特征表象,同时为了确保涉路工程交通安全评价的质量,涉路工程交通安全评价指标的选取必须具有科学性、合理性和客观性。涉路工程交通安全评价指标的选取必须遵循以下四点原则:

(1) 科学性原则

科学性原则是指评价体系的指标选取、评价方法、信息处理等都应遵循客观科学依据,评价指标间的层次关系、结构模式、评价方式等都应以安全评价理论为基础,客观、合理地反映涉路工程的安全状况,保证评价指标的真实度和安全评价的可靠性。

(2) 系统性原则

系统性原则是指指标的选取应尽量全面完善。涉路工程安全系统由多个相关因素组成，应能形成协调一致的功能性集群，可以从不同方面评价整个系统，不仅注重技术指标间的协调性与整体性，还能反映各个子系统的安全状况。

(3) 可行性原则

可行性原则是指评价技术指标的选取必须可行适用。评价技术指标的基础数据具有可操作性与代表性，评价过程应易于操作、清晰明了，避免烦琐冗杂，保证所建指标体系简洁实用。

(4) 实际性原则

实际性原则是指评价指标应与实际工程项目密切联系，指标的选取应能体现涉路工程的安全状况，并能追踪发现工程项目存在的问题。只有坚持以实际情况为原则，建立相应的安全评价体系，才能通过安全评价得到准确的结论，为涉路工程项目的安全实施提供可靠依据。

1.4 涉路工程交通安全评价程序和方式

1.4.1 基本程序

根据《公路安全保护条例》[3]规定：涉路施工项目，必须经过公路管理机构实质性审查，在确认设计方案、施工方案等符合有关技术规范，安全技术评价报告结论方能得到认可，应急方案健全，符合公路安全运行的要求时，才可做出准予许可的决定。

国家安全生产监督管理总局于2005年11月21日印发了安监总规划字〔2005〕177号文件《关于印发〈安全评价过程控制文件编写指南〉的通知》[5]，该文件对于安全评价过程的监控，保障评价质量和水平，具有重要作用。从现场管理和实际操作过程看，涉路工程交通安全评价实施程序可以分为前期准备阶段、评价阶段、评价后回应阶段三个阶段[8]。

1. 前期准备阶段

前期准备阶段是指申请人向公路管理机构提出重要涉路行为交通安全评价的申请，公路管理机构进行审核材料、接受申请的阶段。申请人需将各类重要涉路行为，包括须进行安全评价的涉路行为及视情况进行安全评价的行为，都应向相应公路管理机构提出进行安全评价的申请。在申请中，申请人应向公路管理机构提供各种必需的材料，材料包括申请书、具有相应资质设计单位的设计施工图、受项目影响的公路设计图及相关资料、施工方案和评价报告等。公路管理机构接受申请后，应尽快对申请人提交材料进行审核，并在《行政许可法》规定时间内给出安全评价结论。

2. 评价阶段

公路管理机构接受安全评价申请，根据申请人的工程情况选择进行专家评审会或邀请相应机构人员进行安全评价。专家评审会是由公路主管部门主导，组织涉及公路的其他部门，选择符合条件的专家，对涉路工程以专家会议的形式进行组织，并形成专家评审意见。机构评价是指由具有评价能力和相应资质的独立法人对涉路工程进行评价，形成评价报告。

3. 评价后回应阶段

在进行安全评价并得出评价结论后，公路管理机构应及时将评价结果告知申请人。通过安全评价的重要涉路行为，申请人在接到安全评价意见后，应在规定的工作日内以书面形式进行回应。在回应中，申请人应对安全评价中所提出的问题予以答复，形成安全评价答复报告。未通过安全评价的重要涉路行为，申请人经过整改后，应按程序重新进行申请。

1.4.2 完整程序

涉路工程交通安全评价完整程序涉及评审前、中、后一系列事项,表1-1列出了不同分类的涉路工程项目评审前、中、后的具体信息,具体包括:

评审前:评审前为资料的收集阶段。安评方为了合理且完善地制作安全评价报告,需对施工区域进行交通情况调查,包括土地性质、周边用地情况、道路信息、交通流量等,必要时需对土地进行勘测;设计方需向安评方提供设计图纸;施工方需向安评方提供施工方案,施工方案包括应急预案、施工期间的交通组织、运营期安保措施等。

评审中:进行评审时,安评方需要向公路部门提交全面完善的涉路工程安全评价报告,施工方和设计方需要提交各自的施工方案和设计图纸。

评审后:评审结束后,安评方、设计方和施工方需针对公路部门所提意见进行修改,修改完成后提交各自报告,同时,业主需在道路运营期间做好道路的防护、养护工作,对施工区域进行巡查和检测,部分路段还需进行道路的沉降观测等,以确保道路的交通安全,避免安全事故的发生。

表1-1 不同分类的涉路工程交通安全评价完整程序信息一览表

评价分类	评审前	评审中	评审后
跨越式涉路工程	收集资料,包括设计图纸、施工方案(应急预案、施工期间交通组织、运营期安保措施等)、交通情况、地质勘测等	需要提交的材料: ① 安评单位:涉路工程安全评价报告 ② 施工方:施工方案(应急预案、施工期间交通组织、运营期安保措施) ③ 设计方:设计方案	安评方提交正式的涉路工程安全评价报告,施工方提交正式的施工方案,设计方提交正式的设计方案。业主需在道路运营期间做好道路的防护、养护措施,对施工区域进行巡查和检测,进行路面的沉降观测等
穿越式涉路工程	″	″	″
平交与接入式涉路工程	″	″	″
并行式涉路工程	″	″	安评方提交正式的涉路工程安全评价报告,施工方提交正式的施工方案,设计方提交正式的设计方案。业主在运营期间需做好道路的防护、养护措施,对施工区域进行巡查和检测等
利用公路结构物	″	″	″

1.4.3 评价方式

安全评价方式可采用专家评审和机构评价等方式,原则上由申请人选择安全评价方式,但对于项目复杂、规模较大的涉路行为,必须进行机构评价。

1. 专家评审的工作要求

(1)省级公路管理机构负责建立评审专家库,并根据专家身体状况、业务能力及信誉问题实施动态管理,明确评审专家库的组建要求。

(2)应由申请人在专家库中随机抽取,组建专家评审委员会,评审委员会成员的人数、专业资质和职业道德应符合有关要求。

(3)必须符合相应的程序,评审会前的准备工作和评审会的召开都应按要求开展。

(4)公路管理机构不得就安全评价发表导向性意见。

(5)专家库专家应符合以下条件:应具备相关注册安全工程师、安全评价工程师或专业高级技术职称的资格,在特殊情况下,可聘相关经验丰富的中级工程师;熟悉国家公路、安全生产有关法律法规、方针政策和技术标准;熟悉评价程序和评价技巧,并具有较强的组织协调能力;身体健康,能从事现场调查研究工作。涉路行为申请人不得被选聘为评审专家。

2. 机构评价的工作要求

(1)由申请人委托符合规定条件的安全评价机构实施安全评价,公路管理机构及其工作人员不得指定申请人接受特定的安全评价机构。

(2) 安全评价机构要具有相应资质并在省级公路管理机构登记备案等。申请人与安全评价机构签订安全评价合同后,应当向公路管理机构告知备案。安全评价机构应当全面、细致、独立地开展安全评价工作,出具安全评价报告,并对结论承担法律责任。申请人应当对安全评价报告及时回应,形成书面答复意见。

(3) 公路管理机构认为安全评价机构出具的安全评价报告不符合事实和有关规定的,有权要求申请人重新提交安全评价报告。

(4) 出具报告中提出修改完善建议合理的,申请人应对设计、施工方案进行修改,并提交相关的修改证明材料。

(5) 受委托机构应符合以下条件:具备安全评价机构乙级资质以上的单位或虽不具备安全评价资质但经公路管理机构登记备案的机构;具有丰富的交通安全研究及实践经验;最近3年无违法违规记录;受委托机构及其人员在从事安全评价活动中应当恪守职业道德,遵循诚实守信的原则,不得泄露被评价单位的技术和商业秘密;受委托机构及其人员应当接受且不得拒绝相应公路交通管理机构的监督。公路管理机构发现安全评价报告与事实不符的,有权要求受委托机构重新进行安全评价[8]。

1.5 涉路工程交通安全评价报告模板

参考《公路涉路工程安全影响评价报告编制标准》(DB32/T 2677—2014)[7]。

1.5.1 评价报告文本格式

附录A(规范性附录)

A.1 一般规定

A.1.1 公路涉路工程安全影响评价报告文本格式应满足下列要求:

a)《公路涉路工程安全影响评价报告》应包括:封面、扉页、资质证书、目录、正文、附件和附图等部分;

b) 评价报告用纸规格为A4,附件和附图装订规格不超过A3;

c) 评价报告设页眉页脚,页眉左侧为报告名称,右侧为章名称,页脚左侧为编制单位,右侧为页码,页码格式为共××页第××页;

d) 评价报告在扉页后应附编制单位和参加单位的资质证书复印件;

e) 评价报告扉页加盖编制单位印章。

A.2 文本格式

A.2.1 评价报告的文本格式应符合下列规定。

A.2.1.1 评价报告封面格式如下,具体样式见图1-4:

××××工程穿越(××)××公路
安全影响评价报告

编制单位(名称)
××××年××月

图1-4 评价报告封面

A. 2. 1. 2 评价报告扉页格式如下,具体样式见图 1－5:

扉页 1:

XXXX工程穿越（ xx）xx 公路
安全影响评价报告

项目负责人: (签名)
部门负责人: (签名)
项目技术负责人: (签名)
总工程师（或技术负责人）: (签名)
项目主管院长（主管总经理或行政负责人）: (签名、签章)
院长（总经理或行政负责人）: (签名、签章)
编制单位名称: xxxx
资质证书等级及编号: xxxx
编制日期: xxxx 年 xx 月

扉页 2:
《公路涉路工程安全影响评价报告》编制单位及参加单位的资质证书彩色复印件。

图 1－5　评价报告扉页

A. 2. 1. 3 目录应位于扉页 2 之后,列出评价报告的章、节的序号、标题及其页码,见附录 B。有附图、附件时,应列附图、附件的全称。

“川气东送”虞昆支线工程
穿越锡太公路

安全影响评价报告

XXXXXXXXXXX 公司
XXXX 年 X 月

图 1－6　安全影响评价报告封面样式

“川气东送”虞昆支线工程
穿越锡太公路

安全影响评价报告

项目负责人	
部门负责人	
项目技术负责人	
总工程师	
项目主管院长	
院长	
编制单位	
资质证书等级及编号	
编制日期	××××年×月

——未盖文件专用章为非正式文件

图 1－7　安全影响评价报告扉页格式

1.5.2 评价报告目录

附录 B(规范性目录)

公路涉路工程安全影响评价报告的章节按照下列规定执行,并列出页码。

第1章 概述

1.1 工作背景

1.2 编制依据

1.3 工作过程

1.4 工作内容

第2章 涉及的相关法规、标准及规定

第3章 工程概况

3.1 自然地理及区域地质概况

3.2 ×××公路概况

3.3 ×××工程概况

第4章 设计及施工方案论证

4.1 安全评价内容

4.2 安全评价意见

第5章 安全保障措施

5.1 施工期安全保障措施

5.2 运营期安全保障措施

第6章 结论及建议

6.1 结论

6.2 建议

附件

附图

2 跨越式涉路工程

跨越式涉路工程主要是公路、铁路以及各种管线等从公路及公路结构物上方架空通过的建设工程。根据跨越物的类型进行分类，跨越式涉路行为可以分为公路上跨公路、铁路上跨公路和输电线路上跨公路等[8]。

1. 公路上跨公路的行为

主要是指公路与公路相交时，新建公路采用上跨桥的方式跨越被交公路，形成分离式立体交叉。公路上跨行为需根据公路网规划、相交公路的功能、等级、交通量、地形和地质条件、经济与环境因素等确定。不同公路交叉时的设置形式不一样，具体如下：

（1）高速公路与其他公路交叉除已设置互通式立体交叉外，其余均必须设置成分离式立体交叉。

（2）一级公路与直行交通量很大的公路相交叉，在不考虑交通转换或地形条件适宜时，宜采用分离式立体交叉。

（3）二、三、四级公路间的交叉，直行交通量很大，在不考虑交通转换或地形条件适宜时，宜采用分离式立体交叉。

2. 铁路上跨公路的行为

主要是指铁路与公路相交时，铁路采用上跨桥的方式跨越被交公路，形成立体交叉。不同铁路交叉时的设置形式不一样，具体如下：

（1）准高速铁路、路段旅客列车设计行车车速为 140 km/h 的铁路与公路相交叉时，必须设置立体交叉。

（2）铁路与公路交叉，符合下列情况之一者应设置立体交叉：

1）铁路、二级公路相交时；

2）路段旅客列车设计行车速度为 120 km/h 的铁路、公路相交时；

3）由于铁路调车作业对公路上行驶的车辆会造成较严重延误时；

4）受地形等条件限制，采用平面交叉会危及行车安全时。

3. 输电线路上跨公路的行为

主要是指高压电力线（110 kV 以上）与公路交叉时，应采用跨越方式通过公路[9]。

本书将从桥梁跨越（公路跨越公路、城市道路跨越公路和铁路跨越公路）和电力线跨越两方面对跨越式涉路工程进行分析。

2.1 桥梁跨越

2.1.1 工程特点及危险源分析

公路上跨公路的行为主要是指公路（城市道路、铁路）与公路相交时，新建公路（城市道路、铁路）采用上跨桥的方式跨越被交路，形成分离式立体交叉。

在已通车公路上建设跨越式涉路工程，不但会影响原有公路的路基稳定性、公路排水系统、破坏公路景观、形成视线屏障，施工过程还会产生交通拥挤和事故。跨线桥设计不合理会导致该路段成为交通事故黑点，跨越结构因倒塌、坠落、剥落、污损对公路本身和交通运营造成不良影响,同时跨越工程的存在还会影响未来公路的改扩建规划[10—11]。

2.1.2 安全评价内容

桥梁跨越涉路工程安全的评价要点如表 2-1 所示。

表 2-1 桥梁跨越工程安全的评价要点

评价分类	评价指标	评价依据
被跨越公路指标符合性检验	被跨越公路改扩建	被跨越公路五年近期规划
	管线改迁	
上跨段道路指标符合性检验	跨越位置	公路路线设计规范(JTG D20—2017) 涉路工程安全评价规范(DB34/T 2395—2015) 公路涉路施工活动技术评价规范(DB45/T 1202—2015) 涉路工程安全评价规范(征求意见稿)
	线形	公路路线设计规范(JTG D20—2017) 公路工程技术标准(JTG B01—2014) 涉路工程安全评价规范(征求意见稿)
	交叉角度	公路路线设计规范(JTG D20—2017) 公路工程技术标准(JTG B01—2014) 涉路工程安全评价规范(征求意见稿) 公路涉路施工活动技术评价规范(DB45/T 1202—2015)
	间距	公路路线设计规范(JTG D20—2017) 公路工程技术标准(JTG B01—2014)
	转弯设计	公路路线设计规范(JTG D20—2017)
	视距	公路路线设计规范(JTG D20—2017) 公路工程技术标准(JTG B01—2014) 涉路工程安全评价规范(征求意见稿)
	净空	公路路线设计规范(JTG D20—2017) 公路工程技术标准(JTG B01—2014) 涉路工程安全评价规范(DB34/T 2395—2015) 公路涉路施工活动技术评价规范(DB45/T 1202—2015) 涉路工程安全评价规范(征求意见稿) 公路桥涵设计通用规范(JTG D60—2015)
	排水	公路路线设计规范(JTG D20—2017) 公路排水设计规范(JTG/T D33—2012) 涉路工程安全评价规范(DB34/T 2395—2015) 涉路工程安全评价规范(征求意见稿) 城市桥梁设计规范(CJJ 11—2011)
	交通安全措施	公路路线设计规范(JTG D20—2017) 涉路工程安全评价规范(DB34/T 2395—2015) 涉路工程安全评价规范(征求意见稿) 公路交通安全设施设计规范(JTG D81—2017) 高速公路交通工程及沿线设施设计通用规范(JTG D80—2006)

续 表

评价分类	评价指标	评价依据
全桥结构可靠性复核验算		公路路线设计规范（JTG D20—2017） 涉路工程安全评价规范（DB34/T 2395—2015） 涉路工程安全评价规范（征求意见稿） 公路桥涵地基与基础设计规范（JTG 3363—2019） 公路路基设计规范（JTG D30—2015）
施工保障措施与应急预案		公路路线设计规范（JTG D20—2017） 涉路工程安全评价规范（DB34/T 2395—2015） 涉路工程安全评价规范（征求意见稿）
施工期间交通组织方案		
运营期安保措施		

2.1.2.1 桥梁跨越设计指标评价

设计指标评价分为被跨越公路指标符合性检验、上跨段道路指标符合性检验和全桥结构可靠性复核验算三类，其中，被跨越公路指标包括被跨越公路改扩建和管线改迁，上跨段道路指标符合性检验包括对跨越位置、线形、交叉角度、间距、转弯设计、视距、净空、排水、交通安全措施等进行检验与评价。

1. 被跨越公路指标符合性检验

在跨线桥设计时，首先必须了解周围道路的近期或未来的改扩建计划，同时，必须调查清楚周围管线的分布，以便正确地进行桥梁的设计和桥墩方案的布设。对于允许迁移的管线，应协同管线管理单位事先进行迁移；对于不允许迁移的管线，跨线桥设计时必须避开规定的禁止范围，以防发生意外事故[12—13]。

（1）被跨越公路改扩建

道路上跨的设计方案，应满足既有公路未来拓宽改造的要求。被跨越公路的改扩建可查找被跨越公路五年近期规划。

（2）管线改迁

①《涉路工程安全评价规范（征求意见稿）》①[14]

4.1.1.2　上跨桥梁桥孔跨径应满足公路现状及远期规划的建筑限界要求，并留有足够的侧向余宽，满足公路视距和对前方公路识别的要求。

②《涉路工程安全评价规范》（DB34/T 2395—2015）[15]

4.4.1.2　跨线桥的跨径与布孔应留有足够的侧向余宽，不应将墩、台设置在公路现状及远期规划的排水边沟以内，应满足公路视距的要求。不能满足公路视距要求时，应采取设置边孔等安全保障措施。

4.4.1.3　跨线桥设计跨径应满足交通发展规划要求。

2. 上跨段道路指标符合性检验

（1）跨越位置

①《公路路线设计规范》（JTG D20—2017）[16]

5　选线

---

① 本书所引用的规范性文件为部分引用。

5.0.1 选线应包括确定路线基本走向、路线走廊带、路线方案至选定线位的全过程。

5.0.2 路线走向及主要控制点的选定应符合下列规定：

1. 路线起、终点，必须连接的城镇、重要园区、工矿企业、综合交通枢纽，以及特定的特大桥、特长隧道等的位置，应为路线基本走向的控制点。

2. 特大桥、大桥、特长隧道、长隧道、互通式立体交叉、铁路交叉等的位置，应为路线走向控制点，原则上应服从路线基本走向。

3. 中、小桥涵，中、短隧道，以及一般构造物的位置应服从路线走向。

5.0.5 公路选线应符合下列要求：

1. 对路线所经区域、走廊带及其沿线的工程地质和水文地质进行深入调查、勘察，查清其对公路工程的影响程度。遇到不良工程地质的地段应视其对路线的影响程度，分别对绕、避、穿等方案进行比选论证。

5. 应协调桥梁、隧道、互通式立体交叉、服务区等构造物的位置和高程等关系。

6. 应综合考虑与相关公路、铁路、输电线路、油气管道等的平行或交叉关系，合理利用走廊带资源，节约占地。

6 公路横断面

6.7 公路用地范围

6.7.1 公路用地应遵循保护、开发土地资源，合理利用土地，切实保护耕地，促进社会经济可持续发展的原则，合理拟定公路建设规模、技术指标、设计施工方案，确定公路用地范围。

6.7.2 公路用地范围的确定应符合下列规定：

3. 桥梁、隧道、互通式立体交叉、分离式立体交叉、平面交叉、安全设施、服务设施、管理设施、绿化以及其他线外工程等用地，应根据实际需要确定用地范围。

②《涉路工程安全评价规范》(DB34/T 2395—2015)[15]

4.4.1.1 跨线桥宜设在两者线形均为直线的路段，或平、纵线形技术指标高且视距良好的路段。

4.4.1.8 不宜在下列位置跨越公路：

a) 视线不良的交叉口 200 m 范围内；

b) 半径不符合《公路路线设计规范》规定的弯道；

c) 视距不良或设置跨线桥后影响行车视距的路段；

d) 桥梁、隧道 200 m 范围内。

③《公路涉路施工活动技术评价规范》(DB45/T 1202—2015)[17]

6.4.1.2 道路跨越宜选在两者线形均为直线的路段，或平、纵技术指标高且通视良好的路段。

④《涉路工程安全评价规范(征求意见稿)》[14]

4.1.3.1 上跨桥梁跨越位置应避开如下区域：

1. 不满足视距要求的平面交叉口范围内。

2. 平曲线半径小于 250 m 的弯道路段(特殊情况下经视距验算，可加大跨径跨越)。

3. 小于行车视距需要的竖曲线半径的竖曲线底部。

4. 隧道口附近(按停车视距控制)。

5. 互通立交区(按停车视距控制)。

(2) 线形

①《公路路线设计规范》(JTG D20—2017)[16]

6 公路横断面

6.5 路拱坡度

6.5.1 高速公路、一级公路整体式路基的路拱宜采用双向路拱坡度,由路中央向两侧倾斜。位于中等强度降雨地区时,路拱坡度宜为2%;位于降雨强度较大地区时,路拱坡度可适当增大。

6.5.2 高速公路、一级公路分离式路基的路拱,宜采用单向横坡,并向路基外侧倾斜,也可采用双向路拱坡度。积雪冰冻地区,宜采用双向路拱坡度。

6.5.3 双向六车道及以上车道数的公路,当超高过渡段的路拱坡度过于平缓时,可采用双向路拱坡度。路拱坡度过于平缓路段应进行路面排水分析。

6.5.4 二级公路、三级公路、四级公路的路拱应采用双向路拱坡度,由路中央向两侧倾斜。路拱坡度应根据路面类型和当地自然条件确定,但不应小于1.5%。

6.5.5 硬路肩、土路肩横坡的设计应符合下列规定:

1. 直线路段的硬路肩应设置向外倾斜的横坡,其坡度值应与车道横坡值相同。路线纵坡平缓,且设置拦水带时,其横坡值宜采用3%~4%。

2. 曲线路段内、外侧硬路肩横坡的横坡值及其方向:当曲线超高小于或等于5%时,其横坡值和方向应与相邻车道相同;当曲线超高大于5%时,其横坡值应不大于5%,且方向相同。

3. 硬路肩的横坡应随邻近车道的横坡一同过渡,其过渡段的纵向渐变率应控制在1/330~1/150之间。

4. 土路肩的横坡:位于直线路段或曲线路段内侧,且车道或硬路肩的横坡值大于或等于3%时,土路肩的横坡应与车道或硬路肩横坡值相同;小于3%时,土路肩的横坡应比车道或硬路肩的横坡值大1%或2%。位于曲线路段外侧的土路肩横坡,应采用3%或4%的反向横坡值。

5. 中型以上桥梁及隧道区段的硬路肩横坡值,应与车道相同。

8 公路纵断面

8.1 一般规定

8.1.2 路基设计洪水频率应符合表2-2的规定,并应符合下列规定:

表2-2 路基设计洪水频率

公路等级	高速公路	一级公路	二级公路	三级公路	四级公路
设计洪水频率	1/100	1/100	1/50	1/25	按具体情况确定

3. 大、中桥桥头引道(在洪水泛滥范围内)的按设计高程推算的路基最低侧边缘高程,应高于该桥设计洪水位(并包括壅水高度和浪高)至少0.50 m;小桥涵附近的路基最低侧边缘高程应高于桥(涵)前壅水水位至少0.50 m(不计浪高)。

8.2 纵坡

8.2.1 公路的最大纵坡应不大于表2-3的规定,并应符合下列规定:

表2-3 最大纵坡

设计速度(km/h)	120	100	80	60	40	30	20
最大纵坡(%)	3	4	5	6	7	8	9

1. 设计速度为120 km/h、100 km/h、80 km/h的高速公路,受地形条件或其他特殊情况限

制时,经技术经济论证,最大纵坡可增加1%。

2. 改扩建公路设计速度为40 km/h、30 km/h、20 km/h的利用原有公路的路段,经技术经济论证,最大纵坡可增加1%。

3. 四级公路位于海拔2 000 m以上或积雪冰冻地区的路段,最大纵坡不应大于8%。

8.2.2 设计速度小于或等于80 km/h位于海拔3 000 m以上高原地区的公路,最大纵坡应按表2-4的规定予以折减。最大纵坡折减后小于4%时应采用4%。

表2-4 高原纵坡折减值

海拔高度(m)	3 000~4 000	4 000~5 000	5 000以上
纵坡折减(%)	1	2	3

8.2.3 公路纵坡不宜小于0.3%。横向排水不畅的路段或长路堑路段,采用平坡(0%)或小于0.3%的纵坡时,其边沟应进行纵向排水设计。

8.2.4 桥上及桥头路线的纵坡应符合下列规定:

1. 小桥处的纵坡应随路线纵坡设计。

2. 桥梁及其引道的平、纵、横技术指标应与路线总体布设相协调,各项技术指标应符合路线布设的规定。大、中桥上的纵坡不宜大于4%,桥头引道纵坡不宜大于5%,引道紧接桥头部分的线形应与桥上线形相配合。

3. 易结冰、积雪的桥梁,桥上纵坡宜适当减小。

4. 位于城镇混合交通繁忙处的桥梁,桥上及桥头引道纵坡均不得大于3%。

8.3 坡长

8.3.1 公路纵坡的最小坡长应符合表2-5的规定。

表2-5 最小坡长

设计速度(km/h)	120	100	80	60	40	30	20
最小坡长(m)	300	250	200	150	120	100	60

8.3.2 各级公路的最大坡长应符合表2-6的规定。

表2-6 不同纵坡的最大坡长(m)

设计速度(km/h)		120	100	80	60	40	30	20
纵坡坡度(%)	3	900	1 000	1 100	1 200	—	—	—
	4	700	800	900	1 000	1 100	1 100	1 200
	5	—	600	700	800	900	900	1 000
	6	—	—	500	600	700	700	800
	7	—	—	—	—	500	500	600
	8	—	—	—	—	300	300	400
	9	—	—	—	—	—	200	300
	10	—	—	—	—	—	—	200

8.3.3 各级公路的连续上坡路段,应根据载重汽车上坡时的速度折减变化,在不大于表2-6规定的纵坡长度之间设置缓和坡段。其设置应符合下列规定:

1. 设计速度小于或等于80 km/h时,缓和坡段的纵坡应不大于3%;设计速度大于80 km/h

时,缓和坡段的纵坡应不大于2.5%。

2. 缓和坡段的长度应大于表2-5的规定。

9 线形设计

9.2.2 直线的运用应符合下列要求:

3. 特长、长隧道或结构特殊的桥梁等构造物所处的路段,以及路线交叉点前后的路段宜采用直线线形。

9.2.3 圆曲线的运用应符合下列要求:

1. 设置圆曲线时应与地形相适应,宜采用超高为2%~4%对应的圆曲线半径。

2. 条件受限制时,可采用大于或接近于圆曲线最小半径的"一般值";地形条件特殊困难而不得已时,方可采用圆曲线最小半径的"极限值",并应采取措施保证视距的要求。

3. 设置圆曲线时,应同相衔接路段的平、纵线形要素相协调,使之构成连续、均衡的曲线线形,避免小半径圆曲线与陡坡相重合的线形。

4. 当交点转角不得已小于7°时,应按规定设置足够长的曲线。

9.2.4 回旋线的运用应符合下列要求:

1. 设计速度大于或等于60 km/h时,回旋线应作为线形要素之一加以运用。回旋线—圆曲线—回旋线的长度以大致接近为宜。两个回旋线的参数值亦可以根据地形条件设计成非对称的曲线,但$A_1:A_2$不应大于2.0。

2. 回旋线参数宜依据地形条件及线形要求确定,并与圆曲线半径相协调。在确定回旋线参数时,宜在下述范围内选定:$R/3 \leqslant A \leqslant R$,但:

1) 当R小于100 m时,A宜大于或等于R。

2) 当R接近于100 m时,A宜等于R。

3) 当R较大或接近于3 000 m时,A宜等于$R/3$。

4) 当R大于3 000 m时,A宜小于$R/3$。

3. 两反向圆曲线径相衔接或插入的直线长度不足时,可用回旋线将两反向圆曲线连接组合为S形曲线。

1) S形曲线的两回旋线参数A_1与A_2宜相等。

2) 当采用不同的回旋线参数时,A_1与A_2之比应小于2.0,有条件时以小于1.5为宜。当$A_2 \leqslant 200$时,A_1与A_2之比应小于1.5。

3) 两圆曲线半径之比不宜过大,以$R_1/R_2 \leqslant 2$为宜(R_1为大圆曲线半径,R_2为小圆曲线半径)。

4. 两同向圆曲径相衔接或插入的直线长度不足时,可用回旋线将两同向圆曲线连接组合为卵形曲线。

1) 卵形曲线的回旋线参数宜选$R_2/2 \leqslant A \leqslant R_2$($R_2$为小圆曲线半径)。

2) 两圆曲线半径之比,以$R_2/R_1 = 0.2 \sim 0.8$为宜。

3) 两圆曲线的间距,以$D/R_2 = 0.003 \sim 0.03$为宜(D为两圆曲线间的最小间距)。

5. 受地形条件限制时,可将两同向回旋线在曲率相同处径相衔接而组合为凸形曲线。凸形曲线只有在路线严格受地形限制,且对接点的曲率半径相当大时方可采用。

1) 凸形曲线的回旋线参数及其对接点的曲率半径,应分别符合容许最小回旋线参数和圆曲线最小半径的规定。

2) 对接点附近的$0.3v$(以m计;其中v为设计速度,按km/h计)长度范围内,应保持以对接点的曲率半径确定的路拱横坡度。

6. 受地形条件或其他特殊情况限制时,可将两同向圆曲线的回旋线曲率为零处径相衔接而组合为 C 形曲线。C 形曲线仅限于地形条件特殊困难,路线严格受限制时方可采用。

7. 受地形条件限制时,大半径圆曲线与小半径圆曲线相衔接处,可采用两个或两个以上同向回旋线在曲率相同处径相连接而组合为复合曲线。复合曲线的两个回旋线参数之比以小于 1.5 为宜。复合曲线在受地形条件限制,或互通式立体交叉的匝道设计中可采用。

9.3 纵面线形设计

9.3.1 纵面线形设计应符合下列要求:

1. 纵面线形应平顺、圆滑、视觉连续,并与地形相适应,与周围环境相协调。
2. 纵坡设计应考虑填挖平衡,并利用挖方就近作为填方,以减轻对自然地面横坡与环境的影响。
3. 相邻纵坡之代数差小时,应采用大的竖曲线半径。
4. 连续设置长、陡纵坡的路段,上坡方向应满足通行能力的要求,下坡方向应考虑行车安全,并结合前后路段各技术指标设置情况,采用运行速度对连续上坡方向的通行能力及下坡方向的行车安全性进行检验。
5. 路线交叉处前后的纵坡应平缓。
6. 位于积雪冰冻地区的公路,应避免采用陡坡。

9.3.2 纵坡值的运用应符合下列要求:

1. 纵断面线形设计时应充分结合沿线地形等条件,宜采用平缓的纵坡,最小纵坡不宜小于 0.3%。对于采用平坡或小于 0.3%的纵坡路段,应进行专门的排水设计。
2. 各级公路不宜采用最大纵坡值和不同纵坡最大坡长值,只有在为争取高度利用有利地形,或避开工程艰巨地段等不得已时,方可采用。

9.3.3 纵坡设计应符合下列要求:

1. 平原地形的纵坡应均匀、平缓。
2. 丘陵地形的纵坡应避免过分迁就地形而起伏过大。
3. 越岭线的纵坡应力求均匀,不宜采用最大值或接近最大值的坡度,更不宜连续采用不同纵坡最大坡长值的陡坡夹短距离缓坡的纵坡线形。
4. 山脊线和山腰线,除结合地形不得已时采用较大的纵坡外,在可能条件下应采用平缓的纵坡。

9.3.4 竖曲线设计应符合下列要求:

1. 设计速度大于或等于 60 km/h 的公路,竖曲线设计宜采用长的竖曲线和长直线坡段的组合。有条件时宜采用大于或等于表 2-7 所列视觉所需要的竖曲线半径值。

表 2-7 视觉所需要的最小竖曲线半径值

设计速度(km/h)	竖曲线半径(m)	
	凸形	凹形
120	20 000	12 000
100	16 000	10 000
80	12 000	8 000
60	9 000	6 000

2. 竖曲线应选用较大的半径。当条件受限制时,宜采用大于或接近于竖曲线最小半径的

"一般值";地形条件特殊困难而不得已时,方可采用竖曲线最小半径的"极限值"。

3. 同向竖曲线间,特别是同向凹形竖曲线之间,直线坡段接近或达到最小坡长时,宜合并设置为单曲线或复曲线。

4. 双车道公路在有超车需求的路段,应考虑超车视距需求,采用较大的凸形竖曲线半径或设置必要的标志、标线等设施。

9.4 横断面设计

9.4.1 公路横断面设计应最大限度地降低路堤高度,减小对沿线生态的影响,保护环境,使公路融入自然。条件受限制不得已而出现高填、深挖时,应同桥梁、隧道、分离式路基等方案进行论证比选。

9.4.2 路基横断面布设应结合沿线地面横坡、自然条件、工程地质条件等进行设计。自然横坡较缓时,以整体式路基横断面为宜。横坡较陡、工程地质复杂时,高速公路宜采用分离式路基横断面。

9.4.3 整体式路基的中间带宽度宜保持等值。当中间带的宽度根据需要增宽或减窄时,应采用左右分幅线形设计。条件受限制,且中间带宽度变化小于3.0 m时,可采用渐变过渡,过渡段的渐变率不应大于1/100。

9.4.4 整体式路基分为分离式路基或分离式路基汇合为整体式路基时,其中间带的宽度增宽或减窄时,应设置过渡段。其过渡段以设置在圆曲线半径较大的路段为宜。

9.4.5 公路横断面设计应注重路侧安全,做好中间带、加(减)速车道、路肩以及渠化、左(右)转弯车道、交通岛等各组成部分的细节设计。在有条件的地区或路段,积极采用宽中央分隔带、低路基、缓边坡、宽浅边沟等断面形式。

9.4.6 中间带的设计应符合下列要求:

1. 中央分隔带形式:中央分隔带宽度大于或等于3.0 m时宜用凹形;中央分隔带宽度小于3.0 m时可采用凸形;对于存在风沙和风雪影响的路段,宜采用平齐式。

2. 中央分隔带缘石:中央分隔带宽度大于或等于3.0 m、或存在风沙和风雪影响的路段,宜采用平齐式;中央分隔带宽度小于3.0 m时可采用平齐式或斜式。高速公路、一级公路中央分隔带不得采用栏式缘石。

3. 中央分隔带表面处理:中央分隔带宽度大于或等于3.0 m时宜植草皮;中央分隔带宽度小于3.0 m时可栽灌木或铺面封闭。

9.4.7 公路横断面范围内的排水设计应自成体系、满足功能要求。设置在紧靠车道的边沟,其断面宜采用浅碟形或漫流等方式;当采用矩形或梯形边沟时,应加盖板。

9.4.8 冬季积雪路段、工程地质病害严重路段等可适当加宽路基,改善行车条件。

9.5 线形组合设计

9.5.1 线形组合设计应遵循下列原则:

1. 线形组合设计中,各技术指标除应分别符合平面、纵断面规定值外,还应考虑横断面对线形组合与行驶安全的影响。应避免平面、纵断面、横断面的最不利值相互组合的设计。

2. 在确定平面、纵断面的各相对独立技术指标时,各自除应相对均衡、连续外,还应考虑与之相邻路段的各技术指标值的均衡、连续。

3. 线形组合设计除应保持各要素间内部的相对均衡与变化节奏的协调外,还应注意同公路外部沿线自然景观的适应和地质条件等的配合。

4. 路线线形应能自然地诱导驾驶者的视线,并保持视线的连续性。

9.5.2 线形组合设计应符合下列要求：

1. 平、纵线形值宜相互对应，用平曲线宜比竖曲线长。当平竖曲线半径均较小时，其相互对应程度应较严格；随着平、竖曲线半径的同时增大，其对应程度可适当放宽；当平、竖曲线半径均大时，可不严格相互对应。
2. 长直线不宜与陡坡或半径小且长度短的竖曲线组合。
3. 长的平曲线内不宜包含多个短的竖曲线；短的平曲线不宜与短的竖曲线组合。
4. 半径小的圆曲线起、讫点，不宜接近或设在凸形竖曲线的顶部或凹形竖曲线的底部。
5. 长的竖曲线内不宜设置半径小的平曲线。
6. 凸形竖曲线的顶部或凹形竖曲线的底部，不宜同反向平曲线的拐点重合。
7. 复曲线、S形曲线中的左转圆曲线不设超高时，应采用运行速度对其安全性予以验算。
8. 应避免在长下坡路段、长直线路段或大半径圆曲线路段的末端接小半径圆曲线的组合。

9.5.3 设计速度大于或等于60 km/h的公路，应注重路线平、纵线形组合设计。设计速度小于或等于40 km/h的公路，可参照上述要求执行。

9.5.4 六车道及以上的高速公路，应重视直、曲线（含平、纵面）间的组合与搭配，在曲线间设置足够长的回旋线或直线，使其衔接过渡顺适，路面排水良好。

9.5.5 在高填方路段设置平曲线时，宜采用较大半径的圆曲线，并设置具有诱导功能的交通设施。

9.6 线形与桥、隧的配合

9.6.1 桥头引道与桥梁线形设计应符合下列要求：

1. 桥梁及其引道的位置、线形应与路线线形相协调，使之视野开阔，视线诱导良好。各项技术指标应符合路线布设与总体设计的相关规定。
2. 高速公路、一级公路和承担干线功能的二级公路上的桥梁线形应与路线线形相协调，且连续、流畅。
3. 桥梁、涵洞等人工构筑物同路基的衔接，其平、纵线形应符合路线布设的有关规定。

9.7 线形与沿线设施的配合

9.7.3 路线设计时应考虑标志、标线的设置；交通安全设施应与路线同步设计，充分体现路线设计意图。路侧设计受限制的路段，应合理设置相应的防护设施。

11 公路与公路立体交叉

11.1 一般规定

11.1.9 互通式立体交叉范围内主线线形指标应符合表2-8的规定。

表2-8 互通式立体交叉范围内主线线形指标

设计速度(km/h)		120	100	80	60
最小圆曲线半径(m)	一般值	2 000	1 500	1 100	500
	极限值	1 500	1 000	700	350
最小竖曲线半径(m)	凸形 一般值	45 000	25 000	12 000	6 000
	凸形 极限值	23 000	15 000	6 000	3 000
	凹形 一般值	16 000	12 000	8 000	4 000
	凹形 极限值	12 000	8 000	4 000	2 000

续 表

设计速度(km/h)		120	100	80	60
最大纵坡(%)	一般值	2	2	3	4.5(4)
	极限值	2	3	4(3.5)	5.5(4.5)

注:当主要公路以较大的下坡进入互通式立体交叉,且所接的减速车道为下坡,同时,后随的匝道线形指标较低时,主要公路的纵坡不得大于括号内的值。

12 公路与铁路、乡村道路、管线交叉

12.2.7 铁路上跨公路时,其设计应符合下列要求:

3. 铁路跨线桥所跨越的宽度应包括该路段公路标准横断面宽度及其附属的变速车道、爬坡车道、边沟等的宽度。

② 《公路工程技术标准》(JTG B01—2014)[18]

4 路线

4.0.17 圆曲线最小半径应符合表 2-9 的规定。

表 2-9 圆曲线最小半径

设计速度(km/h)		120	100	80	60	40	30	20
最大超高	10%	570	360	220	115	—	—	—
	8%	650	400	250	125	60	30	15
	6%	710	440	270	135	60	35	15
	4%	810	500	300	150	65	40	20
不设超高的最小半径(m)	路拱≤2.0%	5 500	4 000	2 500	1 500	600	350	150
	路拱>2.0%	7 500	5 250	3 350	1 900	800	450	200

注:"—"为不考虑采用最大超高的情况。

4.0.18 公路圆曲线半径小于表 2-9"不设超高最小半径"时,应设置圆曲线超高。最大超高应符合下列规定:

1. 一般地区,圆曲线最大超高应采用8%。
2. 积雪冰冻地区,最大超高值应采取6%。
3. 以通行中、小型客车为主的高速公路和一级公路,最大超高可采用10%。
4. 城镇区域公路,最大超高值可采取4%。

4.0.19 直线与小于表 2-9 不设超高最小半径的圆曲线相衔接处,应设置缓和曲线。缓和曲线采用回旋线,应符合下列规定:

1. 缓和曲线参数及其长度应根据线形设计以及对安全、视觉、景观等的要求,选用较大的数值。
2. 四级公路直线与小于不设超高最小半径的圆曲线相衔接处,可不设置缓和曲线,用超高、加宽缓和段径向相连接。

4.0.20 最大纵坡应符合表 2-10 的规定,并应符合下列规定:

表 2-10 最大纵坡

设计速度(km/h)	120	100	80	60	40	30	20
最大纵坡(%)	3	4	5	6	7	8	9

1. 设计速度为120 km/h、100 km/h、80 km/h的高速公路受地形条件或其他特殊情况限制时,经技术经济论证,最大纵坡值可增加1%。

2. 公路改扩建中,设计速度为40 km/h、30 km/h、20 km/h的利用原有公路的路段,经技术经济论证,最大纵坡值可增加1%。

3. 二级及二级以下公路的越岭路线连续上坡(或下坡)路段,相对高差为200~500 m时,平均纵坡不应大于5.5%;相对高差大于500 m时,平均纵坡不应大于5%。任意连续3km路段的平均纵坡不应大于5.5%。

4. 高速公路、一级公路应论证采用合理的平均纵坡。对存在连续长、陡纵坡的路段应进行安全性评价。

4.0.21 不同纵坡的最大坡长应符合表2-11的规定。

表2-11 不同纵坡的最大坡长(m)

纵坡坡度(%)	设计速度(km/h)						
	120	100	80	60	40	30	20
3	900	1 100	1 100	1 200	—	—	—
4	700	800	900	1 000	1 100	1 100	1 200
5	—	600	700	800	900	900	1 000
6	—	—	500	600	700	700	800
7	—	—	—	—	500	500	600
8	—	—	—	—	300	300	400
9	—	—	—	—	—	200	300
10	—	—	—	—	—	—	200

4.0.22 公路纵坡变更处应设置竖曲线。竖曲线最小半径和最小长度不应小于表2-12的规定值。

表2-12 竖曲线最小半径和最小长度

设计速度(km/h)	120	100	80	60	40	30	20
凸形竖曲线最小半径(m)	11 100	6 500	3 000	1 400	450	250	100
凹形竖曲线最小半径(m)	4 000	3 000	2 000	1 000	450	250	100
竖曲线最小长度(m)	100	85	70	50	35	25	20

6 桥涵

6.0.8 桥梁及其引道的平、纵、横技术指标应与路线总体布设相协调,并应符合下列规定:

1. 桥上纵坡不应大于4%,桥头引道纵坡不宜大于5%。
2. 对于易结冰、积雪的桥梁,桥上纵坡宜适当减小。
3. 位于城镇混合交通繁忙处的桥梁,桥上纵坡和桥头引道纵坡均不得大于3%。
4. 桥头两端引道的线形应与桥梁的线形相配合。

6.0.9 渡口码头设计应符合下列规定:

1. 渡口位置应选择在河床稳定、水力水文状态适宜、无淤积或少淤积的河段。
2. 直线码头的引道纵坡宜采用9%~10%,锯齿式码头宜采用4%~6%。

3. 车辆上、下渡船的引道路面,应采取必要的防滑措施。

4. 二、三级公路的码头引道宽度不应小于 12 m,四级公路不应小于 10 m。

③《涉路工程安全评价规范(征求意见稿)》[14]

4.1.3.2 平纵线形指标评价应核查上跨公路或铁路的平面线形指标和纵断面线形指标是否符合相关规范的一般要求。

(3) 交叉角度

①《公路路线设计规范》(JTG D20—2017)[16]

10 公路与公路平面交叉

10.1.5 平面交叉交角与岔数的确定应符合下列规定:

1. 平面交叉的交角宜为直角。斜交时,其锐角应不小于 70°;受地形条件或其他特殊情况限制时,应大于 45°。

2. 平面交叉岔数不应多于四条;岔数多于四条时应采用环形交叉。

3. 环形交叉的岔数不宜多于五条,有条件实行"入口让路"规则管理时,应采用"入口让路"环形交叉。

4. 新建公路不应直接与已建的四岔或四岔以上的平面交叉相连接。

②《公路工程技术标准》(JTG B01—2014)[18]

9 路线交叉

9.1 公路与公路平面交叉

9.1.3 平面交叉角宜为直角,必须斜交时,交叉角大于 45°。同一位置平面交叉岔数不宜多于 5 条。

③《涉路工程安全评价规范(征求意见稿)》[14]

4.1.3.3 交叉角度应符合《公路路线设计规范》(JTG D20)的有关规定,当交角小于 45°时,应开展专题论证。

④《公路涉路施工活动技术评价规范》(DB45/T 1202—2015)[17]

6.4.2.1 道路跨越公路一般采用垂直交叉。

6.4.2.2 必须斜交时,其交角不应小于 60°;特殊情况下不应小于 45°;山岭地区特别困难路段不应小于 30°。

(4) 间距

①《公路路线设计规范》(JTG D20—2017)[16]

11 公路与公路立体交叉

11.1 一般规定

11.1.5 互通式立体交叉的间距应符合下列规定:

1. 大城市、重要工业园区附近的高速公路,其互通式立体交叉的平均间距宜为 5~10 km;其他地区宜为 15~25 km。

2. 高速公路相邻互通式立体交叉的最小间距,不宜小于 4 km。因路网结构或其他特殊情况限制,经论证相邻互通式立体交叉的间距需适当减小时,其上一互通式立体交叉加速车道渐变段终点至下一互通式立体交叉的减速车道渐变段起点间的距离,不得小于 1 000 m,且应进行专项交通工程设计,设置完善、醒目的标志、标线和警示、诱导设施;小于 1 000 m 且经论证必须设置时,应将两者合并设置为复合式互通立体交叉。

3. 高速公路相邻互通式立体交叉的间距不宜大于 30 km,西部荒漠戈壁、草原地区和人口稀疏的山区可增大至 40 km;超过时,应设置与主线立体分离的 U 形转弯设施。

4. 非高速公路互通式立体交叉的最小间距,可参照上述规定执行。条件受限时,经对交织段的通行能力验算后可适当减小间距。

11.1.6 互通式立体交叉与相邻的其他出入口的设施或隧道之间的距离应符合下列规定:

1. 互通式立体交叉与服务区、停车区、客运汽车停靠站之间的距离应能满足设置出口预告标志的需要。条件受限制时,间距可适当减小,但上一入口终点至下一个出口起点的距离不应小于 1 000 m;小于 1 000 m 且经论证必须设置时,应按复合式互通式立体交叉的方式处理。

2. 隧道出口与前方互通式立体交叉间的距离,应满足设置出口预告标志的需要;条件受限制时,隧道出口至前方互通式立体交叉出口起点的距离不应小于 1 000 m,小于时应在隧道入口前或隧道内设置预告标志。

3. 互通式立体交叉加速车道渐变段终点至前方隧道进口的距离(以 m 计)以不小于设计速度(以 km/h 计)的 1 倍长度为宜。

11.5 主线的分岔、合流和匝道间的分流、汇流

11.5.5 相邻出、入口的间距应符合下列规定:

1. 高速公路上如图 2-1 所示的各种相邻出口或入口之间、匝道上相邻出口或入口之间、主线上的出口至前方相邻入口之间的距离不应小于表 2-13 所列值。

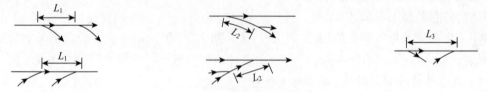

(a) 主线上的相邻出口或入口　　(b) 匝道上的相邻出口或入口　　(c) 主线上的出口至前方相邻入口

图 2-1　各种相邻出、入口之间的距离

表 2-13　高速公路相邻出、入口最小间距

主线设计速度(km/h)				120	100	80
间距(m)	L_1	一般值		400	350	310
		最小值		350	300	260
	L_2	最小值	枢纽互通式立体交叉	240	210	190
			一般互通式立体交叉	180	160	150
	L_3	一般值		200	150	150
		最小值		150	150	120

2. 当不能保证主线出入口间的应有距离或遇转弯车流的紧迫交织干扰主线车流时,应采用与主线相分隔的集散道将出入口串联起来。

3. 集散道由行车道和硬路肩组成。集散道与主线间应设边分隔带。

4. 集散道宜为双车道;交通量较小时,非交织段可为单车道。右侧硬路肩的宽度宜为 2.50 m;当双车道的交通量不大于或接近单车道的通行能力时,硬路肩的宽度可减至 1.0 m。

5. 集散道与主线的连接应按出入口对待,并符合车道数平衡的原则。单车道出入口能满足交通量的需求时,可采用单车道出入口的双车道匝道的布置形式。集散道上相继入口或出口的间距,应满足匝道出入口间距的规定;入口和后继出口的间距应满足交织的需要。

②《公路工程技术标准》（JTG B01—2014）[18]

9.2 公路与公路立体交叉

9.2.4 互通式立体交叉分为枢纽互通式立交和一般互通式立交，设置应符合下列规定：

1. 相邻互通式立体交叉的间距不宜小于 4 km。

受地形条件或其他特殊情况限制，经论证相邻互通式立体交叉的间距需适当减小时，其上一互通式立体交叉减速车道终点至下一互通式立体交叉减速车道起点之间的距离不得小于 1 000 m，且应进行专项交通工程设计，设置完善、醒目的标志、标线和警示、诱导设施。

相邻互通式立体交叉的间距小于上述规定的 1 000 m 最小值，且经论证必须设置时，应将两互通式立体交叉合并设置为复合式互通式立体交叉。

2. 相邻互通式立体交叉的最大间距不宜大于 30 km。在人烟稀少地区，其间距可适当加大，但应在适当位置设置"U 形转弯"设施。

（5）转弯设计

①《公路路线设计规范》（JTG D20—2017）[16]

10 公路与公路平面交叉

10.4 转弯设计

10.4.1 平面交叉转弯曲线的线形及路幅宽度应根据设计车辆的转弯行迹确定。

10.4.2 转弯曲线所采用的设计车辆及设计速度应符合下列规定：

1. 各级公路应根据对应设计车辆的行迹进行转弯设计，必要时应对弯道的路面加宽、转向净空等进行检验。

2. 左转弯曲线应采用载重汽车的行迹控制设计，转弯设计速度宜采用 5~15 km/h。大型车比例很少或条件受限的公路，可采用 5 km/h 速度时载重汽车的行迹控制设计，但左转弯内缘曲线的最小半径不应小于 12.5 m。

3. 设置分隔的右转弯车道时，其转弯设计速度不宜大于 40 km/h；当主要公路设计速度小于或等于 60 km/h 时，其右转弯设计速度不宜低于其 50%。公路技术等级低、交通量不大时，可不设右转弯专用行车道。

10.4.3 转弯路面内缘的最小圆曲线半径和线形应符合下列规定：

1. 载重汽车在各种转弯速度情况下，路面内缘的最小圆曲线半径应根据转弯速度按表 2-14 确定。

表 2-14 路面内缘的最小半径

转弯速度（km/h）	≤15	20	25	30	40	50	60	70
最小半径（m）	15	20(15)	25(20)	30	45	60	75	90
最小超高（%）	2	2	2	2	3	4	5	6
最大超高（%）	一般值:6；极限值:8							

注：条件受限制时可采用括号内的值。

2. 转弯路面边缘线形应符合车辆转弯时的行迹，其设计应符合下列规定：

1）渠化平面交叉的右转弯车道，其内侧路面边缘应采用三心圆复曲线；左转弯内侧路面边缘以一单圆曲线来控制分隔岛端的边缘线。

2）当按铰接列车设计时，路面边缘可采用符合转弯行迹的复曲线。

3）非渠化平面交叉的转弯路面边缘可采用半径 15 m 的圆曲线。

（6）视距

①《公路路线设计规范》(JTG D20—2017)[16]

7 公路平面

7.9 视距

7.9.1 高速公路、一级公路的视距应采用停车视距。高速公路、一级公路的一般路段，每条车道的停车视距应不小于表2-15的规定。

表2-15 高速公路、一级公路停车视距

设计速度(km/h)	120	100	80	60
停车视距(m)	210	160	110	75

7.9.2 二级公路、三级公路、四级公路的视距应采用会车视距。受地形条件或其他特殊情况限制而采取分道行驶措施的路段，可采用停车视距。会车视距与停车视距应不小于表2-16的规定。

表2-16 二级、三级、四级公路会车视距与停车视距

设计速度(km/h)	80	60	40	30	20
会车视距(m)	220	150	80	60	40
停车视距(m)	110	75	40	30	20

7.9.3 二级公路、三级公路、四级公路双车道公路，应间隔设置满足超车视距的路段。具有干线功能的二级公路宜在3 min的行驶时间内，提供一次满足超车视距要求的超车路段。超车视距最小值应符合表2-17的规定。

表2-17 超车视距最小值

设计速度(km/h)		80	60	40	30	20
超车视距最小值(m)	一般值	550	350	200	150	100
	极限值	350	250	150	100	70

注："一般值"为正常情况下的采用值；"极限值"为条件受限时可采用的值。

7.9.4 高速公路、一级公路以及大型车比例高的二级公路、三级公路的下坡路段，应采用下坡段货车停车视距对相关路段进行检验。各级公路下坡段货车停车视距应不小于表2-18的规定。

表2-18 下坡段货车停车视距(m)

设计速度(km/h)		120	100	80	60	40	30	20
纵坡坡度(%)	0	245	180	125	85	50	35	20
	3	265	190	130	89	50	35	20
	4	273	195	132	91	50	35	20
	5	—	200	136	93	50	35	20
	6	—	—	139	95	50	35	20
	7	—	—	—	97	50	35	20

续 表

设计速度(km/h)	120	100	80	60	40	30	20
纵坡坡度(%) 8	—	—	—	—	—	35	20
9	—	—	—	—	—	—	20

7.9.5 各级公路的互通式立体交叉、服务区、停车区、客运汽车停靠站等各类出口路段应满足识别视距要求,并应符合下列规定:

1. 不同设计速度对应的识别视距宜符合表 2-19 的规定。

表 2-19 识别视距

设计速度(km/h)	120	100	80	60
识别视距(m)	350(460)	290(380)	230(300)	170(240)

注:括号中为行车环境复杂、路侧出口提示信息较多时应采取的视距值。

2. 受地形、地质等条件限制路段,识别视距可采用 1.25 倍的停车视距,但应进行必要的限速控制和管理措施。

7.9.6 路线设计应对采用较低几何指标、线形组合复杂、中间带设置护栏或防眩设施、路侧设有高边坡或构造物、公路两侧各类出入口、平面交叉、隧道等各种可能存在视距不良的路段和区域,进行视距检验。不符合对应的视距要求时,应采取相应的技术和工程措施予以改善。

10 公路与公路平面交叉

10.3 视距

10.3.1 引道视距应符合下列规定:

1. 每条岔路上都应提供与行驶速度相适应的引道视距,如图 2-2 所示。

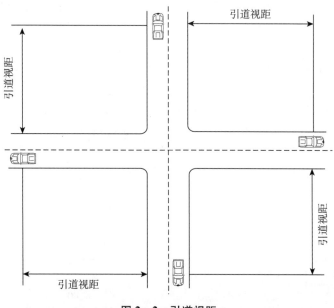

图 2-2 引道视距

2. 引道视距在数值上等于停车视距,但量取标准为:视点高 1.2 m,物高 0 m。各种设计速度所对应的引道视距及凸形竖曲线的最小半径应符合表 2-20 的规定。

表2-20 引道视距及相应的凸形竖曲线最小半径

设计速度(km/h)	100	80	60	40	30	20
引道视距(m)	160	110	75	40	30	20
引道凸形竖曲线最小半径(m)	10 700	5 100	2 400	700	400	200

10.3.2 通视三角区的视距应符合下列规定：

1. 两相交公路间,由各自停车视距所组成的三角区内不得存在任何有碍通视的物体,如图2-3所示。

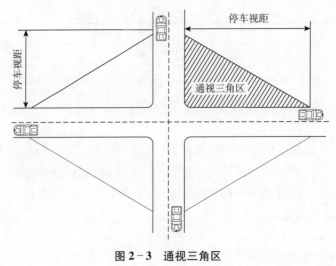

图2-3 通视三角区

2. 条件受限制不能保证由停车视距所构成的通视三角区时,应保证主要公路的安全交叉停车视距和次要公路至主要公路边车道中心线5~7 m所组成的通视三角区,如图2-4所示。安全交叉停车视距值应符合表2-21的规定。

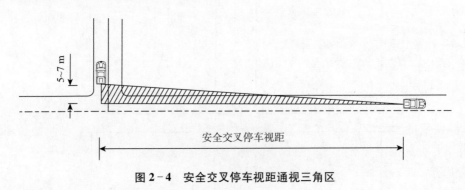

图2-4 安全交叉停车视距通视三角区

表2-21 安全交叉停车视距

设计速度(km/h)	100	80	60	40	30	20
停车视距(m)	160	110	75	40	30	20
安全交叉停车视距(m)	250	175	115	70	55	35

11 公路与公路立体交叉

11.2 视距

11.2.1 互通式立体交叉区域应具有良好的通视条件。

11.2.2 主线分流鼻之前应保证判断出口所需的识别视距。识别视距应符合表2-22的规定。条件受限制时,识别视距应大于1.25倍的主线停车视距。

表2-22 识别视距

设计速度(km/h)	120	100	80	60
识别视距(m)	350(460)	290(380)	230(300)	170(240)

注:括号中为行车环境复杂、路侧出口提示信息较多时应采取的视距值。

11.2.3 匝道全长范围内的停车视距应不小于表2-23的规定。

表2-23 匝道停车视距

设计速度(km/h)	80	70	60	50	40	35	30
识别视距(m)	110(135)	95(120)	75(100)	65(70)	40(45)	35	30

注:积雪冰冻地区,应不小于括号内的数值。

11.2.4 汇流鼻前,匝道与主线间应具有如图2-5所示的通视三角区。

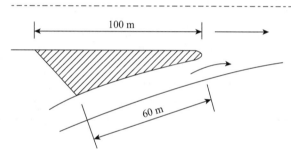

图2-5 汇流鼻前通视三角区

11.2.5 匝道出口位置应明显,易于识别,宜将出口分流鼻设置在跨线桥前;当设置在跨线桥后,匝道出口至跨线桥的距离不应小于150 m。

12 公路与铁路、乡村道路、管线交叉

12.2.7 铁路上跨公路时,其设计应符合下列要求:

4. 铁路跨线桥的跨径与布孔应留有足够的侧向余宽,不得将墩、台设置在公路边沟、排水沟以内,并满足公路视距和对前方公路识别的要求。不能满足公路视距与对前方公路识别要求时,应设置边孔。

②《公路工程技术标准》(JTG B01—2014)[18]

4 路线

4.0.15 视距应符合下列规定:

1. 高速公路、一级公路的停车视距应不小于表2-24的规定。

表2-24 高速公路、一级公路停车视距

设计速度(km/h)	120	100	80	60
停车视距(m)	210	160	110	75

2. 二、三、四级公路的停车视距、会车视距与超车视距应不小于表 2-25 的规定。

表 2-25　二、三、四级公路停车、会车与超车视距

设计速度(km/h)	80	60	40	30	20
停车视距(m)	110	75	40	30	20
会车视距(m)	220	150	80	60	40
超车视距(m)	550	350	200	150	100

3. 互通式立交、服务区、停车区、公共汽车停靠站等各类出、入口应满足识别视距要求。
4. 双车道公路应间隔设置满足超车视距的路段。
5. 高速公路、一级公路以及大型车比例较高的二、三级公路,应采用货车停车视距对相关路段进行检验。货车的停车视距、识别视距应符合附录 B 的规定。
6. 积雪冰冻地区的停车视距宜适当增长。

附录 B　货车停车视距、识别视距

B.0.1　货车停车视距

停车视距和货车停车视距对照如表 2-26、表 2-27 所示。

表 2-26　高速公路、一级公路停车视距和货车停车视距

设计速度(km/h)	120	100	80	60
停车视距(m)	210	160	110	75
货车停车视距(m)	245	180	125	85

表 2-27　二、三、四级公路停车视距和货车停车视距

设计速度(km/h)	80	60	40	30	20
停车视距(m)	110	75	40	30	20
货车停车视距(m)	125	85	50	35	20

货车停车视距在下坡路段,应随坡度大小进行修正,其值如表 2-28 所示。

表 2-28　货车停车视距

纵坡坡度(%)		设计速度(km/h)									
		120	110	100	90	80	70	60	50	40	30	20
下坡方向	0	245	210	180	150	125	100	85	65	50	35	20
	3	265	225	190	160	130	105	89	66	50	35	20
	4	273	230	195	161	132	106	91	67	50	35	20
	5	—	236	200	165	136	108	93	68	50	35	20
	6	—	—	—	169	139	110	95	69	50	35	20
	7	—	—	—	—	—	—	—	70	50	35	20
	8	—	—	—	—	—	—	—	—	—	35	20
	9	—	—	—	—	—	—	—	—	—	—	20

B.0.2 识别视距

识别视距是指在车辆以一定速度行驶中,驾驶员自看清前方分流、合流、交叉、渠化、交织等各种行车条件变化时的导流设施、标志、标线,做出制动减速、变换车道等操作,至变化点前使车辆达到必要的行驶状态所需要的最短行驶距离。不同设计速度对应的识别视距如表2-29所示。

表2-29 不同设计速度对应的识别视距

设计速度(km/h)	120	100	80	60
识别视距(m)	350(460)	290(380)	230(300)	170(240)

注:括号中为行车环境复杂、路侧出入口提示信息较多时应采取的视距值。

③《涉路安全工程评价规范(征求意见稿)》[14]

4.1.3.4 视距应符合《公路工程技术标准》(JTG B01—2014)、《公路路线设计规范》(JTG D20—2017)的有关规定。

(7)净空

①《公路路线设计规范》(JTG D20—2017)[16]

6 公路横断面

6.6 公路建筑限界

6.6.1 公路建筑限界范围内不得有任何障碍物侵入。公路标志、护栏、照明灯柱、电杆、管线、绿化、行道树以及跨线桥的梁底、桥台、桥墩等的任何部分也不得侵入公路建筑限界。

6.6.2 各级公路的建筑限界应符合图2-6的规定,并应符合下列规定:

1. 设置加(减)速车道、紧急停车带、爬坡车道、错车道、慢车道、车道隔离设施等路段,行车道应包括该部分的宽度。

2. 八车道及以上的高速公路(整体式),设置左侧硬路肩时,建筑限界应包括相应部分的宽度。

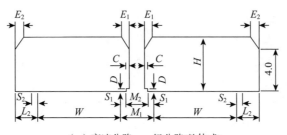

(a)高速公路、一级公路(整体式)

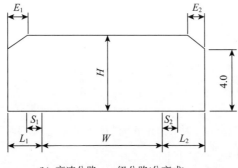

(b)高速公路、一级公路(分离式)

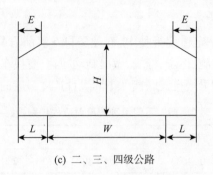

(c) 二、三、四级公路

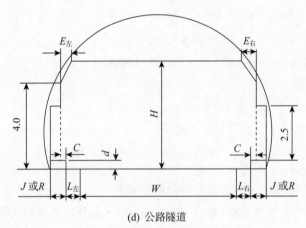

(d) 公路隧道

图 2-6 建筑限界(尺寸单位:m)

图中:W——行车道宽度;

L_1——左侧硬路肩宽度;

L_2——右侧硬路肩宽度;

S_1——左侧路缘带宽度;

S_2——右侧路缘带宽度;

L——侧向宽度,二级公路的侧向宽度为硬路肩宽度;三、四级公路的侧向宽度为路肩宽度减去 0.25 m;设置护栏时,应根据护栏需要的宽度加宽路基;

$L_左$——隧道内左侧侧向宽度;

$L_右$——隧道内右侧侧向宽度;

C——当设计速度大于 100 km/h 时为 0.5 m,小于或等于 100 km/h 时为 0.25 m;

D——路缘石高度,小于或等于 0.25 m;一般情况下,高速公路可不设路缘石;

M_1——中间带宽度;

M_2——中央分隔带宽度;

J——检修道宽度;

R——人行道宽度;

d——检修道或人行道高度;

E——建筑限界顶角宽度,当 $L \leqslant 1$ m 时,$E=L$;当 $L>1$ m 时,$E=1$ m;

E_1——建筑限界左顶角宽度,当 $L_1<1$ m 时,$E_1=L_1$;或 $S_1+C<1$ m,$E_1=S_1+C$;当 $L_1 \geqslant 1$ m 或 $S_1+C \geqslant 1$ m 时,$E_1=1$ m;

E_2——建筑限界右顶角宽度,$E_2=1$ m;

$E_左$——建筑限界左顶角宽度,当 $L_左 \leq 1$ m 时,$E_左=L_左$;当 $L_左>1$ m 时,$E_左=1$ m;

$E_右$——建筑限界右顶角宽度,当 $L_右 \leq 1$ m 时,$E_右=L_右$;当 $L_右>1$ m 时,$E_右=1$ m;

H——净空高度。

3. 隧道最小侧向宽度应符合表 2-30 的规定。

表 2-30　隧道最小侧向宽度

设计速度 (km/h)	高速公路、一级公路				二级公路、三级公路、四级公路				
	120	100	80	60	80	60	40	30	20
左侧侧向宽度 $L_左$(m)	0.75	0.75	0.50	0.50	0.75	0.50	0.25	0.25	0.50
右侧侧向宽度 $L_右$(m)	1.25	1.00	0.75	0.75	0.75	0.50	0.25	0.25	0.50

4. 桥梁、隧道设置检修道、人行道时,建筑限界应包括相应部分的宽度。

5. 高速公路、一级公路、二级公路的净高应为 5.00 m;三级公路、四级公路的净高应为 4.50 m。

6. 人行道、自行车道、检修道与行车道分开设置时,其净高应为 2.50 m。

7. 路基、桥梁、隧道相互衔接处,其建筑限界应按过渡段处理。

6.6.3 公路建筑限界的边界应按图 2-7 划定,并应符合下列规定:

1. 在不设超高的路段,建筑限界的上缘边界线应为水平线,其两侧边界线应与水平线垂直。

2. 在设置超高的路段,建筑限界的上缘边界线应与超高横坡平行,其两侧边界线应与路面超高横坡垂直。

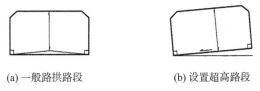

(a) 一般路拱路段　　　　　(b) 设置超高路段

图 2-7　建筑限界的边界线制定

6.6.4 公路净空高度应符合下列规定:

1. 根据公路在路网中的地位与位置,同一公路应采用相同的净空高度。

2. 三级公路、四级公路的路面采用沥青贯入、沥青碎石、沥青表面处治或砂石路面时,净空高度宜预留 20 cm。

3. 中央分隔带或路肩上设置桥梁墩台、标志立柱时,其前缘除不得侵入公路建筑限界外,且不得紧贴建筑物设置,应留有护栏缓冲变形的余宽。

4. 凹形竖曲线上方设有跨线构造物时,其净高应满足铰接列车有效净高的要求,如图 2-8 所示。

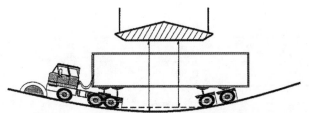

图 2-8　凹形竖曲线上方有效净空高度

5. 公路下穿宽度较宽或斜交角度较大的跨线构造物时,其路面距跨线构造物下缘任一点的净高均应符合相应净空高度的规定。

12 公路与铁路、乡村道路、管线交叉

12.2.7 铁路上跨公路时,其设计应符合下列要求:

1. 铁路跨线桥的跨径与净高必须符合公路建筑限界的规定。

②《公路工程技术标准》(JTG B01—2014)[18]

3.6 建筑限界

3.6.1 各级公路的建筑限界应符合图2-6的规定,并应符合下列规定:

1. 设置加(减)速车道、紧急停车带、爬坡车道、错车道、慢车道、车道隔离设施等路段,行车道应包括该部分的宽度。

2. 八车道及以上的高速公路(整体式),设置左侧硬路肩时,建筑限界应包括左侧硬路肩宽度。

3. 一条公路应采用同一净高。高速公路、一级公路、二级公路的净高应为5.00 m;三级公路、四级公路的净高应为4.50 m。

4. 人行道、自行车道、检修道与行车道分开设置时,其净高应为2.50 m。

5. 路基、桥梁、隧道相互衔接处,其建筑限界应按过渡段处理。

6 桥涵

6.0.6 桥面净空应符合本标准第3.6.1条公路建筑限界的规定,并应符合下列规定:

1. 多车道公路上的特大桥为整体式上部结构时,中央分隔带应根据所采用的护栏形式确定。

2. 特大桥的路肩宽度经论证后可采用表2-31的最小值。

表2-31 路肩宽度

公路等级(功能)		高速公路			一级公路(干线功能)	
设计速度(km/h)		120	100	80	100	80
右侧硬路肩宽度(m)	一般值	3.00(2.50)	3.00(2.50)	3.00(2.50)	3.00(2.50)	3.00(2.50)
	最小值	1.50	1.50	1.50	1.50	1.50
土路肩宽度(m)	一般值	0.75	0.75	0.75	0.75	0.75
	最小值	0.75	0.75	0.75	0.75	0.75
公路等级(功能)		一级公路(集散功能)和二级公路			三级公路、四级公路	
设计速度(km/h)		80	60	40	30	20
右侧硬路肩宽度(m)	一般值	1.50	0.75	—	—	—
	最小值	0.75	0.25			
土路肩宽度(m)	一般值	0.75	0.75	0.75	0.50	0.25(双车道)0.50(单车道)
	最小值	0.50	0.50			

注:1. 正常情况下应采用"一般值";在设爬坡车道、变速车道及超车道路段,受地形、地物等条件限制路段及多车道公路特大桥,可论证采用"最小值"。

2. 高速公路和作为干线的一级公路以通行小客车为主时,右侧硬路肩宽度可采用括号内数值。

3. 路、桥不同宽度间应顺适过渡。

4. 桥上设置的各种管线、安全设施及标志等不得侵入公路建筑限界。

6.0.7 桥下净空应符合下列规定：

1. 通航或流放木筏的河流，桥下净空应符合通航标准或流放木筏的要求。

2. 跨线桥桥下净空，应符合被交叉公路、铁路、其他道路等建筑限界的规定。

3. 桥下净空应考虑排洪、流水、漂流物、冰塞以及河床冲淤等情况。

9 路线交叉

9.2 公路与公路立体交叉

9.2.5 公路与公路立体交叉跨线桥桥下净空应符合本标准第3.6.1条的规定，并应满足桥下公路的视距要求，其结构形式应与周围环境相协调。

9.3 公路与铁路相交叉

9.3.4 铁路跨越公路上方时，其跨线桥下净空及布孔应符合本标准第3.6.1条公路建筑限界、第4.0.15条视距的规定，以及对前方信息识别的要求。

铁路穿越公路下方时，公路跨线桥下净空应符合现行铁路净空限界标准的规定。

③《涉路工程安全评价规范》(DB34/T 2395—2015)[15]

4.4.2 最小垂直净空

跨线桥净高应符合公路建筑限界的规定，并且满足公路路面养护的需要，高速公路、一级公路、二级公路净空应不小于5.5 m，三、四级公路的净空应不小于5.0 m。

4.5.2 最小垂直净空

渡槽或廊道净空应满足公路建筑限界的规定，高速公路、一级公路、二级公路净空应不小于5.5 m，三、四级公路的净空应不小于5.0 m。

④《公路涉路施工活动技术评价规范》(DB45/T 1202—2015)[17]

6.4.3 最小垂直净空

跨越道路的最小垂直净空应满足表2-32的规定。

表2-32 道路跨越距路面的最小垂直净空

位置	净空要求(m)
高速公路、一级公路	6.0
二级公路	5.5
三级公路	5.0
四级公路	4.7
车型通道	4.5
人行通道	3.0

6.4.4 最小水平净空

跨线桥桥墩到行车道边缘的距离应满足路侧净区的要求。没有安装防撞护栏的公路，应根据具体交通量、运行速度、公路线形、边坡情况进行验算，参照JTG/T B05—2017。

⑤《涉路工程安全评价规范(征求意见稿)》[14]

4.1.3.5 净空应满足如下要求：

1. 上跨桥梁与路面的最小垂直净空应符合现行《公路工程技术标准》(JTG B01—2014)、

《公路路线设计规范》(JTG D20—2017)的有关规定。

2. 上跨桥梁墩柱与行车道间的水平净空应满足未来的拓宽改造规划要求。

⑥《公路桥涵设计通用规范》(JTG D60—2015)[19]

3.4.1 桥涵净空应符合现行《公路工程技术标准》(JTG B01—2014)中的公路建筑限界规定,并应符合下列规定:

1. 确定桥面净宽时,应首先考虑与桥梁相连的公路路段的路基宽度,保持桥面净宽与路基宽度相同。

2. 多车道公路上的特大桥为整体式上部结构时,中央分隔带宽度应根据所采用的护栏形式确定,路肩宽度经论证后可采用现行《公路工程技术标准》(JTG B01—2014)有关规定的"最小值"。

3. 高速公路和作为干线功能的一级公路上特大桥的右侧路肩宽度小于2.50 m且桥长超过1 000 m时,宜设置紧急停车带和过渡段,紧急停车带宽度包括路肩在内应为3.50 m,有效长度不应小于40 m,间距不宜大于500 m。

4. 桥上设置的各种安全设施及标志等不得侵入桥涵净空限界。

3.4.3 桥下净空应根据计算水位(设计水位计入壅水、浪高等)或最高流冰水位加安全高度确定,并应符合下列规定:

1. 当河流有形成流冰阻塞的危险或有漂浮物通过时,应按实际调查的数据,在计算水位的基础上,结合当地具体情况酌留一定富余量,作为确定桥下净空的依据。对于有淤积的河流,桥下净空应适当增加。

2. 通航或流放木筏的河流,桥下净空应符合通航标准或流放木筏的要求。有国防要求和其他特殊要求(如石油钻探船只)的航道,其通航标准应与有关部门具体研究确定。

3. 在不通航或无流放木筏河流上及通航河流的不通航桥孔内,桥下净空不应小于表2-33的规定。

表2-33 非通航河流桥下最小净空

桥梁的部位		高出计算水位(m)	高出最高流冰面(m)
梁底	洪水期无大漂流物	0.50	0.75
	洪水期有大漂流物	1.50	—
	有泥石流	1.00	
支承垫石顶面		0.25	0.50
有铰拱拱脚		0.25	0.25

4. 无铰拱的拱脚允许被设计洪水淹没,但不宜超过拱圈高度的2/3,且拱顶底面至计算水位的净高不得小于1.0 m。

5. 在不通航和无流筏的水库区域内,梁底面或无铰拱拱顶底面离开水面的高度不应小于计算浪高的0.75倍加上0.25 m。

3.4.5 立体交叉跨线桥桥下净空应符合下列规定:

1. 公路与公路立体交叉的跨线桥桥下净空及布孔除应符合本规范第3.4.1条桥涵净空的规定外,尚应满足桥下公路的视距和前方信息识别的要求,其结构形式应与周围环境相协调。

2. 铁路从公路上跨越通过时,其跨线桥桥下净空及布孔除应符合本规范第3.4.1条桥涵净空的规定外,尚应满足桥下公路的视距和前方信息识别的要求。

3. 农村道路与公路立体交叉的跨线桥桥下净空为:

1) 当农村道路从公路上面跨越时,跨线桥桥下净空应符合本规范第3.4.1条建筑限界的规定;

2) 当农村道路从公路下面穿过时,其净空可根据当地通行的车辆和交叉情况而定,人行通道的净高应大于或等于2.2 m,净宽应大于或等于2.0 m;

3) 畜力车及拖拉机通道的净高应大于或等于2.7 m,净宽应大于或等于4.0 m;

4) 农用汽车通道的净高应大于或等于3.2 m,净宽应根据交通量和通行农业机械的类型选用,且应大于或等于4.0 m;

5) 汽车通道的净高应大于或等于3.5 m,净宽应大于或等于6.0 m。

(8) 排水

①《公路路线设计规范》(JTG D20—2017)[16]

11 公路与公路立体交叉

11.7.3 分离式立体交叉设计应符合下列要求:

4. 分离式立体交叉跨线桥的桥面雨水,应通过管道引至桥下公路的排水沟,不得散排于桥下公路路面。跨线桥桥下公路的排水宜采用自流排水。

12 公路与铁路、乡村道路、管线交叉

12.2.7 铁路上跨公路时,其设计应符合下列要求:

6. 铁路跨线桥及其引道的排水系统应自成体系,跨线桥桥面雨水不得直接排至公路建筑限界范围内。

②《公路排水设计规范》(JTG/T D33—2012)[20]

3 总体要求

3.0.4 公路排水系统的总体设计应在公路总体设计中同步完成,工程条件简单、不进行总体设计的公路工程,宜单独对排水系统进行总体设计。

3.0.5 公路排水系统应与主体工程及自然环境相适应。设计中应注重各种排水设施的功能和相互之间的衔接,防、排结合,形成完善的排水系统。

3.0.12 桥面应设置完善的排水设施,应重视桥面防水层、黏结层的设置和材料选择。

7 公路构造物、下穿道路及沿线设施排水

7.1 桥面排水

7.1.1 桥面排水系统应与桥梁结构及桥下排水条件相适应,避免水流下渗对桥梁结构耐久性造成影响。大桥和特大桥的桥面排水系统尚应与桥面铺装设计相协调。

7.1.2 桥面应有足够的横向和纵向排水坡度。桥面横向排水坡度宜与路面横坡度一致,当设有人行道时,人行道应设置倾向行车道0.5%~1.5%的横坡。当桥面纵坡小于0.5%时,宜在桥面铺装较低侧边缘设置纵向渗沟排水系统。

7.1.3 桥面排水对桥下通行有影响时,桥面水通过横坡和纵坡排入泄水口后,应汇集到纵向排水管或排水槽中,通过设在墩台处的竖向排水管排入地面排水设施或河流中。竖向排水管出口处应设置排水沟,并适当加固,避免冲刷和漫流。

7.1.4 泄水口宜设置在桥面行车道边缘处,间距可依据设计径流量按第9章计算确定,且最大间距不宜超过20 m。在桥梁伸缩缝的上游方向应增设泄水口,在桥面凹形竖曲线的最低点及其前后3~5 m处应各设置一个泄水口。

7.1.5 泄水口可为圆形或矩形。圆形泄水口的直径宜为150~200 mm;矩形泄水口的宽度宜为200~300 mm,长度宜为300~400 mm。泄水口顶部应采用格栅盖板,其顶面宜比周围桥面铺装低5~10 mm。泄水管可采用铸铁管、PVC管或复合材料管,内径不宜小于150 mm。泄水管伸入铺装结构内部的部分应做成孔隙状,其周围的桥面板应配置补强钢筋网。

7.1.6 排水管或排水槽宜设置在悬臂板外侧,并与周围景观相协调。排水管宜采用铸铁管、PVC管、PE管、玻璃钢管或钢管,其内径应大于或等于泄水管的内径。排水槽宜采用铝、钢或玻璃钢材料,其横截面应为矩形或U形,宽度和深度均不宜小于200 mm。纵向排水管或排水槽的坡度不得小于0.5%。桥梁伸缩缝处的纵向排水管或排水槽应设置可伸缩的柔性套筒。寒冷地区的竖向排水管,其末端宜距地面500 mm以上。

7.1.7 伸缩缝结构应能避免桥面水下落至梁端、盖梁和墩台等结构上。伸缩缝两侧的现浇混凝土应采取浇筑微膨胀混凝土、抗渗混凝土等防渗漏的措施,避免雨水下渗影响到梁端、盖梁和墩台等桥梁结构。

7.2 桥(涵)台和支挡构造物排水

7.2.1 桥(涵)台台背和支挡构造物墙背宜采用透水性材料回填,严寒地区和浸水挡土墙应采用透水性材料回填。桥(涵)台和路肩挡土墙回填料表面应采取在回填区外设置拦截地表水流入的沟渠、回填料顶面夯实或铺设不透水层等措施防止地表水渗入。

7.2.2 台背或墙背回填透水性材料时,应在台身或墙身设置泄水孔排水。回填料透水性不良、回填区渗水量大或有冻胀可能时,可选用下列排水措施:

1. 在台背或墙背与回填料之间设置由透水性材料组成的连续排水层。排水层的厚度应不小于300 mm,其顶部应采用300~500 mm厚的黏土等不透水材料进行封闭。

2. 沿台背或墙背铺设排水板等土工复合排水材料。以排除填土积水为主时,复合排水材料可满铺或以1~2 m的间距沿台背或墙背布设;以排除地下渗水为主时,应通过有关流量计算确定排水材料的布设间距和数量。

3. 沿台背或墙背的底部纵向设置内径100~150 mm的软式透水干管,每隔2~3 m竖向设置内径50~80 mm的软式透水支管。

4. 在填料内根据实际需要设置若干层水平向排水夹层。夹层厚度不应小于300 mm。

7.2.3 泄水孔可采用塑料管或铸铁管等,直径宜为50~100 mm,安置时应向下倾斜3%~5%,进水口处应采取反滤和防堵措施。泄水口间距宜为2~3 m,上下排交错布置,最低一排出水口应高出墙前地面、常水位或边沟内设计水位300 mm以上。挡土墙墙趾应采取防止泄水孔水流冲刷地表或基础的措施。

7.2.4 挡土墙的背面有地下水渗入时,应在后部和底部增加排水层。排水层可采用级配碎石或级配砂砾,厚度不宜小于0.5 m,必要时可在进水面铺设土工织物反滤层,防止淤塞。

7.2.5 当由于地形情况有可能产生流向挡土墙的斜坡径流时,应采取截水、疏导和防水等措施。相关措施应与坡面防排水体系相协调。

9 水文与水力计算

9.3 泄水口水力计算

9.3.1 泄水口的水力计算,应包括依据设计流量和截流要求确定泄水口的尺寸和布设间距等内容。

9.3.2 在纵坡坡段上的开口式泄水口,设计泄水量应根据开口长度 L_i、低凹区的宽度 B_w、下凹深度 h_a 以及过水断面的纵向坡度 i_z 和横向坡度 i_h 确定,如图 2-9 所示,可利用附录 C 中图 2-13~图 2-18 查取截流率 (Q_0/Q_c) 后,按过水断面泄水能力 Q_c 确定其设计泄水量 Q_0,泄水口开口长度、下凹区宽度和下凹深度取值应根据喇叭口的形状和尺寸确定。

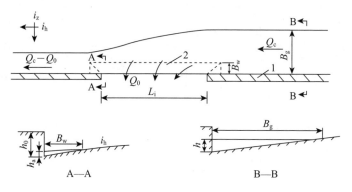

图 2-9 开口式泄水口周围的水流状况
1—拦水带或缘石;2—低凹区

9.3.3 在凹形竖曲线底部的开口式泄水口的设计泄水量,应按泄水口处的水深和泄水口的尺寸确定。

1. 开口处设有低凹区,当开口处的净高 h_0 大于或等于由图 2-10 确定的满足堰流要求的最小高度 h_m 时,可利用图 2-11 确定开口的泄水量 Q_0 或最大水深 h_i。

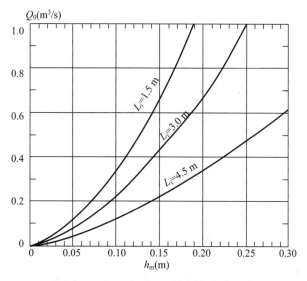

图 2-10 开口式泄水口满足堰流要求的最小开口高度 h_m 计算图

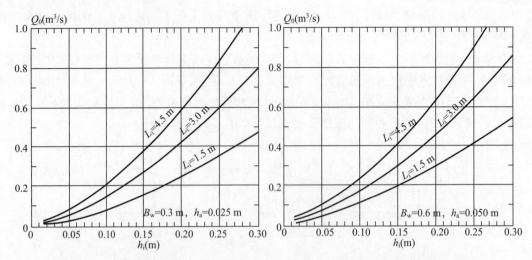

图 2-11　开口处净高 h_0 大于或等于 h_m 时开口的泄水量 Q_0 或最大水深 h_i 计算图

2. 不设低凹区可按式(2-1)确定其泄水量 Q_0。

$$Q_0 = 1.66 L_i h_i^{1.5} \tag{2-1}$$

3. 当开口处水深 h_i 超过 h_0 的 1.4 倍时,可按式(2-2)确定其泄水量 Q_0。

$$Q_0 = 13.14 h_0 L_i (h_i - 0.5 h_0) \tag{2-2}$$

9.3.4　在纵坡坡段上的格栅式泄水口,其设计泄水量为过水断面中格栅宽度 B_g 所截流的部分,如图 2-12 所示,可利用式(2-3)确定。格栅孔口所需的最小净长度 L_g 可按式(2-4)确定。

$$Q_c = 0.377 \frac{1}{i_h n} h^{\frac{8}{3}} I^{\frac{1}{2}} \tag{2-3}$$

$$L_g = 0.91 v_g (h_i + d)^{0.5} \tag{2-4}$$

式中:i_h——沟或过水断面的横向坡度;
　　　h——沟或过水断面的水深(m);
　　　n——沟壁或管壁的粗糙系数;
　　　I——水力坡度;
　　　L_g——格栅孔口的最小净长度(m);
　　　v_g——格栅宽度范围内水流的平均流速(m/s);
　　　d——格栅栅条的厚度(m)。

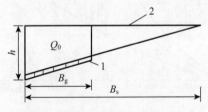

图 2-12　格栅式泄水口过水断面
1—格栅;2—水面

9.3.5　在凹形竖曲线底部的格栅式泄水口,其泄水量计算应符合以下规定:

1. 当格栅上面的水深 h_i 小于 0.12 m 时,泄水量 Q_0 可按式(2-5)计算。

$$Q_0 = 1.66 p_g h_i^{1.5} \tag{2-5}$$

式中：p_g——格栅的有效周边长，为格栅进水周边边长之和的一半(m)。

2. 当格栅上面的水深 h_i 大于 0.43 m 时，泄水量 Q_0 可按式(2-6)计算。

$$Q_0 = 2.96 S_i h_i^{0.6} \qquad (2-6)$$

式中：S_i——格栅孔口净泄水面积的一半(m²)。

3. 当格栅上的水深处于 0.12~0.43 m 之间时，其泄水量介于式(2-5)和式(2-6)的计算结果之间，可按水深通过直线内插得到。

9.3.6 在纵坡坡段上，上方第一个泄水口的位置按保证过水断面或沟内的水面宽度不超出第 4.2.1 条第 4 款规定①的允许范围的原则确定，随后各泄水口的间距按该段长度内所产生的径流量与该泄水口的泄水量相等的原则计算确定。坡段上最后一个泄水口的溢流量计入进入凹形竖曲线底部的泄水口的流量。

附录 C 开口式泄水口截流率计算诺莫图

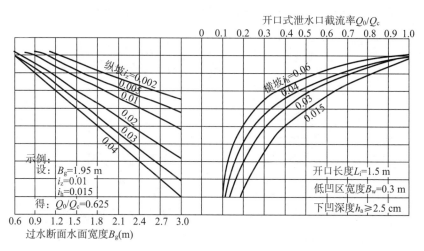

图 2-13 开口长度 $L_i = 1.5$ m，低凹区宽度 $B_w = 0.3$ m，下凹深度 $h_a \geqslant 2.5$ cm

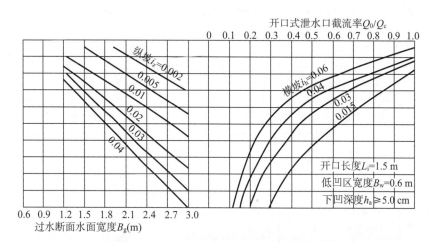

图 2-14 开口长度 $L_i = 1.5$ m，低凹区宽度 $B_w = 0.6$ m，下凹深度 $h_a \geqslant 5.0$ cm

---

① 第 4.2.1 条第 4 款规定：设置拦水带汇集路表水时，高速公路及一级公路的设计积水宽度不得超过右侧车道外边缘；二级及二级以下公路不得超过右侧车道中心线。当硬路肩宽度较窄、汇水量大或拦水带形成的过水断面不足时，可采用沿土路肩设置 U 形路肩边沟等措施加大过水断面。路肩边沟宜采用水泥混凝等预制件铺筑。

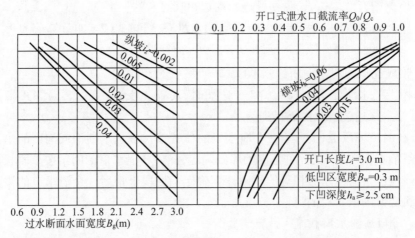

图 2-15　开口长度 $L_i = 3.0$ m，低凹区宽度 $B_w = 0.3$ m，下凹深度 $h_a \geqslant 2.5$ cm

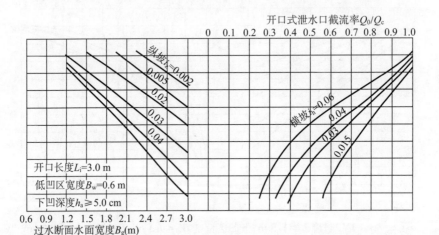

图 2-16　开口长度 $L_i = 3.0$ m，低凹区宽度 $B_w = 0.6$ m，下凹深度 $h_a \geqslant 5.0$ cm

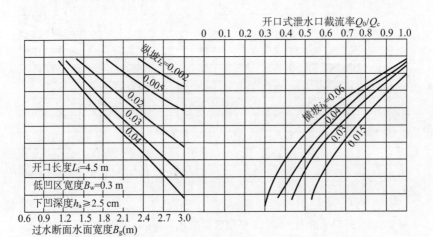

图 2-17　开口长度 $L_i = 4.5$ m，低凹区宽度 $B_w = 0.3$ m，下凹深度 $h_a \geqslant 2.5$ cm

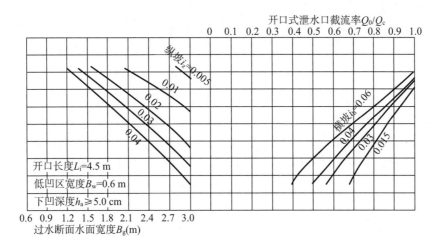

图 2-18 开口长度 $L_i=4.5$ m,低凹区宽度 $B_w=0.6$ m,下凹深度 $h_a \geq 5.0$ cm

③《涉路工程安全评价规范》(DB34/T 2395—2015)[15]

4.4.1.5 跨线桥及其引道的桥面雨水,应通过管道引至桥下公路的排水沟,不得散排于桥下公路路面。跨线桥桥下公路的排水宜采用自流排水。

4.5.1.2 跨线桥及其引道的排水系统不应对路面、路基造成影响,不得影响公路原有排水系统。

④《涉路工程安全评价规范(征求意见稿)》[14]

4.1.3.6 上跨桥梁桥面排水,不应影响公路原有排水系统或采取相应措施保证公路原有排水能力。

⑤《城市桥梁设计规范》(CJJ 11—2011)[21]

9.2.3 桥面排水设施的设置应符合下列规定:

1. 桥面排水设施应适应桥梁结构的变形,细部构造布置应保证桥梁结构的任何部分不受排水设施及泄漏水流的侵蚀;

2. 应在行车道较低处设排水口,并可通过排水管将桥面水泄入地面排水系统中;

3. 排水管道应采用坚固的、抗腐蚀性能良好的材料制成,管道直径不宜小于 150 mm;

4. 排水管道的间距可根据桥梁汇水面积和桥面纵坡大小确定:

当纵坡大于 2%时,桥面设置排水管的截面积不宜小于 60 mm^2/m^2;

当纵坡小于 1%时,桥面设置排水管的截面积不宜小于 100 mm^2/m^2;

南方潮湿地区和西北干燥地区可根据暴雨强度适当调整;

5. 当中桥、小桥的桥面设有不小于 3%纵坡时,桥上可不设排水口,但应在桥头引道上两侧设置雨水口;

6. 排水管宜在墩台处接入地面,排水管布置应方便养护,少设连接弯头,且宜采用有清除孔的连接弯头;排水管底部应作散水处理,在使用除冰盐的地区应在墩台受水影响区域涂混凝土保护剂;

7. 沥青混凝土铺装在桥跨伸缩缝上坡侧,现浇带与沥青混凝土相接处应设置渗水管;

8. 高架桥桥面应设置横坡及不小于 0.3%的纵坡;当纵断面为凹形竖曲线时,宜在凹形竖曲线最低点及其前后 3~5 m 处分别设置排水口。当条件受到限制,桥面为平坡时,应沿主梁纵向设置排水管,排水管纵坡不应小于 3%。

(9) 交通安全措施

①《公路路线设计规范》(JTG D20—2017)[16]

11 公路与公路立体交叉

11.7.5 主要公路或高速公路上跨时,其设计应符合下列要求:

2. 跨线桥下为双车道公路时,不得在对向行车道设置中墩。

3. 跨线桥下为多车道公路,在中间带设置中墩时,其中墩两侧必须设置防撞护栏,并留有护栏缓冲变形的余地;跨线桥下为中间带多车道公路,需在行车道中间设置中墩时,其中墩前后必须设置足够长度的中间带,且中墩两侧必须设置防撞护栏,并留有防撞护栏缓冲变形的余地。

11.7.6 主要公路或高速公路下穿时,其设计应符合下列要求:

4. 跨线桥下主要公路或高速公路中间带较宽或为四车道以上高速公路、在中间带设置中墩时,中墩两侧必须设置防撞护栏并留有护栏缓冲变形的余地。不得在局部范围内改变中间带宽度而使行车道扭曲。

5. 跨线桥下主要公路或高速公路附有以边分隔带分离的慢车道、集散车道、附加车道、非机动车道时,可在边分隔带上设置桥墩。当边分隔带较窄时,应在桥墩前后一定范围内加宽,并宜在右方作变宽过渡。

6. 跨线桥前方主要公路或高速公路有出、入口或平面交叉时,跨线桥应增设供通视用辅助桥孔;主要公路或高速公路为曲线时,应满足载重汽车停车视距要求。

7. 跨线桥下为路堑时,若路堑不深,宜将桥台置于坡顶之外;若路堑较深或边坡缓而长而需在边坡上设置桥台时,则应将桥台置于边坡附近,不得布置于坡脚处。

8. 主要公路为高速公路或一级公路时:

1) 跨线桥必须设置防撞护栏和防护网。

2) 跨线桥上悬挂交通标志时,不宜采用通栏式的,且上、下边缘不得超过护栏顶部和边梁外缘底线。

12 公路与铁路、乡村道路、管线交叉

12.2.7 铁路上跨公路时,其设计应符合下列要求:

2. 铁路跨越二级公路、三级公路、四级公路时,严禁在行车道上设置中墩。铁路跨越四车道高速公路、一级公路时,不得在中间带设置中墩。铁路跨越六车道及以上高速公路、一级公路时,必须在中间带设置中墩时,中墩两侧必须设防撞护栏,并留足设置防撞护栏和护栏缓冲变形的安全距离。

5. 铁路跨越公路时,其铁路跨线桥应设置防落网。

②《涉路工程安全评价规范》(DB34/T 2395—2015)[15]

4.4.1.4 跨越二级公路、三级公路、四级公路时,严禁在行车道上设置中墩。铁路跨越四车道高速公路、一级公路时,不得在中间带设置中墩。铁路跨越六车道及以上高速公路、一级公路时,必须在中间带设置中墩时,中墩两侧必须设防撞护栏,并留足设置防撞护栏和护栏缓冲变形的安全距离。

4.4.1.6 跨越公路时应设置桥梁护网,桥梁护网的设置高度不宜大于 1.8 m,长度为下穿公路的边界沿上跨桥走向向外侧延长 10 m,护网网孔面积不宜大于 0.25 cm^2。

4.4.1.7 跨线桥应按国家有关规定设置车辆限高标志及限高防护架,墩柱及侧墙端面应设置反光立面标记。

③《涉路工程安全评价规范(征求意见稿)》[14]

4.1.3.7 上跨桥梁不得影响公路既有交通工程设施,否则应调整交通工程设施。

4.1.3.8 上跨桥梁不应有坠落物影响公路,否则应设置防护设施。上跨桥梁在公路两侧的桥墩应按照《公路交通安全设施设计规范》(JTG D81—2017)设置防护设施。

④《公路交通安全设施设计规范》(JTG D81—2017)[22]

6.3.1 桥梁护栏和栏杆设置应遵循下列原则:

1. 各等级公路桥梁必须设置路侧护栏。

2. 高速公路、作为次要干线的一级公路桥梁必须设置中央分隔带护栏,作为主要集散的一级公路桥梁应设置中央分隔带护栏。

3. 设计速度小于或等于60 km/h的公路桥梁设置人行道(自行车道)时,可通过路缘石将人行道(自行车道)和车行道进行分离;设计速度大于60 km/h的公路桥梁设置人行道(自行车道)时,应通过桥梁护栏将人行道(自行车道)与车行道进行隔离。

6.3.2 根据车辆驶出桥外或进入对向车行道可能造成的事故严重程度等级,应按表2-34的规定选取桥梁护栏的防护等级,并应符合下列规定:

1. 二级及二级以上公路小桥、通道、明涵的护栏防护等级宜与相邻的路基护栏相同。

2. 公路桥梁采用整体式上部结构时,中央分隔带护栏的防护等级可按路基中央分隔带护栏的条件来确定。

3. 因桥梁线形、桥梁高度、交通量、车辆构成、运行速度或其他不利现场条件等因素易造成更严重碰撞后果的路段,经综合论证,可在表2-34的基础上提高1个或以上等级。其中,跨越大型饮用水水源一级保护区和高速铁路的桥梁以及特大悬索桥、斜拉桥等缆索承重桥梁,防护等级宜采用八(HA)级。

表2-34 桥梁护栏防护等级的选取

公路等级	设计速度(km/h)	车辆驶出桥外或进入对向车行道的事故严重程度等级	
		高:跨越公路、铁路或饮用水水源一级保护区等路段的桥梁	中:其他桥梁
高速公路	120	六(SS、SSm)级	五(SA、SAm)级
	100、80	五(SA、SAm)级	四(SB、SBm)级
一级公路	100、80	五(SA、SAm)级	四(SB、SBm)级
	60	四(SB、SBm)级	三(A、Am)级
二级公路	80、60	四(SB)级	三(A)级
三级公路	40、30	三(A)级	二(B)级
四级公路	20	三(A)级	二(B)级

注:括号内为护栏防护等级的代码。

9.2.1 防落物网设置应符合下列要求:

1. 上跨饮用水水源保护区、铁路、高速公路、需要控制出入的一级公路的车行或人行构造物两侧均应设置防落物网。

2. 公路跨越通航河流、交通量较大的其他公路时,应设置防落物网。

3. 需要设置防落物网的桥梁采用分离式结构时,应在桥梁内侧设置防落物网。

4. 防落物网应进行防腐和防雷接地处理,防雷接地的电阻应小于 10 Ω。
⑤《高速公路交通工程及沿线设施设计通用规范》(JTG D80—2006)[23]

5.3.5 上跨高速公路跨线桥中墩的端面,或紧邻路基的桥台、隧道洞口侧墙的端面,或收费岛、安全岛的端面等处,应设置黑黄相间的立面标记。

5.6.1 上跨高速公路的桥梁两侧和人行天桥两侧应设置防护网。

5.6.2 桥梁防护网高度可根据桥梁两侧及其周边具体情况等因素确定,以 1.80~2.10 m 为宜。

5.6.3 桥梁防护网应以风力影响为主进行稳定性验算,并考虑人对防护网的破坏因素。

5.6.4 桥梁金属防护网应做好防雷接地设计,其接地电阻应小于 10 Ω。

5.6.5 在可能落石的挖方路段,应设置防护网。

3. 全桥结构可靠性复核验算

全桥结构可靠性复合验算主要是检查桥梁的上部结构及下部结构的设计是否符合规范要求,主要包括上部结构设计安全性、下部结构设计安全性、上跨桥梁对既有公路路基的稳定性、公路桥梁基础沉降等。

①《公路路线设计规范》(JTG D20—2017)[16]

11 公路与公路立体交叉

11.7.5 主要公路或高速公路上跨时,其设计应符合下列要求:

1. 跨线桥布孔和跨径必须满足被交公路建筑限界、视距和对前方公路识别、通视的要求。

②《涉路工程安全评价规范》(DB34/T 2395—2015)[15]

4.4.1.2 跨线桥的跨径与布孔应留有足够的侧向余宽,不应将墩、台设置在公路现状及远期规划的排水边沟以内,应满足公路视距的要求。不能满足公路视距要求时,应采取设置边孔等安全保障措施。

4.4.1.3 跨线桥设计跨径应满足交通发展规划要求。

③《涉路工程安全评价规范(征求意见稿)》[14]

3.2 结构安全控制标准

3.2.1 涉路工程建设和运行对既有公路桥梁结构安全的影响,必须符合下列规定:

1. 相邻墩台间不均匀沉降差值,应满足结构的受力要求。
2. 桩顶水平位移不大于 3 mm。
3. 外超静定结构桥梁墩台间不均匀沉降差值,应满足结构的受力要求。

3.2.2 涉路工程建设和运行对既有公路路基的影响,必须保证路基的最大沉降量不大于 20 mm。

④《公路桥涵地基与基础设计规范》(JTG 3363—2019)[24]

3.0.1 公路桥涵地基与基础应进行承载力和稳定性计算,必要时应进行沉降计算。

3.0.6 地基或基础的竖向承载力验算应符合下列规定:

1. 采用作用的频遇组合和偶然组合,作用组合表达式中的频遇值系数和准永久值系数均应取 1.0,汽车荷载应计入冲击系数。
2. 承载力特征值乘以相应的抗力系数 γ_R 应大于相应的组合效应。

3.0.7 地基承载力抗力系数 γ_R 可按表 2-35 取值,单桩承载力抗力系数 γ_R 可按表 2-36 取值。

表 2-35 地基承载力抗力系数 γ_R

受荷阶段	作用组合或地基条件		f_a(kPa)	γ_R
使用阶段	频遇组合	永久作用与可变作用组合	≥150	1.25
			<150	1.00
		仅计结构重力、预加力、土的重力、土侧压力和汽车荷载、人群荷载	—	1.00
	偶然组合		≥150	1.25
			<150	1.00
	多年压实未遭破坏的非岩石旧桥基		≥150	1.5
			<150	1.25
	岩石旧桥基		—	1.00
施工阶段	不承受单向推力		—	1.25
	承受单向推力		—	1.5

注：表中 f_a 为修正后的地基承载力特征值。

表 2-36 单桩承载力抗力系数 γ_R

受荷阶段	作用组合		γ_R
使用阶段	频遇组合	永久作用与可变作用组合	1.25
		仅计结构重力、预加力、土的重力、土侧压力和汽车荷载、人群荷载	1.00
	偶然组合		1.25
施工阶段	施工荷载组合		1.25

3.0.8 计算基础沉降时，基础底面的作用效应应采用正常使用极限状态下准永久组合效应，考虑的永久作用不包括混凝土收缩及徐变作用、基础变位作用，可变作用仅指汽车荷载和人群荷载。

3.0.9 基础的稳定性可按下式验算：

$$\frac{S_{bk}}{\gamma_0 S_{sk}} \geq k \quad (2-7)$$

式中：γ_0——结构重要性参数，取 $\gamma_0 = 1.0$；

S_{bk}——使基础结构稳定的作用标准值组合效应，按基本组合和偶然组合最小组合值计算；表达式中的作用分项系数、频遇值系数和准永久值系数均取 1.0；

S_{sk}——基础结构失稳的作用标准值的组合效应，按基本组合和偶然组合最大组合值计算；表达式中的作用分项系数、频遇值系数和准永久值系数均取 1.0；

k——基础结构稳定安全系数。

4.3.1 桥涵地基承载力的验算应以修正后的地基承载力特征值 f_a 乘以地基承载力抗力系数 γ_R 控制，并应符合下列要求：

1. 修正后的地基承载力特征值 f_a 应基于地基承载力特征值 f_{a0}，根据基础基底埋深、宽度及地基土的类别按本规范第 4.3.4 条的规定修正确定。

2. 软土地基承载力特征值可按本规范第4.3.5条的规定确定。

3. 地基承载力抗力系数 γ_R 可按本规范第3.0.7条规定确定。

4. 其他特殊性岩土地基的承载力特征值及抗力系数应根据各地区经验或标准规范确定。

4.3.4 修正后的地基承载力特征值 f_a 可按式(2-8)确定。当基础位于水中不透水地层上时,f_a 可按平均常水位至一般冲刷线的水深按10 kPa/m提高。

$$f_a = f_{a0} + k_1\gamma_1(b-2) + k_2\gamma_2(h-3) \tag{2-8}$$

式中:f_a——修正后的地基承载力特征值(kPa);

b——基础地面的最小边宽(m),当 $b<2$ 时,取 $b=2$ m;当 $b>10$ 时,取 $b=10$ m;

h——基底埋置深度(m),从自然地面起算,有水流冲刷时自一般冲刷线起算;当 $h<3$ 时,取 $h=3$ m;当 $h/b>4$ 时,取 $h=4b$;

k_1,k_2——基底宽度、深度修正系数,根据基底持力层的类别按表2-37、表2-38确定;

γ_1——基底持力层的天然重度(kN/m³)。若持力层在水面以下且为透水者,应取浮重度;

γ_2——基底以上土层的加权平均重度(kN/m³),换算时若持力层在水面以下,且不透水时,不论基底以上土的透水性质如何,均取饱和重度;当透水时,水中部分土层取浮重度。

表2-37 地基土承载力宽度、深度修正系数 k_1、k_2

系数	黏性土			粉土	碎石土			
	老黏性土	一般黏性土		新近沉积黏性土	—	碎石、圆砾、角砾		卵石	
		$h \geqslant 0.5$	$h<0.5$			中密	密实	中密	密实
k_1	0	0	0	0	0	3.0	4.0	3.0	4.0
k_2	2.5	1.5	2.5	1.0	1.5	5.0	6.0	6.0	10.0

表2-38 地基土承载力宽度、深度修正系数 k_1、k_2

系数	砂土							
	粉砂		细砂		中砂		砾砂、粗砂	
	中密	密实	中密	密实	中密	密实	中密	密实
k_1	1.0	1.2	1.5	2.0	2.0	3.0	3.0	4.0
k_2	2.0	2.5	3.0	4.0	4.0	5.5	5.0	6.0

注:1. 对稍密和松散状态的砂、碎石土,k_1、k_2 值可采用表列中密值的50%。

2. 强风化和全风化的岩石,可参照所风化成的相应土类取值;其他状态下的岩石不修正。

4.3.5 软土地基承载力应按下列规定确定:

1. 软土地基承载力特征值 f_{a0} 应由载荷试验或其他原位测试取得。载荷试验和原位测试确有困难时,对中小桥、涵洞基底未经处理的软土地基修正后的地基承载力特征值 f_a 可采用下列两种方法确定:

1)根据原状土天然含水率 w,按表2-39确定软土地基承载力特征值 f_{a0},然后按式(2-9)计算修正后的地基承载力特征值 f_a:

$$f_a = f_{a0} + \gamma_2 h \tag{2-9}$$

表 2-39 软土地承载力特征值 f_{a0} (kPa)

天然含水率 w (%)	36	40	45	50	55	65	75
f_{a0} (kPa)	100	90	80	70	60	50	40

2）根据原状土强度指标确定软土地基修正后的地基承载力特征值 f_a：

$$f_a = \frac{5.14}{m} k_p C_u + \gamma_2 h \tag{2-10}$$

$$k_p = \left(1 + 0.2\frac{b}{l}\right)\left(1 - \frac{0.4H}{blC_u}\right) \tag{2-11}$$

式中：m——抗力修正系数，可视软土灵敏度及基础长宽比等因素选用 1.5~2.5；

C_u——地基土不排水抗剪强度标准值（kPa）；

k_p——系数；

H——由作用（标准值）引起的水平力（kN）；

b——基础宽度（m），有偏心作用时，取 $b-2e_b$；

l——垂直于 b 边的基础长度（m），有偏心作用时，取 $l-2e_l$；

e_b、e_l——偏心作用在宽度和长度方向的偏心距。

2. 经排水固结方法处理的软土地基，其承载力特征值 f_{a0} 应通过荷载试验或其他原位测试方法确定；经复合地基方法处理的软土地基，其承载力特征值应通过荷载试验确定；然后按式（2-10）计算修正后的软土地基承载力特征值 f_a。

5.2 地基承载力及基底偏心距验算

5.2.1 桥梁墩台地基验算时，应考虑修建和使用期间可能发生的各项作用，并应满足下列规定：

1. 当桥台台背填土的高度在 5 m 以上时，应考虑台背填土对桥台基底处的附加竖向压应力，可按本规范附录 F 的规定计算。

2. 对软土或软弱地基，当相邻墩台的距离小于 5 m 时，应考虑邻近墩台对软土或软弱地基所引起的附加竖向压应力。

3. 对桥台基础，当台背地基土质不良时，应验算桥台与路堤同时滑动的稳定性。

5.2.2 不考虑嵌固作用的基础底面岩土的承载力可按下式验算：

1. 当基底只承受轴心荷载时：

$$p = \frac{N}{A} \leq f_a \tag{2-12}$$

式中：p——基底平均压应力（kPa）；

N——本规范第 3.0.6 条规定的作用组合下基底的竖向力（kN）；

A——基础底面面积（m²）。

2. 当基底单向偏心受压时，除满足本条第 1 款规定外，尚应符合下列条件：

$$p_{max} = \frac{N}{A} + \frac{M}{W} \leq \gamma_R f_a \tag{2-13}$$

式中：p_{max}——基底最大压应力（kPa）；

M——本规范第 3.0.6 条规定的作用组合下墩台的水平力和竖向力对基底重心轴的弯矩（kN·m）；

W——基础底面偏心方向的面积抵抗矩(m^3)。

3. 当基底双向偏心受压时,除满足本条第1款外,尚应符合下列条件:

$$p_{\max} = \frac{N}{A} + \frac{M_x}{W_x} + \frac{M_y}{W_y} \leq \gamma_R f_a \qquad (2-14)$$

式中:M_x、M_y——作用于墩台的水平力和竖向力对基底分别对 x 轴、y 轴的弯矩(kN·m);

W_x、W_y——基础底面偏心方向边缘对 x 轴、y 轴的面积抵抗矩(m^3)。

5.2.3 当设置在基岩上的墩台基底承受单向偏心荷载,且其偏心距 e_0 超过相应的截面核心半径 ρ 时,宜仅按受压区计算基底最大压应力(不考虑基底承受拉力,见图2-19)。基底为矩形截面时,其最大压应力 $p_{\max}$ 可按下式计算:

$$p_{\max} = \frac{2N}{3\left(\frac{b}{2} - e_0\right)a} \leq \gamma_R f_a \qquad (2-15)$$

式中:b——偏心方向基础底面的边长(m);

a——垂直于 b 边基础底面的边长(m);

e_0——偏心荷载 N 作用点距截面重心的距离(m);

N——墩台基础承受的单向偏心荷载(kN)。

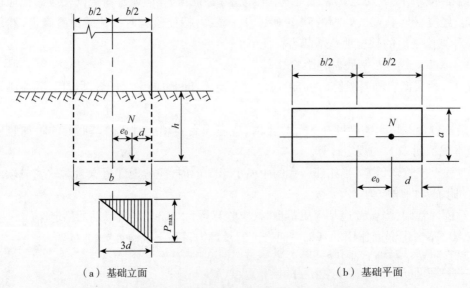

(a) 基础立面　　　　　　　　　　　　(b) 基础平面

图 2-19　基岩上矩形截面基底单向偏心受压应力重分布示意

5.2.4 当设置在基岩上的墩台基底承受双向偏心荷载,且其偏心距 e_0 超过相应的截面核心半径 ρ 时,宜仅按受压区计算基底压应力(不考虑基底承受拉应力)。基底为矩形和圆形截面时,其最大压应力可按本规范附录 G 确定。

5.2.5 桥涵墩台应验算作用于基底的合力偏心距,并应满足下列规定:

1. 桥涵墩台基底的合力偏心距容许值$[e_0]$应符合表2-40的规定。

表 2-40 墩台基底的合力偏心距容许值 $[e_0]$

作用情况	地基条件	$[e_0]$	备注
仅承受永久作用标准值组合	非岩石地基	桥墩,0.1ρ	拱桥、刚构桥墩台,其合力作用点应尽量保持在基底中心附近
		桥台,0.75ρ	
承受作用标准值组合或偶然作用标准值组合	非岩石地基	ρ	拱桥单向推力墩不受限制,但应符合表 2-44 规定的抗倾覆稳定系数
	较破碎~极破碎岩石地基	1.2ρ	
	完整、较完整岩石地基	1.5ρ	

2. 基底以上外力作用点对基底中心轴的偏心距 e_0 可按式(2-16)计算:

$$e_0 = \frac{M}{N} \leqslant [e_0] \tag{2-16}$$

式中:M——所有外力(竖向力、水平力)对基底截面中心的弯矩(kN·m);
N——作用于基地的竖向力(kN)。

3. 基底承受单向或双向偏心受压的截面核心半径 ρ 值可按下式计算:

$$\rho = \frac{e_0}{1 - \frac{p_{\min}A}{N}} \tag{2-17}$$

$$p_{\min} = \frac{N}{A} - \frac{M_x}{W_x} - \frac{M_y}{W_y} \tag{2-18}$$

式中:$p_{\min}$——基底最小压应力,当为负值时表示拉应力(kPa)。

5.2.6 在基础底面下有软弱地基或软土层时,应按下式验算软弱地基或软土层的承载力:

$$p_z = \gamma_1(h+z) + \alpha(p - \gamma_2 h) \leqslant \gamma_R f_a \tag{2-19}$$

式中:p_z——软弱地基或软土层的压应力(kPa);
h——基底处的埋置深度(m)。当基础受水流冲刷时,由一般冲刷线算起;当不受水流冲刷时,由天然地面算起;如位于挖方内,则由开挖后地面算起;
z——从基底处到软弱地基或软土层地基顶面的距离(m);
γ_1——深度($h+z$)范围内各土层的换算重度(kN/m³);
γ_2——深度 h 范围内各土层的换算重度(kN/m³);
α——土中附加压应力系数,参见本规范第 J.0.1 条;
p——基底压应力(kPa),当 $z/b>1$ 时,p 采用基底平均压应力,b 为矩形基底的宽度;当 $z/b \leqslant 1$ 时,p 为基底压应力图形距最大压应力点 $b/3 \sim b/4$ 处的压应力(对梯形图形前后端压应力差值较大时,可采用上述 $b/4$ 点处的压应力值;反之,则采用上述 $b/3$ 处压应力值);
f_a——软弱地基或软土层地基顶面土的承载力特征值,按本规范第 4.3.4 条或第 4.3.5 条规定采用。

5.3 沉降计算

5.3.1 当墩台建在地质情况复杂、土质不均匀、承载力较差的地基上及下卧层为压缩性较大的厚层软黏土时,或相邻跨径差距悬殊而需计算沉降差或跨线桥净高需预先考虑沉降量时,均应计算其沉降。

5.3.2 计算沉降时,传递至基底的作用效应应按本规范第3.0.8条规定执行。

5.3.3 墩台的沉降应符合下列规定:

1. 相邻墩台间不均匀沉降差值(不包括施工中的沉降),不应使桥面形成大于2‰的附加纵坡(折角)。

3. 超静定结构桥梁墩台间不均匀沉降差值,还应满足结构的受力要求。

5.3.4 墩台基础的最终沉降量,可按下列公式计算:

$$s = \psi_s s_0 = \psi_s \sum_{i=1}^{n} \frac{p_0}{E_{si}} (z_i \overline{\alpha_i} - z_{i-1} \overline{\alpha_{i-1}}) \quad (2-20)$$

$$p_0 = p - \gamma h \quad (2-21)$$

式中:s——地基最终沉降量(mm);

s_0——按分层总和法计算的地基沉降量(mm);

ψ_s——沉降计算经验系数,根据地区沉降观测资料及经验确定,缺少沉降观测资料及经验数据时,可按本规范第5.3.5条确定;

n——地基沉降计算深度范围内所划分的土层数(图2-20);

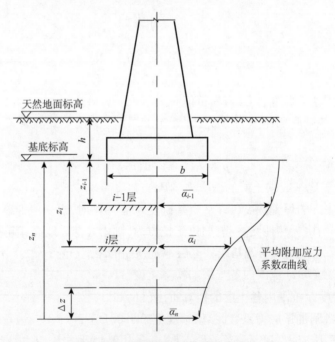

图2-20 基底沉降计算分层示意

p_0——对应于作用的准永久组合时基础地面处附加压应力(kPa);

E_{si}——基础地面下第i层土的压缩模量(kPa),应取土的"自重压应力"至"土的自重压应力与附加压应力之和"的压应力段计算;

z_i、z_{i-1}——基础地面至第i层土、第$i-1$层土底面的距离(m);

$\overline{\alpha_i}$、$\overline{\alpha_{i-1}}$——基础地面计算点至第i层土、第$i-1$层土地面范围内平均附加压应力系数,可按本规范第J.0.2条取用。

p——基底压应力(kPa),当 $z/b>1$ 时,p 采用基底平均压应力,b 为矩形基底宽度;当 $z/b \leqslant 1$ 时,p 为压应力图形距最大压应力点 $b/3 \sim b/4$ 处的压应力(对梯形图形前后端压应力差值较大时,可采用上述 $b/4$ 处的压应力值;反之,则采用上述 $b/3$ 处压应力值)。

h——基底埋置深度(m),当基础受水流冲刷时,从一般冲刷线算起;当不受水流冲刷时,从天然地面算起;如位于挖方内,则由开挖后地面算起;

γ——h 内土的重度(kN/m³),基底为透水地基时水位以下取浮重度。

5.3.5 沉降计算经验系数 ψ_s 可按表 2-41 确定。沉降计算范围内压缩模量的当量值 $\overline{E}_s$ 可按下式计算:

$$\overline{E}_s = \frac{\sum A_i}{\sum \dfrac{A_i}{E_{si}}} \qquad (2-22)$$

式中:A_i——第 i 层土的附加压实力系数沿土层厚度的积分值。

表 2-41 沉降计算经验系数 ψ_s

基底附加压应力	$\overline{E}_s$(MPa)				
	2.5	4.0	7.0	15.0	20.0
$p_0 \geqslant f_{a0}$	1.4	1.3	1.0	0.4	0.2
$p_0 < 0.75 f_{a0}$	1.1	1.0	0.7	0.4	0.2

5.3.6 地基沉降计算时设定计算深度 z_n,应符合式(2-23)的要求;当计算深度下面仍有较软土层时,应继续计算。

$$\Delta s_n \leqslant 0.025 \sum_{i=1}^{n} \Delta s_i \qquad (2-23)$$

式中:Δs_n——在计算深度 z_n 地面向上取厚度为 Δz 的土层的计算沉降量(mm),Δz 见图 2-20 并按表 2-42 采用;

Δs_i——在计算深度范围内,第 i 层土的计算沉降量(mm)。

表 2-42 Δz 值

基底宽度 b(m)	$b \leqslant 2$	$2 < b \leqslant 4$	$4 < b \leqslant 8$	$b > 8$
Δz(m)	0.3	0.6	0.8	1.0

5.3.7 当无相邻荷载影响且基底宽度在 1~30 m 范围内时,基底中心的地基沉降计算深度 z_n 也可按下列简化公式计算:

$$z_n = b(2.5 - 0.4 \ln b) \qquad (2-24)$$

式中:b——基础宽度(m);

z_n——基底中心的地基沉降计算深度(m)。在计算深度范围内存在基岩时,z_n 可取至基岩表面;当存在较厚的坚硬黏土层,其孔隙比小于 0.5、压缩模量大于 50 MPa,或存在较厚的密实砂卵石层,其压缩模量大于 80 MPa 时,z_n 可取至该土层表面。

5.4 稳定性验算

5.4.1 桥涵墩台的抗倾覆稳定应按下式计算:

$$k_0 = \frac{s}{e_0} \quad (2-25)$$

$$e_0 = \frac{\sum P_i e_i + \sum H_i h_i}{\sum P_i} \quad (2-26)$$

式中：k_0——墩台基础抗倾覆稳定性系数（图2-21）；

s——在截面重心至合力作用点的延长线上，自截面重心至验算倾覆轴的距离（m）；

e_0——所有外力的合力 R 在验算截面的作用点对基底重心轴的偏心距（m）；

P_i——不考虑其分项系数和组合系数的作用标准值组合或偶然作用标准值组合引起的竖向力（kN）；

e_i——竖向力 P_i 对验算截面重心的力臂（m）；

H_i——不考虑其分项系数和组合系数的作用标准值组合或偶然作用标准值组合引起的水平力（kN）；

h_i——水平力对验算截面的力臂（m）。

注：1. 弯矩应视其绕验算截面重心轴的不同方向取正负号；
2. 对矩形凹缺的多边形基础，其倾覆轴应取基底界面的外包线。

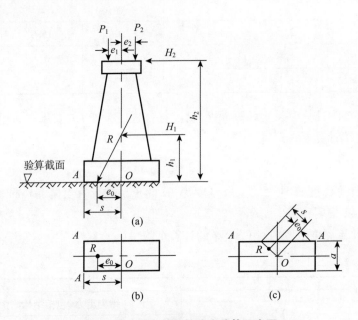

图2-21 墩台基础的稳定验算示意图

注：(a)立面；(b)平面（单向偏心）；(c)平面（双向偏心）；
O——截面重心；R——合力作用点；A-A——验算倾覆轴。

5.4.2 桥涵墩台基础的抗滑动稳定性系数 k_c 应按下式计算：

$$k_c = \frac{\mu \sum P_i + \sum H_{ip}}{\sum H_{ia}} \quad (2-27)$$

式中：k_c——桥涵墩台基础的抗滑动稳定性系数；

$\sum P_i$——竖向力总和（kN）；

$\sum H_{ip}$——抗滑稳定水平力总和（kN）；

$\sum H_{ia}$——滑动水平力总和（kN）；

μ——基础地面与地基土之间的摩擦系数,通过试验确定。当缺少实际材料时,可参照表 2-43 采用。

注:$\sum H_{ip}$ 和 $\sum H_{ia}$ 分别为两个相对方向的各自水平力总和,绝对值较大者为滑动水平力 $\sum H_{ia}$,另一为抗滑稳定力 $\sum H_{ip}$,$\mu \sum P_i$ 为抗滑动稳定力。

表 2-43 基底摩擦系数

地基土分类	μ
黏土(流塑~坚硬)、粉土	0.25~0.35
砂土(粉砂~砾砂)	0.30~0.40
碎石土(松散~密实)	0.40~0.50
软岩(极软岩~较软岩)	0.40~0.60
硬岩(较硬岩、坚硬岩)	0.60、0.70

5.4.3 验算墩台抗倾覆和抗滑动稳定性时,稳定性系数不应小于表 2-44 规定的限值。

表 2-44 抗倾覆和抗滑动稳定安全系数限值

作用组合		验算项目	稳定安全系数限值
使用阶段	仅计永久作用(不计混凝土收缩及徐变、浮力)和汽车、人群作用的标准值组合	抗倾覆	1.5
		抗滑动	1.3
	各种作用的标准值组合	抗倾覆	1.3
		抗滑动	1.2
施工阶段作用的标准值组合		抗倾覆 抗滑动	1.2

⑤《公路桥涵设计通用规范》(JTG D60—2015)[19]

4.1.1 公路桥涵设计采用的作用分为永久作用、可变作用、偶然作用和地震作用四类,规定于表 2-45。

表 2-45 作用分类

序号	分类	名称
1	永久作用	结构重力(包括结构附加重力)
2		预加力
3		土的重力
4		土侧压力
5		混凝土收缩、徐变作用
6		水浮力
7		基础变位作用

续 表

序号	分类	名称
8	可变作用	汽车荷载
9		汽车冲击力
10		汽车离心力
11		汽车引起的土侧压力
12		汽车制动力
13		人群荷载
14		疲劳荷载
15		风荷载
16		流水压力
17		冰压力
18		波浪力
19		温度(均匀温度和梯度温度)作用
20		支座摩阻力
21	偶然作用	船舶的撞击作用
22		漂流物的撞击作用
23		汽车撞击作用
24	地震作用	地震作用

4.1.2 公路桥涵设计时,对不同的作用应按下列规定采用不同的代表值:

1. 永久作用的代表值为其标准值。永久作用标准值可根据统计、计算,并结合工程经验综合分析确定。

2. 可变作用的代表值包括标准值、组合值、频遇值和准永久值。组合值、频遇值和准永久值可通过可变作用的标准值分别乘以组合值系数 ψ_c、频遇值系数 ψ_f 和准永久值系数 ψ_q 来确定。

3. 偶然作用取其设计值作为代表值,可根据历史记载、现场观测和试验,并结合工程经验综合分析确定,也可根据有关标准的专门规定确定。

4. 地震作用的代表值为其标准值。地震作用的标准值应根据现行《公路工程抗震规范》(JTG B02)的规定确定。

4.1.3 作用的设计值应为作用的标准值或组合值乘以相应的作用分项系数。

4.1.4 公路桥涵结构设计应考虑结构上可能同时出现的作用,按承载能力极限状态、正常使用极限状态进行作用组合,均应按下列原则取其最不利组合效应进行设计:

1. 只有在结构上可能同时出现的作用,才进行组合。当结构或结构构件需做不同受力方向的验算时,则应以不同方向的最不利的作用组合效应进行计算。

2. 当可变作用的出现对结构或结构构件产生有利影响时,该作用不应参与组合。实际不可能同时出现的作用或同时参与组合概率很小的作用,按表 2-46 规定不考虑其参与组合。

表 2-46 可变作用不同时组合表

作用名称	不与该作用同时参与组合的作用
汽车制动力	流水压力、冰压力、波浪力、支座摩阻力
流水压力	汽车制动力、冰压力、波浪力
波浪力	汽车制动力、流水压力、冰压力
冰压力	汽车制动力、流水压力、波浪力
支座摩阻力	汽车制动力

3. 施工阶段的作用组合,应按计算需要及结构所处条件而定,结构上的施工人员和施工机具设备均应作为可变作用加以考虑。组合式桥梁,当把底梁作为施工支撑时,作用组合效应宜分两个阶段计算,底梁受荷为第一个阶段,组合梁受荷为第二个阶段。

4. 多个偶然作用不同时参与组合。

5. 地震作用不与偶然作用同时参与组合。

4.1.5 公路桥涵结构按承载能力极限状态设计时,对持久设计状况和短暂设计状况应采用作用的基本组合,对偶然设计状况应采用作用的偶然组合,对地震设计状况应采用作用的地震组合,并应符合下列规定:

1. 基本组合:永久作用设计值与可变作用设计值相组合。

1) 作用基本组合的效应设计值可按下式计算:

$$S_{ud} = \gamma_0 S(\sum_{i=1}^{m} \gamma_{G_i} G_{ik}, \gamma_{Q_1} \gamma_L Q_{1k}, \psi_c \sum_{j=2}^{n} \gamma_{Lj} \gamma_{Q_j} Q_{jk}) \tag{2-28}$$

或

$$S_{ud} = \gamma_0 S(\sum_{i=1}^{m} G_{id}, Q_{1d}, \sum_{j=2}^{n} Q_{jd}) \tag{2-29}$$

式中:S_{ud}——承载能力极限状态下作用基本组合的效应设计值;

S——作用组合的效应函数;

γ_0——结构重要性系数,按表 2-47 规定的结构设计安全等级采用,按持久状况和短暂状况承载能力极限状态设计时,公路桥涵结构设计安全等级应不低于表 2-47 的规定,对应于设计安全等级一级、二级和三级分别取 1.1、1.0 和 0.9;

γ_{G_i}——第 i 个永久作用的分项系数,应按表 2-48 的规定采用;

G_{id}——第 i 个永久作用的标准值和设计值;

γ_{Q_1}——汽车荷载(含汽车冲击力、离心力)的分项系数。采用车道荷载计算时取 γ_{Q_1} = 1.4,采用车辆荷载计算时,其分项系数取 γ_{Q_1} = 1.8。当某个可变作用在组合中其效应值超过汽车荷载效应时,则该作用取代汽车荷载,其分项系数取 γ_{Q_1} = 1.4;对专为承受某作用而设置的结构或装置,设计时该作用的分项系数取 γ_{Q_1} = 1.4;计算人行道板和人行道栏杆的局部荷载,其分项系数也取 γ_{Q_1} = 1.4;

Q_{1k}、Q_{1d}——汽车荷载(含汽车冲击力、离心力)的标准值和设计值;

γ_{Q_j}——在作用组合中除汽车荷载(含汽车冲击力、离心力)、风荷载外的其他第 j 个可变作用的分项系数,取 γ_{Q_j} = 1.4,但风荷载的分项系数取 γ_{Q_j} = 1.1;

Q_{jk}、Q_{jd}——在作用组合中除汽车荷载(含汽车冲击力、离心力)外的其他第 j 个可变作用的标准值和设计值;

ψ_c——在作用组合中除汽车荷载(含汽车冲击力、离心力)外的其他可变作用的组合值系数,取 $\psi_c = 0.75$;

$\psi_c Q_{jk}$——在作用组合中除汽车荷载(含汽车冲击力、离心力)外的第 j 个可变作用的组合值;

γ_{Lj}——第 j 个可变作用的结构设计使用年限荷载调整系数。公路桥涵结构的设计使用年限按现行《公路工程技术标准》(JTG B01)取值时,可变作用的设计使用年限荷载调整系数取 $\gamma_{Lj} = 1.0$;否则,γ_{Lj} 取值应按专题研究确定。

表 2-47 公路桥涵结构设计安全等级

设计安全等级	破坏后果	适用对象
一级	很严重	(1) 各等级公路上的特大桥、大桥、中桥; (2) 高速公路、一级公路、二级公路、国防公路及城市附近交通繁忙公路上的小桥
二级	严重	(1) 三、四级公路上的小桥; (2) 高速公路、一级公路、二级公路、国防公路及城市附近交通繁忙公路上的涵洞
三级	不严重	三、四级公路上的涵洞

表 2-48 永久作用的分项系数

序号	作用类别		永久作用分项系数	
			对结构的承载能力不利时	对结构的承载能力有利时
1	混凝土和圬工结构重力 (包括结构附加重力)		1.2	1.0
	钢结构重力 (包括结构附加重力)		1.1 或 1.2	
2	预加力		1.2	1.0
3	土的重力		1.2	1.0
4	混凝土的收缩及徐变作用		1.0	1.0
5	土侧压力		1.4	1.0
6	水的浮力		1.0	1.0
7	基础变位作用	混凝土和圬工结构	0.5	0.5
		钢结构	1.0	1.0

注:本表序号 1 中,当钢桥采用钢桥面板时,永久作用分项系数取 1.1;当采用混凝土桥面板时,取 1.2。

2) 当作用与作用效应可按线性关系考虑时,作用基本组合的效应设计值 S_{ud} 可通过作用效应代数相加计算。

3) 设计弯桥时,当离心力与制动力同时参与组合时,制动力标准值或设计值按 70% 取用。

2. 偶然组合:永久作用标准值与可变作用某种代表值、一种偶然作用设计值相组合;与偶然作用同时出现的可变作用,可根据观测资料和工程经验取用频遇值或准永久值。

1) 作用偶然组合的效应设计值可按下式计算:

$$S_{ad} = S(\sum_{i=1}^{m} G_{ik}, A_d, (\psi_n \text{ 或 } \psi_{q_1}) Q_{1k}, \sum_{j=2}^{n} \psi_{q_j} Q_{jk}) \qquad (2-30)$$

式中： S_{ad} ——承载能力极限状态下作用偶然组合的效应设计值；

A_d ——偶然作用的设计值；

ψ_n ——汽车荷载(含汽车冲击力、离心力)的频遇值系数，取 $\psi_n = 0.7$；当某个可变作用在组合中其效应值超过汽车荷载效应时，则该作用取代汽车荷载，人群荷载 ψ_f、风荷载 $\psi_f = 0.75$，温度梯度作用 $\psi_q = 0.8$，其他作用 $\psi_q = 1.0$；

$\psi_{f_1} Q_{1k}$ ——汽车荷载的频遇值；

ψ_{q_1}, ψ_{q_j} ——第1个和第j个可变作用的准永久值系数，汽车荷载(含汽车冲击力、离心力 $\psi_q = 0.4$，人群荷载 $\psi_q = 0.4$，风荷载 $\psi_q = 0.75$，温度梯度作用 $\psi_q = 0.8$，其他作用 $\psi_q = 1.0$；

$\psi_{q_1} Q_{1k}, \psi_{q_j} Q_{jk}$ ——第1个和第j个可变作用的准永久值。

2) 当作用与作用效应可按线性关系考虑时，作用偶然组合的效应设计值 S_{ad} 可通过作用效应代数相加计算。

3. 作用地震组合的效应设计值应按现行《公路工程抗震规范》(JTG B02)的有关规定计算。

4.1.6 公路桥涵结构按正常使用极限状态设计时，应根据不同的设计要求，采用作用的频遇组合或准永久组合，并应符合下列规定：

1. 频遇组合：永久作用标准值与汽车荷载频遇值、其他可变作用准永久值相组合。

1) 作用频遇组合的效应设计值可按下式计算：

$$S_{fd} = S(\sum_{i=1}^{m} G_{ik}, \psi_{f_1} Q_{1k}, \sum_{j=2}^{n} \psi_{q_j} Q_{jk}) \qquad (2-31)$$

式中：S_{fd} ——作用频遇组合的效应设计值；

ψ_{f_1} ——汽车荷载(不计汽车冲击力)频遇值系数，取 0.7。

2) 当作用与作用效应可按线性关系考虑时，作用频遇组合的效应设计值 S_{fd} 可通过作用效应代数相加计算。

2. 准永久组合：永久作用标准值与可变作用准永久值相组合。

1) 作用准永久组合的效应设计值可按下式计算：

$$S_{qd} = S(\sum_{i=1}^{m} G_{ik}, \sum_{j=1}^{n} \psi_{q_j} Q_{jk}) \qquad (2-32)$$

式中：S_{qd} ——作用准永久组合的效应设计值；

ψ_{q_j} ——汽车荷载(不计汽车冲击力)准永久值系数，取 0.4。

2) 当作用与作用效应可按线性关系考虑时，作用准永久组合的效应设计值 S_{qd} 可通过作用效应代数相加计算。

4.1.7 钢结构构件抗疲劳设计时，除特别指明外，各作用应采用标准值，作用分项系数应取为 1.0。

4.1.8 结构构件当需进行弹性阶段截面应力计算时，除特别指明外，各作用应采用标准值，作用分项系数应取为 1.0，各项应力限值应按各设计规范规定采用。

4.1.9 验算结构的抗倾覆、滑动稳定时，稳定系数、各作用的分项系数及摩擦系数，应根据不同结构按各有关桥涵设计规范的规定确定。

4.1.10 构件在吊装、运输时，构件重力应乘以动力系数 1.2(对结构不利时)或 0.85(对结构有利时),并可视构件具体情况作适当增减。

⑥《公路路基设计规范》(JTG D30—2015)[25]

3.2.4 路基应以路床顶面回弹模量为设计指标,以路床顶面竖向压应变为验算指标,并应符合下列要求:

1. 路基在平衡湿度状态下,路床顶面回弹模量不应低于现行《公路沥青路面设计规定》(JTG D50)和《公路水泥混凝土路面设计规范》(JTG D40)的有关规定。

2. 沥青路面路床顶面竖向压应变的计算值应满足沥青路面永久变形的控制要求。

3. 水泥混凝土路面路床顶面竖向压应变可不作控制。

3.2.5 新建公路路基回弹模量设计值 E_0 应按式(2-33)确定,并满足式(2-34)的要求。

$$E_0 = K_s K_\eta M_R \tag{2-33}$$

$$E_0 \geqslant [E_0] \tag{2-34}$$

式中:E_0——平衡湿度状态下路基回弹模量设计值(MPa);

$[E_0]$——路面结构设计的路基回弹模量要求值(MPa),应符合本规范第3.2.4条的有关规定;

M_R——标准状态下路基动态回弹模量值(MPa),按本规范第3.2.6条确定;

K_s——路基回弹模量湿度调整系数,为平衡湿度(含水率)状态下的回弹模量与标准状态下的回弹模量之比,按本规范第3.2.7条确定;

K_η——干湿循环或冻融循环条件下路基土模量折减系数,通过试验确定。初步设计时,非冰冻地区可根据土质类型、失水率确定,季节冻土区可根据冻结温度、含水率确定,折减系数可取0.7~0.95。非冰冻区粉质土、黏质土,失水率大于30%,取小值,反之取较大值;粗粒土取大值。季节冻土地区粉质土、黏质土冻结温度低于-15℃,冻前含水率高,取小值,反之取较大值;粗粒土取大值。

3.2.6 标准状态下路基回弹模量值应按下列方法确定:

1. 路基填料的回弹模量应按附录A通过试验获得。

2. 受试验条件限制时,可按附录B,根据土组类别及粒料类型由表B.1、表B.2查取回弹模量参考值。

3. 初步设计阶段,也可按式(2-35)、式(2-36)由填料的CBR值估算标准状态下填料的回弹模量值:

$$M_R = 17.6 CBR^{0.64} (2 < CBR \leqslant 12) \tag{2-35}$$

$$M_R = 22.1 CBR^{0.55} (12 < CBR < 80) \tag{2-36}$$

3.2.7 新建公路路床应处于干燥或中湿状态。路基设计可按下列方法预估湿度状态,确定回弹模量湿度调整系数:

1. 可按附录C的有关规定,根据路基相对高度、路基土组类别及其毛细水上升高度,确定路基干湿类型,并预估路基结构的平衡湿度。

2. 路基回弹模量湿度调整系数可按附录D确定。

3.2.8 当路基湿度状态、路基填料CBR、路床回弹模量和竖向压应变等不能满足要求时,应根据气候、土质、地下水赋存和料源等条件,经技术经济比选后,对路床采取下列处理措施:

1. 可采用粗粒土或低剂量无机结合料稳定土等进行换填,并合理确定换填深度。

2. 对细粒土可采用砂、砾石、碎石等进行掺和处治,或采用无机结合料进行稳定处治,细粒土处治设计应通过物理力学试验,确定处治材料及其掺量、处治后的路基性能指标等。

3. 水文地质条件不良的土质挖方路基或者潮湿状态填方路基,应采取设置排水垫层、毛细水隔离层、地下排水渗沟等措施。

4. 季节冻土地区各级公路的中湿、潮湿路段,应结合路面结构进行路基结构的防冻验算。必要时,应设置防冻垫层或保温层。

2.1.2.2 桥梁跨越施工指标评价

桥梁跨越施工指标评价主要针对施工保障措施、施工应急预案、施工期间交通组织方案和运营期间安保措施进行评价。

1. 施工保障措施与应急预案

施工保障措施主要包括具体施工方案的合理性、施工安全规定、桥梁的架设工艺、施工过程中对桥下道路的保护措施是否满足要求以及核查施工应急预案的内容是否完整、预案是否具有针对性等,对于具体项目,施工保障措施有所不同。

施工前施工方应按照规定针对可能发生的突发情况制定相应的应急预案,包括遇到雨雾天气、发生交通事故、施工机械发生故障影响交通、堵车等紧急情况时的具体处理措施,最大限度地减少施工期间对公路的行车影响。

①《公路路线设计规范》(JTG D20—2017)[16]

4 总体设计

4.4 环境保护与资源节约

4.4.1 应坚持保护优先、以防为主、以治为辅、综合治理的原则,严格执行工程建设项目环境影响评价、水土保持方案编制和环境保护"三同时"制度,在总体设计中落实环境保护相关措施和意见,结合项目实际协调好公路建设与环境的关系,减少对环境的不利影响。

4.4.2 应加强路线走廊带、路线方案的综合比选,将土地压占、矿产压覆等资源占用和高边坡开挖、压占河道等环境影响作为方案选择的重要指标,优先选择资源占用少、环境影响小的方案。

4.4.3 应合理设置取土场,路侧取土不宜距离路基过近,取土场避免直接开挖路侧山坡坡体。当路基、隧道弃方或弃渣量大时,应结合项目施工组织设计最大限度利用弃方和弃渣;难以利用时,应合理设置弃土、弃渣场地,做好专项设计,保证其稳定,防止水土流失。

4.4.4 应加强对路域施工范围及取弃土场地的表土收集与利用,做好取弃土场、施工便道等临时用地的植被保护与恢复。

4.4.5 应加强服务区、停车区等公路附属设施生产、生活污水处理能力,采用先进工艺,保证污水达标回用或集中收集存放,达到水资源循环利用;在公路运营、管理与服务设施设计中,应合理利用风能、太阳能、地热能等可再生能源。

4.4.6 应加强对钢材、复合材料等的循环利用;推进粉煤灰、建筑废料等在公路路基填筑及混凝土浇筑中的综合利用;倡导对沥青、水泥混凝土路面及结构物拆除构件等的再生利用。

②《涉路工程安全评价规范》(DB34/T 2395—2015)[15]

4.4 桥梁

4.4.3 施工

4.4.3.1 施工便道不宜设置在涉路工程所在公路路段上,宜在 50 m 外接入公路。

4.4.3.2 如采用满堂支架施工,在搭设满堂支架时,支架两侧及底面等临边漏空位置应设置高空防坠网。

4.4.3.3 施工期间行车通道的高度至少应满足:高速公路、一级公路 5.2 m;二级及以下公路 4.5 m 的净空要求,设置相应高度的限高防护架,并在适当的位置设置限高标志。

4.4.3.4 行车通道的设置应满足会车要求,并满足行人与非机动车通行安全的要求。

4.4.3.5 位于行车道内的支架基础迎车面,应设置导流岛和消能防撞设施,并设置高度不小于 2.5 m、宽度不小于迎车面面积的反光立面标记。

4.4.3.6 应在行车通道车道两门洞之间设置封闭式施工围挡。

4.4.3.7 桥梁桩基施工如采取钻孔桩方式,应保护既有路基不受干扰和破坏。宜采取下锤槽钢的防护措施,并在完工后拆除。为避免破坏既有路基,地面以下部分槽钢宜在工程完工后保留。

4.4.3.8 在公路上空进行桥梁吊装作业,应临时中断交通,编制交通组织方案并切实实施。涉路工程所有人应征得公安机关交通管理部门的同意,并由公安机关交通管理部门进行交通指挥。

4.5 渡槽、廊道和人行天桥

4.5.3.1 施工宜选用预制吊装方式进行。

4.5.3.2 位于行车道内的支架基础迎车面,应设置导流岛和消能防撞设施,并设置高度不小于 2.5 m、宽度不小于迎车面面积的反光立面标记。

4.5.3.3 行车通道应设置封闭式施工围挡。

③《涉路工程安全评价规范(征求意见稿)》[14]

4.1.3.10 上跨桥梁施工应满足如下要求:

1. 优先采用不占用公路路面的施工方案。
2. 除分离式路基外,中央分隔带内不宜设置上跨桥梁桥墩。
3. 跨线临时结构应进行稳定性验算,并采取安全防护、警示等措施。

2. 施工期间交通组织方案

跨线桥施工前建设单位必须事先取得公路主管部门同意,影响车辆通行的,还须征得公安交通管理机关同意,共同确定施工作业的起讫时间,需要中断交通的,须事先联合公路和交警部门制定绕行方案,现场安排专人指挥交通和车辆引导。未提前获得公路部门的许可,严禁进行任何涉路行为。

施工期间的交通组织方案应从安全角度全面考虑,尽量减少对交通的影响。一般来说,持续时间为 15 min 以上的涉路工程应按照国家标准《道路交通标志和标线》(GB 5768—2009)[26] 的要求进行布设,具体的施工交通组织方案内容见本书第 7 章。

以下情况应单独提供详细的交通组织方案,以供公路主管部门审批:

1) 施工需在夜间进行时;
2) 交通控制设施在夜间不施工时需保留在公路上;
3) 跨线工程需连续移动施工;
4) GB 5768—2009 提供的施工安全设施设置示例不满足涉路工程作业需要时;
5) 施工时需占用一条以上车道、路肩、匝道时。

在交通流量大的公路上施工作业时应避开交通高峰时段,选取车流量较小的时段进行作业。

2.1.3 实际案例

案例一　盐城市环保产业园至省道331接线工程跨沈海高速公路安全评估

1. 工程概况

盐城市环保产业园至省道331接线工程路线起始于生态大道西侧边缘,向西分别与环保产业园区道路经六路、经五路、经四路、经二路、经一路相交,继续向西在K3+683.662处采用22×30 m高架桥上跨沈海高速公路后,向西接上省道331为终点,全线采用双向六车道一级公路城镇段标准(与331省道城镇段标准一致),设计速度为80 km/h[8]。

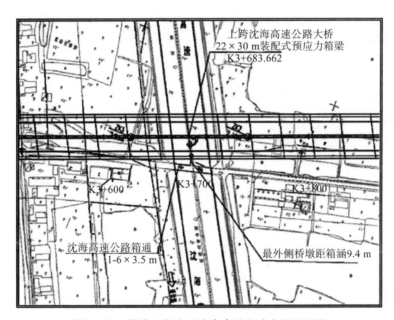

图2-22　接线工程上跨沈海高速公路大桥平面图

路线在K3+683.662处上跨沈海高速公路K1000+120(里程桩号),并与之成97.5°角。上跨桥上部结构为先简支后连续组合箱梁,共22跨(4×30+5×30+4×30+5×30+4×30)m,分五联,其中第三联11、12跨箱梁上跨沈海高速,上跨桥在沈海高速公路中央分隔带处设墩。上跨桥采用桩柱式墩、肋板式台,钻孔灌注桩基础,11号墩设2个盖梁,6个立柱,6根φ1.5 m桩。

跨越段沈海高速公路路基采用双向六车道标准,设计时速120 km/h,路基全宽35 m,中间带4.5 m(其中左侧路缘带2×0.75 m,中央分隔带3.0 m),行车道2×3×3.75 m,硬路肩为2×3.25 m,土路肩为2×0.75 m。中央分隔带为凸形,路面横坡为2.0%,土路肩横坡为4.0%。

2. 危险源分析

环保产业园至省道331接线工程跨沈海高速公路主要存在以下安全影响因素:

1) 上跨桥自身结构的不安全,致使工程在施工或使用过程中由于结构本身质量安全问题引起坍塌及各种事故。

2) 上跨段的道路线形指标(平纵线形、交角等)不合理,将对被交道路的视距、净空等方面产生影响,造成行车的安全隐患。

3) 上跨段桥梁运营产生的污染物(桥面排水等)直接对桥下道路产生安全及污染影响,跨线桥防护措施(护栏以及防抛网等附属设施)不到位,引发高速公路交通事故。

4) 施工危险因素:

① 施工方案及技术措施的安全可靠性未经过论证、审核,会造成项目施工过程中工程质量

得不到有效控制。

② 恶劣条件下施工可能会造成结构破坏,高空起吊设备受到影响,引起设备坍塌事故。雨天施工会对现场设备材料造成腐蚀危害,增加带电设备漏电风险,从而造成人员触电事故。

③ 电工、电焊工、起重工、架子工、测量人员等高空作业操作人员管理不善,未取得职业资格或进入施工现场未进行安全技术培训,施工作业过程中会造成触电、高空坠落、物体打击、人员伤害。

④ 作业施工光线不足,作业人员夜间施工、疲劳施工或违反程序施工,会影响工程质量,从而影响结构使用寿命。

5) 施工期间被交道路交通组织不合理,会导致被交道路交通堵塞,容易发生安全事故。

6) 施工应急预案不完备,发生紧急事故时处理不当、抢救不及时,会对人身和财产安全造成损害。

3. 安全评估分析

1) 上跨段的道路指标符合性检验

① 接线工程与沈海高速公路相交采用上跨式立体交叉,接线工程相交段平曲线为直线,满足规范规定要求。

凸形竖曲线半径 6 500 m≥4 500 m,满足规范规定要求。

路线纵坡为±3%≤3%,最小坡长 465 m≥200 m,满足规范规定要求。

② 净空高度:接线工程第 11、12 上跨沈海高速公路,上跨段净空高度 5.624 m>5.20 m,满足净空高度要求。

净空宽度:上跨桥 10、12 号墩距高速公路路基边缘均为 11.5 m,距隔离栅 1.65 m,净空宽度满足规范要求,如图 2-23 所示。

③ 交角及视距:接线工程与沈海高速公路交叉角度为 97.5°,平面位于半径 7 500 m 的圆曲线上,停车视距 461 m>110 m,满足规范要求。

④ 排水:上跨桥在 11 墩处不设排水管,上跨高速公路段雨水由 10、12 号墩处集中排出,符合要求。

上跨桥 11 号墩布置在沈海高速道路中央分隔带内,根据沈海高速中分带排水设施的布置,在施工时应采取合理的排水措施对墩柱所处位置的中分带渗水进行排除,防止雨水渗入路基、漫流路面或出现中分带积水的现象发生。施工结束后,应对破坏的中分带排水设施进行修复,保证高速公路中分带排水的正常运行。

图 2-23 上跨段桥墩与路基距离示意图(单位:mm)

⑤ 安全防护措施

上跨沈海高速大桥在上跨段两孔设置了桥梁护网,护网高度 2 m>1.8 m,护网规格 5 cm×

10 cm,符合要求。

上跨沈海高速大桥中分带及侧分带护栏采用1.2 m高的混凝土墙式护栏,符合要求。

本工程没有设置中墩防撞护栏,设计应按相关规范补充设置。

接线工程在上跨段11号墩立面设置了黑黄相间的标记,符合要求。

2) 桥梁上部结构验算

针对该桥桥型特点,在计算过程中对上部结构进行了承载能力及正常使用状态下的结构验算。箱梁上部结构在正常使用极限状态及承载能力极限状态下均满足规范要求。

3) 施工期间交通组织方案

(1) 大桥上跨高速公路段计划施工日期为2012年6月25日至2012年12月20日,其中阶段性影响沈海高速公路时间80天,因采用架梁机架设,施工工期需综合考虑其他桥跨施工,大桥桥跨多的因素,施工工期基本合理。

(2) 标志、标牌设置:迎车行方向由远向施工区分别设置前方2 km、1 600 m、800 m施工净高标志,在1 800 m和800 m处设置减速带,在400 m处安装爆闪灯,在改道转进处和中央分隔带前方来车20 m处安装黄色警示灯。施工交通组织方案基本合理。

4) 施工应急预案

(1) 施工方案制定了详细的应急处理措施,包括遇到雨雾天气、发生交通事故、车辆发生故障影响交通、堵车等紧急情况。应急处理措施基本合理。

(2) 雨雾天气在控制区两端设置红或黄色闪光警示灯、爆闪灯,除钻孔灌注桩外,其他分项工程不安排在雨雾等恶劣天气时施工,符合要求。

(3) 车辆发生故障无法驶离交通控制区域的,根据情况临时放置指示标志,引导车辆安全通行。符合要求。

5) 施工保障措施

(1) 施工期间施工作业区全部采用彩钢瓦围护,施工机械相对固定在施工作业区内,符合要求。

(2) 沈海中央分隔带原有通信电缆等管线系统,11号墩在沈海高速公路中央分隔带有6根桩基,施工方拟委托沈海高速公路管理有限公司进行线路迁移,在桥梁钻孔桩和下部构造施工结束后再恢复管线及中分带设施,符合要求。

(3) 11号墩桩基开挖时应尽可能减小开挖面,避免损坏高速公路路基、路面。施工时尽量减少机械工具对高速公路路面的损坏,若发生损坏,施工结束后应对高速公路路面进行合理的修复。

(4) 施工期间应在路面覆盖油布对路面进行保护,泥浆循环池采用2 m×2 m×1 m的钢板箱,用高压泥浆泵排送至路基外泥浆塘,符合要求。施工中应及时排除泥浆,防止泥浆外漏至高速公路行车道路面,以确保高速公路通行车辆安全。

(5) 桥梁上部结构施工时必须采取相应的安保措施,确保架梁施工的安全实施。架桥机过孔安装箱梁采用全天候封闭半幅路面、半幅通行的方案,方案基本合理。

(6) 桥上中分带内绿化应采取可靠措施,防止水土流出污染高速公路路面。

(7) 施工期间使用机械应符合安全标准,操作人员应具有相关的职业资格证,施工操作需严格按照相应的规章制度进行,严令防止由于机械设备操作不当对高速公路正常运行产生影响。

(8) 11跨和12跨箱梁安装好后,进行接头、接缝和护栏的施工时,接缝的模板组装需要在下方路面上进行,下方的行车道需短时封闭。附属设施施工期间在桥面上设置了防抛物网,避免物体下落对高速公路行驶车辆造成伤害,符合要求。

(9) 在进行夜间施工时,应加强施工现场的灯光以及交通标志、标牌的醒目度,灯光的布置应合理,不应对行驶车辆造成眩光等影响。

(10) 施工期间应派专人对施工区域进行巡查,严禁非施工人员进入现场,现场施工人员严禁进入正常运行的车道,以免造成交通事故。

案例二 铜南宣高速 A1 上跨省道 S320 工程

1. 工程概况[29]

铜南宣高速公路路基工程 A1 合同段,位于铜陵市钟鸣镇境内,沿省道 S320 布设,路线起讫桩号 K0+000～K10+090,全长 10.09 km。其中,中心桩号为 K8+811 的分离式立交桥,第二跨上跨 S320 省道,具体位置在省道 S320 上的桩号 K18+484 处。

省道 S320 为二级公路,路基宽 17 m,路面宽 14.5 m,与本合同段交叉部位两侧均为岩石坡体,结构层分别为亚黏土、强风化凝灰岩、弱风化凝灰岩,坡脚外露部分为弱风化凝灰岩,须进行爆破作业。

K8+811 分离式立交桥是 A1 合同段单跨跨径最大的一座桥,处于超高渐变段、全超高段和平曲线内,最大超高 2%,曲径要素 $R = 2\ 252.65$ m,$E = 200.69$ m,$L_s = 260$ m,$T = 1098.9$ m,为全线控制性工程。主线上跨省道 S320,交角为 50°,3 跨均为 30 m。桥面净宽 2×11.25 m,全桥长 99.70 m。上部构造为 30 m 预应力箱梁,先简支后连续,全桥共 24 片梁;下部结构为柱式墩(ϕ1.40 m),桩基础(桩径 ϕ1.6 m),U 形桥台,扩大基础,无不良地质情况。

该桥采用上跨穿越省道 S320,省道于该桥第二跨下通过(即 1、2 号墩之间通过),上跨桥与省道 S320 交角为 50°。该桥 1、2 号墩对称布置于省道 S320 两侧,基本与省道平行,1 号墩中心至省道左侧路缘石外侧垂直距离为 4.3 m,至行车道边缘 7.05 m,2 号墩中心至省道右侧路缘石外侧最小垂直距离为 3.5 m,最大垂直距离 4.05 m,至行车道边缘 6.3 m。本桥墩柱设计直径为 1.4 m,1、2 号桥墩均布置在省道两侧排水沟外侧约 1 m 的位置,见图 2-24、图 2-25。

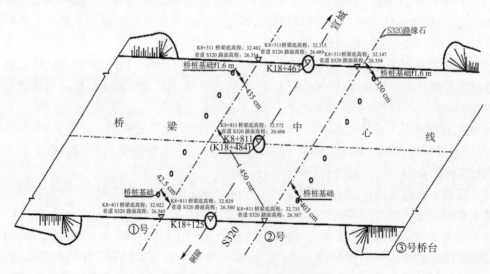

图 2-24 桥梁平面图(高程单位:m)

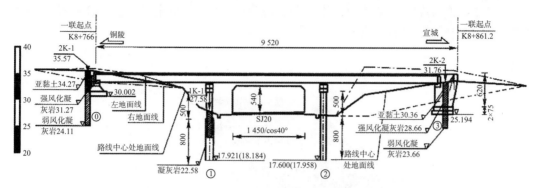

图 2-25 桥梁立面图(尺寸单位:cm;高程单位:m)

2. 设计符合性

(1)公路跨线桥的跨径与布孔应留有足够的侧向余宽,不应将墩、台设置在公路排水边沟以内,应满足公路视距的要求。不能满足公路视距要求时,应设置边孔。本工程1、2号桥墩均布置在省道两侧排水沟外侧约1 m的位置,符合要求。

(2)跨越二级公路、三级公路、四级公路时,不应在车行道上设置中墩。本工程1、2号墩对称布置于省道S320两侧,符合要求。

(3)跨线桥及其引道的排水系统应自成体系,跨线桥桥面雨水应排至公路排水系统。本工程将上跨桥路面水引至省道路基两侧,用PVC管导流至原地面排水系统中,不影响省道通行,符合要求。

(4)公路跨越公路时,跨线桥应设置防护网,防护网网孔不宜大于0.25 cm^2。本工程设置了防护网,符合要求。

(5)应按国家有关规范设置车辆限高标志及限高防护架。本工程符合要求。

(6)跨越所在位置公路平曲线半径不应小于400 m。本工程为2 252.65 m,符合要求。

(7)公路跨越公路一般采用垂直交叉,必须斜交时,其交角不应小于60°;特殊情况不应小于45°;山岭地区特别困难路段不应小于30°。本工程交叉角度为50°,符合要求。

(8)高速公路、一级公路、二级公路净空不应小于5.5 m。本工程最小净高为5.8 m,符合要求。

(9)跨线桥桥墩到行车道边缘的距离应满足路侧净区的要求。本工程1号墩中心至省道左侧路缘石外侧垂直距离为4.3 m,至行车道边缘7.05 m,2号墩中心至省道右侧路缘石外侧最小垂直距离为3.5 m,最大垂直距离4.05 m,至行车道边缘6.3 m,符合要求。

3. 施工保障措施

(1)在施工区域前方两端1 000 m、750 m、500 m处分别设置内容为"前方施工,车辆慢行"的标牌以及"限速60 km/h"等警示牌。

(2)在施工作业处设置"限速40 km/h"的警示牌以及黄色频闪警示灯,夜间设红色警示灯提醒来往车辆注意。

(3)在桥梁中心线位置两端各30 m的范围内,沿省道S320两侧路缘石边线摆设隔离墩(反光锥形筒)、钢管围栏等以提示过往车辆或行人,挖孔、下钢筋笼、墩柱施工等不得超过此范围。

(4)施工间歇期,应将孔口盖住,防止行人不慎掉入,以免造成伤亡事故。

(5)施工道路进出口和施工区域面临省道一侧竖立醒目的安全警示标语和警示牌。

(6) 在施工区域靠近省道部分的施工人员均着反光标志服进行作业。施工安全防护和标志设置见图 2-26、图 2-27。

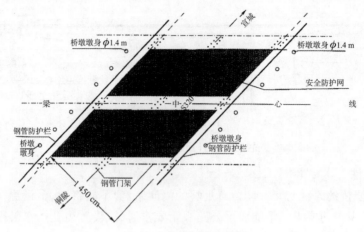

图 2-26 施工安全防护

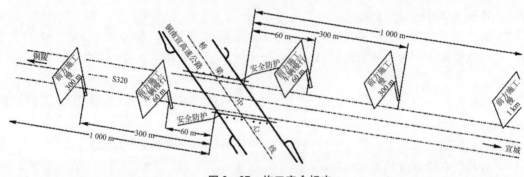

图 2-27 施工安全标志

4. 改进建议

(1) 位于行车道内的支架基础前端,应设置导流岛和消能防撞设施,并应设置高度不小于 1 m、宽度不小于迎车面面积的反光立面标记。

(2) 本工程桥梁桩基施工采用挖孔桩方式,应保护既有路基不受干扰和破坏。宜采用打入槽钢的防护措施,并在完工后拆除。为避免破坏既有路基,地面以下部分槽钢宜在工程完工后保留。

2.2 电力线跨越

2.2.1 工程特点及危险源分析

电力线跨越涉路行为主要是各类管线从公路以及公路结构物上部架空通过的建设工程。在已通车公路上建设跨越式涉路工程,不但会影响原有公路的路基稳定性、公路排水系统,易破坏公路景观、形成视线屏障,施工过程还会产生交通拥堵和交通事故,跨线桥设计不合理会导致该路段成为交通事故黑点,跨越结构因倒塌、坠落、剥落、污损对公路本身和交通运营造成不良影响,同时跨路工程的存在还会影响未来公路的改扩建规划[10—11]。

2.2.2 安全评价内容

电力线跨越涉路工程安全的评价要点如表 2-49 所示。

表 2-49 电力线跨越评价要点

评价分类	评价指标	评价依据
被跨越公路指标符合性检验	被跨越公路改扩建	被跨越公路五年近期规划
	管线改迁	
架空送电线路验算	杆塔结构验算	66 kV 及以下架空电力线路设计规范（GB 50061—2010） 架空绝缘配电线路设计标准（GB 51302—2018） 架空送电线路基础设计技术规定（DL/T 5219—2005）
	基础验算	66 kV 及以下架空电力线路设计规范（GB 50061—2010） 架空送电线路基础设计技术规定（DL/T 5219—2005）
	支撑和附属设施	涉路工程安全评价规范（DB34/T 2395—2015） 涉路工程安全评价规范（征求意见稿）
	跨越位置	涉路工程安全评价规范（DB34/T 2395—2015） 涉路工程安全评价规范（征求意见稿）
	净空	公路路线设计规范（JTG D20—2017） 涉路工程安全评价规范（DB34/T 2395—2015） 涉路工程安全评价规范（征求意见稿） 66 kV 及以下架空电力线路设计规范（GB 50061—2010） 架空绝缘配电线路设计标准（GB/51302—2018）
	交叉角度	公路路线设计规范（JTG D20—2017） 涉路工程安全评价规范（DB34/T 2395—2015） 涉路工程安全评价规范（征求意见稿）
	安全防护措施	涉路工程安全评价规范（DB34/T 2395—2015） 涉路工程安全评价规范（征求意见稿）
施工保障措施		公路路线设计规范（JTG D20—2017） 涉路工程安全评价规范（DB34/T 2395—2015）
施工期间交通组织方案		
施工应急预案		
运营期安保措施		

2.2.2.1 电力线跨越设计指标评价

电力线跨越设计指标评价包含被跨公路指标符合性检验、架空送电线路验算，其中，被跨公路指标包含被跨越公路改扩建和管线改迁，架空送电线路评价指标包含杆塔结构验算、基础验算、交叉角度等。

1. 被跨公路指标符合性检验

在跨线公路设计时，首先必须调查清楚设计杆塔位置周围管线的分布，以便正确地布置跨越方案。杆塔基础设计时应尽量避开各类管线规定的禁止范围，以防发生意外事故。

（1）被跨越公路改扩建

电力线上跨的设计方案，应满足既有公路未来拓宽改造的要求。被跨越公路的改扩建可查找被跨越公路五年近期规划。

（2）管线改迁

①《涉路工程安全评价规范（征求意见稿）》[14]

4.2.1.2　电力线、通讯广播线跨越既有公路不得影响公路改扩建。

4.2.1.3　各种线路跨越公路的设施，不得侵入公路建筑限界，不得妨碍公路交通安全、损害公路设施。

②《涉路工程安全评价规范》（DB34/T 2395—2015）[15]

4.1.1.1　杆线设计应考虑公路远期规划。

4.2.1.2　通讯广播线路不宜跨越高速公路，如条件受限确需跨越时应满足未来交通规划要求。

2. 架空送电线路验算

（1）杆塔结构验算

杆塔结构验算包括验算杆塔的型号、强度、刚性、稳定性、连接强度、抗风能力等指标。

①《66 kV 及以下架空电力线路设计规范》（GB 50061—2010）[9]

7　杆塔型式

7.0.1　架空电力线路不同电压等级线路共架的多回路杆塔，应采用高电压在上、低电压在下的布置型式。山区架空电力线路应采用全方位高低腿的杆塔。

7.0.2　35 kV~66 kV 架空电力线路单回路杆塔的导线可采用三角排列或水平排列，多回路杆塔的导线可采用鼓型、伞型或双三角型排列；3 kV~10 kV 单回路杆塔的导线可采用三角排列或水平排列，多回路杆塔的导线可采用三角和水平混合排列或垂直排列；3 kV 以下杆塔的导线可采用水平排列或垂直排列。

7.0.3　架空电力线路导线的线间距离应结合运行经验，并应按下列要求确定：

1. 35 kV 和 66 kV 杆塔的线间距离应按下列公式计算：

$$D \geq 0.4L_k + \frac{U}{110} + 0.65\sqrt{f} \tag{2-37}$$

$$D_x \geq \sqrt{D_p^2 + \left(\frac{4}{3}D_z\right)^2} \tag{2-38}$$

$$h \geq 0.75D \tag{2-39}$$

式中：D——导线水平线间距离（m）；

D_x——导线三角排列的等效水平线间距离（m）；

D_p——导线间水平投影距离（m）；

D_z——导线间垂直投影距离（m）；

L_k——悬垂绝缘子串长度（m）；

U——线路电压（kV）；

f——导线最大弧垂（m）；

h——导线垂直排列的垂直线间距离（m）。

2. 使用悬垂绝缘子串的杆塔，其垂直线间距离应符合下列规定：

1) 66 kV 杆塔不应小于 2.25 m；

2) 35 kV 杆塔不应小于 2 m。

3. 采用绝缘导线的杆塔，其最小线间距离可结合地区经验确定。380 V 及以下沿墙敷设的绝缘导线，当档距不大于 20 m 时，其线间距离不宜小于 0.2 m；3 kV 以下架空电力线路，靠近电杆的两导线间的水平距离不应小于 0.5 m;10 kV 及以下杆塔的最小线间距离,应符合表 2-50 的规定。

表 2-50   10 kV 及以下杆塔最小线间距离(m)

线路电压	线间距离								
	档距								
	40 及以下	50	60	70	80	90	100	110	120
3 kV~10 kV	0.60	0.65	0.70	0.75	0.85	0.90	1.00	1.05	1.15
3 kV 以下	0.30	0.40	0.45	0.50	—	—	—	—	—

7.0.4 采用绝缘导线的多回路杆塔,横担间最小垂直距离,可结合地区运行经验确定。10 kV 及以下多回路杆塔和不同电压等级同杆架设的杆塔,横担间最小垂直距离应符合表 2-51 的规定。

表 2-51   横担间最小垂直距离(m)

组合方式	直线杆	转角或分支杆
3 kV~10 kV 与 3 kV~10 kV	0.8	0.45/0.60
3 kV~10 kV 与 3 kV 以下	1.2	1.0
3 kV 以下与 3 kV 以下	0.6	0.3

注:表中 0.45/0.6 系指距上面的横担 0.45 m,距下面的横担 0.6 m。

7.0.5 设计覆冰厚度为 5 mm 及以下的地区,上下层导线间或导线与地线间的水平偏移,可根据运行经验确定;设计覆冰厚度为 20 mm 及以上的重冰地区,导线宜采用水平排列。35 kV 和 66 kV 架空电力线路,在覆冰地区上下层导线间或导线与地线间的水平偏移,不应小于表 2-52 所列数值。

表 2-52   覆冰地区上下层导线间或导线与地线间的最小水平偏移

设计覆冰厚度(mm)	最小水平偏移	
	线路电压 35 kV	线路电压 66 kV
10	0.20	0.35
15	0.35	0.50
≥20	0.85	1.00

7.0.6 采用绝缘导线的杆塔,不同回路的导线间最小水平距离可结合地区运行经验确定;3 kV~66 kV 多回路杆塔,不同回路的导线间最小距离应符合表 2-53 的规定。

表 2-53   不同回路的导线间最小距离(m)

线路电压	3 kV~10 kV	35 kV	66 kV
线间距离	1.0	3.0	3.5

7.0.7 66 kV 与 10 kV 同杆塔共架的线路,不同电压等级导线间的垂直距离不应小于 3.5 m;35 kV 与 10 kV 同杆塔共架的线路,不同电压等级导线间的垂直距离不应小于 2 m。

8 杆塔荷载和材料

8.1.1 风向与杆塔面垂直情况的杆塔塔身或横担风荷载的标准值,应按下式计算:

$$W_s = \beta \mu_s \mu_z A W_o \tag{2-40}$$

式中:W_s——杆塔塔身或横担风荷载的标准值(kN);
β——风振系数,按本规范第8.1.5条的规定采用;
μ_s——风荷载体型系数;
μ_z——风压高度变化系数;
A——杆塔结构构件迎风面的投影面积(m^2);
W_o——基本风压(kN/m^2)。

8.1.2 风向与线路垂直情况的导线或地线风荷载的标准值,应按下式计算:

$$W_x = \alpha \mu_s d L_w W_o \tag{2-41}$$

式中:W_x——导线或地线风荷载的标准值(kN);
α——风荷载档距系数,按本规范第8.1.6条的规定采用;
d——导线或地线覆冰后的计算外径之和(m),对分裂导线,不应考虑线间的屏蔽影响;
μ_s——风荷载体型系数,当$d<17$ mm,取1.2;当$d \geq 17$ mm,取1.1;覆冰时,取1.2;
L_w——风力档距(m)。

8.1.5 拉线高塔和其他特殊杆塔的风振系数β,宜按现行国家标准《建筑结构荷载规范》(GB 50009)的有关规定采用,也可按表2-54的规定采用。

表2-54 杆塔的风振系数

部位	杆塔总高度(m)		
	<30	30~50	>50
塔身	1.0	1.2	1.5
基础	1.0	1.0	1.2

8.1.6 风荷载档距系数α应按表2-55采用。

表2-55 风荷载档距系数

设计风速(m/s)	20以下	20~29	30~34	35及以上
α	1.0	0.85	0.75	0.7

9 杆塔设计

9.0.1 杆塔结构构件及连接的承载力、强度、稳定计算和基础强度计算,应采用荷载设计值;变形、抗裂、裂缝、地基和基础稳定计算,均应采用荷载标准值。

9.0.2 杆塔结构构件的承载力设计,应采用下列极限状态设计表达式:

$$\gamma_G C_G G_K + \psi \gamma_Q \sum C_{Qi} Q_{iK} \leq R \tag{2-42}$$

式中:γ_G——永久荷载分项系数,宜取1.2,对结构构件受力有利时可取1.0;
γ_Q——可变荷载分项系数,宜取1.4;
C_G——永久荷载的荷载效应系数;
C_{Qi}——第i项可变荷载的荷载效用系数;
G_K——永久荷载的标准值;

Q_{iK}——第 i 项可变荷载的标准值；

ψ——可变荷载组合值系数，运行工况宜取 1.0；耐张型杆塔断线工况和各类杆塔的安装工况宜取 0.9；直线型杆塔断线工况和各类杆塔的验算工况宜取 0.75；

R——结构构件抗力设计值。

9.0.3 杆塔结构构件的变形、裂缝和抗裂计算，应采用下列正常使用极限状态表达式：

$$C_G G_K + \psi \sum C_{Qi} Q_{iK} \leqslant \delta \tag{2-43}$$

式中：δ——结构构件的裂缝宽度或变形的限值。

9.0.4 杆塔结构正常使用极限状态的控制应符合下列规定：

1. 在长期荷载作用下，杆塔的计算挠度应符合下列规定：

1) 无拉线直线单杆杆顶的挠度：水泥杆不应大于杆全高的 5‰，钢管杆不应大于杆全高的 8‰，钢管混凝土杆不应大于杆全高的 7‰；

2) 无拉线直线铁塔塔顶的挠度不应大于塔全高的 3‰；

3) 拉线杆塔顶点的挠度不应大于杆塔全高的 4‰；

4) 拉线杆塔拉线点以下杆塔身的挠度不应大于拉线点高的 2‰；

5) 耐张型塔塔顶的挠度不应大于塔全高的 7‰；

6) 单柱耐张型杆杆顶的挠度不应大于杆全高的 15‰。

2. 在运行工况的荷载作用下，钢筋混凝土构件的计算裂缝宽度不应大于 0.2 mm，部分预应力混凝土构件的计算裂缝宽度不应大于 0.1 mm；预应力钢筋混凝土构件的混凝土拉应力限制系数不应大于 1.0。

②《架空绝缘配电线路设计标准》（GB 51302—2018）[27]

9 杆塔

9.1.4 各类杆塔均应计算下列运行工况的荷载：

1. 最大风速、无冰、未断线；
2. 覆冰、相应风速、未断线；
3. 最低气温、无冰、无风、未断线。

9.1.5 风向与线路垂直情况的导线风荷载标准值应按下式计算：

$$W_X = \alpha \cdot W_0 \cdot \mu_{SC} \cdot d \cdot L_p \tag{2-44}$$

式中：W_X——垂直于导线方向的水平风荷载标准值（kN）；

α——风压不均匀系数，应根据设计基准风速按照表 2-56 的规定确定；

W_0——基本风压（kN/m²）；

μ_{SC}——导线的体型系数，线径小于 17 mm 或覆冰时（不论线径大小）应取 $\mu_{SC}=1.2$；线径大于或等于 17 mm 时，$\mu_{SC}=1.1$；

d——导线的外径或覆冰时的计算外径（m）；

L_p——杆塔的水平档距（m）。

表 2-56 风压不均匀系数

	风速（m/s）	$V<20$	$20 \leqslant V<27$	$27 \leqslant V<31.5$	$V \geqslant 31.5$
α	计算杆塔荷载	1.00	0.85	0.75	0.70
	校验杆塔电气间隙	1.00	0.75	0.61	0.61

9.1.6 风向与杆塔面垂直情况的杆塔身或横担风荷载标准值,应按下式计算:

$$W_S = W_0 \cdot \mu_Z \cdot \mu_S \cdot \beta_Z \cdot A_S \tag{2-45}$$

式中:W_S——杆塔塔身或横担风荷载标准值(kN);

μ_Z——风压高度变化系数;

μ_S——风荷载体型系数,塔架取 1.3(1+η)(η 为塔架背风面荷载降低系数,应按表 2-57 采用),环形混凝土电杆、钢管杆杆身取 0.7;

β_Z——杆塔风振系数,应按表 2-58 采用;

A_S——杆塔结构构件迎风面的投影面积(m^2)。

表 2-57 塔架背风面荷载降低系数 η

b/a \ A_S/A	0.1	0.2	0.3	0.4	0.5	0.6
≤1	1.00	0.85	0.66	0.50	0.33	0.15
2	1.00	0.90	0.75	0.60	0.45	0.30

注:1. A 为塔架的轮廓面积;a 为塔架的迎风面宽度;b 为塔架迎风与背风面之间的距离。
2. 中间值可按线性插入法计算。

表 2-58 杆塔风振系数 β_Z

部位	杆塔总高度 H(m)		
	<30	30~50	>50
杆塔	1.0	1.2	1.5
基础	1.0	1.0	1.2

9.1.7 各类杆塔的塔身、横担、导线和地线的风荷载计算均应按以下三种风向取值:

1. 风向与线路方向垂直,转角杆塔应按转角等分线方向;
2. 风向与线路方向的夹角成 60°或 45°;
3. 风向与线路方向相同。

9.1.8 风向与线路方向在各种角度情况下,杆塔、横担、导线、地线的风荷载计算应符合现行国家标准《66 kV 及以下架空电力线路设计规范》(GB 50061)的规定。

9.3 杆塔设计

9.3.1 杆塔类型选择应符合下列规定:

1. 架空绝缘配电线路杆塔可采用钢筋混凝土、部分预应力或预应力钢筋混凝土电杆,在行车道路路边、覆冰较严重区域不宜采用预应力混凝土电杆;
2. 在条件受限的区域,可采用钢管杆、高强度钢筋混凝土杆或窄基塔,档距较大的跨越杆塔宜选用联杆、铁塔或钢管杆。

9.3.2 杆塔结构构件及连接的承载力、强度、稳定计算和基础强度计算,应采用荷载设计值;变形、抗裂、裂缝、地基和基础稳定计算,均应采用荷载标准值。

9.3.3 杆塔结构构件的承载力计算和变形、裂缝和抗裂计算均应符合现行国家标准《66 kV 及以下架空电力线路设计规范》(GB50061)的规定。

9.3.4 无拉线锥型单杆可按受弯构件计算,弯矩应乘以增大系数 1.1。

9.3.5 架空绝缘配电线路采用的横担应按受力进行强度计算。采用钢材横担时,其规格不应小于∠63 mm×∠63 mm×∠6 mm。钢材横担及附件应采取热镀锌等防腐措施。

10 拉线与基础

10.2 基础设计

10.2.2 钢筋混凝土电杆埋设深度应计算确定。单回路架空绝缘配电线路电杆埋设深度宜采用表2-59所列数据。

表2-59 单回路架空绝缘配电线路电杆埋设深度(m)

杆高	8.0	9.0	10.0	12.0	13.0	15.0	18.0
埋深	1.5	1.6	1.7	1.9	2.0	2.3	2.6~3.0

10.2.3 基础应根据杆位或塔位的地质资料进行设计。架空绝缘配电线路验算杆塔基础底面压应力、抗拔稳定、倾覆稳定时,应符合现行国家标准《66 kV及以下架空电力线路设计规范》(GB 50061)的规定。

10.2.4 现场浇筑钢筋混凝土基础,混凝土电杆的底盘、卡盘、拉盘的混凝土强度等级不应低于C20;预制装配式混凝土基础的混凝土强度等级不宜低于C30。

③《架空送电线路基础设计技术规定》(DL/T 5219—2005)[28]

8 倾覆稳定计算

8.1 电杆基础倾覆稳定计算

8.1.1 适用条件:基础埋深与基础实际宽度之比不小于3的电杆基础。

8.1.2 电杆基础极限倾覆力 S_j 或极限倾覆力矩 M_j 的计算,是假定土壤达到极限平衡状态,见图2-28。土压力 X 的计算式如下:

$$X = \gamma_s y \tan^2\left(45° + \frac{\beta}{2}\right) = m \cdot y \qquad (2-46)$$

式中:X——土压力,kPa;

m——土压力参数,按表2-60确定,kN/m^3;

β——等代内摩阻角,按表2-60确定,(°);

y——自设计地面起算的深度,m。

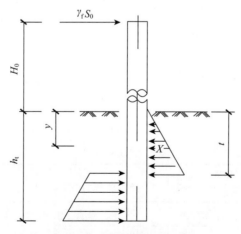

图2-28 电杆基础计算简图

表 2-60 等代内摩阻角、土压力参数

参数 \ 土名	黏土、粉质黏土坚硬、硬塑;密实的粉土	黏土、粉质黏土可塑;中密的粉土	黏土、粉质黏土软塑	粗砂、中砂	细砂、粉砂
等代内摩阻角 β	35°	30°	15°	35°	30°
土压力参数 $m(kN/m^3)$	63	48	26	63	48

注:本表不包括松散状态的砂土和粉土。

8.1.3 电杆的计算宽度应按 8.1.3 的第 1 款和第 2 款的内容确定。

1. 基础为单杆组成时应按式(2-47)确定:

$$b_0 = bK_0 \tag{2-47}$$

$$K_0 = 1 + \frac{2h_t}{3b}\xi\cos\left(45° + \frac{\beta}{2}\right)\tan\beta \tag{2-48}$$

式中: b_0——电杆的计算宽度,m;

b——电杆的实际宽度,m;

K_0——空间增大系数,可按式(2-48)或按表 2-61 确定;

ξ——土的侧压力系数,可按表 2-62 确定。

表 2-61 K_0 值

β		15°	30°	30°	35°		
土名		黏土、粉质黏土、粉土	粉砂、细砂		黏土	粉质黏土、粉土	粗砂、细砂
h_t/b	11	1.72	2.28	1.81	2.71	2.41	1.90
	10	1.65	2.16	1.73	2.56	2.28	1.82
	9	1.59	2.05	1.66	2.40	2.15	1.74
	8	1.52	1.93	1.58	2.23	2.05	1.66
	7	1.46	1.81	1.51	2.08	1.90	1.57
	6	1.39	1.70	1.44	1.93	1.77	1.49
	5	1.33	1.58	1.37	1.78	1.63	1.41
	4	1.26	1.46	1.29	1.62	1.51	1.33
	3	1.20	1.35	1.22	1.46	1.38	1.25
	2	1.13	1.23	1.15	1.31	1.25	1.16
	1	1.07	1.12	1.08	1.15	1.13	1.08
	0.8	1.05	1.09	1.06	1.12	1.10	1.07
	0.6	1.04	1.07	1.05	1.09	1.08	1.05

表 2-62 土的侧压力系数 ξ

土的名称	黏性土	粉质黏土、粉土	砂土
侧压力系数 ξ	0.72	0.6	0.38

2. 当基础为双杆组成(见图 2-29)时,基础计算宽度按式(2-49)与式(2-50)中的较小

者确定,双杆中心距 $L \leq 2.5b$:

$$b_0 = (b+L\cos\rho)K_0 \quad (2-49)$$

$$b_0 = 2bK_0 \quad (2-50)$$

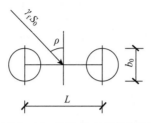

图 2-29 双杆基础计算简图

8.1.4 不带卡盘的电杆基础,当基础埋深等确定后,极限倾覆力或极限倾覆力矩应符合下列公式要求:

$$S_j \geq \gamma_f S_0 \quad (2-51)$$

$$M_j \geq \gamma_f H_0 S_0 \quad (2-52)$$

$$S_j = \frac{mb_0 h_t^2}{\eta \mu} \quad (2-53)$$

$$M_j = \frac{mb_0 h_t^3}{\mu} \quad (2-54)$$

$$\eta = \frac{H_0}{h_t} \quad (2-55)$$

$$\mu = \frac{3}{1-2\theta^3} \quad (2-56)$$

$$\theta = \frac{t}{h_t} \quad (2-57)$$

式中:S_j——极限倾覆力;

M_j——极限倾覆力矩;

γ_f——按表 2-63 确定;

S_0——上部结构水平作用力设计值,kN;

H_0——S_0 作用点至设计地面处的距离,m。

θ 可由 $\theta^3 + \frac{3}{2}\theta^2\eta - \frac{3}{4}\eta - \frac{1}{2} = 0$ 求得,或按表 2-64 确定。

表 2-63 基础附加分项系数 γ_f

设计条件 基础型式 杆塔类型	上拔稳定		倾覆稳定
	重力式基础	其他各类型基础	各类型基础
直线杆塔	0.90	1.10	1.10
耐张(0°)转角及悬垂转角杆塔	0.95	1.30	1.30
转角、终端、大跨越塔	1.10	1.60	1.60

表 2-64　θ 及 μ 值

η	θ	μ	$\eta \cdot \mu$
0.10	0.784	82.9	8.3
0.25	0.774	41.3	10.4
0.50	0.761	25.3	12.7
1.00	0.746	17.7	17.7
2.00	0.732	14.1	28.1
3.00	0.725	12.6	37.8
4.00	0.722	13.1	48.5
5.00	0.720	11.8	59.1
6.00	0.718	11.6	69.0
7.00	0.716	11.3	79.0
8.00	0.715	11.2	89.2
9.00	0.714	11.0	99.3
10.00	0.713	11.0	109.1

8.1.5　当 $S_j < \gamma_f S_0$ 或 $M_j < \gamma_f H_0 S_0$ 时,应采取措施增强抗倾覆承载能力。一般方法是在基础埋深 $\dfrac{1}{3}$ 处加设上卡盘,必要时增加下卡盘。计算简图见图 2-30 和图 2-31。当地基土为冻胀土时应不设卡盘或采取防冻胀措施。

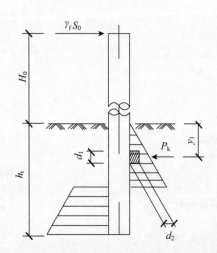

图 2-30　带上卡盘电杆基础倾覆计算简图　　图 2-31　带上下卡盘电杆基础倾覆计算简图

8.1.6　计算带上卡盘的电杆基础时,当埋深及上卡盘位置确定后,应按式(2-58)计算卡盘横向压力,按式(2-59)、式(2-60)确定卡盘长度:

$$P_k = \gamma_f S_0 - m b_0 h_t^2 \left(\theta^2 - \dfrac{1}{2} \right) \tag{2-58}$$

$$L_1 = \dfrac{P_k}{y_1 (m d_1 + 2\gamma d_2 \tan\beta)} \tag{2-59}$$

$$L_{\text{上}} = L_1 + b \tag{2-60}$$

式中：P_k——卡盘横向压力设计值，kN；
L_1——上卡盘计算长度，m；
y_1——设计地面至上卡盘的距离，m；
d_1——上卡盘厚度，m；
d_2——上卡盘宽度，m；
$L_{\text{上}}$——上卡盘全长，m。

当 $y_1 = \dfrac{h_t}{3}$ 时，θ 值可按下列方法求得，或结合表 2-65 确定：

$$F_1 = \frac{\gamma_f S_0 (1+3\eta)}{mb_0 h_t^2} \tag{2-61}$$

$$F_1 = \frac{1}{2} + \theta^2 - 2\theta^3 \tag{2-62}$$

表 2-65　F_1 和 θ 值

θ	F_1	θ	F_1	θ	F_1	θ	F_1
0.600	0.428	0.660	0.360	0.714	0.282	0.740	0.237
0.610	0.418	0.670	0.347	0.716	0.279	0.750	0.219
0.620	0.408	0.680	0.334	0.718	0.275	0.760	0.200
0.630	0.397	0.690	0.319	0.720	0.272	0.770	0.180
0.640	0.385	0.707	0.293	0.725	0.263	0.780	0.159
0.650	0.373	0.712	0.285	0.730	0.255		

8.1.7　当采用上、下卡盘时，应分别按式（2-63）和式（2-64）确定上、下卡盘的压力值，按式（2-65）确定上卡盘长度，按式（2-65）、式（2-66）确定下卡盘长度：

$$P_k = \frac{(\gamma_f S_0 - S_j)(H_0 + y_2)}{y_2 - y_1} \tag{2-63}$$

$$Q_k = \frac{(\gamma_f S_0 - S_j)(H_0 + y_1)}{y_2 - y_1} \tag{2-64}$$

$$L_2 = \frac{Q_k}{y_2(md_3 + 2\gamma_0 d_4 \tan\beta)} \tag{2-65}$$

$$L_{\text{下}} = L_2 + b \tag{2-66}$$

式中：Q_k——下卡盘横向压力设计值，kN；
L_2——下卡盘计算长度，m；
y_2——设计地面至下卡盘的距离，m；
d_3——下卡盘厚度，m；
d_4——下卡盘宽度，m；
$L_{\text{下}}$——下卡盘全长，m。

8.2　窄基铁塔浅基础倾覆稳定计算

8.2.1　适用条件

1. 基坑回填土必须满足分层夯实(每回填 300 mm 夯实为 200 mm)要求。
2. 基础埋深与侧面宽度之比不大于 3 的整体式刚性基础(其基础极限倾覆力或极限倾覆力矩的计算,是假定土壤达到极限平衡状态)见图 2-32。

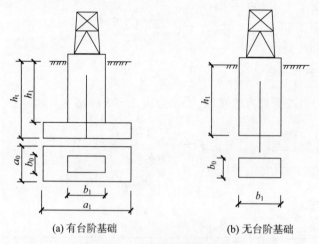

(a) 有台阶基础　　　(b) 无台阶基础

图 2-32　窄基铁塔基础示意图

8.2.2　有台阶基础倾覆稳定计算(见图 2-33)应符合下列要求:

$$\gamma_f S_0 H_0 \leq \frac{1}{2} E f_\beta \left[\left(a_1 - \frac{b_0}{a_0}\theta^2\right)(a_1-b_1) \right] - \frac{2}{3} E h_t \left(1 - \frac{b_0}{a_0}\theta^3\right) + y(e+f_\beta h_t) \tag{2-67}$$

$$y = \frac{F+G-\gamma_f S_0 f_\beta}{1+f_\beta^2} \leq 0.8 a_1 a f_a \text{ 且 } y>0 \tag{2-68}$$

$$E = \frac{1}{2} m a h_t^2 \tag{2-69}$$

$$a_0 = \frac{h_t^2 K_0 - h_1^2 K_0'}{h_t^2 - h_1^2} \cdot a \tag{2-70}$$

$$b_0 = bK_0 \tag{2-71}$$

$$\theta = \frac{h_1}{h_t} \tag{2-72}$$

$$e \leq \frac{1}{3} a_1 \tag{2-73}$$

$$f_\beta = \tan\beta \tag{2-74}$$

式中: a——底板侧面宽度, m;
　　　a_0——底板侧面的计算宽度, m。

8.2.3　无台阶基础倾覆稳定计算(见图 2-34)应符合下列公式要求:

$$\gamma_f S_0 H_0 \leq \frac{1}{2} E f_\beta b_1 - \frac{2}{3} E h_t + y(e+f_\beta h_t) \tag{2-75}$$

$$y = \frac{F+G_0-\gamma_f S_0 f_\beta}{1+f_\beta^2} \leq 0.8 a_1 a f_a \text{ 且 } y>0 \tag{2-76}$$

$$E = \frac{1}{2} m b_0 h_t^2 \tag{2-77}$$

$$e \leqslant \frac{1}{3}b_1 \qquad 式(2-78)$$

式中：G_0——基础自重，kN。

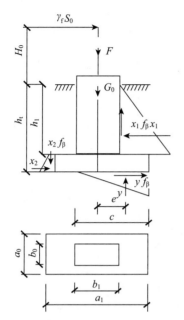

图 2-33　有台阶基础倾覆稳定计算简图　　图 2-34　无台阶基础倾覆稳定计算简图

8.3　窄基铁塔深基础倾覆稳定计算

8.3.1　适用条件：基础埋深与侧面宽度之比大于 3 的整体式刚性基础（见图 2-32）。

8.3.2　有台阶基础倾覆稳定计算（见图 2-35）应符合下列公式要求：

$$\gamma_f S_0 H_0 \leqslant \frac{1}{2} E \left[(1-\theta^2) f_\beta a_1 + \theta^2 f_\beta \frac{b_0 b_1}{a_0} \right] \tag{2-79}$$

$$+ \frac{1}{3} m h_t^3 [a_0 - \theta^3 (b_0 + a_0)] + y(e + f_\beta h_t)$$

$$y = \frac{F + G_0 - \gamma_f S_0 f_\beta}{1 + f_\beta^2} \leqslant 0.8 a_1 a f_a \text{ 且 } y > 0 \tag{2-80}$$

$$E = \frac{1}{2} m b_0 h_t^2 \tag{2-81}$$

$$a_0 = \frac{h_t^2 K_0 - h_1^2 K'_0}{h_t^2 - h_1^2} \cdot a \tag{2-82}$$

$$b_0 = b K_0 \tag{2-83}$$

$$\theta = \frac{h_1}{h_t} \tag{2-84}$$

$$e \leqslant \frac{1}{3} a_1 \tag{2-85}$$

$$f_\beta = \tan\beta \tag{2-86}$$

8.3.3　无台阶基础倾覆稳定计算(如图2-36)应符合下列公式要求：

$$\gamma_f S_0 H_0 \leq \frac{1}{2} E f_\beta a_1 + \frac{2}{3} E h_t (1 - 2\theta^3) + y(e + f_\beta h_t) \quad (2-87)$$

$$\theta^2 = \frac{\gamma_f S_0 + (F + G_0) f_\beta}{2E(1 + f_\beta^2)} + \frac{1}{2} < 1 \quad (2-88)$$

$$y = \frac{F + G_0 - \gamma_f S_0 f_\beta}{1 + f_\beta^2} \leq 0.8 a_1 a f_a \text{ 且 } y > 0 \quad (2-89)$$

$$E = \frac{1}{2} m b_0 h_t^2 \quad (2-90)$$

$$e \leq \frac{1}{3} b_1 \quad (2-91)$$

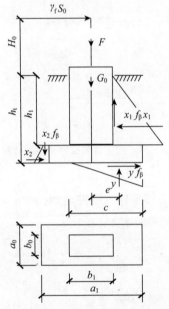 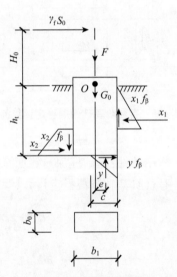

图2-35　有台阶基础倾覆稳定计算简图　　图2-36　无台阶基础倾覆稳定计算简图

8.4　宽基铁塔基础倾覆稳定计算

8.4.1　当基础主柱露出设计底面较高时，宽基铁塔基础应进行倾覆稳定计算和桩顶位移计算。

8.5　挡土墙

8.5.1　挡土墙宜采用墙背垂直、墙表面光滑、填土表面水平且与墙齐高的型式，其稳定性计算应符合下列要求：

1. 抗滑移稳定性应按式(2-92)计算(见图2-37)：

$$\frac{G\mu}{E_a} \geq 1.3 \quad (2-92)$$

$$E_a = \frac{1}{2} \gamma_s h^2 \tan^2\left(45° - \frac{\varphi}{2}\right) \quad (2-93)$$

式中：G——挡土墙每延米自重；

　　μ——土对挡土墙基底的摩擦系数，可按表2-66选用；

E_a——主动土压力；
φ——墙背填土的内摩阻角；
h——挡土墙高度；
b——基底的水平投影宽度。

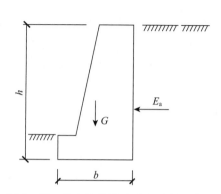
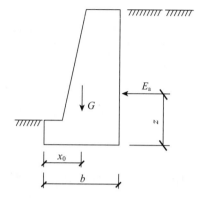

图 2-37 挡土墙抗滑移稳定计算示意图　　图 2-38 挡土墙抗倾覆稳定计算示意图

表 2-66　土对挡土墙基底的摩擦系数 μ

土的类别		摩擦系数 μ
黏性土	可塑	0.25~0.30
	硬塑	0.3~0.35
	坚硬	0.35~0.45
粉土		0.30~0.40
中砂、粗砂、砾砂		0.40~0.50
碎石土		0.40~0.60
软质岩		0.40~0.60
表面粗糙的硬质岩		0.65~0.75

注：1. 对易风化的软质岩和塑性指数 I_p 大于 22 的黏性土，基底摩擦系数应通过试验确定。
　　2. 对碎石土，可根据其密实程度、填充状态、风化程度等确定。

2. 抗倾覆稳定性应满足式(2-94)的要求(见图 2-38)：

$$\frac{Gx_0}{E_a z} \geq 1.6 \qquad (2-94)$$

式中：z——土压力作用点离墙踵的高度；
　　　x_0——挡土墙重心离墙趾的水平距离。

3. 挡土墙应符合地基承载力要求。

8.5.2　挡土墙的构造应符合下列要求：

1. 挡土墙高度不宜大于 6 m。
2. 块石挡土墙的墙顶宽度不宜小于 400 mm，石块立体边长应大于 300 mm，砌筑砂浆强度不低于 M7.5 级；混凝土挡土墙的墙顶宽度不宜小于 200 mm，混凝土强度不宜低于 C10 级。
3. 挡土墙基底的埋置深度，应根据地基承载力、水流冲刷、季节性冻土深度等因素综合确定。基底嵌入原状土内应大于 500 mm。

4. 挡土墙每两平方米内应设置一个泄水孔。

（2）基础验算

基础验算包括下压承载力验算、上拔承载力验算和水平承载力验算等。

①《66 kV 及以下架空电力线路设计规范》（GB 50061—2010）[9]

11.0.5 原状土基础在计算上拔稳定时,抗拔深度应扣除表层非原状土的厚度。

11.0.6 基础的埋置深度不应小于 0.5 m。在有冻胀性土的地区,埋深应根据地基土的冻结深度和冻胀性土的类别确定。有冻胀性土的地区的钢筋混凝土杆和基础应采取防冻胀的措施。

11.0.7 设置在河流两岸或河中的基础应根据地质水文资料进行设计,并应计入水流对地基的冲刷和漂浮物对基础的撞击影响。

11.0.8 基础设计（包括地脚螺栓、插入角钢设计）时,基础作用力计算应计入杆塔风荷载调整系数。当杆塔全高超过 50 m 时,风荷载调整系数取 1.3;当杆塔全高未超过 50 m 时,风荷载调整系数取 1.0。

11.0.9 基础底面压应力应符合下列公式的要求：

$$P \leqslant f \tag{2-95}$$

式中：P——作用于基础地面处的平均压力标准值（N/m²）；

f——地基承载力设计值。

当偏心荷载作用时,除符合公式（2-95）要求外,尚应符合下式要求：

$$P_{max} \leqslant 1.2f \tag{2-96}$$

11.0.10 基础抗拔稳定应符合下式要求：

$$N \leqslant \frac{G}{\gamma_{R1}} + \frac{G_0}{\gamma_{R2}} \tag{2-97}$$

式中：N——基础上拔力标准值（kN）；

G——采用土重法计算时,为倒截锥体的土体重力标准值；采用剪切法计算时,为土体滑动面上土剪切抗力的竖向分量与土体重力之和（kN）；

G_0——基础自重力标准值（kN）；

γ_{R1}——土重上拔稳定系数,按本规范第 11.0.12 条的规定采用；

γ_{R2}——基础自重上拔稳定系数,按本规范第 11.0.12 条的规定采用。

11.0.11 基础倾覆稳定应符合下列公式的要求：

$$\gamma_S \cdot F_o \leqslant F_j \tag{2-98}$$

$$\gamma_S \cdot M_o \leqslant M_j \tag{2-99}$$

式中：F_o——作用于基础的倾覆力标准值（kN）；

F_j——基础的极限倾覆力（kN）；

M_o——作用于基础的倾覆力矩标准值（kN·m）；

M_j——基础的极限倾覆力矩（kN·m）；

γ_S——倾覆稳定系数,按本规范第 11.0.12 条的规定采用。

11.0.12 基础上拔稳定计算的土重上拔稳定系数 γ_{R1}、基础自重上拔稳定系数 γ_{R2} 和倾覆计算的倾覆稳定系数 γ_S,应按表 2-67 采用。

表 2-67 上拔稳定系数和倾覆稳定系数

杆塔类型	γ_{R1}	γ_{R2}	γ_S
直线杆塔	1.6	1.2	2.5
直线转角或耐张杆塔	2.0	1.3	1.8
转角或终端杆塔	2.5	1.5	2.2

②《架空送电线路基础设计技术规定》(DL/T 5219—2005)[28]

6 上拔稳定计算

6.1.1 基础上拔稳定计算,应根据抗拔土体的状态分别采用剪切法或土重法。剪切法适用于原状抗拔土体;土重法适用于回填抗拔土体。

6.1.2 剪切法:

1. 基础埋深与圆形底板直径之比(h_t/D)不大于 4 的非松散砂类土;
2. 基础埋深与圆形底板直径之比(h_t/D)不大于 3.5 的黏性土。

6.1.3 土重法:

1. 基础埋深与圆形底板直径之比(h_t/D)小于 4、与方形底板边长之比(h_t/B)不大于 5 的非松散砂类土;
2. 基础埋深与圆形底板直径之比(h_t/D)不大于 3.5、与方形底板边长之比(h_t/B)不大于 4.5 的黏性土。

6.1.4 拉线盘换算成圆形底板计算,即:

$$D = 0.6(b+l) \tag{2-100}$$

式中:b——宽度;

l——长度。

6.2 剪切法

6.2.1 剪切法计算上拔稳定,按下述条件确定,相邻基础影响按 6.2.3 条确定。

1. 当 $h_t \leqslant h_c$ 时(见图 2-39):

$$\gamma_f T_E \leqslant \gamma_E \gamma_\theta (0.4 A_1 c_w h_t^2 + 0.8 A_2 \gamma_s h_t^3) + Q_f \tag{2-101}$$

2. 当 $h_t > h_c$ 时(见图 2-40):

$$\gamma_f T_E \leqslant \gamma_E \gamma_\theta \left\{ 0.4 A_1 c_w h_t^2 + \gamma_s \left[0.8 A_2 h_c^3 + \frac{\pi}{4} D^2 (h_t - h_c) - \Delta_v \right] \right\} + Q_f \tag{2-102}$$

$$c_w = \begin{cases} c + 2 \dfrac{90\% - S_r}{10\%} & \text{当 } S_r \text{ 小于 90\%时} \\ c - 2 \dfrac{90\% - S_r}{10\%} & \text{当 } S_r \text{ 大于 90\%时} \end{cases} \tag{2-103}$$

式中:γ_f——基础附加分项系数;

T_E——基础上拔力设计值,kN;

γ_E——水平力影响系数,根据水平力 H_E 与上拔力 T_E 的比值按表 2-69 确定;

A_1——无因次系数,按图 2-41 确定,当 ϕ 大于 20°时,按条文说明原型公式计算;

h_t——基础的埋置深度,m;

A_2——无因次系数,按图 2-42 和图 2-43 确定;

γ_s——基础底面以上土的加权平均重度,见表2-73,kN/m³;

D——圆形底板直径,m;

Δ_v——(h_t-h_c)范围内的基础体积,m³;

h_c——基础上拔临界深度,按表2-68确定,m;

Q_f——基础自重力,kN;

γ_θ——基底展开角(如图2-39所示θ_0)影响系数,当$\theta_0 > 45°$时取$\gamma_\theta=1.2$,当$\theta_0 \leqslant 45°$时取$\gamma_\theta=1.0$;

c_w——计算凝聚力,kPa;

c——按饱和不排水剪或相当于饱和不排水剪方法确定的凝聚力,kPa;

S_r——地基土的实际饱和度,%。

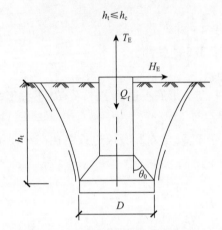

图2-39 剪切法计算上拔稳定(1)

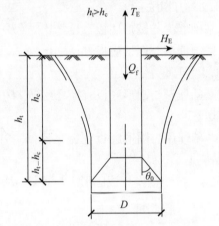

图2-40 剪切法计算上拔稳定(2)

表2-68 剪切法临界深度 h_c

土的名称	土的状态	基础上拔临界深度 h_c
碎石、粗砂、中砂	密实~稍密	$4.0D \sim 3.0D$
细砂、粉砂、粉土	密实~稍密	$3.0D \sim 2.5D$
黏性土	坚硬~可塑	$3.5D \sim 2.5D$
黏性土	可塑~软塑	$2.5D \sim 1.5D$

注:计算上拔时的临界深度h_c即为土体整体破坏的计算深度

表2-69 水平荷载影响系数 γ_E

水平力H_E与上拔力T_E的比值	水平力影响系数γ_E
0.15~0.40	1.0~0.9
0.40~0.70	0.9~0.8
0.70~1.00	0.8~0.75

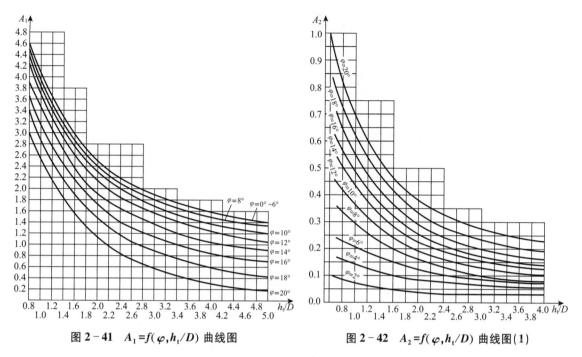

图 2-41 $A_1=f(\varphi,h_t/D)$ 曲线图

图 2-42 $A_2=f(\varphi,h_t/D)$ 曲线图(1)

6.2.2 当基础埋入软塑黏性原状土中且上拔深度(h_t)大于临界深度(h_c)时,上拔稳定尚应符合式(2-104)的要求:

$$\gamma_f T_E \leq 8D^2 c_w + Q_f \qquad (2-104)$$

6.2.3 尺寸相同的相邻基础,同时作用设计上拔力,当采用图 2-44 计算简图,并按式(2-101)或式(2-102)计算上拔稳定时,公式右侧各项计算的总和应乘以相邻基础影响系数 γ_{E2},γ_{E2} 按表 2-70 确定。

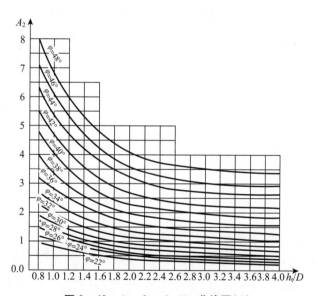

图 2-43 $A_2=f(\varphi,h_t/D)$ 曲线图(2)

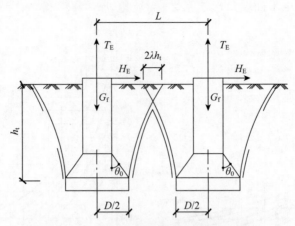

图 2-44 相邻上拔基础剪切法计算简图

表 2-70 相邻基础影响系数 γ_{E2}

相邻上拔基础中心距离 $L(\mathrm{m})$	影响系数 γ_{E2}
$L \geqslant D+2\lambda h_t$ 或 $L \geqslant D+2\lambda h_c$	1.0
$L=D$ 和 h_t 或 $h_c \leqslant 2.5D$	0.7
$L=D$ 和 $2.5D<h_t$ 或 $h_c \leqslant 3.0D$	0.65
$L=D$ 和 $3.0D<h_t$ 或 $h_c \leqslant 4.0D$	0.55
$D+2\lambda h_t$ 或 $D+2\lambda h_c>L>D$	按插入法确定

注：λ——与相邻抗拔土体剪切面有关的系数，当 $h_t \geqslant 1.0D$ 时，可按表 2-71 查取。
L——相邻上拔基础中心距离，m。

表 2-71 与相邻抗拔土体剪切面有关的系数

土体内摩阻角 φ	相邻抗拔土体剪切面有关的系数 λ
45°	0.65
40°	0.60
30°	0.55
20°	0.50
10°	0.45
0°	0.40

注：$\lambda = \dfrac{\cos\left[\left(\dfrac{\pi}{4}+\dfrac{\varphi}{2}\right)\left(\dfrac{D}{2h_t}\right)^2\right]-\sin\left(\dfrac{\pi}{4}-\dfrac{\varphi}{2}\right)}{\cos\left(\dfrac{\pi}{4}-\dfrac{\varphi}{2}\right)+\sin\left[\left(\dfrac{\pi}{4}+\dfrac{\varphi}{2}\right)\left(\dfrac{D}{2h_t}\right)^2\right]}$，当 $h_t>h_c$ 时，取 $h_t=h_c$。

6.3　土重法

6.3.1　自立式铁塔基础上拔稳定，按式（2-105）计算：

$$\gamma_f T_E \leqslant \gamma_E \gamma_s \gamma_{\theta 1}(V_t - \Delta_{V_t} - V_0) + Q_f \tag{2-105}$$

式中:$\gamma_{\theta 1}$——基础底板上平面坡角影响系数,当坡角 $\theta_0 < 45°$ 时,取 $\gamma_{\theta 1} = 0.8$,当 $\theta_0 \geqslant 45°$ 时,取 $\gamma_{\theta 1} = 1.0$;

V_t——深度内土和基础的体积,m^3;

Δ_{V_t}——相邻基础影响的微体积,按 6.3.2 条确定;

V_0——深度内的基础体积,m^3。

1. 当 $h_t \leqslant h_c$ 时(图 2-45):

1)方形底板:

$$V_t = h_t \left(B^2 + 2Bh_t \tan\alpha + \frac{4}{3} h_t^2 \tan^2\alpha \right) \qquad (2-106)$$

2)圆形底板:

$$V_t = \pi \cdot \frac{h_t}{4} \left(D^2 + 2Dh_t \tan\alpha + \frac{4}{3} h_t^2 \tan^2\alpha \right) \qquad (2-107)$$

2. 当 $h_t > h_c$ 时(图 2-46):

1)方形底板:

$$V_t = h_c \left(B^2 + 2Bh_c \tan\alpha + \frac{4}{3} h_c^2 \tan^2\alpha \right) + B^2(h_t - h_c) \qquad (2-108)$$

2)圆形底板:

$$V_t = \frac{\pi}{4} \left[h_c \left(D^2 + 2Dh_c \tan\alpha + \frac{4}{3} h_c^2 \tan^2\alpha \right) + D^2(h_t - h_c) \right] \qquad (2-109)$$

式中:h_c——按表 2-72 确定;

α——上拔角,按表 2-73 取用。

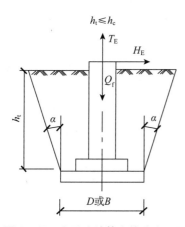

图 2-45 土重法计算上拔稳定(1)

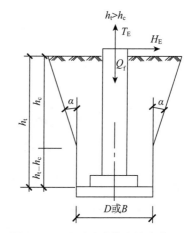

图 2-46 土重法计算上拔稳定(2)

表 2-72 土重法临界深度 h_c

土的名称	土的天然状态	基础上拔临界深度 h_c	
		圆形底	方形底
砂类土、粉土	密实~稍密	2.5D	3.0B

续　表

土的名称	土的天然状态	基础上拔临界深度 h_c	
		圆形底	方形底
黏性土	坚硬~硬塑	$2.0D$	$2.5B$
	可塑	$1.5D$	$2.0B$
	软塑	$1.2D$	$1.5B$

注：1. 长方形底板当长边 l 与短边 b 之比不大于 3 时，取 $D=0.6(b+l)$。
　　2. 土的状态按天然状态确定。

表 2-73　土重角和上拔角

土名 参数	土的状态	黏土及粉质黏土			粉土			砂土			
		坚硬、可塑	可塑	软塑	密实	中密	稍密	砾砂	粗、中砂	细砂	粉砂
重度 γ_s(kN/m³)		17	16	15	17	16	15	19	17	16	15
上拔角 α(°)		25	20	10	25	20	10~15	30	28	26	22

注：1. 位于地下水以下时，土重度按本标准第 3.0.5 条取用，上拔角仍可按本表取值；
　　2. 对于稍密粉土的上拔角，当有工程经验时，可适当提高。

6.3.2　尺寸相同的相邻基础，同时作用涉及上拔力时，当采用了图 2-47 计算简图，并按式（2-105）计算上拔稳定时，Δ_{V_t} 应按下述条件确定。

1. 正方形底板，当 $L<B+2h_t\tan\alpha$ 时：

$$\Delta_{V_t}=\frac{(B+2h_t\tan\alpha-L)^2}{24\tan\alpha}(2B+L+4h_t\tan\alpha) \qquad (2-110)$$

2. 长方形底板，当 $L<b+2h_t\tan\alpha$ 或 $L<l+2h_t\tan\alpha$ 时：

$$\Delta_{V_t}=\frac{(b+2h_t\tan\alpha-L)^2}{24\tan\alpha}(3l+L-b+4h_t\tan\alpha) \qquad (2-111)$$

或

$$\Delta_{V_t}=\frac{(l+2h_t\tan\alpha-L)^2}{24\tan\alpha}(3b+L-l+4h_t\tan\alpha) \qquad (2-112)$$

式中：l——长度；
　　　b——宽度。

3. 圆形底板，当 $L<D+2h_t\tan\alpha$ 时：

$$\Delta_{V_t}=\frac{(D+2h_t\tan\alpha)^2}{12}\left(\frac{D}{2\tan\alpha}+h_t\right)K_v \qquad (2-113)$$

式中：K_v——土重法圆形底板相邻上拔基础影响系数，按表 2-74 查取。

表 2-74　土重法圆形底板相邻上拔基础影响系数 K_v

$L/(D+2h_t\tan\alpha)$									
1.0	0.9	0.8	0.7	0.6	0.5	0.4	0.3	0.2
0	0.02	0.05	0.10	0.33	0.35	0.55	0.85	1.0

注：如 $h_t>h_c$ 时，取 $h_t=h_c$。

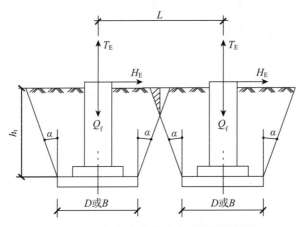

图 2-47 相邻上拔基础土重法计算简图

6.3.3 拉线盘的上拔稳定,按式(2-114)计算:

$$\gamma_f T \sin\omega \leqslant V_t \gamma_s + Q_f \quad (2-114)$$

式中:T——拉线拉力设计值;

ω——拉线拉力 T 与水平地面的夹角,ω 应大于45°。

1. 当 $h_t \geqslant h_c$ 时,抗拔土体积 V_t 按式(2-115)确定(见图2-48):

$$V_t = h_t \left[bl\sin\omega_1 + (b\sin\omega_1 + l) h_t \tan\alpha + \frac{4}{3} h_t^2 \tan^2\alpha \right] \quad (2-115)$$

2. 当 $h_t > h_c$ 时抗拔土体积 V_t 按式(2-116)确定(见图2-49):

$$V_t = h_c \left[bl\sin\omega_1 + (b\sin\omega_1 + l) h_c \tan\alpha + \frac{4}{3} h_c^2 \tan^2\alpha \right] + bl(h_t - h_c) \sin\omega_1 \quad (2-116)$$

式中:ω_1——拉线盘上平面与垂面的夹角。

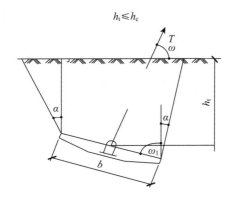

图 2-48 拉线盘上拔稳定计算简图(1)

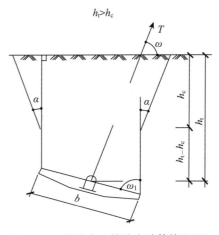

图 2-49 拉线盘上拔稳定计算简图(2)

7.1 基础下压计算

7.1.1 基础底面的压力,应符合下列要求:

1. 当轴心荷载作用时,应符合式(2-117)要求:

$$P \leqslant f_a / \gamma_{rf} \quad (2-117)$$

式中:P——基础底面处的平均压力设计值,可按7.1.2条确定,kPa;

f_a——修正后的地基承载力特征值,按 7.2 条确定;

γ_{rf}——地基承载力调整系数,取 0.75。

2. 当偏心荷载作用时,应满足式(2-117)和式(2-118)的要求:

$$P_{max} \leqslant 1.2 f_a / \gamma_{rf} \tag{2-118}$$

式中:P_{max}——基础底面边缘最大压力设计值,按 7.1.2 条确定,kPa。

7.1.2 基础底面的压力,可按下列公式确定:

1. 当轴心荷载作用时:

$$P = \frac{F + \gamma_G G}{A} \tag{2-119}$$

式中:F——上部结构传至基础顶面的竖向压力设计值,kN;

G——基础自重和基础上的土重,kN;

A——基础底面面积,m^2;

γ_G——永久荷载分项系数,对基础有利时,宜取 $\gamma_G = 1.0$,不利时,应取 $\gamma_G = 1.2$。

2. 当偏心荷载作用时:

$$P_{max} = \frac{F + \gamma_G G}{A} + \frac{M_x}{W_y} + \frac{M_y}{W_x} \tag{2-120}$$

$$P_{min} = \frac{F + \gamma_G G}{A} + \frac{M_x}{W_y} - \frac{M_y}{W_x} \tag{2-121}$$

式中:M_x、M_y——作用于基础底面的 X 和 Y 方向的力矩设计值,kN·m;

W_x、W_y——基础底面绕 X 和 Y 轴的抵抗矩,m^3;

P_{min}——基础底面边缘的最小压力设计值,kPa。

3. 当 $P_{min} < 0$ 时,P_{max} 可按式(2-122)计算(见图 2-50):

$$P_{max} = 0.35 \frac{F + \gamma_G G}{C_x C_y} \tag{2-122}$$

$$C_x = \frac{b}{2} - \frac{M_x}{F + \gamma_G G} \tag{2-123}$$

$$C_y = \frac{l}{2} - \frac{M_y}{F + \gamma_G G} \tag{2-124}$$

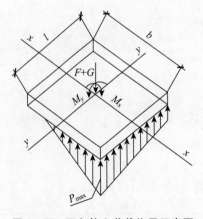

图 2-50 双向偏心荷载作用示意图

7.2 地基承载力计算

7.2.1 地基承载力特征值应由荷载试验或其他原位测试、计算并结合工程实践经验等方法综合确定。在无资料时,未修正的地基承载力特征值 f 可参考附录 E。

7.2.2 当基础宽度大于 3 m 或埋置深度大于 0.5 m 时,地基承载力特征值尚应按下式修正:

$$f_a = f_{ak} + \eta_b \gamma (b-3) + \eta_d \gamma_s (h-0.5) \tag{2-125}$$

式中:f_a——修正后的地基承载力特征值,kPa;

f_{ak}——地基承载力特征值,按本标准第 7.2.1 条的原则确定,kPa;

η_b、η_d——基础宽度和埋深的地基承载力修正系数,按基底下土的类别查表 2-75 确定;

γ——基础底面以下土的重度,地下水位以下取浮重度,kN/m³;

b——基础底面宽度,当基宽小于 3 m 时按 3 m 取值,大于 6 m 时按 6 m 取值,对长方形底面取短边、圆形底面取 $\sqrt{A}$(A 为底面面积),m。

表 2-75 承载力修正系数

土的类别		宽度修正系数 η_b	深度修正系数 η_d
淤泥或淤泥质土		0	1.0
人工填土 e 或 I_L 不小于 0.85 的黏性土		0	1.0
红黏土	含水比 $\alpha_w > 0.8$	0	1.2
	含水比 $\alpha_w \leq 0.8$	1.5	1.4
大面积压实填土	压实系数大于 0.95、黏粒含量 $P_c \geq 10\%$ 的粉土	0	1.5
	最大干密度大于 2.1 t/m³ 的级配砂石	0	2.0
粉土	黏粒含量 $P_c \geq 10\%$ 的粉土	0.3	1.5
	黏粒含量 $P_c < 10\%$ 的粉土	0.5	2.0
e 或 I_L 不小于 0.85 的黏性土		0.3	1.6
粉砂、细砂(不包括很湿与饱和时的稍密状态)		2.0	3.0
中砂、粗砂、砾砂和碎石土		3.0	4.4

注:强风化和全风化的岩石,可参照所风化形成的相应土类取值,其他状态下的岩石不修正。

7.2.3 直线塔地基承载力特征值也可根据土的抗剪强度指标按式(2-126)计算,并应满足变形要求:

$$f_a = M_b \gamma b + M_d \gamma_s h + M_c c \tag{2-126}$$

式中:M_b、M_d、M_c——承载力系数,按表 2-76 确定;

b——基础底面宽度,大于 6 m 时按 6 m 取值,对于砂土小于 3 m 时按 3 m 取值,m;

c——基底下一倍短边宽深度内土的黏聚力,kPa。

表 2-74 承载力系数 M_b、M_d、M_c

基底下一倍短边宽深度内土的内摩阻角 $\varphi(°)$	M_b	M_d	M_c
0	0	1.00	3.14

续　表

基底下一倍短边宽深度内土的内摩阻角 $\varphi(°)$	M_h	M_d	M_c
2	0.03	1.12	3.32
4	0.06	1.25	3.51
6	0.10	1.39	3.71
8	0.14	1.55	3.93
10	0.18	1.73	4.17
12	0.23	1.94	4.42
14	0.29	2.17	4.69
16	0.36	2.43	5.00
18	0.43	2.72	5.31
20	0.51	3.06	5.66
22	0.61	3.44	6.04
24	0.80	3.87	6.45
26	1.10	4.37	6.90
28	1.40	4.93	7.40
30	1.90	5.59	7.95
32	2.60	6.35	8.55
34	3.40	7.21	9.22
36	4.20	8.25	9.97
38	5.00	9.44	10.80
40	5.80	10.84	11.73

7.2.4　当地基受力层范围内有软弱下卧层时，应按下式计算：

$$p_z + p_{cz} \leq \frac{f_a}{\gamma_{rf}} \tag{2-127}$$

1. 矩形底面：

$$p_z = \frac{lb(P-P_c)}{(b+2Z\tan\theta)(l+2Z\tan\theta)} \tag{2-128}$$

2. 方形底面：

$$p_z = \frac{B^2(P-P_c)}{(B+2Z\tan\theta)^2} \tag{2-129}$$

3. 圆形底面：

$$p_z = \frac{D^2(P-P_c)}{(D+2Z\tan\theta)^2} \tag{2-130}$$

式中：p_z——软弱下卧层顶面处的附加压力值，kPa；

p_{cz}——软弱下卧层顶面处土的自重压力，kPa；

P_c——基础底面处土的自重压力值,kPa;

Z——基础底面至软弱下卧层顶面的距离,m;

θ——地基压力扩散线与垂直线的夹角(地基压力扩散角),可按表2-77采用。

表2-77 地基压力扩散角 θ

E_{s1}/E_{s2}	Z/b	
	0.25	0.50
3	6°	23°
5	10°	25°
10	20°	30°

注:1. E_{s1} 为上层土压缩模量;E_{s2} 为下层压缩模量。
2. 当 $Z/b(Z/B、Z/D)<0.25$ 时取 $\theta=0°$,必要时,宜由试验确定。
3. $Z/b(Z/B、Z/D)>0.5$ 时 θ 值不变。

7.2.5 两相邻受压基础的中心距离 $L<b+2Z\tan\theta$ 或 $L<l+2Z\tan\theta$ 时,软弱下卧层顶面处的附加应力 p_z 尚应加上相邻基础对该层的附加压应力。

7.3 地基的变形计算

7.3.1 对某些有特殊变形要求的杆塔基础,基础的最大倾斜率 δ(不含基础预偏值),当无资料时,应满足表2-78的要求。

表2-78 地基变形允许值

杆塔总高度 H_g(m)	$H_g \leq 50$	$50<H_g\leq100$	$100<H_g\leq150$	$150<H_g\leq200$	$200<H_g\leq250$	$250<H_g\leq300$
δ	0.006	0.005	0.004	0.003	0.002	0.0015

7.3.2 计算地基变形时,地基内的应力分布,可采用各向同性均质的线性变形体理论。其最终变形(沉降)量可按式(2-131)计算:

$$s=\psi_s s'=\psi_s \sum_{i=1}^{n}\frac{P_0}{E_{si}}(z_i\overline{\alpha_i}-z_{i-1}\overline{\alpha_{i-1}}) \qquad (2-131)$$

式中:s——地基最终变形量,mm;

s'——按分层总和法计算出的地基变形量;

ψ_s——沉降计算经验系数,根据地区沉降观测资料及经验确定,也可采用表2-79数值;

n——地基沉降计算深度范围内所划分的土层数(见图2-51);

P_0——基础底面处的附加压力标准值,kPa;

E_{si}——基础底面下第 i 层土的压缩模量,应取土的自重压力至土的自重压力与附加压力之和的压力段计算,MPa;

$z_i、z_{i-1}$——基础底面至第 i 层土、第 $i-1$ 层土底面的距离,m;

$\overline{\alpha_i}、\overline{\alpha_{i-1}}$——基础地面计算点至第 i 层土、第 $i-1$ 层土底面范围内平均附加应力系数,可按本标准附录J采用。

表 2-79 沉降计算经验系数 ψ_s

基底附加压力(kPa)	$\overline{E_s}$(MPa)	2.5	4.0	7.0	15.0	20.0
$P_0 \geq f$		1.4	1.3	1.0	0.4	0.2
$P_0 \geq 0.75f$		1.1	1.0	0.7	0.4	0.2

注:$\overline{E_s}$ 为沉降计算深度范围内压缩模量的当量值,应按下式计算:

$$\overline{E_s} = \frac{\sum A_i}{\sum \dfrac{A_i}{E_{si}}}$$

式中:A_i——第 i 层土附加应力系数沿土层厚度的积分值。

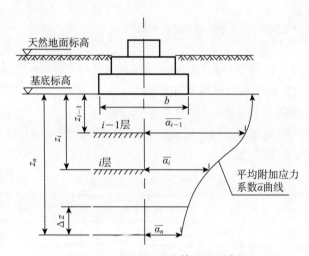

图 2-51 基础沉降计算分层示意图

7.3.3 地基变形计算深度(见图 2-51)应符合式(2-132)的要求:

$$\Delta s_n' = 0.025 \sum_{i=1}^{n} \Delta s_i' \tag{2-132}$$

式中:$\Delta s_i'$——在计算深度范围内,第 i 层土的计算变形值,m;

$\Delta s_n'$——在由计算深度向上取厚度为 Δz 的土层计算变形值,Δz 见图 2-51 并按表 2-80 确定,如确定的计算深度下部仍有较软土层时,应继续计算,m。

表 2-80 Δz

b(m)	$b \leq 2$	$2 < b \leq 4$	$4 < b \leq 8$	$8 < b$
Δz(m)	0.3	0.6	0.8	1.0

7.3.4 当无相邻荷载影响,基础宽度在 1~30 m 范围内时,基础中点的地基沉降计算深度也可按下列简化公式计算:

$$z_n = b(2.5 - 0.4 \ln b) \tag{2-133}$$

式中:z_n——沉降计算深度。

在计算深度范围内存在基岩时,z_n 可取至基岩表面;当存在较厚的坚硬黏性土层,其空隙比小于 0.5、压缩模量大于 50 MPa,或存在较厚的密实砂卵石层,其压缩模量大于 80 MPa,可取至该层土表面。

7.3.5 计算地基变形时,应考虑相邻荷载的影响,其值可按应力叠加原理,采用角点法计算。

(3) 支撑和附属设施

①《涉路工程安全评价规范》(DB 34/T 2395—2015)[15]

4.1 电力线

4.1.1.3 公路两侧的支撑杆塔如有拉线,拉线应垂直于公路线形,拉线棒应尽量远离行车道边缘,并设置拉线警示杆、紧线器警示罩。

4.1.4.1 支撑杆塔应设置在公路建筑控制区外,应采用耐张塔设计。

4.1.5.2 临时支撑设施应尽量远离公路,其位置距离路肩边缘不少于 3 m。

4.2 通讯广播线路

4.2.4.1 支撑杆塔应设置在公路建筑控制区外。

4.2.5.2 临时支撑设施应尽量远离公路,其位置距离路肩边缘不少于 3 m。

②《涉路工程安全评价规范(征求意见稿)》[14]

4.2.3.2 杆塔距离公路的最小水平距离应符合下列规定:

3. 在公路建筑控制区内不宜设置杆塔拉线、基础墩、支撑杆塔和其他突出路面的结构物。

4.2.3.5 电力线跨越二级及以上等级公路,路侧杆塔应采用耐张型杆(塔);跨越二级以下等级公路宜采用耐张型杆(塔)。

4.2.3.7 牵引绳通过公路施工应符合下列规定:

1. 应选择车辆少、天气良好的时段进行。
2. 应优先采用对公路行车干扰小的施工方案。
3. 需要采取临时限速、限行的交通管制措施时,应得到公安交通管理、公路路政部门的批准。
4. 跨越高速公路、一级公路时,导线应有防跑线措施。
5. 支架法施工应进行临时结构稳定性验算、采取安全防护措施。

(4) 跨越位置

①《涉路工程安全评价规范》(DB 34/T 2395—2015)[15]

4.1 电力线

4.1.1.2 在公路用地内不宜设置拉线、基础墩和其他突出路面的结构物。

4.2 通讯广播线路

4.2.1.2 通讯广播线路不宜跨越高速公路,如条件受限确需跨越时应满足未来交通规划需求。

②《涉路工程安全评价规范(征求意见稿)》[14]

4.2.3.1 跨越位置宜选在既有公路线形为直线的路段,或平纵线形技术指标高且通视良好的路段。

(5) 净空

①《公路路线设计规范》(JTG D20—2017)[16]

12 公路与铁路、乡村道路、管线交叉

12.5 公路与管线交叉

12.5.2 公路从架空输电线路下穿过时,应从导线最大弧垂点与杆塔间通过,并使输电线路导线与公路交叉处的距路面垂直距离不小于表 2-81 的规定值。

表 2-81 架空输电线路导线距路面的最小垂直距离

架空输电线路标称电压(kV)	35~110	145~220	330	500	750	1 000 单回路	1 000 双回路逆向序	±800 直流
距路面最小垂直距离(m)	7.0	8.0	9.0	14.0	19.5	27.0	25.0	21.5

12.5.3 架空输电线路导线与路面的垂直距离,应根据导线运行温度情况或覆冰无风情况求得的最大弧垂,以及根据最大风速情况或覆冰情况求得的最大风偏进行计算确定。

12.5.4 架空输电线路与公路交叉或平行时,杆(塔)内缘距离公路边沟的最小水平距离应符合表 2-82 的规定。

表 2-82 架空输电线路杆(塔)内缘距公路边沟外侧的最小水平距离

标称电压(kV)		35~110	220	330	500	750	1 000	±800 直流
交叉(m)		8	8	8	8	10	15	15
平行	开阔地区(m)	最高杆(塔)高度						
	受限制地区(m)	5	5	6	8 高速 15	10 高速 20	单回路 15 双回路 13	12

注:标称电压 1 000 kV、±800 kV 直流输电线路与公路平行时的数值为边导线至公路边沟外侧的水平距离。

② 《涉路工程安全评价规范》(DB 34/T 2395—2015)[15]

4.1 电力线

4.1.3 最小垂直净空

4.1.3.1 电力线与公路路面的距离,应根据最高气温情况或覆冰无风情况求得的最大弧垂和最大风速情况或覆冰情况求得的最大风偏进行计算。输电线路跨越高速公路、一级公路时,如档距超过 200 m,最大弧垂应按导线温度+70℃计算。

4.1.3.2 不同标称电压电力线的最小垂直净空不应小于表 2-83 所列数值。

表 2-83 不同标称电压电力线的最小垂直净空

标称电压(kV)	1 以下	1~10	35~66	110	220	330	500	750	800	1 000
最小垂直净空(m)	6.0	7.0	7.0	7.0	8.0	9.0	14.0	19.5	21.5	27

注:最小垂直净空指从管线在公路投影位置的路面到管线最大悬垂时线弧之间的最小垂直距离。

4.1.3.3 电力线与公路行道树之间的距离,不应小于表 2-84、表 2-85 所列数值,并且设计时,应考虑树木在修剪周期内生长的高度。

表 2-84 电力线缆与公路行道树之间的最小距离(最大弧垂情况的垂直距离)

标称电压(kV)	1 以下	10	110	220	330	500	750	800	1 000
距离(m)	1.0	1.5	3.0	3.5	4.5	7.0	8.5	15	16

表2-85　电力线缆与公路行道树之间的最小距离(最大风偏情况的水平距离)

标称电压(kV)	1以下	10	110	220	330	500	750	800	1 000
距离(m)	1.0	2.0	3.5	4.0	5.0	7.0	8.5	13.5	16

4.1.3.4　电力线与交通信号灯、交通标志、照明灯具等公路附属设施间的最小距离,不应小于表2-86所列数值。

表2-86　电力线缆与公路附属设施之间的最小距离

标称电压(kV)	最小间距(m)
0~1	1.0
10~66	3.0
110~220	4.5
330~500	6.0

4.1.4　最小水平净空

4.1.4.2　杆塔基础距离路肩边缘应大于1倍杆塔高度,同时满足未来交通发展规划要求。

4.2　通讯广播线路

4.2.3　最小垂直净空

通讯广播线路的最小垂直净空应满足表2-87的规定。

表2-87　通讯线路距路面的最小垂直距离

位置	距离(m)
平面交叉口	6.0
其他路段	5.5

4.2.4　最小水平净空

4.2.4.2　杆塔基础距离路肩边缘应大于1倍杆塔高度,同时满足未来交通发展规划要求。

③《涉路工程安全评价规范(征求意见稿)》[14]

4.2.3.2　杆塔距离公路的最小水平距离应符合下列规定:

1. 杆塔内缘距离公路路肩外缘宜大于1倍塔高。
2. 杆塔内缘距离公路边沟的距离应符合《公路路线设计规范》(JTG D20—2017)12.5.4的要求。

4.2.3.3　线路距离公路的最小垂直距离应符合下列规定:

1. 电力线与公路路面的距离,应根据导线运行温度情况或覆冰无风情况求得的最大弧垂,以及根据最大风速情况或覆冰情况求得的最大风偏进行计算确定。最大弧垂应避开公路路面上方。

2. 所有电力线距离路面的最小垂直距离不应小于6 m,不同标称电压电力线的最小垂直距离应符合《公路路线设计规范》(JTG D20—2017)12.5.2的要求。

3. 通讯线与公路路面的最小垂直距离应满足表2-88的规定值。

表 2-88 通讯线距路面的最小垂直距离

位置	距离(m)
平交交叉口	6.0
其他路段	5.5

4. 电力线与公路行道树之间的距离,不应小于表 2-89、表 2-90 所列数值。同时应考虑行道树在修剪周期内生长的高度。

表 2-89 电力线与公路行道树之间的最小距离(最大弧垂情况的垂直距离)

标称电压(kV)	1 以下	10	110	220	330	500	750	800	1 000
距离(m)	1.0	1.5	3.0	3.5	4.5	7.0	8.5	15	16

表 2-90 电力线与公路行道树之间的最小距离(最大风偏情况的水平距离)

标称电压(kV)	1 以下	10	110	220	330	500	750	800	1 000
距离(m)	1.0	2.0	3.5	4.0	5.0	7.0	8.5	13.5	16

5. 电力线与交通信号灯、交通标志、照明灯具灯公路附属设施间的最小距离,不应小于 2-91 所列数值。

表 2-91 电力线与公路附属设施之间的最小距离

标称电压(kv)	最小距离(m)
0-1	1.0
10-66	3.0
110	3.0
220	4.0
330	5.0
500	8.5
750	12
800	13
1 000	18

④《66 kV 及以下架空电力线路设计规范》(GB 50061—2010)[9]

3.0.3 架空电力线路路径的选择应符合下列要求:

5. 甲类厂房、库房,易燃材料堆垛,甲、乙类液体储罐,液化石油气储罐,可燃、助燃气体储罐与架空电力线路的最近水平距离不应小于电杆(塔)高度的 1.5 倍;丙类液体储罐与电力架空线的最近水平距离不应小于电杆(塔)高度 1.2 倍。35 kV 以上的架空电力线路与储量超过 200 m³ 的液化石油气单罐的最近水平距离不应小于 40 m。

⑤《架空绝缘配电线路设计标准》(GB 51302—2018)[27]

13 对地距离及交叉跨越

13.0.1 架空绝缘导线与地面、建筑物、构筑物、树木、铁路、道路、河流、管道、索道及其他

架空线路的距离,应按下列规定计算:

1. 应根据最高气温情况或覆冰情况下的最大弧垂和最大风速情况或覆冰情况下的最大风偏进行计算,计算时应计入绝缘导线架线后塑性伸长的影响和设计、施工的误差,但不应计入由于电流、太阳辐射、覆冰不均匀等引起的弧垂增大;

2. 当架空绝缘配电线路与标准轨距铁路、高速公路和一级公路交叉,且线路档距超过200 m 时,架空绝缘导线的最大弧垂应按绝缘导线最高长期允许工作温度计算。

13.0.2 架空绝缘导线与地面的最小距离,在最大计算弧垂情况下,应符合表2-92的规定。

表2-92 架空绝缘导线与地面的最小距离(m)

线路经过地区	线路电压	
	1 kV~10 kV	1 kV 及以下
人口密集地区	6.5	6.0
人口稀少地区	5.5	5.0
交通困难地区	4.5	4.0

13.0.3 架空绝缘导线与山坡、峭壁、岩石之间的最小距离,在最大风偏情况下,应符合表2-93的规定。

表2-93 架空绝缘与山坡、峭壁、岩石之间的最小距离(m)

线路经过地区	线路电压	
	1 kV~10 kV	1 kV 及以下
步行可以到达的山坡	4.5	3.0
步行不能到达的山坡、峭壁、岩石	1.5	1.0

13.0.4 架空绝缘配电线路不应跨越屋顶为易燃材料做成的建筑,对非易燃屋顶的建筑,如需跨越,在最大计算弧垂情况下,架空绝缘导线与该建筑物、构筑物的垂直距离不应小于3 m。

13.0.5 架空绝缘配电线路与邻近建筑间的最小距离应符合下列规定:

1. 边导线与多层建筑或规划建筑线之间的最小水平距离,以及边导线与不在规划范围内的建筑物、构筑物间的最小净空距离,在最大计算风偏情况下,应符合表2-94中数值的规定;

2. 边导线与不在规划范围内的建筑物、构筑物间的最小水平距离,在无风偏情况下,不应小于表2-94中规定数值的50%。

表2-94 边导线与建筑间的最小距离(m)

线路电压	1 kV~10 kV	1 kV 及以下
距离	1.5	1.0

13.0.6 架空绝缘导线与树木(考虑自然生长高度)之间的垂直距离不应小于3 m。

13.0.7 架空绝缘导线与公园、绿化区或防护林带的树木的最小距离,在最大计算风偏情况下不应小于3 m。

13.0.8 架空绝缘导线与果树、经济作物或城市绿化灌木,在最大计算弧垂情况下,最小垂直距离不应小于 1.5 m。

13.0.9 架空绝缘导线与街道行道树之间的最小距离,应符合表 2-95 的规定。

表 2-95 架空绝缘导线与街道行道树之间的最小距离(m)

检验状况 \ 线路电压 \ 距离	1 kV~10 kV	1 kV 及以下
最大计算弧垂情况下的垂直距离	1.5	1.0
最大计算风偏情况下的最大水平距离	2.0	1.0

注:校验绝缘导线与树木之间的垂直距离,应考虑树木在修剪周期内的生长高度。

(6) 交叉角度

①《公路工程技术标准》(JTG B01—2014)[18]

9.5.2 架空送电线路与公路相交叉时,宜为正交;必须斜交时,交叉角度应大于 45°。架空送电线路跨越公路时,送电线路导线与公路交叉处距路面的最小垂直距离必须符合相应送电线路标称电压规定的要求。

9.5.3 原油管道、天然气输送管道与公路相交叉时,宜为正交;必须斜交时,交叉角度应大于 30°。

②《涉路工程安全评价规范》(DB 34/T 2395—2015)[15]

4.1 电力线

4.1.2 电力线跨越公路宜采用垂直交叉,若斜交,交角不应小于 45°。因条件受限无法满足要求的,应进行专项论证并采取相应的安全保障措施。

4.2 通讯广播线路

4.2.2 通讯广播线路跨越公路宜采用垂直交叉,若斜交,交角不应小于 45°。因条件受限无法满足要求的,应进行专项论证并采取相应的安全保障措施。

③《涉路工程安全评价规范(征求意见稿)》[14]

4.2.3.4 电力线、通讯广播先跨越公路宜采用垂直交叉,若斜交,其交角不应小于 45°。

(7) 安全防护措施

①《涉路工程安全评价规范》(DB 34/T 2395—2015)[15]

4.1.1.4 支撑杆塔应根据相关标准规范要求设置"高压危险、禁止攀登"的警告标志等安全设施。

4.2.1.3 通讯广播线路在公路上方部分应设置红白相间的警告标志。

②《涉路工程安全评价规范(征求意见稿)》[14]

4.2.3.6 电力线、通讯广播线跨越公路的安全防护应符合下列规定:

1. 对于除高速公路外的其他等级公路,跨越杆塔如设置拉线,应设置拉线警示杆、紧线器警示罩。

2. 线路在跨越高速公路、一级公路时,不得在跨越档设置导线接头,并应进行临近档断线情况的检验。

2.2.2.2 电力线跨越施工指标评价

电力线跨越施工指标包括施工保障措施、施工应急预案、施工期间的交通组织方案和运营期安保措施等。

1. 施工保障措施

①《公路路线设计规范》(JTG D20—2017)[16]

4 总体设计

4.4 环境保护与资源节约

4.4.1 应坚持保护优先、以防为主、以治为辅、综合治理的原则,严格执行工程建设项目环境影响评价、水土保持方案编制和环境保护"三同时"制度,在总体设计中落实环境保护相关措施和意见,结合项目实际协调好公路建设与环境的关系,减少对环境的不利影响。

4.4.2 应加强路线走廊带、路线方案的综合比选,将土地压占、矿产压覆等资源占用和高边坡开挖、压占河道等环境影响作为方案选择的重要指标,优先选择资源占用少、环境影响小的方案。

4.4.3 应合理设置取土场,路侧取土不宜距离路基过近,取土场避免直接开挖路侧山坡坡体。当路基、隧道弃方或弃渣量大时,应结合项目施工组织设计最大限度利用弃方和弃渣;难以利用时,应合理设置弃土、弃渣场地,做好专项设计,保证其稳定,防止水土流失。

4.4.4 应加强对路域施工范围及取弃土场地的表土收集与利用,做好对取弃土场、施工便道等临时用地的植被保护与恢复。

4.4.5 应加强服务区、停车区等公路附属设施生产、生活污水处理能力,采用先进工艺,保证污水达标回用或集中收集存放,达到水资源循环利用;在公路运营、管理与服务设施设计中,应合理利用风能、太阳能、地热能等可再生能源。

4.4.6 应加强对钢材、复合材料等的循环利用;推进粉煤灰、建筑废料等在公路路基填筑及混凝土浇筑中的综合利用;倡导对沥青、水泥混凝土路面及结构物拆除构件等的再生利用。

②《涉路工程安全评价规范》(DB 34/T 2395—2015)[15]

4.1 电力线

4.1.5 施工

4.1.5.1 公路用地范围内使用临时支撑设置进行电力线架设时,应保证临时支撑设施的基础稳固,并采取措施防止临时设施和电力线坠落到行车道上。

4.1.5.2 临时支撑设施应尽量远离公路,其位置距离路肩边缘不少于3 m。

4.1.5.3 承力绳腾空后到临时支撑设施拆除期间,应保证不对交通造成影响。

4.1.5.4 应制定临时支架拆除安全保障方案。

4.2 通讯广播线

4.2.5 施工

4.2.5.1 公路用地范围内使用临时支撑设置进行通讯广播线路架设时,应保证临时支撑设施的基础稳固,并采取措施防止临时设施和电力线坠落到行车道上。

4.2.5.2 临时支撑设施应尽量远离公路,其位置距离路肩边缘不少于3 m。

4.2.5.3 承力绳腾空后到临时支撑设施拆除期间,应保证不对交通造成影响。

4.2.5.4 应制定临时支架拆除安全保障方案。

2. 施工期间交通组织方案

电力线施工前建设单位必须事先取得公路主管部门同意,影响车辆通行的,还须征得公安交通管理机关同意,共同确定施工作业的起讫时间,需要中断交通的,事先联合公路和交警部门制定绕行方案,现场安排专人指挥交通和车辆引导。未提前获得公路部门的许可,严禁进行任何涉路行为。

在跨越架施工作业前,施工方应制定合理的交通组织方案,施工时需协同交警做好现场交通指挥,电力线跨越施工中拉导线过路时需进行短时间(10~20 min)的道路封闭,具体施工组织方案见本书第7章。

3. 施工应急预案

施工前施工方应按照规定针对可能发生的突发情况制定相应的应急预案,包括遇到雨雾天气、发生交通事故、施工机械发生故障影响交通、堵车等紧急情况时的具体处理措施,最大限度地减少施工期间对公路的行车影响。

2.2.3 实际案例

案例一 500 kV 淮蚌线跨越省道 S305、县道 X016 工程

1. 工程概况

500 kV 淮北—蚌埠变线工程(简称 500 kV 淮蚌线)是安徽省超高压电网建设的重点项目,是为了加强华东地区 500 kV 电网结构,贯彻国家"皖电东送"战略目标而兴建的。该线路 63~64 号档跨越 S305(宿蒙线),54~55 号档跨越 X016(宿涡线),线路全长 130.066 km,均为双回路架设。跨越处导线型号为 LGJ-630/45,地线型号为 GJ-80 及 OPGW 光缆,跨越参数见表 2-96[29]。

表 2-96 500 kV 淮蚌线 54~55、63~64 号档跨越参数

跨越点位置		蒋家村(宿州西 3 km)		宿州南 3 km	
跨越公路		宿涡线		宿蒙线	
跨越塔	杆号	54	55	63	64
	到公路距离(m)	93	215	85	285
	杆塔形式	SZ1	SZ1	SZ1	SZ2
	杆塔高度(m)	36	36	36	36
80℃下导线到公路垂直距离(m)		22		18	
线路与公路夹角(°)		88		65	
导线、地线型号		导线 LGJ-630/45,地线 GJ-80 及 OPGW			
其他		跨越档导地线不允许有接头,两侧采用双串绝缘子			

2. 设计符合性

(1) 一般要求

在公路建筑控制区内不宜设置拉线、基础墩和其他突出路面的结构物。条件受限时,应设置在路侧净区外,见图 2-52。本工程符合要求。

杆塔的拉线宜垂直于公路线形,拉线棒宜尽量远离行车道边缘。本工程符合要求。

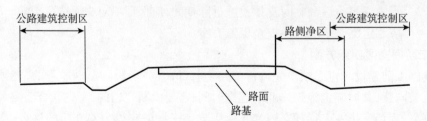

图 2-52 涉路工程位置示意图

（2）禁止的行为

高压电力线的安装和检修作业不得占用高速公路及其匝道。本工程不涉及这方面内容。

（3）垂直角度

本工程线路与公路夹角分别为88°和65°，符合要求。

（4）最小垂直净空

本工程为500 kV输变电线路，最小垂直净空应为14 m。本工程分别为22 m和18 m，符合要求。

（5）最小水平净空

本工程杆塔高度为35 m，到路边距离最小为85 m，符合要求。

（6）安全防护措施

公路两侧的支撑杆塔如有拉线，应设置拉线警示杆、紧线器警示罩。

公路两侧的杆塔应设置"高压危险、禁止攀登"的警告标志。

本工程设置了以上警示标志，符合要求。

3. 施工保障措施

（1）施工符合性

公路用地范围内使用临时支撑设施进行电力线的架设时，应保证临时支撑设施的基础稳固，并采取措施防止临时支撑设施和电力线坠落到行车道上。本工程符合要求。

（2）施工安全措施

① 施工前，应与相关主管部门联系征得同意后在施工段两端前1 000 m、500 m、100 m处分别设立"前方施工，限速60 km/h，限速40 km/h，限速20 km/h"等施工警告牌。在公路两侧架体搭设完毕开始架顶封网时应封路。

② 跨越架应设安全警示牌，并设专人检查、看守。

③ 在路边的跨越架应涂刷红白相间的警示标志。跨越架应悬挂限高标志，标明允许通过车辆高度。路边的跨越架拉线在底部距地面2 m高度范围内应在拉线上悬绑小三角旗，作为警示标志，并设专人看守。

④ 上线传递物品工具应使用棕绳，严禁随意乱扔，以免落入公路行车道。

⑤ 拉线应固定在拉线锚桩上，严禁用树桩等代替桩体。跨越架搭设示意图和跨越架俯视图见图2-53和图2-54。

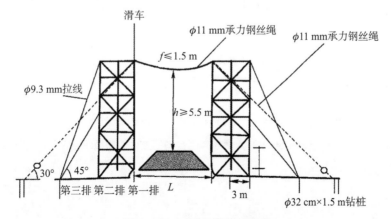

图2-53 跨越架搭设示意图

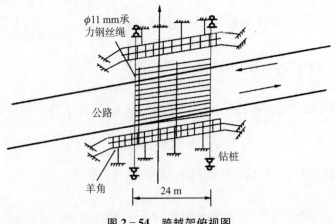

图2-54 跨越架俯视图

4. 改进建议

(1) 临时支撑设施应尽量远离公路,其位置距离路肩边缘不小于1.5 m。
(2) 承力绳腾空后到临时支撑设置拆除期间,宜保证不对交通造成影响。
(3) 应制定临时支架拆除安全保障方案。

案例二　500 kV六铜线跨越合安高速公路工程

1. 工程概况[29]

500 kV六铜线(六安—铜贵)Ⅱ标A段184~185号档在K77+450处跨越合肥至安庆高速公路,跨越档档距539 m,跨越档导线为双回路鼓形排列,其中184号塔、185号塔两边相线间宽分别为20.9 m。跨越档线路中心线与公路中心线交点至184号塔位中心水平距离为82 m,交叉角为79°,跨越处导线到公路净空距离50℃时为22.0 m,80℃时为20.2 m;跨越公路路面宽度为37 m,路基中心线高+3 m;公路两边隔离栅间距为55 m。其跨越档断面和平面示意图见图2-55、图2-56。

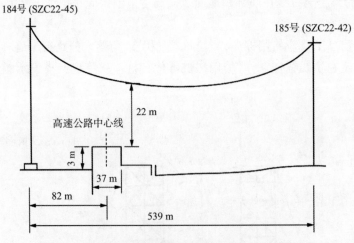

图2-55　500 kV六铜线跨越合安高速公路断面示意图

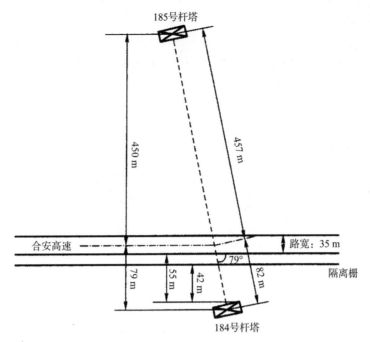

图 2-56　500 kV 六铜线跨越合安高速公路平面示意图

2. 设计符合性

（1）一般要求

在公路建筑控制区内不宜设置拉线、基础墩和其他突出路面的结构物。条件受限时,应设置在路侧净区内。

杆塔的拉线宜垂直于公路线形,拉线棒宜尽量远离行车道边缘。

本工程符合要求。

（2）禁止行为

高压电力线跨越公路的安装和检修作业不得占用高速公路及其匝道。本工程电力线的安装,没有占用高速公路,符合要求。

（3）交叉角度

本工程线路与公路夹角为 79°,符合要求。

（4）最小垂直净空

本工程为 500 kV 输变电线路,最小垂直净空应为 14 m。本工程跨越处导线到公路净空距离 50℃时为 22.0 m,80℃时为 20.2 m,符合要求。

（5）最小水平净空

本工程 184 号、185 号杆塔高度分别为 45 m、42 m,跨越架最近塔脚距离高速公路隔离栅垂直距离为 42 m、410.6 m,184 号杆塔设置不符合要求。

（6）安全防护措施

公路两侧的支撑杆塔如有拉线,应设置拉线警示杆、紧线器警示罩。

公路两侧的杆塔应设置"高压危险、禁止攀登"的警告标志。

本工程设置了以上警示标志,符合要求。

3. 施工保障措施

（1）施工符合性

本工程不允许导线在跨越高速公路档存在接头，防止导线落地，符合要求。跨越架搭设示意图与俯视图见图2-57、图2-58。

临时支撑设施应尽量远离公路，其位置距离路肩边缘不小于1.5 m。本工程为1.0 m，不符合要求。

承力绳腾空后到临时支撑设施拆除期间，宜保证不对交通造成影响。本工程符合要求。

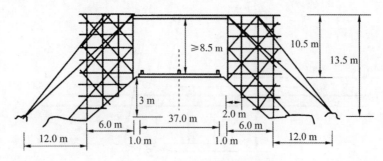

图2-57 跨越架搭设示意图

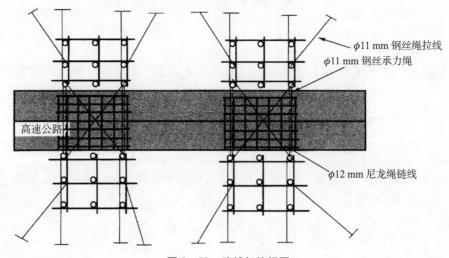

图2-58 跨越架俯视图

（2）施工安全措施

① 距离施工现场两端500 m、200 m处分别设置"前方施工，车辆慢行"标志牌，施工现场有项目部专职安全员配合交警指挥交通，所有施工人员不得随意横穿马路，听从统一指挥，并穿红马甲。

② 确保跨越架搭设牢固、可靠，跨越架搭好后应挂安全警示标志牌，风雨过后应对跨越架进行全面检查并加固。

③ 严禁高处抛物，上下传递工具、材料必须使用绝缘绳索。

④ 上下跨越架应做好防止高处坠落的措施，必须在四面双层拉线打好后，施工人员方可攀登立柱。

⑤ 跨越架应悬挂限高标志，标明允许通过车辆高度。

⑥ 搭设和拆除跨越架时现场应设安全围栏，并有安全标语，安全员应随时进行监督。

3 穿越式涉路工程

穿越式涉路行为是指从公路路面下部通过的涉路行为,主要包括铁路、公路、城市道路穿越,电力、通信等线缆穿越,石油、燃气、给排水等管道穿越、水利涵洞穿越、河道疏浚拓宽等。

本书将依据穿越工程性质进行分类,将穿越式涉路行为分为铁路、公路或城市道路穿越和油气、电力等管线穿越两类[8]。

3.1 铁路、公路或城市道路穿越

3.1.1 工程特点及危险源分析

和跨越式涉路行为相比,穿越式涉路行为在工程建成后对公路交通不造成影响,基本不会降低公路的服务功能。且穿越式工程埋于公路路面下方,运营期的安全风险较小,一旦受到破坏以后对公路车辆安全的影响远小于跨越式涉路行为。此外,对于公路高路堤及桥梁段,受公路净空限制,跨越高度大,难度高,跨越工程的用地范围、规模及造价往往大于穿越工程。因此,近年来越来越多的涉路工程采用穿越的方式,穿越式涉路行为安全评价成为重要涉路行为安全评价中非常重要的一个组成部分[8]。

不同类型的穿越式涉路行为特点不同,对公路结构设施及交通安全的影响也不同。根据穿越位置的不同,穿越式涉路行为可分为路基下穿越和桥孔下穿越两大类。

路基下穿越可能会引起路基的不均匀沉降或局部隆起,造成路面结构的破坏;严重时甚至会引起路基的失稳,造成公路结构层的倾覆。根据开挖施工对公路路面结构的影响,路基下穿越可分为明挖施工和暗挖施工两大类。明挖施工在施工期会破坏公路面层,造成交通堵塞和交通中断,严重影响公路自身结构安全和交通安全。暗挖施工不破坏公路面层,施工时直接从路基或地基内穿越,基本不影响公路交通运营。

桥孔下穿越可能会引起地基的不均匀沉降,造成桥墩结构的水平或竖向位移,严重时造成桥墩的倾覆及上部结构的破坏。桥孔下穿越在施工时基本不影响桥面上公路交通的运营[8]。

3.1.2 安全评价内容

铁路、公路或城市道路穿越式涉路工程安全的评价要点如表3-1所示。

表3-1 铁路、公路或城市道路穿越式涉路工程安全评价要点

评价分类	评价指标	评价依据
被穿越公路指标符合性检验	被穿越公路改扩建	被跨越公路五年近期规划
	管线改迁	
穿越段道路(铁路)设计指标符合性检验	穿越位置	涉路工程安全评价规范(征求意见稿) 公路涉路施工活动技术评价规范(DB 45/T 1202—2015) 公路桥涵设计通用规范(JTG D60—2015) 公路隧道设计规范(JTG D70—2004)

续　表

评价分类	评价指标	评价依据
穿越段道路（铁路）设计指标符合性检验	线形	公路路线设计规范（JTG D20—2017） 涉路工程安全评价规范（征求意见稿） 公路立体交叉设计细则（JTG/T D21—2014） 城市道路工程设计规范（CJJ 37—2012）（2016 版） 城市桥梁设计规范（CJJ 11—2011）
	交叉角度	公路路线设计规范（JTG D20—2017） 涉路工程安全评价规范（DB34/T 2395—2015） 涉路工程安全评价规范（征求意见稿）
	视距	公路路线设计规范（JTG D20—2017） 涉路工程安全评价规范（征求意见稿） 城市道路工程设计规范（CJJ 37—2012）（2016 版） 铁路线路设计规范（GB 50090—2006）
	间距	公路路线设计规范（JTG D20—2017）
	净空	公路路线设计规范（JTG D20—2017） 涉路工程安全评价规范（征求意见稿） 公路立体交叉设计细则（JTG/T D21—2014） 公路桥涵设计通用规范（JTG D60—2015） 城市道路工程设计规范（CJJ 37—2012）（2016 版） 城市桥梁设计规范（CJJ 11—2011） 铁路线路设计规范（GB 50090—2006） 标准轨距铁路建筑限界（GB 146.2—1983）
	排水	公路路线设计规范（JTG D20—2017） 涉路工程安全评价规范（DB34/T 2395—2015） 公路工程技术标准（JTG B01—2014） 城市道路工程设计规范（CJJ 37—2012）（2016 版） 铁路线路设计规范（GB 50090—2006） 涉路工程安全评价规范（征求意见稿） 公路排水设计规范（JTG/T D33—2012） 城市桥梁设计规范（CJJ 11—2011）
	交通安全措施	公路路线设计规范（JTG D20—2017） 涉路工程安全评价规范（征求意见稿） 公路立体交叉设计细则（JTG/T D21—2014） 公路交通安全设施设计规范（JTG D81—2017） 铁路线路设计规范（GB 50090—2006） 城际铁路设计规范（TB 10623—2014） 高速公路交通工程及沿线设施设计通用规范（JTG D80—2006）
结构安全验算		涉路工程安全评价规范（征求意见稿） 城市桥梁设计规范（CJJ 11—2011） 公路路基设计规范（JTG D30—2015） 公路桥涵地基与基础设计规范（JTG 3363—2019） 公路桥涵设计通用规范（JTG D60—2015）

续 表

评价分类	评价指标	评价依据
施工保障措施		涉路工程安全评价规范(征求意见稿) 涉路工程安全评价规范(DB34/T 2395—2015)
	施工期间交通组织方案	
	运营期安保措施	

3.1.2.1 铁路、公路或城市道路穿越设计指标评价

铁路、公路或城市道路穿越设计指标包括被穿越公路指标、穿越段道路(铁路)设计指标和结构安全验算,被穿越公路指标具体包括被穿越公路改扩建、管线改迁等,穿越段道路(铁路)设计指标包括穿越位置、线形、交叉角度、视距等。

1. 被穿越公路指标符合性检验

道路(铁路)下穿的设计方案,应满足既有公路未来拓宽改造的要求。被跨越公路的改扩建可查找被跨越公路五年近期规划。

①《公路路线设计规范》(JTG D20—2017)[16]

11.7.1 分离式立体交叉设计应综合考虑交叉公路在路网中的功能和发展规划、运行安全、用地、环境及投资效益等因素。

11.7.2 分离式立体交叉远期规划为互通式立体交叉时,应按分期修建原则设计并预留布设匝道的工程条件。

②《涉路工程安全评价规范(征求意见稿)》[14]

5.1.1.3 新建公路、城市道路、铁路穿越应满足既有公路桥梁未来改扩建的要求。

2. 穿越段道路(铁路)设计指标符合性检验

(1) 穿越位置

①《涉路工程安全评价规范(征求意见稿)》[14]

5.1.3.1 穿越位置的选择应符合下列规定:

1. 宜选择桥下净空较高、跨径较大的位置。

2. 应选择地形平缓、起伏变化小、地质条件相对较好、对既有桥梁运营影响较小的位置。

②《公路涉路施工活动技术评价规范》(DB 45/T 1202—2015)[17]

7.3.3 穿越位置宜避开潮湿地带、石方区、陡坡地段或需要深挖才能穿越的地方。

③《公路桥涵设计通用规范》(JTG D60—2015)[19]

3.2.1 桥梁应根据公路功能、等级、通行能力及抗洪防灾要求,结合水文、地质、通航、环境等条件进行综合设计,并应符合下列规定:

1. 特大、大桥桥位应选择河道顺直稳定、河床地质良好、河槽能通过大部分设计流量的河段。桥位应避开断层、岩溶、滑坡、泥石流等不良地质的河段,不宜选择在河汊、沙洲、古河道、急弯、汇合口、港口作业区及易形成流冰、流木阻塞的河段。

2. 高速公路、一级公路上的桥梁宜设计为上、下行分离的独立桥梁。

④《公路隧道设计规范》(JTG D70—2004)[30]

4.2.1 隧道位置应选择在稳定的地层中,尽量避免穿越工程地质和水文地质极为复杂以及严重不良地质地段;当必须通过时,应有切实可靠的工程措施。

4.2.2 穿越分水岭的长、特长隧道,应在较大面积地质测绘和综合地质勘探的基础上确定

路线走向和平面位置。对可能穿越的垭口,应拟定不同的越岭高程及其相应的展线方案,结合路线线形及施工、营运条件等因素,进行全面技术经济比较后确定。

4.2.3 路线沿河傍山地段,当以隧道通过时,其位置宜向山侧内移,避免隧道一侧洞壁过薄、河流冲刷和不良地质对隧道稳定的不利影响。应对长隧道方案与短隧道群或桥隧群方案进行技术经济比较。

4.2.4 隧道洞口不宜设在滑坡、崩坍、岩堆、危岩落石、泥石流等不良地质及排水困难的沟谷低洼处或不稳定的悬崖陡壁下。应遵循"早进晚出"的原则,合理选定洞口位置,避免在洞口形成高边坡和高仰坡。

(2)线形

①《公路路线设计规范》(JTG D20—2017)[16]

6 公路横断面

6.5 路拱坡度

6.5.1 高速公路、一级公路整体式路基的路拱宜采用双向路拱坡度,由路中央向两侧倾斜。位于中等强度降雨地区时,路拱坡度宜为2%;位于降雨强度较大地区时,路拱坡度可适当增大。

6.5.2 高速公路、一级公路分离式路基的路拱,宜采用单向横坡,并向路基外侧倾斜,也可采用双向路拱坡度。积雪冰冻地区,宜采用双向路拱坡度。

6.5.3 双向六车道及以上车道数的公路,当超高过渡段的路拱坡度过于平缓时,可采用双向路拱坡度。路拱坡度过于平缓路段应进行路面排水分析。

6.5.4 二级公路、三级公路、四级公路的路拱应采用双向路拱坡度,由路中央向两侧倾斜。路拱坡度应根据路面类型和当地自然条件确定,但不应小于1.5%。

6.5.5 硬路肩、土路肩横坡的设计应符合下列规定:

1. 直线路段的硬路肩应设置向外倾斜的横坡,其坡度值应与车道横坡值相同。路线纵坡平缓,且设置拦水带时,其横坡值宜采用3%~4%。

2. 曲线路段内、外侧硬路肩横坡的横坡值及其方向:当曲线超高小于或等于5%时,其横坡值和方向应与相邻车道相同;当曲线超高大于5%时,其横坡值应不大于5%,且方向相同。

3. 硬路肩的横坡应随邻近车道的横坡一同过渡,其过渡段的纵向渐变率应控制在1/330~1/150之间。

4. 土路肩的横坡:位于直线路段或曲线路段内侧,且车道或硬路肩的横坡值大于或等于3%时,土路肩的横坡应与车道或硬路肩横坡值相同;小于3%时,土路肩的横坡应比车道或硬路肩的横坡值大1%或2%。位于曲线路段外侧的土路肩横坡,应采用3%或4%的反向横坡值。

5. 中型以上桥梁及隧道区段的硬路肩横坡值,应与车道相同。

11 公路与公路立体交叉

11.1.9 互通式立体交叉范围内主线线性指标应符合表3-2的规定。

表 3-2 互通式立体交叉范围内主线线形指标

设计速度(km/h)		120	100	80	60
最小圆曲线半径(m)	一般值	2 000	1 500	1 100	500
	极限值	1 500	1 000	700	350
最小竖曲线半径(m)	凸形 一般值	45 000	25 000	12 000	6 000
	凸形 极限值	23 000	15 000	6 000	3 000
	凹形 一般值	16 000	12 000	8 000	4 000
	凹形 极限值	12 000	8 000	4 000	2 000
最大纵坡(%)	一般值	2	2	3	4.5(4)
	极限值	2	3	4(3.5)	5.5(4.5)

注：当主要公路以较大的下坡进入互通式立体交叉，且所接的减速车道为下坡，同时，后随的匝道线形指标较低时，主要公路的纵坡不得大于括号内的值。

11.7.3 分离式立体交叉设计应符合下列要求：

1. 主线公路的平、纵面线形应保持直捷、顺适。两相交公路不得因增设分离式立体交叉而使平、纵面线形过于弯曲、起伏。

2. 两相交公路以正交或接近正交为宜，且交叉附近平面线形宜为直线或不设超高的大半径曲线。

3. 高速公路、一级公路同二级、三级、四级公路相交而采用分离式立交时：

1) 被交公路的线形、线位应充分利用。当交叉角过小或原线形技术指标过低时，应采用改线方案。

2) 被交公路的等级、路基宽度、桥梁净宽、净高及车辆荷载等级等技术指标，应按被交公路现状或已批准的规划公路技术等级设计。

12 公路与铁路、乡村道路、管线交叉

12.2.5 公路与铁路立体交叉的平、纵面设计应符合下列要求：

1. 公路与铁路立体交叉宜选在双方线形均为直线的地段，或平、纵线形技术指标高且通视良好的地段。

2. 公路与铁路立体交叉，以正交为宜。受地形条件或其他特殊情况限制必须斜交时，应结合公路、铁路的现行条件，尽量设置较大的交叉角度。

3. 高速公路、一级公路与铁路交叉，在考虑铁路对立交桥设置要求的同时，其立交位置应符合该路段公路平、纵线形设计总体布局，使线形连续、均衡、顺适，不得在该局部地段降低技术标准。

4. 公路与铁路立体交叉的改建工程，应根据公路网规划确定公路技术等级、交叉位置等。由于改善交叉角或移位而改线时，其路线的平、纵技术指标不得低于相衔接路段的一般值，更不得采用相应公路技术等级的最小值。

5. 公路与铁路立体交叉的公路引道范围内，不得设置公路平面交叉。

6. 公路与铁路立体交叉范围内的公路视距要求为：高速公路、一级公路应满足停车视距；二级、三级、四级公路应满足会车视距。

②《涉路工程安全评价规范(征求意见稿)》[14]

5.1.3.2 下穿道路的平、纵面线形应保持直捷、顺适,纵面线形不应过于弯曲、起伏,下穿附近平面线形宜为直线或不设超高的大半径曲线。

5.2.3.2 隧道下穿既有公路路基,对既有公路纵坡产生的影响应满足:选取路基沉降量与受影响范围的公路长度(1.5倍隧道埋深)之比为判定参数,判定参数不大于10%。

③《公路立体交叉设计细则》(JTG/T D21—2014)[31]

13.3.3 当交叉公路带有非机动车道时,纵坡不宜大于2.5%,当条件受限时,不应大于3.5%。当纵坡大于或等于2.5%时,坡长应小于表3-3的规定值。

表3-3 带非机动车道路段纵坡大于或等于2.5%时的最大坡长

纵坡(%)		3.5	3.0	2.5
最大坡长(m)	自行车	150	200	300
	三轮车	—	100	150

④《城市道路工程设计规范》(CJJ 37—2012)(2016版)[32]

6.2.2 道路圆曲线最小半径应符合表3-4的规定。一般情况下应采用大于或等于不设超高最小半径值;当地形受条件限制时,可采用设超高最小半径的一般值;当地形条件特别困难时,可采用设超高最小半径的极限值。

表3-4 圆曲线最小半径

设计速度(km/h)		100	80	60	50	40	30	20
不设超高最小半径(m)		1 600	1 000	600	400	300	150	70
设超高最小半径(m)	一般值	650	400	300	200	150	85	40
	极限值	400	250	150	100	70	40	20

注:"一般值"为正常情况下的采用值;"极限值"为条件受限时,可采用的值。

6.2.3 平曲线与圆曲线最小长度应符合表3-5的规定。

表3-5 平曲线与圆曲线最小长度

设计速度(km/h)		100	80	60	50	40	30	20
平曲线最小长度(m)	一般值	260	210	150	130	110	80	60
	极限值	170	140	100	85	70	50	40
圆曲线最小长度(m)		85	70	50	40	35	25	20

6.2.4 直线与圆曲线或大半径圆曲线与小半径圆曲线之间应设缓和曲线。缓和曲线应采用回旋线,缓和曲线最小长度应符合表3-6的规定。当设计速度小于40 km/h时,缓和曲线可采用直线代替。

表3-6 缓和曲线最小长度

设计速度(km/h)	100	80	60	50	40	30	20
缓和曲线最小长度(m)	85	70	50	45	35	25	20

当圆曲线半径大于表3-7不设缓和曲线的最小圆曲线半径时,直线与圆曲线可直接连接。

表3-7 不设缓和曲线的最小圆曲线半径

设计速度(km/h)	100	80	60	50	40	30	20
不设缓和曲线的最小圆曲线半径(m)	85	70	50	45	35	25	20

6.2.6 当圆曲线半径小于或等于250 m时,应在圆曲线内侧加宽,并应设置加宽缓和段。

6.3.1 机动车道最大纵坡应符合表3-8的规定,并应符合下列规定:

表3-8 机动车道最大纵坡

设计速度(km/h)		100	80	60	50	40	30	20
最大纵坡(%)	一般值	3	4	5	5.5	6	7	8
	极限值	4	5	6		7	8	

1. 新建道路应采用小于或等于最大纵坡一般值;改建道路、受地形条件或其他特殊情况限制时,可采用最大纵坡极限值。
2. 快速路外的其他等级道路,受地形条件或其他特殊情况限制时,经技术经济论证后,最大纵坡极限值可增加1.0%。
3. 积雪或冰冻地区的快速路最大纵坡不应大于3.5%,其他等级道路最大纵坡不应大于6.0%。

6.3.2 道路最小纵坡不应小于0.3%;当遇特殊困难纵坡小于0.3%时,应设置锯齿形边沟或采取其他排水设施。

6.3.3 纵坡的最小坡长应符合表3-9规定。

表3-9 最小坡长

设计速度(km/h)	100	80	60	50	40	30	20
最小坡长(m)	250	200	150	130	110	85	60

6.3.4 当道路纵坡大于本规范表3-8所列的一般值时,纵坡最大坡长应符合表3-10的规定。道路连续上坡或下坡,应在不大于表3-10规定的纵坡长度之间设置纵坡缓和段。缓和段的纵坡不应大于3%,其长度应符合本规范表3-9最小坡长的规定。

表3-10 最大坡长

设计速度(km/h)	100	80	60			50			40		
纵坡(%)	4	5	6	6.5	7	6	6.5	7	6.5	7	8
最大坡长(m)	700	600	400	350	300	350	300	250	300	250	200

⑤《城市桥梁设计规范》(CJJ 11—2011)[33]

8.1.3 立交、高架道路桥梁和地下通道的平面、纵断面、横断面设计,应满足下列要求:
1. 平面布置应与其相衔接道路的标准相适应,应满足工程所在区域道路行车需要。
2. 纵断面设计应与其衔接的道路标准相适应,并应结合当地气候条件、车辆类型及爬坡能力等因素,选用适当的纵坡值。竖曲线最低点不宜设在地下通道暗埋段箱体内,凸曲线应满足行车视距。

3. 横断面设计应与其他衔接的道路标准相适应。在机动车道与非机动车道之间,可设置分割带疏导交通。对设有中间分隔带的宽桥,桥梁结构可设计成上下行分离的独立桥梁。

4. 立交区段的各种杆、柱、架空线网的布置,应保持该区段的整洁、开阔。当桥面灯杆置于人行道靠缘石处,杆座边缘与车行道路面(路缘石外侧)的净距不应小于0.25 m。地下通道引道的杆、柱宜设置在分隔带或路幅以外。

(3) 交叉角度

①《公路路线设计规范》(JTG D20—2017)[16]

11.7.3 分离式立体交叉设计应符合下列要求:

2. 两相交公路以正交或接近正交为宜,且交叉附近平面线形宜为直线或不设超高的大半径曲线。

12 公路与铁路、乡村道路、管线交叉

12.2.5 公路与铁路立体交叉的平、纵面设计应符合下列要求:

2. 公路与铁路立体交叉,以正交为宜。受地形条件或其他特殊情况限制必须斜交时,应结合公路、铁路的线形条件,尽量设置较大的交叉角度。

②《涉路安全工程评价规范》(DB 34/T 2395—2015)[15]

5.1.1.2 公路或铁路下穿时,一般采用垂直交叉。必须斜交时,其交角不应小于60°;特殊情况下不应小于45°;山岭地区特别困难路段不应小于30°。

③《涉路工程安全评价规范(征求意见稿)》[14]

5.1.3.3 下穿工程宜采用正交穿越既有桥梁,斜交时可根据下穿结构的规模,既有桥梁跨径、桥下净空调整相交角度。

(4) 视距

①《公路路线设计规范》(JTG D20—2017)[16]

11 公路与公路立体交叉

11.2.1 互通式立体交叉区域应具有良好的通视条件。

11.2.2 主线分流鼻之前应保证判断出口所需的识别视距。识别视距应符合表3-11的规定。条件受限制时,识别视距应大于1.25倍的主线停车视距。

表3-11 识别视距

设计速度(km/h)	120	100	80	60
识别视距(m)	350(460)	290(380)	230(300)	170(240)

11.2.3 匝道全长范围内的停车视距应不小于表3-12的规定。

表3-12 匝道停车视距

设计速度(km/h)	80	70	60	50	40	35	30
识别视距(m)	110(135)	95(120)	75(100)	65(70)	40(45)	35	30

注:积雪冰冻地区,应不小于括号内的数值。

11.2.4 汇流鼻前,匝道与主线间应具有如图3-1所示的通视三角区。

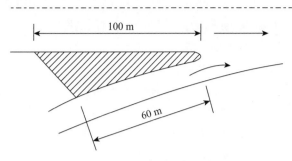

图 3-1 汇流鼻前通视三角区

11.2.5 匝道出口位置应明显,易于识别,宜将出口分流鼻设置在跨线桥前;当设置在跨线桥后,匝道出口至跨线桥的距离不应小于 150 m。

12.2.5 公路与铁路立体交叉的平、纵面设计应符合下列要求:

6. 公路与铁路立体交叉范围内的公路视距要求为:高速公路、一级公路应满足停车视距;二级、三级、四级公路应满足会车视距。

②《涉路工程安全评价规范(征求意见稿)》[14]

5.1.3.4 下穿道路的视距应符合现行公路、城市道路视距标准的规定。

③《城市道路工程设计规范》(CJJ 37—2012)(2016 版)[32]

6.2.7 视距应符合下列规定:

1. 停车视距应大于或等于表 3-13 规定值,积雪或冰冻地区的停车视距宜适当增长。
2. 当车行道上对向形式的车辆有会车可能时,应采用会车视距,其值应为表 3-13 中停车视距的两倍。
3. 对货车比例较高的道路,应验算货车的停车视距。
4. 对设置平、纵曲线可能影响行车视距路段,应进行视距验算。

表 3-13 停车视距

设计速度(km/h)	100	80	60	50	40	30	20
停车视距(m)	160	110	70	60	40	30	20

7.3.5 立交范围内主路平面线形标准不应低于路段标准,在进出立交的主路路段,其行车视距宜大于或等于 1.25 倍的停车视距。

④《铁路线路设计规范》(GB 50090—2006)[34]

5.1.4 通行机动车的道路下穿铁路桥梁、涵洞时,铁路桥跨布置应满足相应道路对停车视距的有关要求,并应按国家有关规定设置车辆通过限高标志及限高防护架。

(5)间距

①《公路路线设计规范》(JTG D20—2017)[16]

11 公路与公路立体交叉

11.1.5 互通式立体交叉的间距应符合下列规定:

1. 大城市、重要工业园区附近的高速公路,其互通式立体交叉的平均间距宜为 5~10 km;其他地区宜为 15~25 km。
2. 高速公路相邻互通式立体交叉的最小间距,不宜小于 4 km。因路网结构或其他特殊情况限制,经论证相邻互通式立体交叉的间距需适当减小时,其上一互通式立体交叉加速车道渐变段终点至下一互通式立体交叉的减速车道渐变段起点间的距离,不得小于1 000 m,且应进行专项交通工程设计,设计完善、醒目的标志、标线和警示、诱导设施;小于1 000 m且经论证必须设置时。应将两者合并设置为复合式互通式立体交叉。

3. 高速公路相邻互通式立体交叉的间距不宜大于30 km,西部荒漠戈壁、草原地区和人口稀疏的山区可增大至40 km;超过时,应设置与主线主体分离的U形转弯设施。

4. 非高速公路互通式立体交叉的最小间距,可参照上述规定执行。条件受限时,经对交织段的通行能力验算后可适当减小间距。

11.1.6 互通式立体交叉与相邻的其他有出入口的设施或隧道之间的距离应符合下列规定:

1. 互通式立体交叉与服务区、停车区、客运汽车停靠站之间的距离应能满足设置出口预告标志的需要。条件受限制时,间距可适当减小,但上一入口终点至下一出口起点的距离不应小于1 000 m,小于1 000 m且经论证必须设置时,应按复合式互通式立体交叉的方式处理。

2. 隧道出口与前方互通式立体交叉的距离,应满足设置出口预告标志的需要;条件受限制时,隧道出口至前方互通式立体交叉出口起点的距离不应小于1 000 m,小于时应在隧道入口前或隧道内设置预告标志。

3. 互通式立体交叉加速车道渐变段终点至前方隧道进口的距离(以m计)以不小于设计速度(以km/h计)的1倍长度为宜。

11.5.5 相邻出、入口的间距应符合下列规定:

1. 高速公路上如图3-2所示的各种相邻出口或入口之间、匝道上相邻出口或入口之间、主线上的出口至前方相邻入口之间的距离应不小于表3-14所列之值。

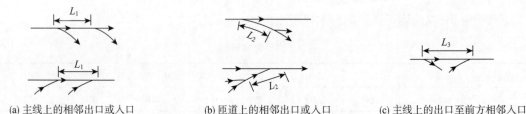

(a) 主线上的相邻出口或入口　　　(b) 匝道上的相邻出口或入口　　　(c) 主线上的出口至前方相邻入口

图3-2　各种相邻出、入口之间的距离

表3-14　高速公路相邻出、入口最小间距

间距(m)		主线设计速度(km/h)	120	100	80
	L_1	一般值	400	350	310
		最小值	350	300	260
	L_2 最小值	枢纽互通式立体交叉	240	210	190
		一般互通式立体交叉	180	160	150
	L_3	一般值	200	150	150
		最小值	150	150	120

2. 当不能保证主线出入口间的应有距离或遇转弯车流的紧迫交织干扰主线车流时,应采

用与主线相分隔的集散道将出入口串联起来。

3. 集散道由车行道和硬路肩组成。集散道与主线间应设边分隔带。

4. 集散道宜为双车道;交通量较小时,非交织段可为单车道。右侧硬路肩的宽度宜为2.50 m;当双车道的交通量不大于或接近单车道的通行能力时,硬路肩的宽度可减至1.0 m。

5. 集散道与主线的连接应按出入口对待,并符合车道数平衡的原则。单车道出入口能满足交通量的需要时,可采用单车道出入口的双车道匝道的布置形式。集散道上相继入口或出口的间距,应满足匝道出入口间距的规定;入口和后继出口的间距应满足交织的需要。

(6) 净空

①《公路路线设计规范》(JTG D20—2017)[16]

6 公路横断面

6.6 公路建筑限界

6.6.1 公路建筑限界范围内不得有任何障碍物侵入。公路标志、护栏、照明灯柱、电杆、管线、绿化、行道树以及跨线桥的梁底、桥台、桥墩等的任何部分也不得侵入公路建筑限界。

6.6.2 各级公路的建筑限界应符合图3-3的规定,并应符合下列规定:

1. 设置加(减)速车道、紧急停车带、爬坡车道、错车道、慢车道、车道隔离设施等路段,行车道应包括该部分的宽度。

2. 八车道及以上的高速公路(整体式),设置左侧硬路肩时,建筑限界应包括相应部分的宽度。

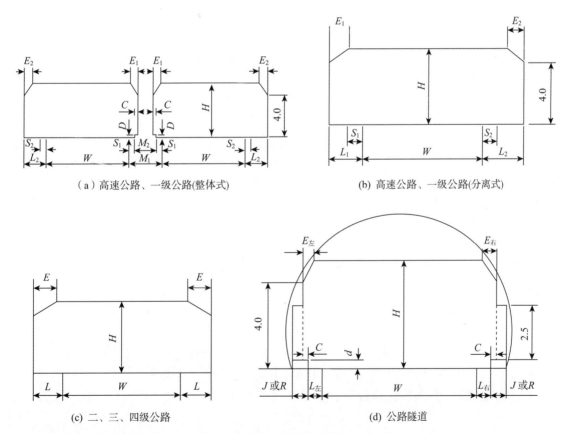

图3-3 建筑限界(尺寸单位:m)

图中:W——行车道宽度;

L_1——左侧硬路肩宽度;

L_2——右侧硬路肩宽度;

S_1——左侧路缘带宽度;

S_2——右侧路缘带宽度;

L——侧向宽度,二级公路的侧向宽度为硬路肩宽度;三、四级公路的侧向宽度为路肩宽度减去 0.25 m;设置护栏时,应根据护栏需要的宽度加宽路基;

$L_左$——隧道内左侧侧向宽度;

$L_右$——隧道内右侧侧向宽度;

C——当设计速度大于 100 km/h 时为 0.5 m,小于或等于 100 km/h 时为 0.25 m;

D——路缘石高度,小于或等于 0.25 m;一般情况下,高速公路可不设路缘石;

M_1——中间带宽度;

M_2——中央分隔带宽度;

J——检修道宽度;

R——人行道宽度;

d——检修道或人行道宽度;

E——建筑限界顶角宽度,当 $L≤1$ m 时,$E=L$;当 $L>1$ m 时,$E=1$ m;

E_1——建筑限界左顶角宽度,当 $L_1<1$ m 时,$E_1 = L_1$;或 $S_1+C<1$ m,$E_1=S_1+C$;当 $L_1>1$ m 或 $S_1+C≥1$ m 时,$E_1=1$ m;

E_2——建筑限界右顶角宽度,$E_2=1$ m;

$E_左$——建筑限界左顶角宽度,当 $L_左≤1$ m 时,$E_左 = L_左$;当 $L_左>1$ m 时,$E_左=1$ m;

$E_右$——建筑限界右顶角宽度,当 $L_右≤1$ m 时,$E_右=L_右$;当 $L_右>1$ m 时,$E_右 = 1$ m;

H——净空高度。

3. 隧道最小侧向宽度应符合表 3-15 的规定。

表 3-15 隧道最小侧向宽度

设计速度 (km/h)	高速公路、一级公路				二级公路、三级公路、四级公路				
	120	100	80	60	80	60	40	30	20
左侧侧向宽度 $L_左$(m)	0.75	0.75	0.50	0.50	0.75	0.50	0.25	0.25	0.50
左侧侧向宽度 $L_右$(m)	1.25	1.00	0.75	0.75	0.75	0.50	0.25	0.25	0.50

4. 桥梁、隧道设置检修道、人行道时,建筑限界应包括相应部分的宽度。

5. 高速公路、一级公路、二级公路的净高应为 5.00 m;三级公路、四级公路的净高应为 4.50 m。

6. 人行道、自行车道、检修道与行车道分开设置时,其净高应为 2.50 m。

7. 路基、桥梁、隧道相互衔接处,其建筑限界应按过渡段处理。

6.6.3 公路建筑限界的边界应按图 3-4 划定,并应符合下列规定:

1. 在不设超高的路段,建筑限界的上缘边界线应为水平线,其两侧边界线应与水平线垂直。

2. 在设置超高的路段,建筑限界的上缘边界线应与超高横坡平行,其两侧边界线应与路面超高横坡垂直。

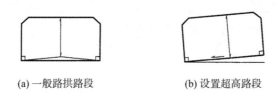

(a) 一般路拱路段　　　　(b) 设置超高路段

图 3-4　建筑限界的边界线制定

6.6.4　公路净空高度应符合下列规定：

1. 根据公路在路网中的地位与位置，同一公路应采用相同的净空高度。
2. 三级公路、四级公路的路面采用沥青贯入、沥青碎石、沥青表面处治或砂石路面时，净空高度宜预留20 cm。
3. 中央分隔带或路肩上设置桥梁墩台、标志立柱时，其前缘除不得侵入公路建筑限界外，且不得紧贴建筑物设置，应留有护栏缓冲变形的余宽。
4. 凹形竖曲线上方设有跨线构造物时，其净高应满足铰接列车有效净高的要求，如图3-5所示。

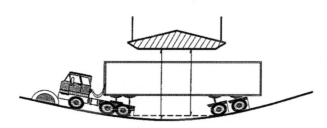

图 3-5　凹形竖曲线上方有效净空高度

5. 公路下穿宽度较宽或斜交角度较大的跨线构造物时，其路面距跨线构造物下缘任一点的净高均应符合相应净空高度的规定。

②《涉路工程安全评价规范(征求意见稿)》[14]

5.1.3.5　下穿道路、铁路的建筑限界应符合现行公路、城市道路、铁路建筑限界标准的规定。电气化铁路穿越公路桥梁时，其电力线距离桥梁梁底距离不应小于2.0 m。

5.1.3.6　下穿道路路侧安全净区应符合现行公路、城市道路路侧安全净区标准的规定。

5.1.3.8　当U型槽和框架结构底板埋深低于承台底面时，U型槽和框架结构与既有公路桥梁承台边净距不宜小于3 m。

③《公路立体交叉设计细则》(JTG/TD21—2014)[31]

13.3.5　下穿公路的净空应满足相应公路等级的建筑限界要求。当下穿公路有规划方案或采用修建方案时，应按批准的规划公路标准预留建筑限界。

④《公路桥涵设计通用规范》(JTG D60—2015)[19]

3.4.1　桥涵净空应符合现行《公路工程技术标准》(JTG B01)中公路建筑限界规定，并应符合下列规定：

1. 确定桥面净宽时，应首先考虑与桥梁相连的公路路段的路基宽度，保持桥面净宽与路基宽度相同。
4. 桥上设置的各种安全设施及标志等不得侵入桥涵净空限界。

3.4.5　立体交叉跨线桥桥下净空应符合下列规定：

1. 公路与公路立体交叉的跨线桥桥下净空及布孔除应符合本规范第3.4.1条桥涵净空的

规定外,尚应满足桥下公路的视距和前方信息识别的要求,其结构形式应与周围环境相协调。

3. 农村道路与公路立体交叉的跨线桥桥下净空为:

1) 当农村道路从公路上面跨越时,跨线桥桥下净空应符合本规范第3.4.1条建筑限界的规定;

2) 当农村道路从公路下面穿过时,其净空可根据当地通行的车辆和交叉情况而定,人行通道的净空应大于或等于2.2 m,净宽应大于或等于4.0 m;

3) 畜力车及拖拉机通道的净高应大于或等于2.7 m,净宽应大于或等于4.0 m;

4) 农用汽车通道的净高应大于或等于3.2 m,净宽应根据交通量和通行农业机械的类型选用,且应大于或等于4.0 m;

5) 车行天桥桥面净宽应大于或等于3.5 m,净宽应大于或等于6.0 m。

⑤《城市道路工程设计规范》(CJJ 37—2012)(2016版)[32]

3.4.2 道路建筑限界内不得有任何物体侵入。

3.4.3 道路最小净高应符合表3-16的规定。

表3-16 道路最小净高

道路种类	行驶车辆类型	最小净高(m)
机动车道	各种机动车	4.5
	小客车	3.5
非机动车道	自行车、三轮车	2.5
人行道	行人	2.5

3.4.4 对通行无轨电车、有轨电车、双层客车等其他特种车辆的道路,最小净高应满足车辆通行的要求。

3.4.5 道路设计中应做好与公路以及不同净高要求的道路间的衔接过渡,同时应设置必要的指示、诱导标志及防撞等设施。

⑥《城市桥梁设计规范》(CJJ 11—2011)[33]

8.3.3 下穿城市道路或公路的地下通道,设计荷载应符合本规范及现行行业标准《公路桥涵设计通用规范》(JTG D60)的规定,结构内力、截面强度、挠度、裂缝宽度计算及允许值的取用应符合现行行业标准《公路钢筋混凝土及预应力混凝土桥涵设计规范》(JTG D62)的规定,裂缝宽度可按现行国家标准《混凝土结构设计规范》(GB 50010)的规定进行计算;抗震验算应符合相关抗震设计规范的规定。地下通道长度应根据地下通道上方的道路性质符合本规范及现行行业标准《公路桥涵设计通用规范》(JTG D60)相关的道路净空宽度的规定。

⑦《铁路线路设计规范》(GB 50090—2006)[34]

5.1.3 铁路与道路立体交叉的建筑限界应符合下列规定:

1. 道路上跨铁路时,铁路的建筑限界应符合现行国家标准《标准轨距铁路建筑限界》(GB 146.2)的规定;有双层集装箱运输需求的铁路,应满足双层集装箱运输限界的要求。

⑧《标准轨距铁路建筑限界》(GB 146.2—1983)[35]

4.3 桥梁建筑限界

4.3.1 桥限-1A及桥限-1B

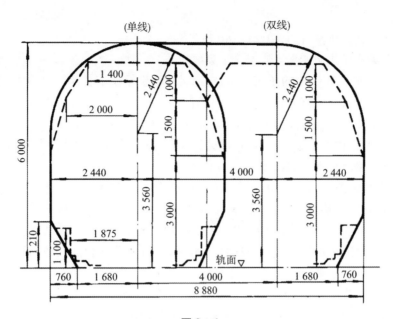

图 3-6
——桥梁建筑限界　---基本建筑限界

在基本建筑限界与桥梁建筑限界之间可以装设照明、通信及信号灯设备。

桥限-1A 及桥限-1B 适用于新建或改建蒸汽机内燃牵引的单线或双线铁路,其货物列车的装载高度不超过 5 300 mm。

4.3.2　桥限-2A 及桥限-2B

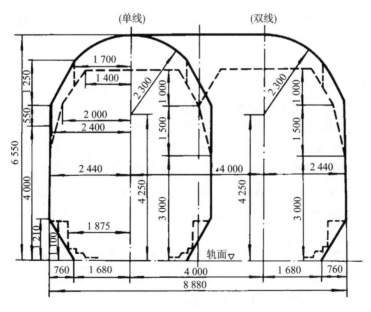

图 3-7
——桥梁建筑限界---基本建筑限界

在基本建筑限界与桥梁建筑限界之间可以装设照明、通信及信号灯设备。

桥限-2A 及桥限-2B 适用于新建或改建电力牵引的单线或双线铁路。采用这些限界时,其货物列车的装载高度不超过 5 300 mm。

(7) 排水

①《公路路线设计规范》(JTG D20—2017)[16]

11.7.3 分离式立体交叉设计应符合下列要求：

4. 分离式立体交叉跨线桥的桥面雨水,应通过管道引至桥下公路的排水沟,不得散排于桥下公路路面。跨线桥桥下公路的排水宜采用自流排水。

②《涉路安全工程评价规范》(DB 34/T 2395—2015)[15]

5.1.1.1 公路或铁路下穿时,不应影响公路桥墩、排水系统等的结构安全和使用功能。

③《公路工程技术标准》(JTG B01—2014)[18]

9.2.5 公路与公路立体交叉跨线桥下净空应符合本标准第3.6.1条的规定,并应满足桥下公路的视距要求,其结构形式应与周围环境相协调。

④《城市道路工程设计规范》(CJJ 37—2012)(2016版)[32]

15.3.1 城市道路排水设计应根据区域排水规划、道路设计和沿线地形环境条件,综合考虑道路排水方式。城市建成区道路排水应采用管道形式,城市外围道路可采用边沟排水。在满足道路基本功能的前提下,应达到相关规划提出的低影响开发控制目标与指标要求。

15.3.2 道路的地面水必须采取可靠的措施,迅速排除。

15.3.3 当道路的地下水可能对道路造成不良影响时,应采取适当的排水或阻隔措施。道路结构层内可根据需要采取适当的排水或隔水措施。

15.3.4 城市道路排水设计重现期、径流系数等设计参数应按现行国家标准《室外排水设计规范》(GB 50014)中的相关规定执行。

15.3.5 道路雨水口的形式、设置间距和泄水能力应满足道路排水要求。雨水口的布置方式应确保有效收集雨水,雨水不应流入路口范围,不应横向流过车行道,不应由路面流入桥面或隧道。一般路段应按适当间距设置雨水口,路面低洼点应设置雨水口,易积水地段的雨水口宜适当加大泄水能力。

15.3.6 边坡底部应设置边沟等排水设施,路堑边坡顶部必要时应设置截水沟。

15.3.8 排水设计应符合现行国家标准《室外排水设计规范》(GB 50014)的规定。

⑤《铁路线路设计规范》(GB 50090—2006)[34]

5.1.5 立体交叉范围内应设置完整通畅的排水系统。

⑥《涉路工程安全评价规范(征求意见稿)》[14]

5.1.3.7 下穿道路、铁路及既有公路的排水除应符合现行《公路排水设计规范》(JTG/T D33)、《室外排水设计规范》(GB 50014)的相关规定外,尚应符合下列规定：

1. 被穿越桥梁的桥面雨水,应通过管道引至桥下道路、铁路的排水沟,不得散排于桥下道路、铁路。

2. 下穿的道路、铁路宜采用自流排水,下穿范围内应设置完整通畅的排水系统。

3. 下穿的U型槽和框架结构宜设泵站进行排水。

⑦《公路排水设计规范》(JTG/T D33—2012)[20]

7.3 隧道排水

7.3.1 隧道排水系统应与隧道主体工程和交通安全设施紧密结合,根据地质条件、地下水发育及补给情况,合理确定排水设施设置位置和各部位尺寸。应避免地下水过分排放对环境的影响。

7.3.2 隧道洞顶存在积水洼地时,宜设洞顶排水沟疏导引排,洼地宜填平,防止再次积水。对经过洞顶的天然沟槽或输水渠道、水工隧洞等排水设施,宜进行铺砌。对易发生积水下渗的废弃坑穴、钻孔等应填实封闭。

7.3.3 隧道衬砌防排水设施应符合以下规定：

1. 采用复合式衬砌时，应在初期支护与二次衬砌之间设置防水板及无纺土工布，并设置系统盲管。

2. 二次衬砌混凝土应满足抗渗要求，二次衬砌的施工缝、沉降缝和伸缩缝应采取防水措施。

3. 在衬砌两侧边墙背后底部应设沿隧道的纵向排水盲管，沿衬砌背后环向应设置导水盲管，集中出水处应单独设置竖向盲管。

4. 环向盲管、竖向盲管应与边墙底部的纵向排水盲管连通，纵向排水盲管应与横向导水管连通。

5. 当隧道位于常水位以下，且不易排泄时，应采用抗水压衬砌结构。

6. 无法检修的排水设施应考虑地下水中矿物质析出对排水能力的影响。

7.3.4 隧道内排水应符合以下规定：

1. 隧道内路面两侧应设置路侧边沟，边沟纵坡宜与隧道纵坡一致。

2. 路侧边沟可采用带泄水孔的盖板沟或缝隙式边沟，如图3-8(a)、(b)所示。

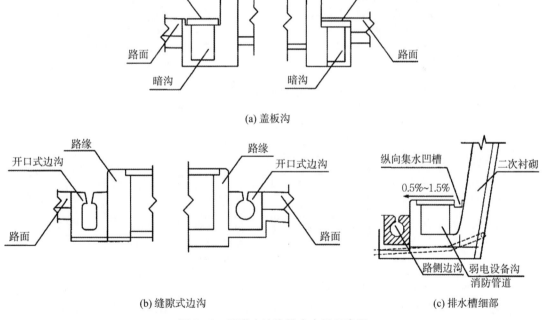

图3-8 隧道内边沟排水布设示意图

3. 路侧边沟应设置沉沙池、滤水箅，沉沙池间距宜为25～30 m。边沟盖板可采用钢筋混凝土、铸铁或钢筋加强型复合材料，其强度及配筋量应根据计算确定。

4. 检修道或人行道的道面宜设0.5%～1.5%的横坡，必要时还可在墙脚与检修道交角处设宽50 mm、深30 mm的纵向凹槽，排水槽细部如图3-8(c)所示。

5. 预制边沟拼接处应采取有效的防渗措施。

7.3.5 隧道路面结构底部排水设施应符合以下规定：

1. 路面结构底面应设不小于1.5%的横向排水坡度。

2. 路面结构下宜设纵向中心水沟,当有仰拱时,石质围岩段中心水沟可设于仰拱之上,土质围岩段应设置于仰拱之下。地下水量不大的中、短隧道可不设中心水沟。

3. 中心水沟的沟槽可采用梯形或矩形断面,排水管可采用钢筋混凝土管或玻璃钢管,如图3-9所示。断面尺寸应根据设计流量按第9章方法计算确定。

4. 中心水沟纵向应设沉淀池,设置间距宜为50 m。应根据需要设置检查井,设置间距不应小于250 m。

5. 路面结构下应设横向导水管连接中心水沟的排水管与衬砌墙背排水盲管;未设中心水沟时,横向导水管应一端与路侧边沟或者其下专门设置的路侧水沟(管)相接,另一端与衬砌墙背排水盲管连接。横向导水管的直径不宜小于100 mm,横向坡度不应小于2%。

6. 设有中心水沟的隧道,横向导水管的纵向间距宜为30~50 m,如图3-10所示;未设隧底中心水沟时,横向导水管的纵向间距不宜小于10 m。横向导水管与墙背排水盲管应采用三通连接。

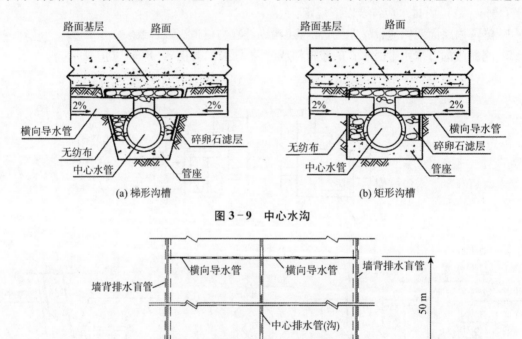

图3-9 中心水沟

图3-10 横向纵水管的纵向间距

7.3.6 洞口与明洞防排水应符合以下规定:

1. 明洞回填层顶面洞门墙背外应设排水沟,排水沟宜采用矩形断面,尺寸宜不小于0.5 m×0.5 m;明洞槽边、仰坡外应设截水沟,截水沟应设置在开挖线3 m以外,可采用矩形或梯形断面。排水沟、截水沟迎水一侧沟壁不宜高出坡面。

2. 当洞口向外的路线为上坡时,宜沿路线方向反坡排水。当地形条件限制,反坡排水有困难时,应在洞口设置有流水箅的横向路面截水沟,阻止洞外路面水流入隧道内。必须通过隧道路侧边沟排水时,隧道内的路侧边沟应保证有足够的过水断面。

3. 明洞顶部应设置必要的截水、排水系统;回填土表面宜铺设隔水层并与边坡搭接良好;靠山侧边墙底或边墙后宜设置纵向盲沟,将水引至边墙泄水孔排出;衬砌外缘应敷设外贴式防水层；明洞与隧道接头处的混凝土应进行防水处理。

7.3.7 当地下水发育且有长期补给来源时，除设置盲沟和中心水沟外，尚可增设辅助坑道或泄水洞等排水设施。

7.3.8 当地下水有侵蚀性时，应采用铺设抗侵蚀防水层等措施，避免地下水侵蚀隧道结构。易受地下水侵蚀部位宜采用相应的抗侵蚀混凝土。

7.4 下穿道路排水

7.4.1 下穿道路应根据下挖深度和排水条件合理确定排水方案，避免因排水不畅对通行的影响。下穿道路有良好排水条件时，可只对构造物内路面和边沟进行铺砌，防止冲刷。平原地区下挖道路宜设置完善的排水系统。

7.4.2 下穿道路在下挖段的上游端，可设置泄水口、排水沟等排水设施，拦截和引排上游方向的地表水，减少地表水流入下挖段。必要时可设置雨水棚引排降水。

7.4.3 在上跨构造物范围内的下穿道路最小纵坡不宜小于0.3%，纵断面的最低点宜布置在洞口外。

7.4.4 排水条件不良时，应在纵断面最低点处设置排水沟或地下排水管将水引排到邻近的低地、水沟或蒸发池、渗滤池。有条件时，可在最低点处设置集水井。

7.4.5 在上跨构造物范围内的下挖段边沟应加大过水断面面积，并宜采用带盖板的矩形边沟。盖板可采用钢筋混凝土、铸铁或钢筋加强型复合材料，其强度和配筋应根据计算确定。盖板上宜设置槽孔。

7.4.6 平原区当地下水位较高且下挖段汇集的水无法及时排出时，可采用水泵应急排水，水泵的型号应按排水量和扬程的要求选择。重要的下穿道路，宜设置用于应急排水的泵站。下穿道路两侧的地下水应采取封闭措施。

7.4.7 平原区地下水水位较低且地层土质渗透性好的路段，当下穿道路排水困难时，可采用集水渗滤方式，将水排至地下深层。多年冻土、黄土地区不得采用集水渗滤方式排水。采用集水渗滤方式时，应符合以下规定：

1. 当汇水量较小、地下水位较低时，可设置渗透池集水渗滤。渗透池底部应在地下水位之上。

2. 当汇水量较大、地下水位较低时，可采用渗透池和小渗井组合的方式集水渗滤。

3. 当汇水量较大、浅层地下水位较高时，可采用沉淀池和穿透隔水层的小渗井组合的方式集水渗滤。小渗井宜置于沉淀池底部中央，井口高于沉淀池底部不小于1 m。

7.4.8 集水渗滤排水的设计应符合以下规定：

1. 渗透池或沉淀池的尺寸应根据下穿道路汇水面积、设计重现期计算确定，宜能储存半个月汇入池中的水量。

2. 横向排水沟、管进入渗透池或沉淀池的入口处应设置孔径不大于2 mm的双层过滤铁丝网。

3. 渗透池和沉淀池可采用钢筋混凝土管、防腐钢波纹管或玻璃钢管。渗透池底部应设置过滤层，采用蛭石过滤层时，厚度不宜小于0.5 m。渗透池内壁应设置爬梯。

4. 小渗井可采用内径不小于100 mm的玻璃钢管或防腐的钢管，井口高出池底不宜小于1 m。高出池底部分外侧和顶部应设置反滤层，反滤层宜采用抗光老化的土工布。小渗井伸入透水层部分应在井壁上布孔，外侧应用砂网过滤，砂网空隙直径宜为1 mm。

7.4.9 气候干旱、排水困难的路段，可结合公路建设取土和农田水利等工程，在下穿道路两侧设置蒸发池。蒸发池的设计应符合第 3 章有关规定。

⑧《城市桥梁设计规范》(CJJ 11—2011)[21]

9.2.4 地下通道排水应符合下列规定：

1. 地下通道内排水应设置独立的排水系统，其出水口必须可靠。排水设计应符合国家现行标准《室外排水设计规范》(GB 50014)、《城市道路设计规范》(CJJ 37)的规定。

2. 地下通道纵断面设计除应符合本规范第 8.1.3 条第 2 款的规定外，应将引道两端的起点处设置倒坡，其高程宜高于地面 0.2~0.5 m 左右，并应加强引道路面排水，在引道与地下通道接头处的两侧应设一排截水沟。

3. 地下通道内路面边沟雨水口间应有不小于 0.3%~0.5% 的排水纵坡。当较短地下通道内不设置雨水口时，地下通道纵坡不应小于 0.5%。引道与地下通道内车行道路面，应设不小于 2% 的横坡。

地下通道引道段选用的径流系数应考虑坡陡径流增加的因素，其雨水口的设置与选型应适应汇水快而急的特点。

4. 当下穿地下通道不能自流排水时，应设置泵站排水，其管渠设计、降雨重现期应大于道路标准。排水泵站应保证地下通道内不积水。

5. 采用盲沟排水和兼排雨水的管道和泵站，应保证有效、可靠。

(8) 交通安全措施

①《公路路线设计规范》(JTG D20—2017)[16]

11 公路与公路立体交叉

11.7.6 主要公路或高速公路下穿时，其设计应符合下列要求：

4. 跨线桥下主要公路或高速公路中间带较宽或为四车道以上高速公路、在中间带设置中墩时，中墩两侧必须设置防撞护栏并留有护栏缓冲变形的余地。不得在局部范围内改变中间带宽度而使行车道扭曲。

5. 跨线桥下主要公路或高速公路附有以边分隔带分离的慢车道、集散车道、附加车道、非机动车道时，可在边分隔带上设置桥墩。当边分隔带较窄时，应在桥墩前后一定范围内加宽，并宜在右方作变宽过渡。

6. 跨线桥前方主要公路或高速公路有出、入口或平面交叉时，跨线桥应增设供通视用辅助桥孔；主要公路或高速公路为曲线时，应满足载重汽车停车视距要求。

7. 跨线桥下为路堑时，若路堑不深，宜将桥台置于坡顶之外；若路堑较深或边坡缓而长而需在边坡上设置桥台时，则应将桥台置于边坡附近，不得布置于坡脚处。

8. 主要公路为高速公路或一级公路时：

1) 跨线桥必须设置防撞护栏和防护网。

2) 跨线桥上悬挂交通标志时，不宜采用通栏式的，且上、下边缘不得超过护栏顶部和边梁外缘底线。

②《涉路工程安全评价规范（征求意见稿）》[14]

5.1.3.12 应在公路既有桥梁两侧设置桥梁防护网等安全防护设施。

5.1.3.13 下穿道路、铁路与既有桥梁桥墩保持一定的安全距离，下穿道路应设置护栏，并保证合理的侧向余宽。

5.1.3.15 道路下穿既有桥梁的交通安全设施的设置应符合下列规定：

1. 应设置限制高度标志和限高架，下穿道路净高符合相关法律法规和标准规范规定的道路不需要设置此标志和限高架。

2. 设置限制高度标志和限高架的路段,在进入此路段前的路口适当位置要设置相应的指路标志提示,使装载高度超过标志所示数值的车辆能够提前绕道行驶。

3. 既有桥梁墩柱和主梁侧面、下穿道路护栏应设置立面标记。

5.1.3.16 应保证既有桥梁检测通道通畅,满足检测作业人员、机械设备空间的要求。

③《公路立体交叉设计细则》(JTG/T D21—2014)[31]

13.3.6 当下穿公路中央分隔带、边分隔带或路侧设有墩、台、墙等构造物时,在构造物邻车道一侧应设置防撞护栏,防撞护栏与构造物之间应留有护栏缓冲变形的空间,如图 3-11(a)所示。当混凝土护栏与侧墙整体修建时,护栏不应侵占硬路肩的宽度,如图 3-11(b)所示。

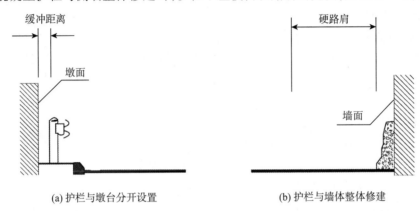

图 3-11 下穿公路和构造物前的护栏设置示意图

④《公路交通安全设施设计规范》(JTG D81—2017)[22]

9.2.1 防落物网设置应符合下列要求:

1. 上跨饮用水水源保护区、铁路、高速公路、需要控制出入的一级公路的车行或人行构造物两侧均应设置防落物网。

2. 公路跨越通航河流、交通量较大的其他公路时,应设置防落物网。

3. 需要设置防落物网的桥梁采用分离式结构时,应在桥梁内侧设置防落物网。

4. 防落物网应进行防腐和防雷接地处理,防雷接地的电阻应小于 10 Ω。

5. 防落物网的设置范围为下穿铁路、公路等被保护区的宽度(当上跨构造物与公路斜交时,应取斜交宽度)并各向路外延长 10~20 m,其中上跨铁路的防落物网的设置范围还应符合相关规定。

⑤《铁路线路设计规范》(GB 50090—2006)[34]

5.1.6 铁路与道路立交的铁路桥或道路桥的桥上两侧应设置安全防护设施。

⑥《城际铁路设计规范》(TB 10623—2014)[36]

5.4.2 区间线路路基地段应设置互通的防护栅栏。防护栅栏设置在铁路用地界内 0.5m 处。

5.4.5 区间线路及车站用地界应埋设标(桩)。标(桩)埋设在铁路地界线和地界拐点处,直线地段间距宜为 150 m,曲线地段间距宜为 40 m。

5.4.6 铁路线路两侧应设立安全保护区,保护区的范围应符合《铁路安全管理条例》的有关规定。安全保护区边界应设置安全保护区标桩。

⑦《高速公路交通工程及沿线设施设计通用规范》(JTG D80—2006)[23]

5.3.5 上跨高速公路跨线桥中墩的端面,或紧邻路基的桥台、隧道洞口侧墙的端面,或收费岛、安全岛的墙面等处,应设置黑黄相间的立面标记。

5.6.1 上跨高速公路的桥梁两侧和人行天桥两侧应设置防护网。

5.6.2 桥梁防护网高度可根据桥梁两侧及其周边具体情况等因素确定,以 1.80~2.10 m 为宜。

5.6.3 桥梁防护网应以风力影响为主进行稳定性验算,并考虑人对防护网的破坏因素。

5.6.4 桥梁金属防护网应做好防雷接地设计,其接地电阻应小于 10 Ω。

5.6.5 在可能落石的挖方路段,应设置防护网。

3. 结构安全验算

新建道路(铁路)路基填土或开挖后,既有公路桥梁结构的受力和位移将受到一定影响,应对桥梁结构的安全进行验算。计算填土或开挖后桥墩桩基在正常使用极限状态荷载作用下的桩顶位移、地基承载力,在承载能力极限状态荷载作用下的桩基受弯、受压承载力。

从路基下穿越时,应分析新建道路(铁路)隧道或箱涵结构施工对既有公路路基安全的影响。

①《涉路工程安全评价规范(征求意见稿)》[14]

3.2.1 涉路工程建设和运行对既有公路桥梁结构安全的影响,必须符合下列规定:

1. 相邻墩台间不均匀沉降差值,不应使桥面形成大于 0.1%的附加纵坡(折角)。
2. 桩顶水平位移不大于 3 mm。
3. 外超静定结构桥梁墩台间不均匀沉降差值,应满足结构的受力要求。

3.2.2 涉路工程建设和运行对既有公路路基的影响,必须保证路基的最大沉降量不大于 20 mm。

5.1.3.9 下穿工程施工期既有桥梁结构安全应符合本规范 3.2 节的规定。

5.1.3.10 下穿施工过程中,对既有桥梁的监测应符合下列规定:

1. 既有桥梁变形的检测应提供具体的监测方案,包括监测位置、监测频率和预警值。
2. 变形监测内容应包括墩台横向、纵向水平位移及竖向位移。
3. 应明确变形监测超过预警值采取的安全措施。

5.2.3.2 隧道下穿既有公路路基,对既有公路纵坡产生的影响应满足:选取路基沉降量与受影响范围的公路长度(1.5 倍隧道埋深)之比为判定参数,判定参数不大于 10%。

5.2.3.3 隧道下穿桥梁,桩基负摩阻力对桩基承载力的影响应满足既有桥梁设计文件中对桩基承载力的要求。

5.2.3.4 隧道下穿不宜采用爆破施工,若确需使用,应确保爆破振动对桥梁影响应符合现行《爆破安全规程》(GB 6722)中关于振动安全允许值的规定。

②《城市桥梁设计规范》(CJJ 11—2011)[21]

8.2.2 结构支承体系应满足桥梁上部结构的受力和变形要求;当采用平面曲线整体梁式结构时,其上部结构应具有足够的抗扭刚度。

连续桥梁不宜采用连续的单点支撑形式,简支梁采用双支座支承时间距不宜过小。正常使用极限状态下,结构应具有足够的抗倾覆性能,且计算分析中应考虑单向受压支座脱空造成的结构支承体系变化。

8.2.3 对纵坡较大的桥梁或独柱支承的匝道桥梁,应分析桥梁向下坡方向累计位移的影响,总体设计时独柱墩连续梁分联长度不宜过长,中墩应采用适宜的结构尺寸,并应保证墩柱具有较大的纵横向抗推刚度。

8.3.3 下穿城市道路或公路的地下通道,设计荷载应符合本规范及现行行业标准《公路桥涵设计通用规范》(JTG D60)的规定,结构内力、截面强度、挠度、裂缝宽度计算及允许值的取用应符合现行行业标准《公路钢筋混凝土及预应力混凝土桥涵设计规范》(JTG 3362)的规定,裂缝宽度也可按现行国家标准《混凝土结构设计规范》(GB 50010)的规定进行计算;抗震验算应符合相关抗震设计规范的规定。地下通道长度应根据地下通道上方的道路性质符合本规范及现行行业标准《公路桥涵设计通用规范》(JTG D60)相关的道路净空宽度的规定。

8.3.4 下穿铁路的地下通道,其设计荷载、结构内力、截面强度、挠度、裂缝宽度计算及允许值的取用、抗震验算应符合国家现行标准《铁路桥涵设计规范》(TB 10002)、《铁路桥涵混凝土结构设计规范》(TB 10092)和《铁路工程抗震设计规范》(GB 50111)的规定。地下通道长度除应符合上跨铁路线路的净空宽度要求外,还应满足管线、沟槽、信号标志等附属设施和铁路员工检修便道的需求。

8.3.6 地下通道混凝土强度等级不宜低于C30;当地下通道及与其衔接的引道结构的最低点位于地下水位以下时,混凝土抗渗等级不应低于P8。下穿铁路的地下通道混凝土强度等级和抗渗等级应符合现行行业标准《铁路桥涵混凝土结构设计规范》(TB 10092)的规定。

③《公路路基设计规范》(JTG D30—2015)[25]

3.2.4 路基应以路床顶面回弹模量为设计指标,以路床顶面竖向压应变为验算指标,并应符合下列要求:

1. 路基在平衡湿度状态下,路床顶面回弹模量不应低于现行《公路沥青路面设计规定》(JTG D50)和《公路水泥混凝土路面设计规范》(JTG D40)的有关规定。
2. 沥青路面路床顶面竖向压应变的计算值应满足沥青路面永久变形的控制要求。
3. 水泥混凝土路面路床顶面竖向压应变可不作控制。

3.2.5 新建公路路基回弹模量设计值 E_0 应按式(3-1)确定,并满足式(3-2)的要求。

$$E_0 = K_s K_\eta M_R \quad (3-1)$$
$$E_0 \geq [E_0] \quad (3-2)$$

式中:E_0——平衡湿度状态下路基回弹模量设计值(MPa);

$[E_0]$——路面结构设计的路基回弹模量要求值(MPa),应符合本规范第3.2.4条的有关规定;

M_R——标准状态下路基动态回弹模量值(MPa),按本规范第3.2.6条确定;

K_s——路基回弹模量湿度调整系数,为平衡湿度(含水率)状态下的回弹模量与标准状态下的回弹模量之比,按本规范第3.2.7条确定;

K_η——干湿循环或冻融循环条件下路基土模量折减系数,通过试验确定。初步设计时,非冰冻地区可根据土质类型、失水率确定,季节冻土区可根据冻结温度、含水率确定,折减系数可取 0.7~0.95。非冰冻区粉质土、黏质土,失水率大于30%,取小值,反之取较大值;粗粒土取大值。季节冻土地区粉质土、黏质土冻结温度低于−15℃、冻前含水率高,取小值,反之取较大值;粗粒土取大值。

3.2.6 标准状态下路基回弹模量值应按下列方法确定:

1. 路基填料的回弹模量应按附录A通过试验获得。
2. 受试验条件限制时,可按附录B,根据土组类别及粒料类型由表B.1、表B.2查取回弹模量参考值。

3. 初步设计阶段,也可按式(3-3)、式(3-4)由填料的 CBR 值估算标准状态下填料的回弹模量值:

$$M_R = 17.6 CBR^{0.64} (2 < CBR \leq 12) \tag{3-3}$$

$$M_R = 22.1 CBR^{0.55} (12 < CBR < 80) \tag{3-4}$$

3.2.7 新建公路路床应处于干燥或中湿状态。路基设计可按下列方法预估湿度状态,确定回弹模量湿度调整系数:

1. 可按附录 C 的有关规定,根据路基相对高度、路基土组类别及其毛细水上升高度,确定路基干湿类型,并预估路基结构的平衡湿度。

2. 路基回弹模量湿度调整系数可按附录 D 确定。

3.2.8 当路基湿度状态、路基填料 CBR、路床回弹模量和竖向压应变等不能满足要求时,应根据气候、土质、地下水赋存和料源等条件,经技术经济比选后,对路床采取下列处理措施:

1. 可采用粗粒土或低剂量无机结合料稳定土等进行换填,并合理确定换填深度。

2. 对细粒土可采用砂、砾石、碎石等进行掺和处治,或采用无机结合料进行稳定处治,细粒土处治设计应通过物理力学试验,确定处治材料及其掺量、处治后的路基性能指标等。

3. 水文地质条件不良的土质挖方路基或者潮湿状态填方路基,应采取设置排水垫层、毛细水隔离层、地下排水渗沟等措施。

4. 季节冻土地区各级公路的中湿、潮湿路段,应结合路面结构进行路基结构的防冻验算。必要时,应设置防冻垫层或保温层。

④《公路桥涵地基与基础设计规范》(JTG 3363—2019)[24]

3.0.1 公路桥涵地基与基础应进行承载力和稳定性计算,必要时尚应进行沉降计算。

3.0.6 地基或基础的竖向承载力验算应符合下列规定:

1. 采用作用的频遇组合和偶然组合,作用组合表达式中的频遇值系数和准永久值系数均应取 1.0,汽车荷载应计入冲击系数。

2. 承载力特征值乘以相应的抗力系数 γ_R 应大于相应的组合效应。

3.0.7 地基承载力抗力系数 γ_R 可按表 3-17 取值,单桩承载力抗力系数 γ_R 可按表 3-18 取值。

表 3-17 地基承载力抗力系数 γ_R

受荷阶段	作用组合或地基条件		f_a(kPa)	γ_R
使用阶段	频遇组合	永久作用与可变作用组合	≥150	1.25
			<150	1.00
		仅计结构重力、预加力、土的重力、土侧压力和汽车荷载、人群荷载	—	1.00
	偶然组合		≥150	1.25
			<150	1.00
	多年压实未遭破坏的非岩石旧桥基		≥150	1.5
			<150	1.25
	岩石旧桥基		—	1.00

续　表

受荷阶段	作用组合或地基条件	f_a(kPa)	γ_R
施工阶段	不承受单向推力	—	1.25
	承受单向推力	—	1.5

注：表中f_a为修正后的地基承载力特征值。

表 3-18　单桩承载力抗力系数 γ_R

受荷阶段	作用组合		γ_R
使用阶段	频遇组合	永久作用与可变作用组合	1.25
		仅计结构重力、预加力、土的重力、土侧压力和汽车荷载、人群荷载	1.00
	偶然组合		1.25
施工阶段	施工荷载组合		1.25

3.0.8　计算基础沉降时，基础地面的作用效应应采用正常使用极限状态下准永久组合效应，考虑的永久作用不包括混凝土收缩及徐变作用、基础变位作用，可变作用仅指汽车荷载和人群荷载。

3.0.9　基础的稳定性可按下式验算：

$$\frac{S_{bk}}{\gamma_0 S_{sk}} \geqslant k \tag{3-5}$$

式中：γ_0——结构重要性参数，取$\gamma_0=1.0$；

S_{bk}——使基础结构稳定的作用标准值组合效应，按基本组合和偶然组合最小组合值计算；表达式中的作用分项系数、频遇值系数和准永久值系数均取1.0；

S_{sk}——基础结构失稳的作用标准值的组合效应，按基本组合和偶然组合最大组合值计算；表达式中的作用分项系数、频遇值系数和准永久值系数均取1.0；

k——基础结构稳定安全系数。

4.3.1　桥涵地基承载力的验算应以修正后的地基承载力特征值f_a乘以地基承载力抗力系数γ_R控制，并应符合下列要求：

1. 修正后的地基承载力特征值f_a应基于地基承载力特征值f_{a0}，根据基础基底埋深、宽度及地基土的类别按本规范第4.3.4条的规定修正确定。
2. 软土地基承载力特征值可按本规范第4.3.5条的规定确定。
3. 地基承载力抗力系数γ_R可按本规范第3.0.7条规定确定。
4. 其他特殊性岩土地基的承载力特征值及抗力系数应根据各地区经验或标准规范确定。

4.3.4　修正后的地基承载力特征值f_a可按式（3-6）确定。当基础位于水中不透水地层上时，f_a可按平均常水位至一般冲刷线的水深按10 kPa/m提高。

$$f_a = f_{a0} + k_1 \gamma_1 (b-2) + k_2 \gamma_2 (h-3) \tag{3-6}$$

式中：f_a——修正后的地基承载力特征值（kPa）；

b——基础地面的最小边宽（m），当$b<2$ m时，取$b=2$ m；当$b>10$ m时，取$b=10$ m；

h——基底埋置深度（m），从自然地面起算，有水流冲刷时自一般冲刷线起算；当$h<3$ m

时，取 $h=3$ m；当 $h/b>4$ 时，取 $h=4b$；

k_1，k_2——基底宽度、深度修正系数，根据基底持力层的类别按表 3-19、表 3-20 确定；

γ_1——基底持力层土的天然重度（kN/m^3）。若持力层在水面以下且为透水者，应取浮重度；

γ_2——基底以上土层的加权平均重度（kN/m^3），换算时若持力层在水面以下，且不透水时，不论基底以上土的透水性质如何，均取饱和重度；当透水时，水中部分土层取浮重度。

表 3-19　地基土承载力宽度、深度修正系数 k_1、k_2

系数	黏性土			粉土	碎石土			
	老黏性土	一般黏性土		新近沉积黏性土	—	碎石、圆砾、角砾		卵石	
		$I_L \geq 0.5$	$I_L<0.5$		—	中密	密实	中密	密实
k_1	0	0	0	0	0	3.0	4.0	3.0	4.0
k_2	2.5	1.5	2.5	1.0	1.5	5.0	6.0	6.0	10.0

表 3-20　地基土承载力宽度、深度修正系数 k_1、k_2

系数	砂土							
	粉砂		细砂		中砂		砾砂、粗砂	
	中密	密实	中密	密实	中密	密实	中密	密实
k_1	1.0	1.2	1.5	2.0	2.0	3.0	3.0	4.0
k_2	2.0	2.5	3.0	4.0	4.0	5.5	5.0	6.0

注：1. 对稍密和松散状态的砂、碎石土，k_1、k_2 值可采用表列中密值的 50%。
2. 强风化和全风化的岩石，可参照所风化成的相应土类取值；其他状态下的岩石不修正。

4.3.5　软土地基承载力应按下列规定确定：

1. 软土地基承载力特征值 f_{a0} 应由载荷试验或其他原位测试取得。载荷试验和原位测试确有困难时，对中小桥、涵洞基底未经处理的软土地基修正后的地基承载力特征值 f_a 可采用下列两种方法确定：

1）根据原状土天然含水率 w，按表 3-21 确定软土地基承载力特征值 f_{a0}，然后按式（3-7）计算修正后的地基承载力特征值 f_a：

$$f_a = f_{a0} + \gamma_2 h \tag{3-7}$$

表 3-21　软土地承载力特征值 f_{a0}（kPa）

天然含水率 w（%）	36	40	45	50	55	65	75
f_{a0}（kPa）	100	90	80	70	60	50	40

2）根据原状土强度指标确定软土地基修正后的地基承载力特征值 f_a：

$$f_a = \frac{5.14}{m} k_p C_u + \gamma_2 h \tag{3-8}$$

$$k_p = \left(1 + 0.2 \frac{b}{l}\right)\left(1 - \frac{0.4H}{blC_u}\right) \tag{3-9}$$

式中：m——抗力修正系数，可视软土灵敏度及基础长宽比等因素选用1.5~2.5；

C_u——地基土不排水抗剪强度标准值(kPa)；

k_p——系数；

H——由作用（标准值）引起的水平力(kN)；

b——基础宽度(m)，有偏心作用时，取$b-2e_b$；

l——垂直于b边的基础长度(m)，有偏心作用时，取$l-2e_l$；

e_b、e_l——偏心作用在宽度和长度方向的偏心距。

2. 经排水固结方法处理的软土地基，其承载力特征值f_{a0}应通过荷载试验或其他原位测试方法确定；经复合地基方法处理的软土地基，其承载力特征值应通过荷载试验确定；然后按式(3-7)计算修正后的软土地基承载力特征值f_a。

5.2 地基承载力及基底偏心距验算

5.2.1 桥梁墩台地基验算时，应考虑修建和使用期间可能发生的各项作用，并应满足下列规定：

1. 当桥台台背填土的高度在5 m以上时，应考虑台背填土对桥台基底处的附加竖向压应力，可按本规范附录F的规定计算。

2. 对软土或软弱地基，当相邻墩台的距离小于5 m时，应考虑邻近墩台对软土或软弱地基所引起的附加竖向压应力。

3. 对桥台基础，当台背地基土质不良时，应验算桥台与路堤同时滑动的稳定性。

5.2.2 不考虑嵌固作用的基础底面岩土的承载力可按下式验算：

1. 当基底只承受轴心荷载时：

$$p = \frac{N}{A} \leqslant f_a \tag{3-8}$$

式中：p——基底平均压应力(kPa)；

N——本规范第3.0.6条规定的作用组合下基底的竖向力(kN)；

A——基础底面面积(m^2)。

2. 当基底单向偏心受压时，除满足本条第1款规定外，尚应符合下列条件：

$$p_{max} = \frac{N}{A} + \frac{M}{W} \leqslant \gamma_R f_a \tag{3-9}$$

式中：p_{max}——基底最大压应力(kPa)；

M——本规范第3.0.6条规定的作用组合下墩台的水平力和竖向力对基底重心轴的弯矩(kN·m)；

W——基础底面偏心方向的面积抵抗矩(m^3)。

3. 当基底双向偏心受压时，除满足本条第1款外，尚应符合下列条件：

$$p_{max} = \frac{N}{A} + \frac{M_x}{W_x} + \frac{M_y}{W_y} \leqslant \gamma_R f_a \tag{3-10}$$

式中：M_x、M_y——作用于墩台的水平力和竖向力对基底分别对x轴、y轴的弯矩(kN·m)；

W_x、W_y——基础底面偏心方向边缘对x轴、y轴的面积抵抗矩(m^3)。

5.2.3 当设置在基岩上的墩台基底承受单向偏心荷载，且其偏心距e_0超过相应的截面核心半径ρ时，宜仅按受压区计算基底最大压应力（不考虑基底承受拉力，见图3-12）。基底为矩形截面时，其最大压应力p_{max}可按下式计算：

$$p_{\max}=\frac{2N}{3\left(\frac{b}{2}-e_0\right)a}\leqslant\gamma_R f_a \qquad (3-11)$$

式中：b——偏心方向基础底面的边长（m）；
a——垂直于 b 边基础底面的边长（m）；
e_0——N 作用点距截面重心的距离（m）；
N——墩台基础承受的单向偏心荷载（kN）。

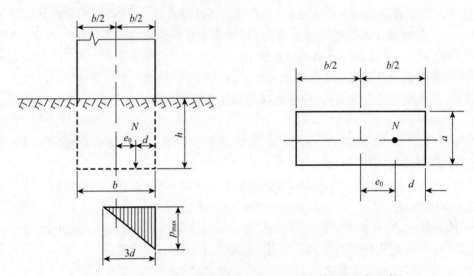

图 3-12 基岩上矩形截面基底单向偏心受压应力重分布示意

5.2.4 当设置在基岩上的墩台基底承受双向偏心荷载，且其偏心距 e_0 超过相应的截面核心半径 ρ 时，宜仅按受压区计算基底压应力（不考虑基底承受拉应力）。基底为矩形和圆形截面时，其最大压应力可按本规范附录 G 确定。

5.2.5 桥涵墩台应验算作用于基底的合力偏心距，并应满足下列规定：

1. 桥涵墩台基底的合力偏心距允许值 $[e_0]$ 应符合表 3-22 的规定。

表 3-22 墩台基底的合力偏心距容许值 $[e_0]$

作用情况	地基条件	$[e_0]$	备注
仅承受永久作用标准值组合	非岩石地基	桥墩，0.1ρ	拱桥、刚构桥墩台，其合力作用点应尽量保持在基底中心附近
		桥台，0.75ρ	
承受作用标准值组合或偶然作用标准值组合	非岩石地基	ρ	拱桥单向推力墩不受限制，但应符合表 3-26 规定的抗倾覆稳定系数
	较破碎~极破碎岩石地基	1.2ρ	
	完整、较完整岩石地基	1.5ρ	

2. 基底以上外力作用点对基底中心轴的偏心距 e_0 可按式（3-12）计算：

$$e_0=\frac{M}{N}\leqslant[e_0] \qquad (3-12)$$

式中：M——所有外力（竖向力、水平力）对基底截面中心的弯矩（kN·m）；

N——作用于基地的竖向力(kN)。

3. 基底承受单向或双向偏心受压的截面核心半径 ρ 值可按下式计算：

$$\rho = \frac{e_0}{1 - \dfrac{p_{\min}A}{N}} \tag{3-13}$$

$$p_{\min} = \frac{N}{A} - \frac{M_x}{W_x} - \frac{M_y}{W_y} \tag{3-14}$$

式中：$p_{\min}$——基底最小压应力，当为负值时表示拉应力(kPa)。

5.2.6 在基础底面下有软弱地基或软土层时，应按下式验算软弱地基或软土层的承载力：

$$p_z = \gamma_1(h+z) + \alpha(p - \gamma_2 h) \leqslant \gamma_R f_a \tag{3-15}$$

式中：p_z——软弱地基或软土层的压应力(kPa)；

　　　h——基底处的埋置深度(m)。当基础受水流冲刷时，由一般冲刷线算起；当不受水流冲刷时，由天然地面算起；如位于挖方内，则由开挖后地面算起；

　　　z——从基底处到软弱地基或软土层地基顶面的距离(m)；

　　　γ_1——深度 $(h+z)$ 范围内各土层的换算重度(kN/m³)；

　　　γ_2——深度 h 范围内各土层的换算重度(kN/m³)；

　　　α——土中附加压应力系数，参见本规范第J.0.1条；

　　　p——基底压应力(kPa)，当 $z/b>1$ 时，p 采用基底平均压应力，b 为矩形基底的宽度；当 $z/b \leqslant 1$ 时，p 为基底压应力图形距最大压应力点 $b/3 \sim b/4$ 处的压应力(对梯形图形前后端压应力差值较大时，可采用上述 $b/4$ 点处的压应力值；反之，则采用上述 $b/3$ 处压应力值)；

　　　f_a——软弱地基或软土层地基顶面土的承载力特征值，按本规范第4.3.4条或第4.3.5条规定采用。

5.3 沉降计算

5.3.1 当墩台建在地质情况复杂、土质不均匀、承载力较差的地基上及下卧层为压缩性较大的厚层软黏土时，或相邻跨径差距悬殊而需计算沉降差或跨线桥净高需预先考虑沉降量时，均应计算其沉降。

5.3.2 计算沉降时，传递至基底的作用效应应按本规范第3.0.8条规定执行。

5.3.3 墩台的沉降应符合下列规定：

1. 相邻墩台间不均匀沉降差值(不包括施工中的沉降)，不应使桥面形成大于2‰的附加纵坡(折角)。

3. 超静定结构桥梁墩台间不均匀沉降差值，还应满足结构的受力要求。

5.3.4 墩台基础的最终沉降量，可按下列公式计算：

$$s = \psi_s s_0 = \psi_s \sum_{i=1}^{n} \frac{p_0}{E_{si}} (z_i \overline{\alpha_i} - z_{i-1} \overline{\alpha_{i-1}}) \tag{3-16}$$

$$p_0 = p - \gamma h \tag{3-17}$$

式中：s——地基最终沉降量(mm)；

　　　s_0——按分层总和法计算的地基沉降量(mm)；

　　　ψ_s——沉降计算经验系数，根据地区沉降观测资料及经验确定，缺少沉降观测资料及经验数据时，可按本规范第5.3.5条确定；

n——地基沉降计算深度范围内所划分的土层数(图3-13);

p_0——对应于作用的准永久组合时基础地面处附加压应力(kPa);

E_{si}——基础地面下第 i 层土的压缩模量(kPa),应取土的"自重压应力"至"土的自重压应力与附加压应力之和"的压应力段计算;

z_i、z_{i-1}——基础地面至第 i 层土、第 $i-1$ 层土底面的距离(m);

$\overline{\alpha_i}$、$\overline{\alpha_{i-1}}$——基础地面计算点至第 i 层土、第 $i-1$ 层土地面范围内平均附加压应力系数,可按本规范第 J.0.2 条取用。

p——基底压应力(kPa),当 $z/b>1$ 时,p 采用基底平均压应力,b 为矩形基底宽度;$z/b \leqslant 1$ 时,p 为压应力图形距最大压应力点 $b/3 \sim b/4$ 处的压应力(对梯形图形前后端压应力差值较大时,可采用上述 $b/4$ 处的压应力值;反之,则采用上述 $b/3$ 处压应力值)。

h——基底埋置深度(m),当基础受水流冲刷时,从一般冲刷线算起;当不受水流冲刷时,从天然地面算起;如位于挖方内,则由开挖后地面算起;

γ——h 内土的重度(kN/m³),基底为透水地基时水位以下取浮重度。

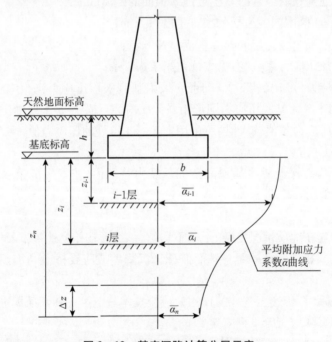

图3-13 基底沉降计算分层示意

5.3.5 沉降计算经验系数 ψ_s 可按表3-23确定。沉降计算范围内压缩模量的当量值 $\overline{E_s}$ 可按下式计算:

$$\overline{E_s} = \frac{\sum A_i}{\sum \dfrac{A_i}{E_{si}}} \qquad (3-18)$$

式中:A_i——第 i 层土的附加压实力系数沿土层厚度的积分值。

表 3-23 沉降计算经验系数 ψ_s

基底附加压实力	$\overline{E_s}$ (kPa)				
	2.5	4.0	7.0	15.0	20.0
$p_0 \geqslant f_{a0}$	1.4	1.3	1.0	0.4	0.2
$p_0 < 0.75 f_{a0}$	1.1	1.0	0.7	0.4	0.2

5.3.6 地基沉降计算时设定计算深度 z_n,应符合式(3-19)的要求;当计算深度下面仍有较软土层时,应继续计算。

$$\Delta s_n \leqslant 0.025 \sum_{i=1}^{n} \Delta s_i \quad (3-19)$$

式中:Δs_n——在计算深度 z_n 地面向上取厚度为 Δz 的土层的计算沉降量(mm),Δz 见图 3-13 并按表 3-24 采用;

Δs_i——在计算深度范围内,第 i 层土的计算沉降量(mm)。

表 3-24 Δz 值

基底宽度 b(m)	$b \leqslant 2$	$2 < b \leqslant 4$	$4 < b \leqslant 8$	$b > 8$
Δz(m)	0.3	0.6	0.8	1.0

5.3.7 当无相邻荷载影响且基底宽度在 1~30 m 范围内时,基底中心的地基沉降计算深度 z_n 也可按下列简化公式计算:

$$z_n = b(2.5 - 0.4 \ln b) \quad (3-20)$$

式中:b——基础宽度(m);

z_n——基底中心的地基沉降计算深度(m)。在计算深度范围内存在基岩时,z_n 可取至基岩表面;当存在较厚的坚硬黏土层,其孔隙比小于 0.5、压缩模量大于 50 MPa,或存在较厚的密实砂卵石层,其压缩模量大于 80 MPa 时,z_n 可取至该土层表面。

5.4 稳定性验算

5.4.1 桥涵墩台的抗倾覆稳定应按下式计算:

$$k_0 = \frac{s}{e_0} \quad (3-21)$$

$$e_0 = \frac{\sum P_i e_i + \sum H_i h_i}{\sum P_i} \quad (3-22)$$

式中:k_0——墩台基础抗倾覆稳定性系数(图 3-14);

s——在截面重心至合力作用点的延长线上,自截面重心至验算倾覆轴的距离(m);

e_0——所有外力的合力 R 在验算截面的作用点对基底重心轴的偏心距(m);

P_i——不考虑其分项系数和组合系数的作用标准值组合或偶然作用标准值组合引起的竖向力(kN);

e_i——竖向力 P_i 对验算截面重心的力臂(m);

H_i——不考虑其分项系数和组合系数的作用标准值组合或偶然作用标准值组合引起的水平力(kN);

h_i——水平力对验算截面的力臂(m)。

注:1. 弯矩应视其绕验算截面重心轴的不同方向取正负号;
2. 对矩形凹缺的多边形基础,其倾覆轴应取基底界面的外包线。

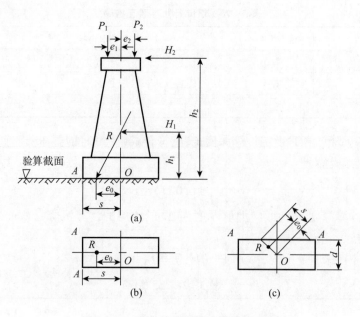

图 3-14 墩台基础的稳定验算示意图

注:(a)立面;(b)平面(单向偏心);(c)平面(双向偏心)
O——截面重心;R——合力作用点;A-A——验算倾覆轴

5.4.2 桥涵墩台基础的抗滑动稳定性系数 k_c 应按下式计算:

$$k_c = \frac{\mu \sum P_i + \sum H_{ip}}{\sum H_{ia}} \quad (3-23)$$

式中:k_c——桥涵墩台基础的抗滑动稳定性系数;

$\sum P_i$——竖向力总和(kN);

$\sum H_{ip}$——抗滑稳定水平力总和(kN);

$\sum H_{ia}$——滑动水平力总和(kN);

μ——基础地面与地基土之间的摩擦系数,通过试验确定。当缺少实际材料时,可参照表 3-25 采用。

注:$\sum H_{ip}$ 和 $\sum H_{ia}$ 分别为两个相对方向的各自水平力总和,绝对值较大者为滑动水平力 $\sum H_{ia}$,另一为抗滑稳定力 $\sum H_{ip}$,$\mu \sum P_i$ 为抗滑动稳定力。

表 3-25 基底摩擦系数

地基土分类	μ
黏土(流塑~坚硬)、粉土	0.25~0.35
砂土(粉砂~砾砂)	0.30~0.40
碎石土(松散~密实)	0.40~0.50
软岩(极软岩~较软岩)	0.40~0.60
硬岩(较硬岩、坚硬岩)	0.60、0.70

5.4.3 验算墩台抗倾覆和抗滑动稳定性时,稳定性系数不应小于表 3-26 规定的限值。

表3-26 抗倾覆和抗滑动稳定性系数限值

作用组合		验算项目	稳定性系数限值
使用阶段	仅计永久作用(不计混凝土收缩及徐变、浮力)和汽车、人群作用的标准值组合	抗倾覆	1.5
		抗滑动	1.3
	各种作用的标准值组合	抗倾覆	1.3
		抗滑动	1.2
施工阶段作用的标准值组合		抗倾覆 抗滑动	1.2

⑤《公路桥涵设计通用规范》(JTG D60—2015)[19]

4.1.1 公路桥涵设计采用的作用分为永久作用、可变作用、偶然作用和地震作用四类,规定于表3-27。

表3-27 作用分类

序号	分类	名称
1	永久作用	结构重力(包括结构附加重力)
2		预加力
3		土的重力
4		土侧压力
5		混凝土收缩、徐变作用
6		水浮力
7		基础变位作用
8	可变作用	汽车荷载
9		汽车冲击力
10		汽车离心力
11		汽车引起的土侧压力
12		汽车制动力
13		人群荷载
14		疲劳荷载
15		风荷载
16		流水压力
17		冰压力
18		波浪力
19		温度(均匀温度和梯度温度)作用
20		支座摩阻力

续 表

序号	分类	名称
21	偶然作用	船舶的撞击作用
22		漂流物的撞击作用
23		汽车撞击作用
24	地震作用	地震作用

4.1.2 公路桥涵设计时,对不同的作用应按下列规定采用不同的代表值:

1. 永久作用的代表值为其标准值。永久作用标准值可根据统计、计算,并结合工程经验综合分析确定。

2. 可变作用的代表值包括标准值、组合值、频遇值和准永久值。组合值、频遇值和准永久值可通过可变作用的标准值分别乘以组合值系数 ψ_c、频遇值系数 ψ_f 和准永久值系数 ψ_q 来确定。

3. 偶然作用取其设计值作为代表值,可根据历史记载、现场观测和试验,并结合工程经验综合分析确定,也可根据有关标准的专门规定确定。

4. 地震作用的代表值为其标准值。地震作用的标准值应根据现行《公路工程抗震规范》(JTG B02)的规定确定。

4.1.3 作用的设计值应为作用的标准值或组合值乘以相应的作用分项系数。

4.1.4 公路桥涵结构设计应考虑结构上可能同时出现的作用,按承载能力极限状态、正常使用极限状态进行作用组合,均应按下列原则取其最不利组合效应进行设计:

1. 只有在结构上可能同时出现的作用,才进行组合。当结构或结构构件需做不同受力方向的验算时,则应以不同方向的最不利的作用组合效应进行计算。

2. 当可变作用的出现对结构或结构构件产生有利影响时,该作用不应参与组合。实际不可能同时出现的作用或同时参与组合概率很小的作用,按表 3-28 规定不考虑其参与组合。

表 3-28 可变作用不同时组合表

作用名称	不与该作用同时参与组合的作用
汽车制动力	流水压力、冰压力、波浪力、支座摩阻力
流水压力	汽车制动力、冰压力、波浪力
波浪力	汽车制动力、流水压力、冰压力
冰压力	汽车制动力、流水压力、波浪力
支座摩阻力	汽车制动力

3. 施工阶段的作用组合,应按计算需要及结构所处条件而定,结构上的施工人员和施工机具设备均应作为可变作用加以考虑。组合式桥梁,当把底梁作为施工支撑时,作用组合效应宜分两个阶段计算,底梁受荷为第一个阶段,组合梁受荷为第二个阶段。

4. 多个偶然作用不同时参与组合。

5. 地震作用不与偶然作用同时参与组合。

4.1.5 公路桥涵结构按承载能力极限状态设计时,对持久设计状况和短暂设计状况应采用作用的基本组合,对偶然设计状况应采用作用的偶然组合,对地震设计状况应采用作用的地震组合,并应符合下列规定:

1. 基本组合:永久作用设计值与可变作用设计值相组合。

1)作用基本组合的效应设计值可按下式计算:

$$S_{ud} = \gamma_0 S(\sum_{i=1}^{m}\gamma_{G_i}G_{ik}, \gamma_{Q_1}\gamma_L Q_{1k}, \psi_c \sum_{j=2}^{n}\gamma_{Lj}\gamma_{Q_j}Q_{jk}) \quad (3-24)$$

或

$$S_{ud} = \gamma_0 S(\sum_{i=1}^{m} G_{id}, Q_{1d}, \sum_{j=2}^{n} Q_{jd}) \quad (3-25)$$

式中:S_{ud}——承载能力极限状态下作用基本组合的效应设计值;

$S(\ )$——作用组合的效应函数;

γ_0——结构重要性系数,按表3-29规定的结构设计安全等级采用,按持久状况和短暂状况承载能力极限状态设计时,公路桥涵结构设计安全等级应不低于表3-29的规定,对应于设计安全等级一级、二级和三级分别取1.1、1.0和0.9;

γ_{G_i}——第i个永久作用的分项系数,应按表3-30的规定采用;

G_{id}——第i个永久作用的标准值和设计值;

γ_{Q_1}——汽车荷载(含汽车冲击力、离心力)的分项系数。采用车道荷载计算时取$\gamma_{Q_1}=1.4$,采用车辆荷载计算时,其分项系数取$\gamma_{Q_1}=1.8$。当某个可变作用在组合中其效应值超过汽车荷载效应时,则该作用取代汽车荷载,其分项系数取$\gamma_{Q_1}=1.4$;对专为承受某作用而设置的结构或装置,设计时该作用的分项系数取$\gamma_{Q_1}=1.4$;计算人行道板和人行道栏杆的局部荷载,其分项系数也取$\gamma_{Q_1}=1.4$;

Q_{1k}、Q_{1d}——汽车荷载(含汽车冲击力、离心力)的标准值和设计值;

γ_{Q_j}——在作用组合中除汽车荷载(含汽车冲击力、离心力)、风荷载外的其他第j个可变作用的分项系数,取$\gamma_{Q_j}=1.4$,但风荷载的分项系数取$\gamma_{Q_j}=1.1$;

Q_{jk}、Q_{jd}——在作用组合中除汽车荷载(含汽车冲击力、离心力)外的其他第j个可变作用的标准值和设计值;

ψ_c——在作用组合中除汽车荷载(含汽车冲击力、离心力)外的其他可变作用的组合值系数,取$\psi_c=0.75$;

$\psi_c Q_{jk}$——在作用组合中除汽车荷载(含汽车冲击力、离心力)外的第j个可变作用的组合值;

γ_{Lj}——第j个可变作用的结构设计使用年限荷载调整系数。公路桥涵结构的设计使用年限按现行《公路工程技术标准》(JTG B01)取值时,可变作用的设计使用年限荷载调整系数取$\gamma_{Lj}=1.0$;否则,γ_{Lj}取值应按专题研究确定。

表3-29 公路桥涵结构设计安全等级

设计安全等级	破坏后果	适用对象
一级	很严重	(1)各等级公路上的特大桥、大桥、中桥; (2)高速公路、一级公路、二级公路、国防公路及城市附近交通繁忙公路上的小桥
二级	严重	(1)三、四级公路上的小桥; (2)高速公路、一级公路、二级公路、国防公路及城市附近交通繁忙公路上的涵洞
三级	不严重	三、四级公路上的涵洞

注:本表所列特大、大、中桥等系按本规范表1.0.5中的单孔跨径确定,对多跨不等跨桥梁,以其中最大跨径为准。

表 3-30 永久作用的分项系数

序号	作用类别		永久作用分项系数	
			对结构的承载能力不利时	对结构的承载能力有利时
1	混凝土和圬工结构重力(包括结构附加重力)		1.2	1.0
	钢结构重力(包括结构附加重力)		1.1 或 1.2	
2	预加力		1.2	1.0
3	土的重力		1.2	1.0
4	混凝土的收缩及徐变作用		1.0	1.0
5	土侧压力		1.4	1.0
6	水的浮力		1.0	1.0
7	基础变位作用	混凝土和圬工结构	0.5	0.5
		钢结构	1.0	1.0

注:本表序号1中,当钢桥采用钢桥面板时,永久作用分项系数取1.1;当采用混凝土桥面板时,取1.2。

2)当作用与作用效应可按线性关系考虑时,作用基本组合的效应设计值 S_{ud} 可通过作用效应代数相加计算。

3)设计弯桥时,当离心力与制动力同时参与组合时,制动力标准值或设计值按70%取用。

2. 偶然组合:永久作用标准值与可变作用某种代表值、一种偶然作用设计值相组合;与偶然作用同时出现的可变作用,可根据观测资料和工程经验取用频遇值或准永久值。

1)作用偶然组合的效应设计值可按下式计算:

$$S_{ad} = S(\sum_{i=1}^{m} G_{ik}, A_d, (\psi_n \text{ 或 } \psi_{q_1}) Q_{1k}, \sum_{j=2}^{n} \psi_{q_j} Q_{jk}) \quad (3-26)$$

式中: S_{ad}——承载能力极限状态下作用偶然组合的效应设计值;

A_d——偶然作用的设计值;

ψ_n——汽车荷载(含汽车冲击力、离心力)的频遇值系数,取 $\psi_n = 0.7$;当某个可变作用在组合中其效应值超过汽车荷载效应时,则该作用取代汽车荷载,人群荷载 $\psi_f = 1.0$,风荷载 $\psi_f = 0.75$,温度梯度作用 $\psi_q = 0.8$,其他作用 $\psi_q = 1.0$;

$\psi_{f_1} Q_{1k}$——汽车荷载的频遇值;

ψ_{q_1}、ψ_{q_j}——第1个和第j个可变作用的准永久值系数,汽车荷载(含汽车冲击力、离心力)$\psi_q = 0.4$,人群荷载 $\psi_q = 0.4$,风荷载 $\psi_q = 0.75$,温度梯度作用 $\psi_q = 0.8$,其他作用 $\psi_q = 1.0$;

$\psi_{q_1} Q_{1k}$、$\psi_{q_j} Q_{jk}$——第1个和第j个可变作用的准永久值。

2)当作用与作用效应可按线性关系考虑时,作用偶然组合的效应设计值 S_{ad} 可通过作用效应代数相加计算。

3. 作用地震组合的效应设计值应按现行《公路工程抗震规范》(JTG B02)的有关规定计算。

4.1.6 公路桥涵结构按正常使用极限状态设计时,应根据不同的设计要求,采用作用的频遇组合或准永久组合,并应符合下列规定:

1. 频遇组合:永久作用标准值与汽车荷载频遇值、其他可变作用准永久值相组合。

1）作用频遇组合的效应设计值可按下式计算：

$$S_{fd} = S(\sum_{i=1}^{m} G_{ik}, \psi_{f_1} Q_{1k}, \sum_{j=2}^{n} \psi_{q_j} Q_{jk}) \qquad (3-27)$$

式中：S_{fd}——作用频遇组合的效应设计值；

ψ_{f_1}——汽车荷载（不计汽车冲击力）频遇值系数，取 0.7。

2）当作用与作用效应可按线性关系考虑时，作用频遇组合的效应设计值 S_{fd} 可通过作用效应代数相加计算。

2. 准永久组合：永久作用标准值与可变作用准永久值相组合。

1）作用准永久组合的效应设计值可按下式计算：

$$S_{qd} = S(\sum_{i=1}^{m} G_{ik}, \sum_{j=1}^{n} \psi_{q_j} Q_{jk}) \qquad (3-28)$$

式中：S_{qd}——作用准永久组合的效应设计值；

ψ_{q_j}——汽车荷载（不计汽车冲击力）准永久值系数，取 0.4。

2）当作用与作用效应可按线性关系考虑时，作用准永久组合的效应设计值 S_{qd} 可通过作用效应代数相加计算。

4.1.7 钢结构构件抗疲劳设计时，除特别指明外，各作用应采用标准值，作用分项系数应取为 1.0。

4.1.8 结构构件当需进行弹性阶段截面应力计算时，除特别指明外，各作用应采用标准值，作用分项系数应取为 1.0，各项应力限值应按各设计规范规定采用。

4.1.9 验算结构的抗倾覆、滑动稳定时，稳定系数、各作用的分项系数及摩擦系数，应根据不同结构按各有关桥涵设计规范的规定确定。

4.1.10 构件在吊装、运输时，构件重力应乘以动力系数 1.2（对结构不利时）或 0.85（对结构有利时），并可视构件具体情况作适当增减。

3.1.2.2 铁路、公路或城市道路穿越施工指标评价

铁路、公路或城市道路穿越施工指标包括施工保障措施、施工期间交通组织方案和运营期安保措施等。

1. 施工保障措施

评价施工方案是否符合现场情况及相关规范的要求，施工区交通组织、安全保障措施和施工应急预案等是否合理。

一般来说，桥下施工时严禁大范围开挖主体，施工使用机械应符合安全标准，操作人员应具有相关的职业资格证。应选择合理的地基处理方案及路基填筑方案，施工时减少对桥墩周围土层的扰动。施工场地应设明显的安全警戒线，夜间施工时应设醒目的标志灯，施工现场灯光必须严格规范布置，以免对上部公路的行驶车辆造成眩光等影响。施工时做好现场的排水工作，防止现场产生积水而影响原有结构的安全。

①《涉路工程安全评价规范（征求意见稿）》[14]

5.1.3.11 下穿施工应符合下列规定：

1. 应对既有桥梁墩柱采取安全防护措施，防止施工车辆、机械、材料碰撞。
2. 应选择合理的地基处理方案及路基填筑方案，减少对桥墩周围土层的扰动。
3. 应做好现场排水工作，防止产生积水影响原有结构安全。
4. 公路建筑控制区范围内下穿不应采用挤土桩，钻孔桩施工不宜采用冲击钻。

5.2.2.5 应评价隧道下穿的专项施工方案,评价内容包括:
1. 专项施工方案内容是否完整,安全控制措施是否可行。
2. 专项施工方案计算和验算依据是否符合有关标准规范。
3. 安全施工的基本条件是否具备,是否符合现场实际情况等。
4. 施工过程中对公路本身及行车安全的保护措施是否可行。
5. 监控量测点设置、量测频率、预警值等是否可行。
6. 施工后的恢复措施,是否满足既有道路运营条件。

5.2.3.4 隧道下穿不宜采用爆破施工,若确需使用,应确保爆破振动对桥梁影响应符合现行《爆破安全规程》(GB 6722)中关于振动安全允许值的规定。

②《涉路工程安全评价规范》(DB 34/T 2395—2015)[15]

5.1.2 施工

5.1.2.1 施工过程中和完工后,应保持公路排水系统通畅,不应在排水沟内堆放物料、设备和其他妨碍公路排水的物品。

5.1.2.2 施工过程中桩基施工泥浆应远离公路路基。

5.1.2.3 施工过程中应按相关标准规范要求设置安全防护设施。

2. 施工期间交通组织方案

施工期间的交通组织方案见本书第7章。

3. 运营期安保措施

雨季对下穿路段的排水设施进行检查,保证排水通畅及道路(铁路)运行安全。设置沉降观测设施,定期观测,确保上部公路的安全运营。

3.1.3 实际案例

案例一 吕梁山风景区旅游公路新城区段下穿连徐高速公路安全性评估[8]

1. 工程概况

某市拟新开辟一风景区以开发旅游资源。该风景区旅游公路工程全长3.5 km,采用二级公路建设标准,设计速度采用60 km/h。路基宽度采用12.0 m,路面宽度采用8.5 m,其中行车道宽2×3.5 m,硬路肩宽2×0.75 m,土路肩宽2×1.75 m[8]。

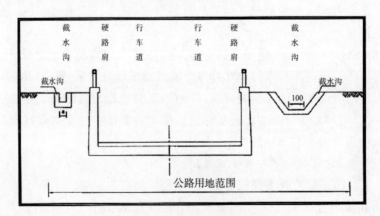

图3-15 路基标准横断面示意图

其中一段需要下穿沿江高速公路某桥梁,桥梁全桥13孔20 m,全桥两联组合为19.945+5×20+19.925和19.945+4×20+19.954,桥梁全长266.016 m。本桥上部结构采用部分预应力混凝土连续箱梁,下部结构采用柱式台,桥墩采用柱式墩,基础均为桩基础,桥墩直径为12 m。平面位于$R=7\ 000$ m的左偏圆曲线上。

既有桥梁主要设计指标:设计荷载为汽车-超20级,挂车-120;路基宽度为28 m;设计洪水频率为1/300(1/100);地震基本烈度为Ⅶ度。

由于桥下净空不足,设计方案中下穿高速公路段采用路堑形式。U型槽为钢筋混凝土结构,混凝土采用C30。

由于U型槽长期处于地下水的环境中,U型槽两外侧壁及内侧底板采取防水措施,抗渗等级为W6级,另外在U型槽的两外侧壁及内侧底板涂渗透结晶型防水材料,在底板下铺膨润土防水毯。U型槽底部高程大于常水位的路段采用石砌挡土墙防护边坡,小于此数值的路段采用U型槽,以防止地下水侵害路面结构层。

在高速公路桥梁下方采用沉井法施工,沉井采用排水下沉,每块沉井长度为20 m。先施工沉井,再施工相邻两侧U型槽,由于地下水位较高,且沉井采用排水下沉,因此采用沉井法施工的范围内进行轻型井点降水。

下穿桥梁段路基右侧沿桥台锥坡坡脚线外侧5 m做两排高压旋喷桩,桩长18 m。路基左侧靠近高速公路桥墩一侧,采用单ϕ10 cm塑料管灌浆加固墩台土体,对桥梁墩台进行防护。

下穿段路面降水通过漫流进入路面边缘集水井,通过钢筋混凝土排水管连至路线检查井,再通过钢筋混凝土排水管汇入泵房,最后经泵房集中排出。

2. 安全评价方法

为保障风景区旅游公路工程顺利实施,确保施工过程中以及运营后,与之相交的高速公路桥梁结构交通运营安全,有必要采用预先危险性分析,在施工前提出危险源,通过安全评估分析,查出并确认危险性,然后提出危险排除措施以消除危险,为工程建设提供安全保障依据,从而使地方道路与高速公路能够协调持续发展。

3. 危险源分析

1) 若下穿道路线形指标不佳,则会影响交通安全;

2) 若下穿道路视距不足,则会影响交通安全;

3) 若下穿道路净高不足,则会对高速公路桥梁结构造成影响;

4) 若高速公路桥梁的雨水直接排到下穿道路路面上,则会影响下穿道路的交通安全;

5) 若下穿道路的行驶车辆发生交通事故,可能会撞击到高速公路桥梁的桥墩;

6) 下穿道路施工时,开挖或堆载可能会造成高速公路桥墩(桥台)的桩基承载力不满足要求;

7) 沉井及旋喷桩施工可能会破坏高速公路桥梁的下部结构;

8) 下穿施工可能造成高速公路桥梁的桥墩沉降;

9) 夜间施工的灯光可能对高速公路行驶的车辆造成炫目。

4. 安全评估分析

1) 道路指标符合性检验

(1) 线形(平纵指标)

经核查,被交路与高速公路采用下穿式立体交叉,满足《公路工程技术标准》要求。

下穿段平面位于半径300 m的圆缓—缓直段,缓直段后接半径为428.907 m的直缓段,平曲线半径满足规范要求。

凸形竖曲线最小半径5 000 m≥2 000 m,凹形竖曲线最小半径3 000 m≥1 500 m,满足规范要求。

路线最大纵坡为1.831%≤6%,最小坡长150 m≥150 m,满足规范要求。

(2)交叉角度

下穿道路与高速桥梁的交角为90°,满足规范要求。

(3)视距

下穿道路在高速桥梁处的视距满足规范要求。

(4)净空

本工程下穿桥梁第13孔,设计文件高速桥下净高调整为:下穿段终点处路线净高5.3 m>5 m,考虑高速未来拓宽后净高为5.1 m,净空高度满足要求。公路路基边缘距12号桥墩盖梁0.95 m,距13号台前锥坡2.83 m,净空宽度满足规范要求。

(5)排水

对高速公路桥面水进行集中收集后排至路基两侧排水沟内。此项设计符合要求。

本工程在下穿段的路线纵坡为2.33%,纵断面最低点在K1+580位于桥梁外侧,满足规范要求。

本项目该段路面排水通过在U型槽下埋设φ100 cm横向排水管,将水排至路基右侧的检查井中,再通过泵站抽水排至路基外侧的排水沟中,满足规范要求。

高速公路现有排水沟断面尺寸为底宽0.6 m、深1.0 m、顶宽2.6 m,本项目设计排水沟断面尺寸为底宽1.0 m、深1.5 m、顶宽4.0 m,满足排水要求。

(6)安全防护措施

经核查:高速公路桥梁没有设置桥梁护网,建议委托单位与高速公路管理部门协商沟通,对下穿处桥梁设施设置护网,护网规格应满足《公路交通安全设施设计规范》(JTG D81—2006)的相关规定。

本工程道路虽为二级道路,但车流量大,建议在下穿处U型槽侧墙的端面设置立面警示标志。

2)桥梁结构验算

为保证下挖施工对原有高速桥梁结构不产生破坏,需要对桥梁结构进行安全性验算。

(1)桥台桩基承载能力验算

在进行桩基承载能力验算时,不考虑高压旋喷桩加固对桥台的影响,桥台桩基承受的土压力计算高度为开挖后的地面至桥台台后填土表面的高度,计算地面处桩基荷载计算结果见表3-31。

表3-31 地面处13号桥台桩基荷载计算表

台号	荷载	恒载	汽车荷载	摩阻力	台后土压力	台前土压力	正常使用极限状态	承载力极限状态
13号台	竖向(kN)	3 789	2 433				6 807.5	8 286.1
	水平(kN)			311.1	843.6	-218.7	936.0	1 310.3
	弯矩(kN·m)	-814.6	-523.1	1 633.3	4 492.5	-619.7	3 383.0	5 003.8

计算结果及验算:图3-16为13号桥台桩基计算内力沿桩长分布图。表3-32为13号桥台桩基承载力计算结果表。

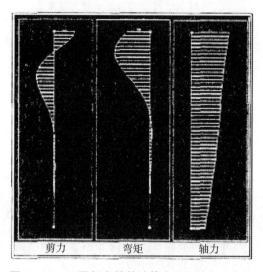

图 3-16　13 号桥台桩基计算内力沿桩长分布图

表 3-32　13 号桩基承载力结果表

桩基长度	26.00 m	台底距地面线高度	6.25 m
地面处水平位移	6.403×10⁻³ m	转角	-1.758×10⁻³ rad
最大弯矩深度	2.8 m	偏心距增大系数	1
桩底实际承载力	2 508 kN	桩底允许承载力	4 288 kN
截面弯矩最大值	2 094 kN·m	截面轴力最大值	2 754 kN
截面弯矩抗力	4 838 kN·m	截面轴力抗力	6 080 kN

经验算,13 号台桩基地面处水平位移 6.403 mm<10 mm,台底水平位移 1.739 cm<0.5$\sqrt{L}$ = 2.550 cm,满足要求;桩底实际承载力 2 508 kN<桩底允许承载力 4 288 kN,地基承载力满足要求;实际弯矩最大值 2 094 kN·m,实际轴力最大值 2 754 kN<截面轴力抗力 6 080 kN,桩基受弯、受压承载力满足要求。

(2) 桥墩桩基承载力验算

12 号墩经开挖后对桩基产生水平土压力,在进行承载力验算时,不考虑高压旋喷柱的影响,桩基受到的侧向土压力计算高度为开挖的高度,桥墩桩基荷载计算结果见表 3-33。

表 3-33　地面处 12 号桥墩桩基荷载计算表

台号	荷载	恒载	汽车荷载(含冲击)	制动力	土压力	正常使用极限状态	承载力极限状态
12 号墩	竖向(kN)	2 652.3	2 433	—	—	4 218.8	5 169.5
	水平(kN)	—	—	46.2	30.5	76.7	101.3
	弯矩(kN·m)			184.8	50.8	235.6	319.7

计算结果及验算:图 3-17 为 12 号桥墩中桩基计算内力沿桩长分布图。表 3-34 为 12 号桥墩桩基承载力计算结果表。

表 3‑34 12 号桥墩桩基承载力结果表

桩基长度	32.0 m	桩顶距地面线高度	1.25 m
地面处水平位移	1.732×10^{-3} m	转角	-4.564×10^{-3} rad
最大弯矩深度	3.1 m	偏心距增大系数	1
桩底实际承载力	4 538 kN	桩底允许承载力	6 044 kN
截面弯矩最大值	508.6 kN·m	截面轴力最大值	5 170 kN
截面弯矩抗力	2 804 kN·m	截面轴力抗力	20 550 kN

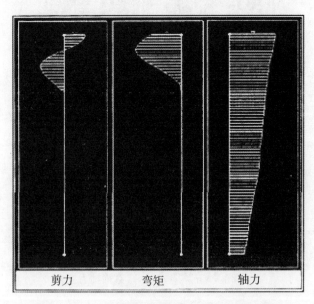

图 3‑17 12 号桥墩桩基计算内力沿桩长分布图

经验算,12 号墩桩基地面处水平位移 1.732 mm<10 mm,台底水平位移 0.744 cm<$0.5\sqrt{L}$ = 2.828 cm,满足要求;桩底实际承载力 4 538 kN<桩底允许承载力 6 044 kN,地基承载力满足要求;实际弯矩最大值 508.6 kN·m<截面弯矩抗力 2 084 kN·m,实际截面轴力最大值 5 170 kN<截面轴力抗力 20 550 kN,桩基受弯、受压承载力满足要求。

3) 桥梁结构保护措施

(1) 原设计桥墩处采用了打设一排桩长 9 m 的 ϕ60 cm 高压旋喷桩进行加固,旋喷桩距桥墩桩基最近距离不足 50 cm,高压旋喷桩由于其施工的特性会导致桥墩桩基周围土体丧失大部分的侧摩阻力,对于桩基的承载能力产生较大的影响。根据审查意见,本项目路基左侧靠近高速公路桥桥墩一侧,采用单排 ϕ10 cm 塑料管灌浆加固桥墩土体,灌浆深度为 7.0 m,符合要求。

(2) 原设计下穿桥梁段路基右侧沿桥台锥坡坡脚线做两排高压旋喷桩,设计桩长 8.5 m。根据评估审查意见,为减小井点降水对高速公路路基的影响,改为将高压旋喷桩打入黏土层,桩长 18 m,并且做出高速公路路基锥坡外侧 5 m,符合要求。

(3) 原设计地勘资料显示地下水常水位为 37.47 m,经核实确认地下水常水位为 33.60 m,随季节变化约为 1.0 m,按 34.60 m 验算 U 型槽抗浮系数为 1.7,满足要求。

4) 施工保障措施

(1) 沉井下沉、高压旋喷桩开挖施工时应采用一定的防护措施,确保大桥下部结构的安全,符合要求。

（2）沉井采用排水下沉施工方法，在施工过程中要严格按照施工方案执行，抽取的地下水要及时进行排除，防止出现大范围的漫流以及积水。

（3）施工方案在桥台两侧坡脚外各设置一个地下水位观测孔，用于观测地下水位情况，若地下水位下降速度过快、降幅过大，应减小降水速度。在降水期间，应定期对基坑外地面、桥台锥坡、桥墩及桥台背墙附近高速公路路面进行沉陷监测，符合要求。

（4）高压旋喷桩施工时严禁大范围开挖土体，旋喷桩完成后要立即回填，保证桥梁下部结构的安全。

（5）施工场地应设明显的安全警戒线，夜间施工时应设醒目的标志灯，施工现场灯光必须严格规范布置，以免对高速公路桥上行驶车辆造成眩光等影响。施工过程中严禁地方村民、行人，尤其是儿童和老人进入施工作业区，严禁施工人员进入高速公路路面，以免对高速公路正常运行造成隐患。

（6）施工使用机械应符合安全标准，操作人员应具有相关的职业资格证，开挖操作需严格按照相应的规章制度进行，严令防止由于机械设备操作不当而对桥墩桩基本身造成破坏。

5）施工应急预案

施工前需建立完整的应急机制，以确保施工突发情况的妥善处理。

（1）现场发生交通事故及堵车应急预案

由于施工原因造成交通事故后应立即向高速公路交警及路政等单位汇报，并通过对讲机（手机）告知现场维护组的其他人员，配合高速公路交警、路政人员进行疏导。

（2）恶劣天气应急措施

主要针对大风、大雾天气的预防与应急措施。

预防措施：

① 施工总体安排时尽量考虑避开易产生恶劣天气的季节时段。

② 所有的警示标志等交通维护设施，必须固定牢固，避免大风天气时被吹移。

应急措施：

① 时刻关注天气预报，在办公室设立近期天气预告牌，时刻掌握将来几天内的天气情况，以便提前做好应对措施。

② 大雾、大风等恶劣天气，停止上路作业。

③ 大风天气，做好维护设施的固定工作，提前安排维护小组人员做好检查，并安排维护小组做好巡查工作。

④ 大雾天气，方案中已考虑了设置警示灯，在警告区设置了红蓝太阳能爆闪灯，提高雾天的警示效果。

⑤ 及时主动与路政、交警部门联系，按要求做好配合工作。

（3）紧急事故应急处理预案

① 危险源辨识：因机械、交通等造成人员、施工设施的危害。

② 抢救指挥者和组织机构：由项目经理负责指挥抢救，项目部综合科负责抢救、联络车辆等，各部门根据指挥者分工做好工作。

③ 为保证顺利施工，保证高速公路的正常的通车秩序，项目部应在施工前，通过与高速公路监控中心及时沟通信息，及时向社会发布施工区的交通信息，以保证交通的畅通和出事后及时疏散、分流交通。

④ 机械、交通事故发生后，第一发现人应立即向指挥者或综合科报告，简述事故地点、人数、原因，现场人员应立即施救。

⑤ 指挥者根据报告情况做出决定；立即赶赴现场、指挥现场人员和医务人员进行抢救，立即将受害人员送往医院抢救；立即报警（电话120）向急救中心或医院简述事故情况和人数，请求到现场抢救，向路政、交警部门报警，调查原因。

(4) 预防机械、交通事故的措施

① 在进行安全技术交底时，必须强调岗前机械、交通安全教育。

② 项目部工程科、安全科加强过程巡查和监督，通过日常巡查和每月的检查，发现安全隐患，限期整改，跟踪验证，确保把机械、交通安全操作规程落到实处。

③ 加强驾驶人员的安全教育，定期对机械人员进行培训学习并考核。

④ 加强机械操作人员机械操作技能培训，提高操作人员的操作水平，减少因操作不当造成的机械、交通安全事故的发生。

⑤ 严禁"三违"现象发生，坚决杜绝违章指挥、违章操作驾驶，严格按公司《安全管理办法》有关处罚条例进行处罚。

⑥ 加强班前检查制度，严格按操作规程进行操作，以防侧翻、后翻等机械事故发生。

⑦ 加强机械车辆安全使用制度，严禁"病机、病车"施工上路。

⑧ 加强安全考核与淘汰制度，激励操作人员提高自身意识及操作驾驶技能。

⑨ 加强安全奖励与处罚制度。

6) 运营期安保措施

(1) 设计在交叉处附近按照相关规定设置限速标志和解除限速标志。

(2) 设计在立交桥下入口处设置了限高4.5 m的限高龙门架，限高龙门架距桥梁的距离应满足未来沿江高速公路拓宽的需求。

(3) 在雨季应对下穿路段的排水设施进行检查，保证排水通畅及道路运行安全。

(4) 建议对下穿处桥墩、桥台设置沉降观测设施，定期对其进行观测，确保高速公路桥梁的安全运营。

7) 安全评估结论

(1) 经过核查旅游公路下穿段的道路指标——线形（平纵指标）、交角、视距、净高、位置均满足规范要求。

(2) 经验算，12号桥墩及13号桥台开挖后地基承载力满足要求，桩基自身的抗弯、抗压承载力以及桩顶水平位移均满足要求。

(3) 经过核查旅游公路下穿段的路基、路面排水均满足规范要求。

(4) 设计对高速公路桥面水进行集中收集后排至路基两侧排水沟内，设计符合要求。

(5) 本项目路基左侧靠近高速公路桥墩一侧，采用单排$\phi 10$ cm塑料管灌浆加固桥墩土体，灌浆深度为7.0 m，符合要求。

(6) 为减小井点降水对高速公路路基的影响，将高压旋喷桩打入黏土层，桩长18 m，并且做出高速公路路基锥坡外侧5 m，符合评估意见要求。

(7) 经核实确认地下水常水位为33.60 m，随季节变化约为1.0 m，按34.60 m验算U型槽抗浮系数为1.17，满足要求。

(8) 高速公路现有排水沟断面尺寸为底宽0.6 m、深1.0 m、顶宽2.6 m，本项目设计排水沟断面尺寸为底宽1.0 m、深1.5 m、顶宽4.0 m，满足排水要求。

(9) 施工方案在桥台两侧坡脚外各设置一个地下水位观测孔,在降水期间,应定期对基坑外地面、桥台锥坡、桥墩及桥台背墙附近高速公路路面进行沉陷监测,符合要求。

8) 安全评估建议

(1) 下穿段路基排水方向应与高速公路边沟排水方向相同,且边沟交接处应设计平缓。

(2) 建议在下穿处 U 型槽侧墙的端面设置立面警示标志。

(3) 沉井采用排水下沉施工方法,在施工过程中要严格按照施工方案执行,抽取的地下水要及时进行排除,防止出现大范围的漫流以及积水。

(4) 施工场地应设明显的安全警戒线,夜间施工时应设醒目的标志灯,施工现场灯光必须严格规范布置,施工过程中严禁地方村民、行人,尤其是儿童和老人进入施工作业区,严禁施工人员进入高速公路路面。

(5) 开挖使用机械应符合安全标准,操作人员应具有相关的职业资格证,开挖操作需严格按照相应的规章制度进行。

(6) 设计在下穿大桥路段按照相应规定设置了规范的限速、严禁超车等标志标牌;在立交桥下入口处设置限高 4.5 m 的限高龙门架,限高龙门架距桥梁的距离应满足未来高速公路拓宽的需求。

(7) 在雨季应对下穿路段的排水设施进行检查,保证排水通畅及道路运行安全。

(8) 建议对下穿处大桥桥墩、桥台设置沉降观测设施,定期对其进行观测,确保大桥的安全运营。

3.2 油气、电力等管线穿越

3.2.1 工程特点及危险源分析

与跨越式涉路行为相比,穿越式涉路行为在工程建成后对公路交通不造成影响,基本不会降低公路的服务功能。且穿越式工程埋于公路路面下方,在运营期的安全风险较小,一旦破坏以后对公路车辆安全的影响远小于跨越式涉路行为。此外,对于公路高路堤及桥梁段,受公路净空限制,跨越高度大,难度高,跨越工程的用地范围、规模及造价往往大于穿越工程。因此,近年来越来越多的涉路工程采用穿越的方式,穿越式涉路行为安全评价成为涉路行为安全评价中非常重要的一个组成部分。

不同类型的穿越式涉路行为特点不同,对公路结构设施及交通安全的影响也不同。根据穿越位置的不同,穿越式涉路行为可分为路基下穿越和桥孔下穿越两大类[8]。

路基下穿越可能会引起路基的不均匀沉降或局部隆起,造成路面结构的破坏;严重时甚至会引起路基的失稳,造成公路结构层的倾覆。根据开挖施工对公路路面结构的影响,路基下穿越可分为明挖施工和暗挖施工两大类。明挖施工在施工期会破坏公路面层,造成交通堵塞和交通中断,严重影响公路自身结构安全和交通安全。暗挖施工不破坏公路面层,施工时直接从路基或地基内穿越,基本不影响公路交通运营。

桥孔下穿越可能会引起地基的不均匀沉降,造成桥墩结构的水平或竖向位移,严重时会造成桥墩的倾覆及上部结构的破坏。桥孔下穿越在施工时基本不影响桥面上公路交通的运营[8]。

3.2.2 安全评价内容

电力、通信等线缆穿越涉路工程安全的评价要点如表 3-35 所示。

表 3–35　电力、通信等线缆穿越评价要点

评价分类	评价指标	评价依据
被穿越公路指标符合性检验	被穿越公路改扩建	被穿越公路五年近期规划
	管线改迁	
设计方案符合性检验	穿越点地质评估	
	平面位置	涉路工程安全评价规范(DB34/T 2395—2015) 公路涉路施工活动技术评价规范(DB45/T 1202—2015) 涉路工程安全评价规范(征求意见稿) 油气输送管道工程水平定向钻穿越设计规范(SY/T 6968—2013) 公路路线设计规范(JTG D20—2017) 电力工程电缆设计规范(GB 50217—2007) 水平定向钻法管道穿越工程技术规程(CECS 382—2014) 公路工程技术标准(JTG B01—2014) 城市工程管线综合规划规范(GB 50289—2016)
	套管要求	涉路安全工程评价规范(DB34/T 2395—2015) 公路工程技术标准(JTG B01—2014) 涉路工程安全评价规范(征求意见稿)
	管道强度	涉路工程安全评价规范(征求意见稿) 电力工程电缆设计规范(GB 50217—2007) 公路工程技术标准(JTG B01—2014) 涉路工程安全评价规范(DB34/T 2395—2015) 钢质管道穿越铁路和公路推荐作法(SY/T 0325—2001) 油气输送管道工程水平定向钻穿越设计规范(SY/T 6968—2013) 给水排水工程顶管技术规程(CECS 246—2008)
	管道埋深	公路涉路施工活动技术评价规范(DB45/T 1202—2015) 城市工程管线综合规划规范(GB 50289—2016) 电力工程电缆设计规范(GB 50217—2007) 城市电力电缆线路设计技术规定(DL/T 5221—2016) 水平定向钻法管道穿越工程技术规程(CECS 382—2014) 涉路工程安全评价规范(DB34/T 2395—2015) 涉路工程安全评价规范(征求意见稿) 公路路线设计规范(JTG D20—2017) 油气输送管道穿越工程设计规范(GB 50423—2007) 钢质管道穿越铁路和公路推荐作法(SY/T 0325—2001)
	回填方案(开挖施工)	公路路基设计规范(JTG D30—2015) 公路水泥混凝土路面设计规范(JTG D40—2011) 公路沥青路面设计规范(JTG D50—2006)
	出入土点的位置、角度、半径等(非开挖施工)	水平定向钻法管道穿越工程技术规程(CECS 382—2014) 油气输送管道工程水平定向钻穿越设计规范(SY/T 6968—2013)
	管线直径要求(非开挖施工)	电力工程电缆设计规范(GB 50217—2007) 油气输送管道工程水平定向钻穿越设计规范(SY/T 6968—2013) 水平定向钻法管道穿越工程技术规程(CECS 382—2014)
	沉降计算和观测(非开挖施工)	给水排水工程顶管技术规程(CECS 246—2008)

续 表

评价分类	评价指标	评价依据
施工保障措施		涉路工程安全评价规范(DB34/T 2395—2015) 涉路工程安全评价规范(征求意见稿)
	施工期间交通组织方案	
	运营期安保措施	

3.2.2.1 油气、电力等管线穿越设计指标评价

油气、电力等管线穿越设计指标评价包括被穿越公路指标符合性检验、穿越点地质评估、设计方案符合性检验指标,被穿越公路指标具体包括被穿越公路改扩建、管线改迁,设计方案符合性检验包括对平面位置、套管要求、管道强度、等指标进行检验评价。

1. 被穿越公路指标符合性检验

管道设计方案应满足既有公路未来拓宽改造的要求。管道穿越时的出入土点应位于公路未来拓宽后坡脚及边沟之外。对于加套管的管道,套管设计长度要满足伸出未来拓宽后路堤坡脚、路边沟外边缘不小于 2 m 的要求。

①《涉路工程安全评价规范(征求意见稿)》[14]

5.3.3.1 管线穿越公路桥梁和路基,应根据公路现状及远期规划的公路用地要求,为公路桥梁拓宽的桥墩位置、承台扩大、路基加宽等预留空间,且应考虑桥梁养护及施工安全的需求。

2. 穿越点地质评估

根据地质资料,核查穿越处的土层情况和场地稳定性(有无断层及断层活动,有无可液化砂土、强震区等不良地质分布),判断地质条件是否适合进行管道穿越。

3. 设计方案符合性检验

(1) 平面位置

1) 穿越位置

①《涉路工程安全评价规范》(DB34/T 2395—2015)[15]

5.2.1.1 穿越位置宜避免潮湿地带、高填方、高路堑、石方区、陡坡地段以及公路交叉口、桥梁、隧道周围 100 m 范围内。

②《公路涉路施工活动技术评价规范》(DB45/T 1202—2015)[17]

7.3.2 出入土点宜在公路建筑控制区外。

7.3.3 穿越位置宜避开潮湿地带、石方区、陡坡地段或需要深挖才能穿越的地方。

③《涉路工程安全评价规范(征求意见稿)》[14]

5.3.3.2 管线不宜与同一条公路反复交叉穿越;穿越点宜远离公路桥梁锥坡及桥台、墩柱;穿越宜避开可液化土、湿陷性土、高灵敏软土等土层路基以及高填方(大于 20 m)、高路堑(高于 10 m)、陡坡地段,当无法满足上述要求时,应采取提高管材等级或增加埋深等措施,并相应增强管材防腐措施。

④《油气输送管道工程水平定向钻穿越设计规范》(SY/T 6968—2013)[37]

5.0.3 穿越位置选择,宜避开下列区域:

1. 深泓线摆动大的河段。
2. 岸坡区岩土松软、不良地质作用发育且对穿越工程稳定性有直接危害或潜在威胁的河段。
3. 存在活动断裂或大型地层断裂带的河段。

4. 水源保护地、水生物保护区、环境保护区及文物保护区等敏感区。
5. 岩溶、塌陷和其他不良地质作用发育区域。
6. 存在高压线、微波站、直流接地极区域。

2) 间距

① 《公路路线设计规范》(JTG D20—2017)[16]

12.5 公路与管线交叉

12.5.8 严禁有毒有害、易燃易爆、高压等管线设施利用公路桥梁跨越河流。输送有毒有害、易燃易爆物质的管线穿(跨)越河流时,管线距特大桥、大桥、中桥的距离,应不小于100 m;距小桥的距离,应不小于50 m。

② 《电力工程电缆设计规范》(GB 50217—2007)[38]

5.1.7 明敷的电缆不宜平行敷设在热力管道的上部。电缆与管道之间无隔板防护时的允许距离,除城市公共场所应按现行国家标准《城市工程管线综合规范》(GB 50289)执行外,尚应符合表3-36的规定。

表3-36 电缆与管道之间无隔板防护时的允许距离(mm)

电缆与管道之间走向		电力电缆	控制和信号电缆
热力管道	平行	1000	500
	交叉	500	250
其他管道	平行	150	100

5.2.3 电缆与建构筑物之间的允许最小距离为距离建筑物基础不小于0.6 m,穿管时不小于0.1 m。

5.3.5 直埋敷设的电缆、严禁位于地下管道的正上方或正下方。

电缆与电缆、管道、道路、构筑物等之间的容许最小距离,应符合表3-37的规定。

表3-37 电缆与电缆、管道、道路、构筑物等之间的允许最小距离(m)

电缆直埋敷设时的配置情况		平行	交叉
控制电缆之间		—	0.5①
电力电缆之间或与控制电缆之间	10 kV及以下电力电缆	0.1	0.5①
	10 kV及以上电力电缆	0.25②	0.5①
不同部门使用的电缆		0.5②	0.5①
电缆与地下管沟	热力管沟	2③	0.5①
	油管或易(可)燃气管道	1	0.5①
	其他管道	0.5	0.5①
电缆与铁路	非直流电气化铁路路轨	3	1.0
	直流电气化铁路路轨	10	1.0
电缆与建筑物基础		0.6③	—
电缆与公路边		1.0③	
电缆与排水沟		1.0③	

续 表

电缆直埋敷设时的配置情况	平行	交叉
电缆与树木的主干	0.7	
电缆与 1 kV 以下架空线电杆	1.0[③]	
电缆与 1 kV 以上架空线杆塔基础	4.0[③]	

注：① 用隔板分隔或电缆穿管时不得小于 0.25 m；
② 用隔板分隔或电缆穿管时不得小于 0.1 m；
③ 特殊情况时，减小值不得小于 50%。

③《油气输送管道工程水平定向钻穿越设计规范》(SY/T 6968—2013)[37]

5.0.4 定向钻穿越轴线应符合下列要求：

1. 与城镇居民点或独立的人群密集的房屋之间的距离不宜小于 15 m。
2. 与港口、码头、水下建筑物或引水建筑物等之间的距离不宜小于 100 m。
3. 距离桥梁墩台冲刷坑外边缘不宜小于 10 m，且不应影响桥梁墩台安全。
4. 距离水下隧道的净距不应小于 30 m。
6. 管道交叉或上下平行穿越时，垂直间距不宜小于 6 m。
7. 当情况特殊或受地形及其他条件限制时，在采取有效措施保证相邻建（构）筑物和管道安全的前提下，可缩小第 1 款和第 5 款规定的距离，但不应小于 8 m。

④《水平定向钻法管道穿越工程技术规程》(CECS 382—2014)[39]

5.3.8 水平定向钻法敷设的管道与建筑物或既有地下管线的距离应符合下列规定：

2. 当敷设在建筑物基础下方时，与建筑物基础的水平净距应大于持力层扩散角范围，扩散角不应小于 45°；
3. 在建筑物基础下敷设管线时，应经过验算后确定深度；
5. 从既有地下管线上部交叉敷设时，垂直净距应大于 0.6 m；如在淤泥质地层中穿越，垂直净距应大于 1.0 m；
6. 从既有地下管线下部交叉敷设时，垂直净距应符合下列规定：
  1) 黏性土地层应大于扩孔直径的 1 倍；
  2) 粉土地层应大于扩孔直径的 1.5 倍；
  3) 砂土地层应大于扩孔直径的 2 倍；
  4) 小直径管道（D_1<110 mm）垂直净距不得小于 0.5 m。

⑤《给水排水工程顶管技术规程》(CECS 246—2008)[40]

5.3.1 互相平行的管道水平净距应根据土层性质、管道直径和管道埋置深度等因素确定，一般情况下宜大于 1 倍的管道外径。

5.3.2 空间交叉管道的净间距，钢管不宜小于 0.5 倍管道外径，且不应小于 1.0 m；钢筋混凝土管和玻璃纤维增强塑料夹砂管不宜小于 1 倍管道外径，且不应小于 2 m。

5.3.3 顶管底与建筑物基础底面相平时，直径小于 1.5 m 的管道宜保持 2 倍管径净距；直径大于 1.5 m 的管道宜保持 3 m 净距。

5.3.4 顶管底低于建筑基础底标高时，顶管间距除应满足本规程第 5.3.3 条要求外，尚应考虑基底土体稳定。

3) 交叉角度

①《公路工程技术标准》(JTG B01—2014)[18]

9.5.3 原油管道、天然气输送管道与公路相交叉时,宜为正交;必须斜交时,交叉角度应大于30°。

②《公路路线设计规范》(JTG D20—2017)[16]

12.5 公路与管线交叉

12.5.5 公路与油漆输送管道相交时,以正交为宜。必须斜交时,其交叉的锐角不宜小于30°。

③《油气输送管道穿越工程设计规范》(GB 50423—2007)[41]

7.1.2 油气管道采用无套管、有套管或涵洞与公路交叉时,穿越管道与被穿越的公路的夹角宜为90°,在特殊情况下,不宜小于30°。油气管道与公路高架桥交叉时,在对管道采取防护措施后,交叉角可小于30°,防护长度应满足公路用地范围外3m的要求。

④《公路涉路施工活动技术评价规范》(DB45/T 1202—2015)[17]

7.3.1 管线与公路交叉,一般采取垂直交叉,从公路路基下穿越,如需斜交,交角不应小于60°,受限制时不应小于45°,山岭地区特别困难路段不应小于30°。

⑤《涉路工程安全评价规范》(DB34/T 2395—2015)[15]

5.2.3 交叉角度

管线与公路交叉,一般采取垂直交叉,从公路路基下穿越,如需斜交,交角不小于60°,受限制时不应小于45°,山岭地区特别困难路段不应小于30°。

⑥《城市工程管线综合规划规范》(GB 50289—2016)[42]

4.1.7 沿铁路、公路敷设的工程管线应与铁路、公路线路平行。工程管线与铁路、公路交叉时宜采用垂直交叉方式布置;受条件限制时,其交叉角宜大于60°。

⑦《涉路工程安全评价规范(征求意见稿)》[14]

5.3.3.3 油气管线与公路相交叉时,宜为正交;必须斜交时,交叉角度不应小于30°,交叉角度小于30°时,应开展专项安全论证。

⑧《油气输送管道工程水平定向钻穿越设计规范》(SY/T 6968—2013)[37]

5.0.3 穿越宜与水域正交通过,当需斜交时,交角不宜小于30°。

(2) 套管要求

①《涉路工程安全评价规范》(DB34/T 2395—2015)[15]

5.2.2.1 管线穿越公路时,应设置地下通道(涵)或保护套管,采用顶管法施工可不设置套管。通道或套管应按相应公路等级的汽车荷载等级进行验算。保护套管内径应大于被保护管线直径的5%以上,套管两端应使用耐久的材料密封。

5.2.2.2 穿越公路的管线接头应设置在公路用地外。若使用防水层密封管道接头,接头处应尽量远离公路,接头与公路用地的距离不应少于管线埋深,并满足未来发展规划要求。

②《公路工程技术标准》(JTG B01—2014)[18]

9.5.4 管道与各级公路相交叉且采用下穿方式时,应设置地下通道(涵)或套管。通道或套管应按相应公路等级的汽车荷载等级进行验算。

③《涉路工程安全评价规范(征求意见稿)》[14]

5.3.3.6 保护套管(涵洞)设置应符合下列规定:

1. 套管的设置应为公路交通规划发展预留空间。

2. 油气管线与各级公路相交叉且采用下穿方式时,应设置涵洞或套管,采用非开挖方式埋设的管线,埋设套管难度较大时,应进行专项论证,并采取保障公路安全的保护措施。

3. 核查套管或涵洞结构的验算,套管或涵洞结构验算应考虑施工期荷载及运营期荷载。

(3) 管道强度(荷载和拉力)

①《涉路工程安全评价规范(征求意见稿)》[14]

5.3.3.5 核查穿越公路段管线壁厚、强度、稳定性、承载能力的验算,相关验算应结合车辆荷载等级、公路荷载进行。

5.3.3.6 保护套管(涵洞)设置应符合下列规定:

1. 套管的设置应为公路交通规划发展预留空间。

3. 核查套管或涵洞结构的验算,套管或涵洞结构验算应考虑施工期荷载及运营期荷载。

②《电力工程电缆设计规范》(GB 50217—2007)[38]

5.4.1 电缆保护管内壁应光滑无毛刺。其选择,应满足使用条件所需的机械强度和耐久性,且应符合下列规定:

1. 需采用穿管抑制对控制电缆的电气干扰时,应采用钢管。

2. 交流单芯电缆以单根穿管时,不得采用未分割磁路的钢管。

5.4.2 部分或全部露出在空气中的电缆保护管的选择,应符合下列规定:

1. 防火或机械性要求高的场所,宜采用钢质管。并应采取涂漆或镀锌包塑等适合环境耐久要求的防腐处理。

2. 满足工程条件自熄性要求时,可采用阻燃型塑料管。部分埋入混凝土中等有耐冲击的使用场所,塑料管应具备相应承压能力,且宜采用可挠性的塑料管。

5.4.3 地中埋设的保护管,应满足埋深下的抗压要求和耐环境腐蚀性的要求。管枕配置跨距,宜按管路底部未均匀夯实时满足抗弯矩条件确定;在通过不均匀沉降的回填土地段或地震活动频发地区,管路纵向连接应采用可挠式管接头。

5.4.4 保护管管径与穿过电缆数量的选择,应符合下列规定:

1. 每管只宜穿 1 根电缆。除发电厂、变电所等重要性场所外,对一台电动机所有回路或同一设备的低压电机所有回路,可在每管合穿不多于 3 根电力电缆或多根控制电缆。

2. 管的内径,不宜小于电缆外径或多根电缆包络外径的 1.5 倍。排管的管孔内径,不宜小于 75 mm。

5.4.5 单根保护管使用时,宜符合下列规定:

1. 每根电缆保护管的弯头不宜超过 3 个,直角弯不宜超过 2 个。

2. 地中埋管距地面深度不宜小于 0.5 m;与铁路交叉处距路基不宜小于 1.0 m;距排水沟底不宜小于 0.3 m。

3. 并列管相互间留有不小于 20 mm 的空隙。

③《公路工程技术标准》(JTG B01—2014)[18]

9.5.4 管道与各级公路相交叉且采用下穿方式时,应设置地下通道(涵)或套管。通道或套管应按相应公路等级的汽车荷载等级进行验算。

④《涉路工程安全评价规范》(DB34/T 2395—2015)[15]

5.2.1.2 穿越公路的管线或套管应对实际最大荷载进行验算。

⑤《钢质管道穿越铁路和公路推荐作法》(SY/T 0325—2001)[43]

5 无管套穿越

5.6 荷载

5.6.1 概述

5.6.1.1 无套管穿越下的输送管将承受由输送压力而产生的内部荷载及由土层压力(静荷载)和火车或公路交通(活荷载)产生的外部荷载。冲击系数应适用于活荷载。计算这些荷载和冲击系数的推荐方法应按下列条款的规定进行。

5.6.1.2 由于季节变化引起的温度波动可能会导致出现其他荷载:由端部效应而产生的纵向张力;与管线操作状况有关的波动;与专用设备有关的异常表面荷载,以及由各种原因引起地层的变形,如土壤收缩和膨胀、冻胀、局部动摇、附近区域爆破及由邻近挖掘引起的管道基础损坏,还包括由于温度变化而产生的管子应力。所有其他荷载都是某种特殊条件所引起的,这类荷载必须根据现场具体情况来评价,因此没有列入本推荐作法范围内。

5.6.2 外部荷载

5.6.2.1 土荷载

土荷载是由于管道上面所覆盖土壤重量所产生并传递至管顶的一种力,按公式(3-29)计算。

$$S_{He} = K_{He} B_e \gamma D \qquad (3-29)$$

式中:S_{He}——土荷载引起的环向应力,kPa;

K_{He}——土荷载引起的环向应力刚性系数;

B_e——土荷载引起的环向应力埋深系数;

γ——土壤单位质量,kN/m³;

D——管子外径,mm。

5.6.2.2 活荷载

a) 铁路穿越

假定管道承受由单列火车所产生的荷载,火车对每条轨道的作用如图3-18所示,对同时作用于两轨的荷载的计算,应使用周期轴向和周期环向应力的应力提高系数。假设穿越管道与被穿越铁路夹角为90°,且穿越型式为路堤型穿越,如图3-18所示,这种穿越管道走向一般在新管道施工中优先采用,但其管道应力可能大于斜角穿越铁路管道所承受的应力。

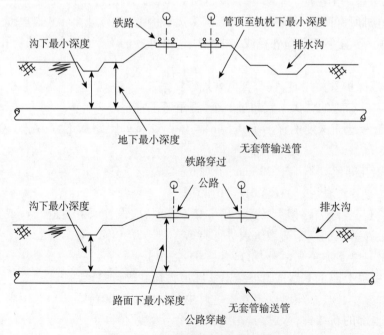

图3-18 无套管穿越安装示意图

b) 公路穿越

假定管线承受由在相邻车道上行驶的两辆汽车所产生的荷载,这两组双轴或单轴荷载成一直线。假定穿越管道与被穿公路夹角为90°,且穿越型式为路堤型穿越。这种穿越管道走向一般在新管道施工中优先采用,但其管道应力可能大于斜角穿越公路所承受的压力。

5.6.3 内部荷载

由内压产生内部荷载。在设计中应使用最大允许操作压力或最大操作压力。

5.7 应力

5.7.1 由外部荷载产生的应力

作用在输送管上的外部荷载既产生环向应力,又产生轴向应力。计算这些应力的每一分量的推荐方法如下:假定所有外部荷载都集中垂直作用于管顶部90°弧长范围内,其反作用力则垂直分布在管底90°弧长范围内。

5.7.1.1 由土荷载产生的应力

由土荷载产生的管子底部环向应力 S_{He}(kPa)应按下式确定:

$$S_{He} = K_{He} B_e E_e \gamma D \tag{3-30}$$

注:S_{He}——土荷载引起的环向应力,kPa;

K_{He}——土荷载引起的环向应力刚性系数;

B_e——土荷载埋深系数;

E_e——土荷载挖掘系数;

γ——土壤单位质量,kN/m³;

D——管子外径,mm。

除依据现场或实验室数据证明取更高数值外,对大多数土壤类型建议 γ 取值为 18.9 kN/m³;土荷载刚性系数 K_{He} 说明土壤与管道之间的相互作用,取决于管子壁厚与管子外径的比率 t_w/D 和土壤反作用模量 E'。图 3-19 所示 K_{He} 为不同 E' 值曲线条件下 t_w/D 的函数。适用于钻孔施工的 E' 取值范围可以为 1.4~13.8 MPa。除设计人员认为 E' 取较大值更适合外,建议 E' 取值为 3.4 MPa。附录 A(标准的附录)中表 A1 给出了 E' 的常用值。

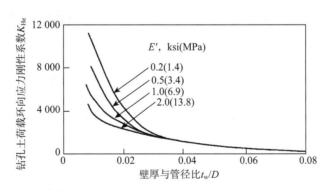

图 3-19 土荷载环向应力刚性系数 K_{He}

注:土壤说明见附录 A1

图 3-20 给出了不同土壤条件下埋深系数 B_e 同管道埋深与钻孔直径之比 H/B_d 之间的函数关系。如果在设计期间,不知道或未确定钻孔直径,建议 B_d 取值为 $D+51$ mm。对挖沟施工和穿越现有管线上部的新结构,考虑沟内土壤夯实会导致 E' 值高于钻孔施工的 E' 值,可以假定 $B_d = D$。

图 3-21 中给出了挖掘系数 E_e 同钻孔直径与管道直径之比 B_d/D 的函数关系。如果在设计期间不知道或未确定钻孔直径,应假定 $E_e=1.0$;对挖沟施工和穿越现有管线上部的新结构,可假定 $E_e=1.0$。

5.7.1.2 由活荷载产生的应力

a) 表面活荷载

铁路外部活荷载是指施加于被穿越铁路表面的车辆荷载 W。除非已知更大荷载,其值一般取 $W=96$ kPa,它是由在 6.1 m×2.4 m 面积内均布 4 个 356 kN 轴荷得出的。

公路外部动荷载 W,是由作用于公路表面的轴荷载 P 而产生的,对设计来说,只需考虑一种轮组合所产生的荷载。设计轴荷载应是由汽车单轴产生的最大轴荷载 P_s,或是由汽车双轴组合产生的最大轴荷载 P_t。图 3-22 所示将轴荷载转换为等当量单轴荷载 P_s 和双轴荷载 P_t。例如:一辆汽车,其单轴荷载为 106.8 kN,则其设计单轮荷载 P_s 为 53.4 kN;若一辆汽车,其双轴荷载为 177.9 kN,则其设计双轴荷载 P_t 为 44.5 kN。建议最大设计单轴荷载 P_s 为 53.4 kN,最大设计双轴荷载 P_t 为 44.5 kN。

至于是否确定为单轴还是双轴荷载主要取决于输送管直径 D、埋设深度 H 和路表面情况,即是柔性路面、无铺砌层,还是刚性路面,对于推荐的设计轴荷载 P_s 和 P_t,表 3-38 给出了其在不同路面类型、埋设深度和管道直径下的主要轴组合情况。

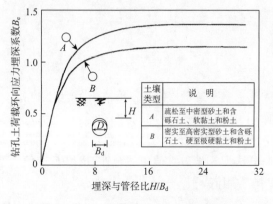

图 3-20 土荷载环向应力埋深系数 B_e

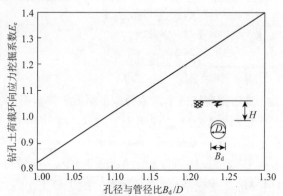

图 3-21 土荷载环向应力挖掘系数 E_e

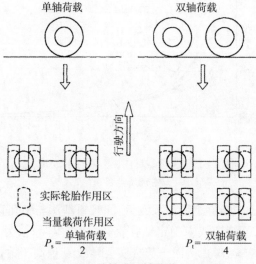

图 3-22 单轴或双轴荷载,P_s 和 P_t

外加设计表面压力 $W(\text{kPa})$ 应按下式确定：
$$W = P/A_\text{p} \tag{3-31}$$
式中：P——单轮设计荷载 P_s 或双轮设计荷载 P_t，kN；

A_p——轮荷载作用面积，取 0.093 m²。

表 3-38 设计轮荷载 $P_\text{s} = 53.4$ kN 和 $P_\text{t} = 44.5$ kN 临界轴组合

埋深 $H < 1.2$ m，直径 $D \leqslant 305$ mm	
路面类型	临界轴组合
弹性路面	双轴
无铺砌路面	单轴
刚性路面	双轴
埋深 $H < 1.2$ m，直径 $D > 305$ mm；埋深 $H \geqslant 1.2$ m 的各种管径	
路面类型	临界轴组合
弹性路面	双轴
无铺砌路面	双轴
刚性路面	双轴

推荐的设计荷载 $P_\text{s} = 53.4$ kN，$P_\text{t} = 44.5$ kN。外加设计表面压力如下：

1）单轴荷载：$W = 574$ kPa；

2）双轴荷载：$W = 497$ kPa。

设计轮荷载与推荐的最大值不同时，参见附录 A（标准的附录）。

b）冲击系数

建议用冲击系数增加动荷载。冲击系数是穿越输送管道埋设深度 H 的函数。图 3-23 所示铁路和公路穿越冲击系数：铁路冲击系数为 1.75，公路冲击系数为 1.5。埋深超过 1.5 m 时，每增加 1 m 冲击系数降低 0.1，直至冲击系数等于 1.0。

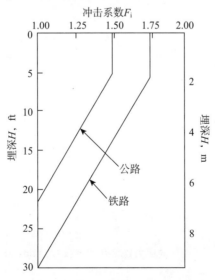

图 3-23 推荐的冲击系数与埋深关系曲线（1 ft = 30.48 cm）

c) 铁路周期应力

1) 由铁路荷载产生的周期环向应力 ΔS_{Hr}(单位:kPa),可按式(3-32)计算。

$$\Delta S_{Hr} = K_{Hr} G_{Hr} N_H F_i W \tag{3-32}$$

式中:K_{Hr}——周期环向应力铁路刚性系数;

G_{Hr}——周期环向应力铁路几何系数;

N_H——周期环向应力铁路单或双轨系数;

F_i——冲击系数;

W——外加设计表面压力,kPa。

图 3-24 给出了铁路刚性系数 K_{Hr},它是管壁厚与管径之比 t_w/D 和土壤弹性模量 E_r 的函数。附录 A(标准的附录)中表 A2 给出了 E_r 的常用值。

图 3-25 给出了铁路几何系数 G_{Hr},它是管径 D 和埋深 H 的函数。

周期环向应力单轨系数 $N_H = 1.00$。图 3-26 所示为周期环向应力双轨系数 N_H。

2) 铁路荷载周期纵向应力 ΔS_{Lr}(单位:kPa),可由式(3-33)计算。

$$\Delta S_{Lr} = K_{Lr} G_{Hr} N_L F_i W \tag{3-33}$$

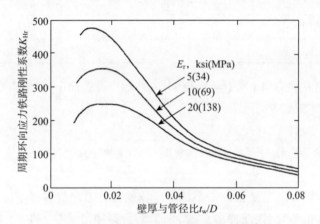

图 3-24 周期环向应力铁路刚性系数 K_{Hr}

注:土壤说明见 A2

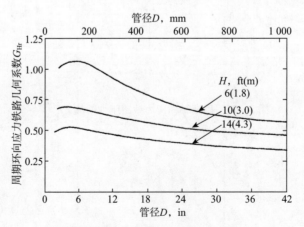

图 3-25 周期环向应力铁路几何系数 G_{Hr}(1in = 25.4 mm)

式中：K_{Lr}——周期轴向应力铁路刚性系数；

G_{Lr}——周期轴向应力铁路几何系数；

N_L——周期轴向应力铁路单轨或双轨系数；

F_i——冲击系数；

W——外加设计表面压力，kPa。

图 3-27 给出了铁路刚性系数 K_{Lr}，它是 t_w/D 和 E_r 的函数。

图 3-28 给出了铁路几何系数 G_{Lr}，它是 D 和 H 的函数。

周期纵向应力单轨系数 $N_L = 1.00$，图 3-29 所示为周期轴向应力双轨系数 N_L。

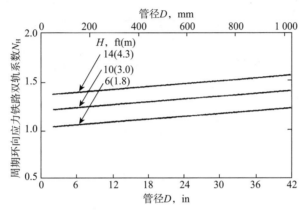

图 3-26　周期环向应力铁路双轨系数 N_H

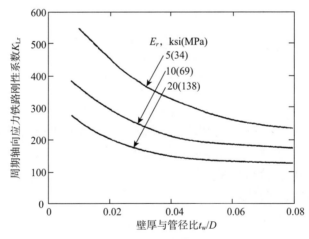

图 3-27　周期轴向应力铁路刚性系数 K_{Lr}

注：土壤说明见 A2

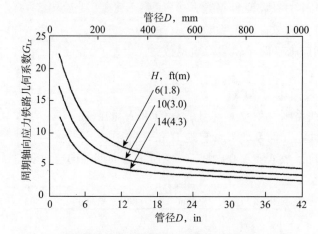

图3-28 周期轴向应力铁路几何系数 G_{Lr}

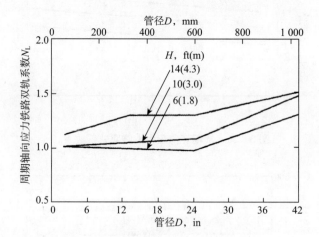

图3-29 周期轴向应力铁路双轨系数 N_L

d) 公路周期应力

1) 由公路车辆荷载产生的周期环向应力 ΔS_{Hh}（单位：kPa），可按式(3-34)计算。

$$\Delta S_{Hh} = K_{Hh} G_{Hh} R L F_i W \tag{3-34}$$

式中：K_{Hh}——周期环向应力公路刚性系数；

G_{Hh}——周期环向应力公路几何系数；

R——公路路面类型系数；

L——公路轴组合系数；

F_i——冲击系数；

W——外加设计表面压力，kPa。

公路路面类型系数 R 和轴组合系数 L，取决于埋深 H、管道直径 D 和设计轴组合（单轴或双轴）。5.7.1.2条中的a)项中规定了如何确定设计轴组合；表3-39给出了不同 H、D、路面类型和轴组合所对应的 R 和 L 值。

表 3-39 公路路面类型系数 R 和轴组合系数 L

埋深 $H<1.2$ m, 直径 $D\leqslant305$ mm			
路面类型	设计轴组合	R	L
弹性路面	双轴 单轴	1.00 1.00	1.00 0.75
无铺砌路面	双轴 单轴	1.10 1.20	1.00 0.80
刚性路面	双轴 单轴	0.90 0.90	1.00 0.65
埋深 $H<1.2$ m, 直径 $D>305$ mm; 埋深 $H\geqslant1.2$ m 的各种管径			
路面类型	路面类型	R	L
弹性路面	双轴 单轴	1.00 1.00	1.00 0.65
无铺砌路面	双轴 单轴	1.10 1.10	1.00 0.65
刚性路面	双轴 单轴	0.90 0.90	1.00 0.65

图 3-30 给出了公路刚性系数 K_{Hh}, 它是 t_w/D 和 E_r 的函数。

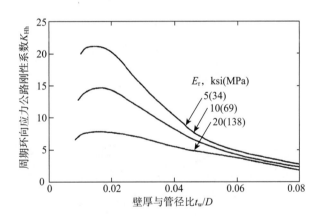

图 3-30 周期环向应力公路刚性系数 K_{Hh}

注: 土壤说明见 A2

图 3-31 给出了公路几何系数 G_{Hh}, 它是 D 和 H 的函数。

2) 由公路车辆荷载产生的周期轴向应力 ΔS_{Lh} (单位: kPa) 可按式(3-35)计算。

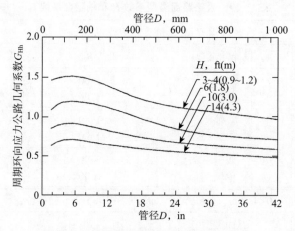

图 3-31 周期环向应力公路几何系数 G_{Hh}

$$\Delta S_{Lh} = K_{Lh} G_{Lh} R L F_i W \tag{3-35}$$

式中：K_{Lh}——周期轴向应力公路刚性系数；

　　　G_{Lh}——周期轴向应力公路几何系数；

　　　R——公路路面类型系数；

　　　L——公路轴组合系数；

　　　F_i——冲击系数；

　　　W——外加设计表面压力，kPa。

表 3-39 中同样给出了路面类型系数 R 和轴组合系数 L。

图 3-32 给出了公路刚性系数 K_{Lh}，它是 t_w/D 和 E_r 的函数。

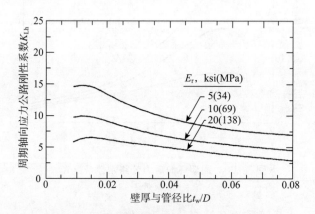

图 3-32 周期轴向应力公路刚性系数 K_{Lh}

注：土壤说明见 A2

图 3-33 给出了公路几何系数 G_{Lh}，它是 D 和 H 的函数。

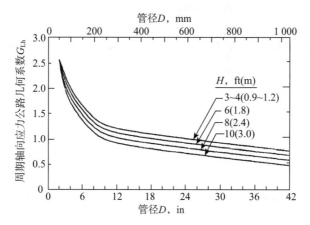

图 3-33 周期轴向应力公路几何系数 G_{Lh}

5.7.2 由内部荷载产生应力

由内压产生的环向应力 S_{Hi}(单位:kPa)可按下式计算：

$$S_{Hi} = p(D - t_w)/2t_w \tag{3-36}$$

式中：p——内压,取 MAOP 或 MOP,kPa；

D——管外径,mm；

t_w——壁厚,mm。

5.8 计算应力极限

按 5.7 的规定计算的应力不应超过一定的允许值。以下条款规定了控制管道屈服和疲劳的许用应力。

5.8.1 需要进行的两项许用应力校核

5.8.1.1 由于内部压力而产生的环向应力,该项校核应按式(3-37)和式(3-38)进行：必须小于规定最小屈服强度与设计系数的乘积。

输送介质为天然气的管道：

$$[S_{Hi}(\text{Barlow}) = pD/2t_w] \leq F \cdot E \cdot T \cdot SMYS \tag{3-37}$$

输送介质为液体或其他油品的管道：

$$[S_{Hi}(\text{Barlow}) = pD/2t_w] \leq F \cdot E \cdot SMYS \tag{3-38}$$

式中：p——内压,取 MAOP 或 MOP,kPa；

D——管外径,mm；

t_w——壁厚,mm；

F——设计系数,其取值为 0.4~0.72；

E——纵向焊缝系数；

T——温度折减系数；

$SMYS$——规定最小屈服强度,kPa。

5.8.1.2 总有效应力 S_{eff}(单位:kPa)应小于或等于规定的最小屈服强度与设计系数 F 的乘积。主应力 S_1、S_2 和 S_3(单位:kPa)用于计算 S_{eff},主应力应分别按式(3-39)、式(3-40)、式(3-41)计算。

$$S_1 = S_{He} + \Delta S_H + S_{Hi} \tag{3-39}$$

式中：S_1——最大环向应力；

ΔS_H——铁路应为 ΔS_{Hr},kPa;公路应为 ΔS_{Hh},kPa。

$$S_2 = \Delta S_L - E_s \alpha_T (T_1 - T_2) + v_s (S_{He} + S_{Hi}) \tag{3-40}$$

式中:S_2——最大轴向应力;

ΔS_L——铁路应为 ΔS_{Lr},kPa;公路应为 ΔS_{LH},kPa;

E_s——钢杨氏模量,kPa;

α_T——钢热膨胀系数,℃$^{-1}$;

T_1——安装时温度,℃;

T_2——最大或最小操作温度,℃;

v_s——钢泊松比。

注1:附录A(标准的附录)中表A3给出 E_s、v_s 和 α_T 的常用值。

$$S_3 = -p = -MAOP \text{ 或 } -MOP \tag{3-41}$$

式中:S_3——最大径向应力;

注2:由 S_{He} 和 S_{Hi} 产生的泊松效应在 S_2 计算公式中已反映出来,即 $v_s(S_{He}+S_{Hi})$。S_1 中 ΔS_L 的泊松效应因在公式 S_1 中没有直接显示出来。本推荐做法中的 ΔS_H 和 ΔS_L 的值来源于有限元素的分析,因此它们已包含相应的泊松效应。

总有效应力 S_{eff}(单位:kPa)可按式(3-42)计算。

$$S_{eff} = \sqrt{\frac{1}{2}[(S_1-S_2)^2 + (S_2-S_3)^2 + (S_3-S_1)^2]} \tag{3-42}$$

管线屈服校核应按式(3-43)完成,即保证总有效应力小于规定最小屈服强度与设计系数的乘积。

$$S_{eff} \leq SMYS \cdot F \tag{3-43}$$

式中:$SMYS$——规定最小屈服强度,kPa;

F——设计系数。

设计人员应使用与标准作法或规范要求相一致的设计系数值 F。

⑥《油气输送管道工程水平定向钻穿越设计规范》(SY/T 6968—2013)[37]

4.0.3 符合本规范第4.0.1条的钢管,其许用应力应按公式(3-44)和公式(3-45)计算。

输油:

$$[\sigma] = F\varphi\sigma_N \tag{3-44}$$

输气:

$$[\sigma] = F\varphi t \sigma_N \tag{3-45}$$

式中:$[\sigma]$——输送油气钢管许用应力(MPa);

σ_N——钢管规定屈服强度(MPa);

φ——钢管焊缝系数,符合本规范第4.0.1条规定的钢管,φ 取1.0;

t——温度折减系数,当温度小于或等于120℃时,t值取1.0,当温度为149℃时取0.967,当温度为177℃时取0.933,当温度位于上述温度区间时,按插值法计算取值;

F——强度设计系数,按表3-40取值。

表 3-40 强度设计系数

穿越工程等级	输气管道地区等级				输油管道
	一	二	三	四	
小型穿越	0.72	0.6	0.5	0.4	0.6
大、中型穿越	0.60	0.5	0.4	0.4	0.5

注:1. 输气管道地区等级划分应符合现行国家标准《输气管道工程设计规范》(GB 50251)的规定。
   2. 对于表 3.0.5 中规定的一类和二类穿越,输气管道一类、二类地区设计系数应提高一级。

⑦《给水排水工程顶管技术规程》(CECS 246—2008)[40]

4.3.1 钢筋混凝土顶管的混凝土强度等级不宜低于 C50,抗渗等级不应低于 S8。

5.4.1 管顶覆盖层厚度在不稳定土层中宜大于管道外径的 1.5 倍,并应大于 1.5m。

10.4 工作井最小长度确定

10.4.1 当按顶管机长度确定时,工作井的最小内净长度可按下列公式计算:

$$L \geqslant l_1 + l_3 + k \tag{3-46}$$

式中:L——工作井的最小内净长度(m);

    l_1——顶管机下井时最小长度,如采用刃口顶管机应包括接管长度(m);

    l_3——千斤顶长度(m),一般可取 2.5m;

    k——后座和顶铁的厚度及安装富余量,可取 1.6 m。

10.4.2 当按下井管节长度确定时,工作井的内净长度可按下列公式计算:

$$L \geqslant l_2 + l_3 + l_4 + k \tag{3-47}$$

式中:l_2——下井管节长度(m);

      钢管一般可取 6.0 m,长距离顶管时可取 8.0~10.0 m;

      钢筋混凝土管可取 2.5~3.0 m;

      玻璃纤维增强塑料夹砂管可取 3.0~6.0 m。

    l_4——留在井内的管道最小长度,可取 0.5m。

10.4.3 工作井的最小内净长度应按上述两种方法计算结果取大值。

10.5 工作井最小宽度确定

10.5.1 浅工作井内净宽度可按下列公式计算:

$$B = D_1 + (2.0 \sim 2.4) \tag{3-48}$$

式中:B——工作井的内净宽度(m);

    D_1——管道的外径(m)。

10.5.2 深工作井内净宽度可按下列公式计算:

$$B = 3D_1 + (2.0 \sim 2.4) \tag{3-49}$$

10.6 工作井深度确定

10.6.1 工作井底板面深度应按下列公式计算:

$$H = H_s + D_1 + h \tag{3-50}$$

式中:H——工作井底板面最小深度(m);

    H_s——管顶覆土层厚度(m);

    h——管底操作空间(m);

      钢管可取 $h = 0.70 \sim 0.80$ m;

玻璃纤维增强塑料夹砂管和钢筋混凝土管等可取 $h=0.4\sim0.5\,\mathrm{m}$。

（4）管道埋深

管线穿越时的覆土厚度应根据公路等级、管道尺寸、管道材质和输送物质的性质来确定。一般而言，高等级公路因荷载较大，故埋深要求较高；管径越大，埋深越大。

①《公路涉路施工活动技术评价规范》(DB45/T 1202—2015)[17]

7.3.4 穿越公路的管线最小埋深应满足表 3-41 的要求，且不应小于原结构层总厚度。

表 3-41 穿越管线的最小覆土深度

位置	最小覆土深度(m)			
	高速公路、一级公路		二级及以下等级公路	
	一般情况	条件受限时	一般情况	条件受限时
行车道下	0.7	0.6	0.7	0.6
非行车道下	0.9	0.6	0.6	0.5
排水沟沟底	0.8	0.8	0.8	0.8
特殊地形	0.3(特殊钢筋混凝土结构保护)			
输送燃气和易挥发液体管线	1.2	0.8	1.2	0.8
10 kV 以上电力电缆管线	1.2	1	1.2	1

7.3.5 穿越公路的保护套管埋深应以套管顶面底基层的地面之间的距离进行计算。

7.3.6 管线埋深以及套管端部伸出路基坡脚的长度见图 3-34。

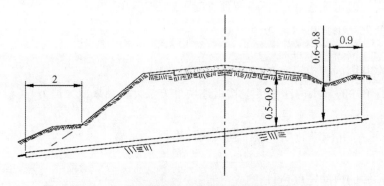

图 3-34 带有套管的管线埋深示意图(单位:m)

②《城市工程管线综合规划规范》(GB 50289—2016)[42]

4.1.1 严寒或寒冷地区给水、排水、再生水、直埋电力及湿燃气等工程管线应根据土壤冷冻深度确定管线覆土深度；非直埋电力、通信、热力及干燃气等工程管线以及承受荷载的大小确定管线的覆土深度。

工程管线的最小覆土深度应符合表 3-42 的规定。当受条件限制不能满足要求时，可采取安全措施减少最小覆土深度。

表 3-42 工程管线的最小覆土深度(m)

管线名称		给水管线	排水管线	再生水管线	电力管线		通信管线		直埋热力管线	燃气管线	管沟
					直埋	保护管	直埋及塑料、混凝土保护管	钢保护管			
最小覆土深度	非机动车道(含人行道)	0.60	0.60	0.60	0.70	0.50	0.60	0.50	0.70	0.60	—
	机动车道	0.70	0.70	0.70	1.00	0.50	0.90	0.60	1.00	0.90	0.50

注:聚乙烯给水管线机动车道下的覆土深度不宜小于 1.00 m。

③《电力工程电缆设计规范》(GB 50217—2007)[38]

5.3.3 电缆直埋敷设于非冻土地区时,埋置深度应符合下列规定:

1. 电缆外皮至地下构筑物基础,不得小于 0.3 m;

2. 电缆外皮至地面深度,不得小于 0.7 m;当位于行车道或耕地下时,应适当加深,且不宜小于 1.0 m。

5.3.4 电缆直埋敷设于冻土地区时,宜埋入冻土层以下,当无法埋深时可埋设在土壤排水性好的干燥冻土层或回填土中,也可采取其他防止电缆受到损伤的措施。

④《城市电力电缆线路设计技术规定》(DL/T 5221—2016)[44]

4.3.1 电缆的埋设深度应符合下列规定:

1. 电缆表面距地面不应小于 0.7 m,当位于行车道或耕地下时,应适当加深,且不宜小于 1.0 m;在引入建筑物、与地下建筑物交叉及绕过建筑物时可浅埋,但应采取保护措施。

2. 敷设于冻土地区时,电缆宜埋在冻土层下,当条件受限制时,应采取防止电缆受到损坏的措施。

4.3.2 直埋敷设的电缆应沿其上、下紧邻侧全线铺以厚度不小于 100 mm 的细砂或土,并在其上覆盖宽度超出电缆两侧各 50 mm 的保护板。电缆敷设于预制钢筋混凝土槽盒时,应先在槽盒内垫厚度不小于 100 mm 的细砂或土,敷设电缆后,用细砂或土填满槽盒,并盖上槽盒盖。

4.4.1 保护管设计应符合下列规定:

3. 保护管顶部土壤覆盖深度不宜小于 0.5 m;保护管中电缆与电缆、管道(沟)及其他构筑物的交叉距离应满足现行国家标准《电力工程电缆设计规范》(GB 50217—2007)表 5.3.5 的规定。

⑤《水平定向钻法管道穿越工程技术规程》(CECS 382—2014)[39]

5.3.7 水平定向钻穿越公路、铁路、地面建筑物时,最小覆土深度应符合各自行业标准的要求;当本行业标准无特殊要求时,最小覆土厚度应符合表 3-43 的规定。

表 3-43 最小覆土厚度

项目	最小覆土厚度
城市道路	与路面垂直净距大于 1.5 m
公路	与路面垂直净距大于 1.8 m;路基坡角地面以下大于 1.2 m
高等级公路	与路面垂直净距大于 2.5 m;路基坡角地面以下大于 1.5 m

续 表

项目	最小覆土厚度
铁路	路基坡角处地表下 5 m;路堑地形轨顶下 3 m;零点断面轨顶下 6 m
地面建筑	根据基础结构类型,经计算后确定

注:未采取措施对上覆土层进行处理时,最小覆土厚度应大于管道管径5~6倍。

⑥《涉路工程安全评价规范》(DB34/T 2395—2015)[15]

5.2.4 埋深

5.2.4.1 穿越公路的管线最小埋深应满足表 3-44 要求。使用套管穿越时,埋深从套管顶端开始计算。

表 3-44 穿越管线最小覆土深度

位置	最小覆土深度(m)			
	高速公路、一级公路		二级及以下等级公路	
	一般情况	条件受限时	一般情况	条件受限时
行车道下	1.2	0.9	0.9	0.7
非行车道下	0.9	0.6	0.6	0.5
排水边沟沟底	0.9	0.6	0.9	0.6
特殊地形	0.3(钢筋混凝土结构保护)			
输送燃气和易挥发性液体管线	1.2	0.9	1.2	0.9
10 kV 以上电力电缆管线	1.2	1	1.2	1

5.2.4.2 管线埋深以及套管端部伸出路基坡脚的长度见图 3-35,并考虑公路未来发展规划要求。

5.2.4.3 油气管道穿越公路应在公路两侧设置地面标识。

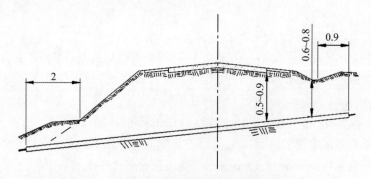

图 3-35 带有套管的管线埋深示意图(单位:m)

⑦《涉路工程安全评价规范(征求意见稿)》[14]

5.3.3.4 管线穿越公路的覆土深度应符合下列要求规定:

1. 油气管线穿越公路时,套管顶部最小覆土深度应符合表 3-45 的要求。

表3-45 套管顶部最小覆土深度

位置	最小覆盖层(m)
公路路面以下	1.2
公路边沟底面以下	1.0

2. 穿越公路的其他管线顶面距路面底基层的底面不应小于1.0 m。

⑧《公路路线设计规范》(JTG D20—2017)[16]

12.5 公路与管线交叉

12.5.7 穿越公路的地下专用通道(涵)的埋置深度,除应符合石油天然气行业标准的荷载相关规定外,尚应符合《公路桥涵设计通用规范》(JTG D60)的有关规定,并按所穿越公路的车辆荷载等级进行验算。穿越公路的保护套管其顶面距路面底基层的地面应不小于1.0 m。

⑨《油气输送管道穿越工程设计规范》(GB 50423—2007)[41]

7.1.6 油气管道穿越公路时,输送管道或套管顶部距公路顶面路面不小于1.2 m,距公路边沟底面不小于1.0 m。

核查管道与路基下桩基、地下通道等地下设施的纵面位置关系,避免管道施工时破坏路基下的地下设施。

⑩《钢质管道穿越铁路和公路推荐作法》(SY/T 0325—2001)[43]

5 无管套穿越

5.4 覆盖层

5.4.1 铁路穿越

穿越铁路的输送管,其最小覆盖层厚度(从管顶至铁路路基的距离,如图3-36所示)应符合表3-46的要求。

表3-46 管道穿越铁路覆盖层厚度

位置	最小覆盖层厚度(m)
a. 轨枕下	1.8
b. 铁路界限范围内其他表面以下或距排水沟沟底距离	0.9
c. 输送易挥发性液体的管线	1.2

5.4.2 公路穿越

穿越公路的输送管,其最小覆盖层厚度(从管顶至公路路面,如图3-36所示),应符合表3-47的要求。

表3-47 管道穿越公路覆盖层厚度

位置	最小覆盖层厚度(m)
a. 在公路路面以下	1.2
b. 在公路界限范围内的其他所有表面下	0.9
c. 输送易挥发性液体的管线	1.2

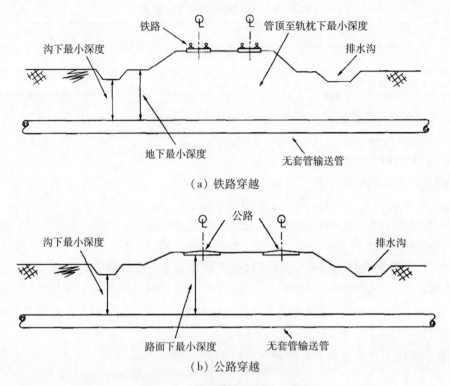

图 3-36 无套管穿越安装示意图

（5）回填方案（开挖施工）

①《公路路基设计规范》（JTG D30—2015）[25]

6.1.3 公路路基拓宽改建，应合理利用既有路基强度，并根据既有路基的回弹模量、含水率和密实状态，综合确定既有路基的处理措施。

6.1.4 公路路基拓宽改建设计，应做好路基路面综合设计。拓宽部分的路基应与既有路基之间保持良好的衔接，并采取必要的工程措施减小新老路基之间的差异沉降，防止产生纵向裂缝。

6.3.3 拓宽路基的地基处理、路基基底处理、路基填料的最小强度和压实度等应满足改建后相应等级公路的技术要求。二级公路改建时，可根据需要进行增强补压。

6.3.4 路堤拓宽改建应符合下列要求：

1. 拓宽改建路堤的填料，宜选用与既有路堤相同，且符合要求的填料或较既有路堤渗水性强的填料。当采用细粒土填筑时，应做好新老路基之间排水设计；必要时，可设置排水渗沟，排除路基内部积水。

2. 拓宽既有路堤时，应在既有路堤坡面开挖台阶，台阶宽度不应小于 1.0 m；当加宽拼接宽度小于 0.75 m 时，可采取超宽填筑或翻挖既有路堤等工程措施。

3. 拓宽路堤边坡形式和坡度应按本规范第 3.3 节的规定选用。

6.4.2 拓宽路基压实度应符合本规范第 3.2.3 条、第 3.3.4 条的规定。新老路基的拼接处理设计，除应符合本规范第 6.3.4 条的规定外，当路堤高度超过 3 m 时，可在新老路基间横向铺设土工格栅，提高路基的整体性，减少不均匀沉降。

6.4.3 软土地基上路基拓宽设计应符合本规范第 7.7 节的有关规定，并满足下列要求：

1. 路基拼接时，应控制新老路基之间的差异沉降，既有路基与拓宽路基的路拱横坡度的工后增大值不应大于 0.5%。

2. 地基处理措施的选取和设计,应综合考虑软土层厚度和埋深、既有地基的固结度和剩余沉降情况、路基高度和拼接形式等因素,控制拓宽路基的沉降并尽量减少对既有路基的影响。

3. 浅层软土地基,可采用垫层和浅层处理措施减小拓宽路基的沉降。

4. 深厚软土地基,可采用复合地基或轻质路堤等处理措施,不宜采用对既有路基产生严重影响的排水固结法或强夯法。对于鱼(水)塘、河流、水库等路段,需要排水清淤时,应采取防渗和隔水措施后方可降水。

5. 新老路基分离设置,且距离小于 20 m 时,可采用设置隔离措施或对新建路基地基予以处理,减小新建路基对既有路基的沉降影响。

②《公路水泥混凝土路面设计规范》(JTG D40—2011)[45]

5.5.3 混凝土路面与沥青路面相接时,应设置不小于 3 m 的过渡段。过渡段的路面应采用两种路面呈阶梯状叠合布置,其下面铺设的变厚度混凝土过渡板的厚度不得小于 200 mm,如图 3-37 所示。过渡板顶面应设横向拉槽,沥青层与过渡板之间黏结良好。过渡板与混凝土面层板相接处的接缝内宜设置直径 25 mm、长 700 mm、间距 400 mm 的拉杆。混凝土面层毗邻该接缝的 1~2 条横向接缝应采用胀缝形式。

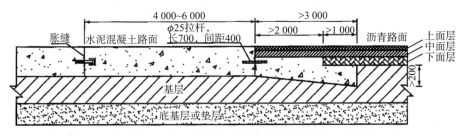

图 3-37 混凝土路面与沥青路面相接段的构造布置(尺寸单位:mm)

③《公路沥青路面设计规范》(JTG D50—2006)[46]

9.1.2 改线路段应按新建路面设计。加宽路面、提高路基、调整纵坡的路段应视具体情况按新建或改建路面设计。在原有路面上补强时,按改建路面设计。

9.1.7 在旧路扩宽工程中应注意采取措施,加强新、旧路面之间的结合,防止加宽部分与原有路面纵向接茬处产生不均匀沉降。

(6)出入土点的位置、角度、半径等(非开挖施工)

①《水平定向钻法管道穿越工程技术规程》(CECS 382—2014)[39]

5.3.5 水平定向钻先导孔轨迹入土角、出土角及曲率半径可按表 3-48 选取。

表 3-48 水平定向钻先导孔轨迹参数

管材类型	入土角	出土角	曲率半径		
			$D_1 < 400$ mm	400 mm $\leq D_1 < 800$ mm	$D_1 \geq 800$ mm
塑料管	8°~30°	4°~20°	不应小于 1 200 倍钻杆外径	不应小于 $250 D_1$	不应小于 $300 D_1$
钢管	8°~18°	4°~12°	宜大于 $1500 D_1$,且不应小于 $1200 D_1$		

②《油气输送管道工程水平定向钻穿越设计规范》(SY/T 6968—2013)[37]

3.0.7 穿越河流和水库等水域时,应根据不同的地质条件和堤坝结构采取有效措施,控制堤坝和地面的沉降,防止穿越管道处发生管涌。出入土点距大堤坡脚宜大于 50 m。

7.0.4 入、出土点选择应满足下列要求：
1. 两岸应有足够布设钻机、泥浆池、材料堆放和管道组焊的场地。
2. 入、出土点宜避开电力线、钢桥、埋地管线等影响穿越控向精度的建（构）筑物。
3. 入、出土点的选择还应结合穿越地层情况确定。

7.0.5 出土点侧场地应平坦开阔,管道预制场地应满足穿越管段组装焊接的要求,钻具操作场地不宜小于 30 m×30 m。

7.0.8 当采用弹性敷设布置回拖管道时,应在出土点保持不少于 100 m 的直管段,弹性敷设曲率半径不宜小于 $1000D$。

8.0.8 定向钻穿越入土角、出土角、穿越曲线应根据穿越长度、管道埋深、穿越管径、弹性敷设条件、地形条件确定。入土角宜为 8°～20°,出土角宜为 4°～12°,穿越管径较大时出土角宜取低值,特殊条件下可进行调整。

8.0.9 水平定向钻穿越弹性系数敷设段曲率半径不宜小于 $1500D$,且不应小于 $1200D$,当穿越含有多个曲线段时,应进行强度、稳定性、拖管和曲率半径计算。

（7）管线直径和扩孔直径要求（非开挖施工）

①《电力工程电缆设计规范》（GB 50217—2007）[38]

5.4.4 保护管管径与穿过电缆数量的选择,应符合下列规定：
1. 每管只宜穿 1 根电缆。除发电厂、变电所等重要性场所外,对一台电动机所有回路或同一设备的低压电机所有回路,可在每管合穿不多于 3 根电力电缆或多根控制电缆。
2. 管的内径,不宜小于电缆外径或多根电缆包络外径的 1.5 倍。排管的管控内径,不宜小于 75 mm。

②《油气输送管道工程水平定向钻穿越设计规范》（SY/T 6968—2013）[37]

3.0.4 定向钻穿越工程等级应按表 3-49 划分,水域定向钻穿越工程等级的确定还应符合现行国家标准《油气输送管道穿越工程设计规范》（GB 50423）的规定。

表 3-49 定向钻穿越工程等级划分

工程等级	穿越管道参数	
	穿越长度（m）	穿越管道直径（mm）
大型	≥1 500	不计管径
	不计长度	≥1 219
	≥1 000～<1500	≥711
中型	<1 000	≥711～<1 219
	≥800～<1500	<711
小型	<800	<711

9.0.7 钢套管内径宜大于最后一级扩孔直径 300 mm。

③《水平定向钻法管道穿越工程技术规程》（CECS 382—2014）[39]

5.5.1 穿越管道所需的钻孔最终扩孔直径应根据敷设管道直径按表 3-50 确定。

表 3-50　穿越管道所需的钻孔最终扩孔直径

管道外径 D_1(mm)	最终扩孔直径(mm)
<200	D_1+100
200~600	$D_1×(1.2~1.5)$
>600	$D_1+(300~400)$

(8) 沉降计算和观测(非开挖施工)

①《给水排水工程顶管技术规程》(CECS 246—2008)[40]

12.15.4　在道路下顶进,当路面沉降量超过 10 mm 时,应钻孔取样,检查土体孔隙比变化。

13.2.4　地面沉降应满足下列规定:

1. 顶管造成的地面沉降不应造成道路开裂,大堤及地下设施损坏和渗水。

2. 顶管造成的地面沉降量不应超过下列规定:

1) 土堤小于或等于 30 mm;

2) 公路小于或等于 20 mm。

3. 当检测数据达到沉降限值的 70%时,应及时报警并启动应急事故处理预案。

②《水平平行顶管引起的地面沉降计算方法研究》[47]

2.3　单顶管施工引起的地面沉降计算方法

单顶管施工由于土体损失引起的地面沉降计算方法主要有经验法和解析法。目前工程界常采用 Peck 提出的地面沉降横向分布估算公式:

$$S(x) = S_{\max} e^{\frac{x^2}{2i^2}} \tag{3-51}$$

$$S_{\max} = \frac{V_i}{\sqrt{2\pi}i} \tag{3-52}$$

式中:$S(x)$ 为地面沉降量(m);x 为离顶管轴线的水平距离(m);$S_{\max}$ 为管道轴线上方的最大地面沉降量(m);i 为地面沉降槽宽度系数(m);V_i 为隧道单位长度的土体损失量(m³/m),通常采用挖掘面面积的百分率来估算土体损失的大小,令 η 为土体损失百分率,则 $V_i = \pi r^2 \eta$。

沉降观测即根据建筑物设置的观测点与固定(永久性水准点)的测点进行观测,测其沉降程度用数据表达,凡一层以上建筑、构筑物设计要求设置观测点,人工、土地基(砂基础)等,均应设置沉陷观测,施工中应按期或按层进度进行观测和记录直至竣工。

沉降观测记录的内容为:工程名称、不同观测日期和不同工程状态下根据水准点测量得出的每个观测点高程与其逐步沉降量的记录。

每次沉降观测,应检查每一次观测用相邻观测点间的沉降量及累计沉降量。如果沉降过大或沉降不均匀,应及时采取措施。

3.2.2.2　油气、电力等管线穿越施工指标评价

油气、电力等管线穿越施工指标包括施工保障措施、施工期间交通组织方案和运营期安保措施等。

1. 施工保障措施

评价施工方案是否符合现场情况及相关规范的要求,施工区交通组织、安全保障措施和施工应急预案等是否合理。

①《涉路工程安全评价规范》(DB34/T 2395—2015)[15]

5.2.5 施工

5.2.5.1 施工现场应设围挡,施工前做好交通疏导。

5.2.5.2 施工道路沿线各出入口应设置相应标志。

5.2.5.3 高速公路严禁施工人员、车辆穿越。

5.2.5.4 夜间施工应设置照明,施工区应按照规范布设相关警示标志。

5.2.5.5 开挖路面埋设管线时,应在预定施工地点准确测量,标定管沟的位置和宽度。对于沥青路面,路面切除宽度应为管沟宽度两边各加 0.3 m。对于水泥路面,切除宽度应为原路面一个板块。如果在沥青切除路面 1.2 m 范围内存在横向或纵向的路面接口或裂缝,路面挖掘应延伸到这些区域,以清除并替换原路面接口或裂缝。

5.2.5.6 挖掘管沟宽度不得少于夯压机具最小宽度加 0.1 m。

5.2.5.7 管线下穿公路宜采取水平定向钻、顶管等非开挖施工方式。

5.2.5.8 穿越施工应避开雨季,不可避免时应对路基边坡加固防护。挖掘路基应分段开挖,随挖随砌,不得长距离连续开挖或长期不砌。有坍塌可能时,应及时支撑。

5.2.5.9 顶管施工应设置套管,定向钻施工可不设套管。

5.2.5.10 顶管穿越时应对路面沉降进行观测,沉降量满足 CECS 246 的要求。

5.2.5.11 顶管顶进时,应对孔壁稳定性进行验算,防止发生顶管受阻、路面塌陷等事故。

5.2.5.12 全开挖时,应修建临时绕行便道。

5.2.5.13 穿越管线应铺设在管沟中心处。

5.2.5.14 施工中和完工后公路路面应无污物、石块、泥浆、油及产生不安全因素的其他杂物。

5.2.5.15 穿越施工应保持公路排水沟的通畅,不得使降水淹没或侵蚀路基和相邻财产。雨季应防止开挖的管沟变成排水管道,冲刷、破坏公路路基。

5.2.5.16 施工时应根据有关要求对沟槽进行支护,特别是对已存在设施和结构进行水平和垂直方向的保护。临近其他设施时,应使用微型隧道法施工。

5.2.5.17 路面开挖前应使用切割机进行路面切割。

5.2.5.18 路基回填和路面修复应符合原路面技术条件,满足 JTG F40 或 JTG/T F30 的有关规定。回填材料应采用透水性材料。混凝土路面回填部分与原路面接合处应使用钢筋搭接,配筋不低于原路面要求。

5.2.5.19 回填应至少分两步:首先回填至套管或管线的上端,其次回填至原路面。回填应使用不同材料分层压实,材料和压实度应满足公路工程相关技术标准。具体回填材料、回填厚度与松铺厚度、回填密实度要求见图 3-38、表 3-51。

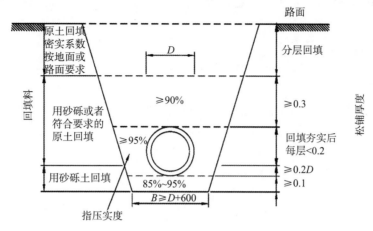

图 3-38 路面回填要求(单位:m)

表 3-51 回填土松铺厚度

机具种类	松铺厚度/m	机具种类	松铺厚度/m
铁夯	≤0.2	压路机(轻型)	0.2~0.3
蛙式夯	0.2~0.25	振动压力机	≤0.4

5.2.5.20 施工完毕应对场地进行恢复,将警示牌、标识牌、施工废弃物、生活废弃物运走,恢复原有路貌。

② 《涉路工程安全评价规范(征求意见稿)》[14]

5.3.3.7 其他安全措施应符合下列规定:

1. 管线穿越公路应在公路两侧设置地面标识和警示牌,且宜设置在公路用地以外。
2. 管线接头应设置在公路用地范围外,且应在公路两侧设置紧急切断阀。

5.3.3.8 采用非开挖穿越施工,应根据公路路基结构、地质条件、穿越管径、穿越长度、管线埋深和弹性敷设条件确定施工工艺,并应符合下列规定:

1. 定向钻不宜在卵石层、松散状砂土或砂层、砾石层与破碎岩石层中穿越。当出土管段穿过一定的卵石、砾石层时,宜选择采取套管隔离、注浆固结措施。
2. 顶管穿越施工应考虑穿越土层岩土性质、顶进管管径和材质、地下水位、周边地上与地下建筑物、构筑物和各种设施因素。
3. 穿越管段应根据土层的稳定性和密实性,采取防止路基路面破损的措施。
4. 工作井、接收井与公路边沟的净距不小于2倍的井深。
5. 工作井、接收井应根据开挖深度、地质条件、地下水位等条件明确支护措施。

5.3.3.9 管线下穿施工期既有公路路基的安全应符合本规范3.2.2条的规定。

注:3.2.2 涉路工程建设和运行对既有公路路基的影响,必须保证路基的最大沉降量不大于20 mm。

5.3.3.10 施工方案除满足相关规定外,还应符合下列规定:

1. 施工方案中应明确针对公路桥梁、路基的安全防护措施。
2. 桥梁结构及路基沉降监测,应提供具体监测方案,包括监测位置、监测频率和预警值、报警值等,监测宜由第三方负责实施。

3. 涉路工程施工完成后应恢复公路原状,路基路面恢复方案应与原有路基路面结构保持一致。

2. 施工期间交通组织方案

施工期间的交通组织方案见本书第 7 章。

3. 运营期安保措施

输气管道实施管理方需确保管道运营过程中阀室的有效运行。管道穿越工程完成后,应在穿越工程管道埋设处设置保护标志,以起到提醒、示意及保护作用,运营过程中应有相关人员定期巡检。管道穿越工程完成后,穿越路基段在后期地基会产生少量不均匀沉降,高速公路路面可能会出现局部裂缝。一旦发生此类情况,由管道实施管理方负责及时对路面进行修复处理。

3.2.3 实际案例

案例一 管道穿越某高速公路安全性评估

1. 工程概况

本工程为某管道需穿越高速公路,该高速公路路基宽度 28 m,计算行车速度 120 km/h,为全封闭、双向四车道高速公路。

施工中拟采用顶管方式敷设一根 DN1 000 mm 钢筋混凝土管,穿越长度约 40 m,与公路交叉角度为 90°,管道埋深为 7 m。

顶管工作井开挖深度为 7.3 m,直径为 4.4 m,井壁采用 M5.0 水泥砂浆砌 240 标准砖护壁,井底采用 30 cm 厚 C20 砼;顶管接收井开挖深度为 7.3 m,直径为 1.5 m,井壁采用 M5.0 水泥砂浆砌 240 标准砖护壁,井底采用 30 cm 厚 C20 砼[8]。

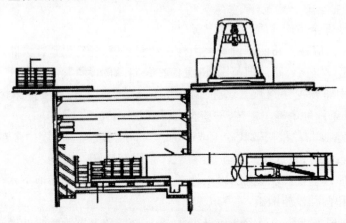

图 3-39 工作井布置示意图

顶进过程中安装管节的正常施工程序为:主顶千斤顶回缩→松开管道内部轨道、电缆、油路、注浆管道接头→吊开顶铁→推出承插口钢环→安放顶进管段→安放橡胶圈接口→安装顶铁→连接管道内部轨道、电缆油路、注浆管道接头灯→顶进油缸伸出,继续顶进。顶管施工必须选用合理的机械设备。

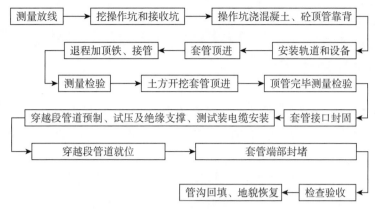

图 3-40 顶管穿越施工流程图

施工区土层根据时代成因、岩性及物理力学指标,分为 3 个土层 4 个亚层。

①-1 层杂填土:该层为路基路面结构层,总厚度约 1.6 m;

①-2 层素土:灰黄色~黄灰色,松散~稍密,主要由黏性土构成,局部有少量石屑,厚约 3 m;

③ 层黏土:褐黄色,硬塑,含铁猛质结核,无摇振反应,光滑,干强度高,韧性高,工程地质性质较好,厚约 5 m。

④ 层强风化泥岩:紫红色,密实,取出岩芯多呈砂土状,少量碎块状岩芯,手捏易碎,遇水易软化,属极软岩。

表 3-52 顶管施工区土层地质情况表

层号	名称	含水率 ω %	土重度 γ kN/m³	孔隙比 e —	液限 ω_L %	塑限 ω_P %	塑限指数 I_P	液限指数 I_L
①-1	杂填土	27.1	18.2	0.881	39.2	23.9	15.3	0.25
①-2	素土	27.7	18.8	0.822	42.3	23.4	19	0.23
③	黏土	23.4	19.3	0.72	41.1	22.3	18.7	0.06

本项目中管道埋深为 7 m,管道位于③层黏土层内,穿越层地质情况良好。

2. **安全评价方法**

为保障管道工程的顺利实施,并确保该项目在施工过程中以及运营后,与之相交的高速公路结构及交通运营安全,需要对此类涉路行为进行安全评价。根据预先危险性分析法,在施工前找出危险源,通过安全评估分析,查出并确认危险性,然后提出危险排除措施,消除危险,为工程建设和既有高速公路提供安全保障。

3. **危险源分析**

顶管施工主要存在以下安全问题:

1)管道的埋深不足,可能引起路基失稳或坍塌,危及道路安全;

2)基坑开挖支护措施不到位,可能引起基坑坍塌;降水方式不当,可能引起路基沉降或裂缝;

3)施工顶力不足,引起施工故障,危及道路安全;

4)施工期交通工程安全设施设置不健全而引起的其他问题。

4. 安全评估分析

1）符合性检验

（1）交叉角度

经核查，本工程管道与公路夹角为 90°，交叉角度满足规范的要求。

（2）管道埋深

工程沿道路埋设有多条管道，其中污水管道覆土 4.8 m，管径 1.2 m，其他管道埋深约 1.5 m。顶管从污水管道下方通过，采用钢筋混凝土管，埋深应不小于 8.3 m（4.8 m+1.2 m+0.3 m+2 m）。

本次顶管采用 DN1000 mm 混凝土管道，埋深为 7 m。综合以上所述，本工程顶管埋深不满足规范要求，应根据规范进行调整，管顶覆土应不小于 8.3 m。

（3）管材

根据施工资料，管材满足要求。

2）工作井、接收井验算

本工程顶管采用钢筋混凝土管，管径为 1 000 mm，根据规范要求计算管顶覆土深度应为 8.3 m。

根据规范《给水排水工程顶管技术规程》（CECS 246—2008），计算结果如表 3-53 所示。

表 3-53 计算结果

名称	内净长(m)	内净宽(m)	底板面埋深(m)	备注
工作井	7	5.6	10	管道埋深按 8.3 m 计算
接收井	—	3.2	9.5	
工作井	7	5.6	8.7	管道埋深按 7 m 计算
接收井	—	3.2	8.2	

注：表中数据是根据管顶覆土 8.3 m 计算。

本工程计划开挖深度为 7.3 m，直径为 5.5 m。接收井开挖深度为 7.3 m，直径为 1.5 m，工作井和接收井尺寸、底板面埋深均不满足规范要求。

本工程工作井、接收井较深，施工拟采用 M5.0 水泥砂浆砌 240 标准砖护壁，本次评估认为，该支护方案不可行，应调整井壁结构形式。

结合实际情况，本工程工作井、接收井可采用 SMW 工法施工或沉井法。

综合考虑工期要求、井周沉降要求及隔水要求等，推荐采用 SMW 工法进行施工。

3）顶管顶力、路基沉降等验算

（1）顶力计算

顶管的顶力可按下式计算（亦可采用当地的经验公式确定）：

$$P = f\gamma D_1 \left[2H + (2H + D_1) \tan^2\left(45° - \frac{\varphi}{2}\right) + \frac{\omega}{\gamma D_1} \right] L + P_s \tag{3-53}$$

$$P = \pi D_s t_s p_s \tag{3-54}$$

式中：P——计算的总顶力（kN）；

γ——管道所处土层的重力密度（kN/m³）；

D_1——管道的外径（m）；

H——管道顶管以上覆盖土层的厚度(m);
φ——管道所处土层的内摩擦角(°);
ω——管道单位长度的自重(kN/m);
L——管道的计算顶进长度(m);
f——顶进时,管道表面与其周围土层之间的摩擦系数;
P_s——顶进时,工具管的迎面阻力(kN);
D_s——顶进机头直径(m);
t_s——切削工具厚度(m);
p_s——单位面积机头阻力(kPa)。

计算得:$P = 1\,520$ kN。

资料中未计算顶力,本次计算值可供参考,施工单位应根据实际情况选择合理的机械设备。

(2) 后座反力计算

为确保后座在顶进过程中的安全,后座的反力或土抗力 R 应为总顶进力 P 的 1.2~1.6 倍,反力 R 采用下式计算[48—50]:

$$R = \alpha B \left(\gamma H^2 \frac{K_p}{2} + 2cH\sqrt{K_p} + \gamma hHK_p \right) \tag{3-55}$$

式中:R——总推力的反力(kN);
α——系数,取 $\alpha = 1.5 \sim 2.5$;
B——后座墙的宽度(m);
γ——土的容重(kN/m³);
H——后座墙的高度(m);
K_p——被动土压系数;
c——土的内聚力(kPa);
h——地面到后座墙顶部主体的高度(m)。

在计算后座受力时,应该注意:

① 当油缸总推力作用点低于后座被动土压力合力点时,后座所能承受推力为最大;
② 当油缸总推力作用点与后座被动土压力合力点相同时,后座所承受推力略大些;
③ 当油缸总推力作用点高于后座被动土压力合力点时,后座承载能力最小。所以,为使后座承受较大推力,工作坑应尽可能深一些,后座墙也尽可能埋入土中多一些。

取 $\alpha = 2, B = 4$ m, $\gamma = 19.3$ kN/m³, $H = 7.5$ m, $K_p = 2.04$, $c = 49$ kPa, $R = 19\,620$ kN$>1.2\,P$,后座反力能满足顶进要求。

(3) 沉降计算

穿越施工引起的地面沉降计算方法主要有经验法和解析法两种。目前工程界常采用 Peck 提出的地面沉降横向分布估算公式:

$$S_x = S_{\max} e^{\frac{x^2}{2i^2}} \tag{3-56}$$

$$S_{\max} = v_1 / 2.5i \tag{3-57}$$

式中:S_x——地面沉降量(m);
x——距离顶管轴线的水平距离(m);
$S_{\max}$——管道轴线上方的最大地面沉降量(m);

i——地面沉降槽宽度系数(m);

经验公式为:

$$i = H / [2.5\tan(45° - \varphi/2)] \tag{3-58}$$

式中:H——顶管埋置深度(m);

φ——土的内摩擦角(°)。

v_1 为管道单位长度的土体损失量(m^3/m),通常采用挖掘面面积的百分率来估算土体损失的大小,令 η 为土体损失百分率,则 $v_1 = \pi r^2 \eta$。η 取值根据管道所处层位的土体性质确定,自稳性差、易流失的土取大值。

本工程土层失土率 η 取 4%,分别按施工方案埋深和按规范计算要求埋深进行计算,结果如表 3-54 所示。

表 3-54 路面沉降量计算结果

	管道外径(m)	埋深(m)	计算沉降(mm)
顶管	1.2	7	5.7
顶管	1.2	8.3	4.1

参考《给水排水工程顶管技术规程》(CECS 246—2008)规定:穿越施工造成的公路路面沉降量应小于或等于 20 mm,穿越处路面沉降满足要求。

(4)孔壁稳定性验算

管道顶进时,孔壁及其附近的力学平衡受到破坏,如不采取防护措施,在地层中极易发生孔壁的垮塌、流失、缩径,即非开挖水平孔失稳破坏,这将严重影响非开挖施工的进行(如顶管受阻等),甚至可能造成严重的安全事故,如路面塌陷等。

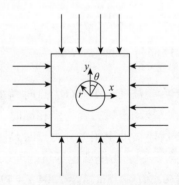

图 3-41 孔壁稳定平面应力问题示意图

而孔壁岩土的失稳破坏是由于成孔后孔壁地层内部应力状态发生变化超过了其强度极限所导致的,因此将井壁单元体的应力状态与强度指标进行比较可得出孔壁岩土是否发生失稳破坏的结论。

管孔由于长度方向的尺寸通常比横截面尺寸大得多,因此可将近孔壁某点应力问题作为平面应力问题(图 3-41)研究。根据基尔斯公式,钻孔近孔壁某点单元体应力大小如下:

$$\sigma_r = \frac{P}{2}(1+\lambda)\left(1 - \frac{r_0^2}{r^2}\right) + \frac{P}{2}(1-\lambda)\left(1 - 4\frac{r_0^2}{r^2} + 3\frac{r_0^4}{r^4}\right)\cos 2\theta \tag{3-59}$$

$$\sigma_\theta = -\frac{P}{2}(1+\lambda)\left(1 + \frac{r_0^2}{r^2}\right) - \frac{P}{2}(1-\lambda)\left(1 + 3\frac{r_0^4}{r^4}\right)\cos 2\theta \tag{3-60}$$

$$\tau_{r\theta} = \frac{P}{2}(1-\lambda)\left(1+2\frac{r_0^2}{r^2}-3\frac{r_0^4}{r^4}\right)\sin 2\theta \tag{3-61}$$

由弹力力学理论,该点主应力大小为:

$$\sigma_t = \frac{\sigma_r+\sigma_\theta}{2} + \sqrt{\frac{(\sigma_r-\sigma_\theta)^2}{4}+\tau_{r\theta}^2} = t + \frac{P}{2}\sqrt{(1+\lambda^2)+m+n} \tag{3-62}$$

$$\sigma_3 = \frac{\sigma_r+\sigma_\theta}{2} - \sqrt{\frac{(\sigma_r-\sigma_\theta)^2}{4}+\tau_{r\theta}^2} = t - \frac{P}{2}\sqrt{(1+\lambda^2)+m+n} \tag{3-63}$$

式中:

$$t = P\frac{r_0^2}{r^2}[(1+\lambda)-2(1-\lambda)\cos 2\theta] \tag{3-64}$$

$$m = 2(1-\lambda^2)\left(3\frac{r_0^4}{r^4}-2\frac{r_0^2}{r^2}+1\right)\cos 2\theta \tag{3-65}$$

$$n = (1-\lambda)2\left[\left(3\frac{r_0^4}{r^4}-2\frac{r_0^2}{r^2}\right)^2+2\left(3\frac{r_0^4}{r^4}-2\frac{r_0^2}{r^2}\right)\cos 4\theta\right] \tag{3-66}$$

$$\lambda = 1/(1-\mu) \tag{3-67}$$

式中:P——上覆土层垂直应力;

r_0——钻孔半径;

r——所求点半径;

θ——所求点与圆心的连线与垂直轴的夹角;

μ——泊松比;

$\tau_{r\theta}$——采用弹力学中规定符号的反号为正。

钻孔孔壁发生破坏失稳的根本原因是孔壁某点单元体最大剪应力超过土的极限抗剪强度。根据莫尔-库伦破坏准则,也称土的极限平衡条件:

$$\sigma_{1f} = \sigma_{3f}\tan^2\left(45°+\frac{\varphi}{2}\right) + 2\tan\left(45°+\frac{\varphi}{2}\right)c \tag{3-68}$$

可判断钻孔是否发生坍塌,若:

$$\sigma_1 > \sigma_{1f} \tag{3-69}$$

则孔壁破坏,反之则孔壁稳定。

孔壁若破坏,将先从孔壁顶部开始破坏,因此本次对孔壁顶部点进行稳定性分析,则各参数取值计算如下:

$$\gamma = 18.4 \text{ kN/m}^3; r_0 = r; \theta = 0; \mu = 0.25; c = 30 \text{ kPa}; \varphi = 30° \qquad \text{式}(3-70)$$

计算结果如表 3-55 所示。

表 3-55 计算结果

埋深(m)	P(kPa)	σ_1(kPa)	σ_3(kPa)	σ_{1f}(kPa)
7	138	414	414	648.5
8.3	153	458	458	707

根据计算结果,$\sigma_1 < \sigma_{1f}$,本工程顶管孔壁稳定性满足要求。

4)施工方案可能存在的问题及对策

顶管穿越在施工过程中可能会对公路产生一定的影响,施工方案可能存在的问题及对策为:

（1）施工前准备工作

前期调查：进场后应核查施工范围内地下障碍物和现状管道情况，调查清楚后方能进行施工。

工具准备：顶管顶进施工前，按要求进行施工用水、用电、通道、排水及照明等设备的安装。施工材料、设备、机具必须备齐，以满足本工程施工的要求。管节准备要有足够的余量。

技术准备：在顶管施工前，对各种技术工种进行岗位培训，经过考核合格后，才能上岗。并对参加施工的全体人员分阶段进行详细的技术交底。

线位复核：依据施工图纸的控制点及现场桩位的要求，对穿越路径和标高进行复测，确定发送坑、接受坑的位置并进行标识。

（2）顶管工作坑降水措施可能对路基产生影响

若附近地下水埋深较浅，顶管穿越施工方案中工作井和接受井沿路基两侧应采用钢板桩支护，为避免引起地面沉降，尽量少采用降水这一辅助施工手段，而采用无须降水的机械式顶管施工。在不得不采用降水措施时，建议采取合适的排水方案，必要时采用止水墙或者土体注浆方案。

（3）顶管施工对路基的影响[51—53]

顶管施工方式一旦处理不当，易引发地表的隆起或沉降，从而对公路的路基路面造成影响或破坏。针对不同现象应采取相应措施。

顶管施工对地面构筑物的影响及防护措施：

① 地表隆起

现象：在任何一种顶管施工中，若操作不当，都会使机头前方沿滑裂面范围内的土体遭破坏使地表隆起。

原因：无论何种形式的顶管，其地表隆起原因都是由于欠挖所造成的，而且在欠挖的同时又使机头前的土压力大于顶管机所处土层的被动主压力所造成的。

防治措施：严格控制排土与推进速度之间的关系，并且控制好机头前的土压力，务必使它小于顶管机前头的被动土压力。

② 地面沉降

现象：在顶管机过后或顶管施工完成后，在管子中心线左右两侧的地面产生沉降。并且，随着时间的推延，沉降槽的宽度与深度均与日剧增。

原因：

沉降的原因有四种：

第一种是超挖所造成的，正常的挖土量须控制在应挖土体的95%~100%之间。

第二种是顶管过程中对主体扰动而产生的沉降。

第三种则是由于润滑浆套内的浆液流失所造成的沉降。

第四种是由于采用了辅助的降水施工所造成的沉降。

防治措施：控制好尺进与出土量之间的关系，做到不超挖。润滑浆要有一定的稠度，不能太稀。尽量不采用降水这一辅助施工手段。顶管穿越公路前，必须使顶头调至正位，并保养好机头。加密测量密度，控制好方向，避免在公路下做过大的纠偏操作。同时还要加强现场值班、现场资料分析与决策等管理工作，并加强路面沉降观测，以确保公路安全。

施工时应在公路顶管路径50 m范围内设置沉降观测点若干个，将测量仪器架设到预设观测点，严禁随意移动和变更。固定观测水平仪设备，固定观测人员，同一观测点每2小时观测一次，密切注意公路路基情况，当观测点累计水平位移大于10 mm或竖向位移大于15 mm，则应立即停止施工，找出原因，采取相应措施。

施工过程中沉降观测控制指标见表3-56,施工完毕后再对施工路段进行2~3天的观测,以确定路面是否安全。根据测量成果,如果连续公路的沉降满足 $\Delta S \leqslant 1 \text{ mm}/100 \text{ d}$ 时,可以停止观测。

表3-56 沉降观测控制指标

管理等级	实测沉降值(mm)	措施	施工状态
Ⅲ	$U_0 = 5$	预警	可正常施工
Ⅱ	$U_0 = 10$	预警	减缓钻进速度,加强支护
Ⅰ	$10 < U_0 \leqslant 15$	控制	暂停施工,采取特殊措施处理

(4)交通安全管理

穿越路段高速公路一般交通量较大。穿越工程实施过程中需确保公路安全运行,建议采取以下措施:

① 穿越段施工过程中,为加强安全控制,动态跟踪公路受到的影响,及时发现可能发生的路基沉降危害。

② 施工期间,设置交通管理标志标识,确保公路的通行及施工人员的人身安全。

(5)根据现行公路法律法规,各种穿越公路工程施工前需办理相关行政许可手续,施工前向相关道路管理部门提交施工备案,施工后向相关道路管理部门提交竣工资料。

5)施工安全保障措施

本工程的施工等将会对道路安全造成一定的安全隐患,施工方案中安全措施较为简略,应补充详尽。参考类似项目经验,施工中主要安全措施如下,可供施工单位参考:

(1)工作井、接收井周围做好硬性围护栏,围挡前后禁止停车,并按规定设置警示牌和警示灯;

(2)夜间施工时设置照明,配置适当的警示标志;

(3)开挖部位及时开挖、及时恢复并采取相应措施保证安全;

(4)开挖土方不乱抛,集中堆放及时运出;

(5)雨前对土体和支护进行检查,并采取排水、防护措施,雨后对土体和支护进行检查;

(6)雨季施工各种车辆机械不得在开挖基础边缘 2 m 内行驶、停放;

(7)对于危险区域,应树立标识牌、警示牌,并派专人 24 小时值班,待土建施工结束回填后,再拆除围挡;

(8)场地恢复。

① 回填

工作井、接收井顶板施工完毕后上部应填土压实。

对地表沾染的土,应集中外运后统一处理。

② 地貌恢复

将工作井、接收井周围隔离物、井场内外警示牌、标识牌装车运走;井场内施工及生活废弃物拉运至垃圾场;恢复原有地貌。

6)施工应急预案

施工方案中应急预案较简略,应针对施工中可能发生的各种意外,制定详尽的应急预案。参考类似项目,顶管穿越施工主要安全防范重点为施工过程中的路面沉降、塌陷事故、地下管线

破坏、交通事故等,对应应急预案如下:

(1) 工作井、接收井基坑施工

① SMW工法桩所用材料应加强检测,严格按照规范施工,从源头上把好质量关;

② 基坑开挖时应注意监测地下水位、支护及周边沉降,如发现异常应立即处理。

(2) 顶管时地下管线破坏

① 在顶管施工前与各相关部门联系,确认施工范围内管线位置、埋深等;

② 在确认后,及时调整施工路线和高程,避免与现有管线相交;

③ 如在顶管过程中发现异常情况,及时与各相关部门联系。

(3) 交通事故

① 主要为防止由于穿越施工作业导致路面塌陷而发生的交通事故;

② 在作业前,由专人与公路产权单位联系进行施工期间相关事宜的沟通,确定临时应急道路,若发生事故即从应急道路绕行;

③ 如在穿越路段发生交通事故或车辆发生故障,应联系交警及时拖走事故或故障车辆。

(4) 成立由项目经理、专职安全员、现场负责人组成的应急响应领导小组对应急事故进行响应、处置。

(5) 挖掘机、抽水泵、水龙带等应急设备物资常备现场,特殊材料如商品混凝土提前联系好就近供应商以便应急处置时使用。

(6) 事故处理程序:发生事故后,当事人应立即报告项目部现场负责人。项目部接到通知后,立即通知业主和监理,同时通知路政迅速到达现场,指挥现场应急救援,同时立即启动应急救援程序和公路保护应急措施。对于路面沉降危害,在经过观测发现有沉降超标的,立即通过砼套管内的注浆孔,向套管外引起路面沉降的空隙注入水泥浆,将空隙填实,确保高速公路安全运行;对于套管内大量透水危害,一经发现,人员撤离工作井后,立即使用挖掘机将顶管工作井回填压实,如有必要,亦可浇灌混凝土进行坑洞封填,第一时间封住地下水冒出,保护公路路基安全。并成立现场救援组实施救援和调查工作,采取必要措施抢救人员和财产,防止事故扩大和损失加重。管理单位到达现场后,按照职责分工,全力配合救援、善后工作。

(7) 对事故原因进行分析、调查,本着"事故原因未查清不放过,事故责任人没有严肃处理不放过,职工没有受到教育不放过,防范措施没有落实不放过"的"四不放过"的原则进行处理,事故的调查处理应本着对单位、对员工和事故责任人负责的原则,客观公正、实事求是、及时准确、秉公执法。

以上措施为一般情况下出现事故的应对措施,实际施工时可能应根据实际情况随机应变,采取合理措施将事故影响降到最低。

7) 运营期安保措施

(1) 保护标志设置及巡检

管道穿越工程完成后,应在穿越工程管道埋设处设置保护标志,以起到提醒、示意及保护作用,按照管道轨迹在地面上树立标识桩,标识桩地下埋深40 cm,地面高60 cm,上刻"某某主干管",以起到提醒、示意及保护的作用,运营过程中应有相关人员定期巡查。

(2) 路面修复

管道穿越工程完成后,穿越路基段在后期地基会产生少量不均匀沉降,公路路面可能会出现局部裂缝。一旦发现此类情况,由管道实施管理方负责及时对路面进行修复处理。

8）安全评估结论

本工程管道穿越高速公路，采用顶管施工，总体方案合理：

（1）本工程穿越管道与公路交叉角度满足规范要求；

（2）管道埋深不满足要求；

（3）工作井和接收井尺寸不满足要求；

（4）支护形式不满足要求；

（5）管道顶力及后座反力计算满足要求；

（6）沉降计算满足要求；

（7）孔壁稳定性满足要求。

9）安全评估建议

（1）管道埋深建议调整为 8.3 m。

（2）工作井和接收井尺寸不满足要求，建议调整。

（3）推荐采用 SMW 工法进行施工。

（4）建议按照本文中提出的安全保障措施及应急预案完善施工方案，保障施工安全及高速公路的运营安全。

案例二　川气东送管道工程郎溪广德段穿越省道 S215 工程

1. 工程概况[29]

川气东送管道工程郎溪广德段穿越省道 S215，本段内土层以粉质黏土、粉质黏土夹卵石为主，公路两侧边沟较深。穿越省道 S215 采用顶管法，穿越施工时难度较大，需修建大量的临时施工便道，以便于施工设备、机械的进退场，见图 3-42。

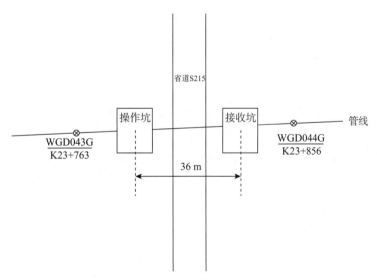

图 3-42　穿越省道 S215 平面图

注：① 省道 S215 穿越位于川气东送管道工程线路 K23+763~K23+856 之间，穿越长度为 93 m，套管长度为 28 m。

② 该段穿越位于省道 S215K43+240 处。

在公路两侧放出管道中心线，选择运输方便、平整、地面高程较低且无障碍的一侧作为施工现场，选择在公路两侧地势较低的一侧作为施工场地，确定顶管穿越的进、出口位置，在一端挖顶管操作坑，在操作坑内放入第一节穿越套管和顶管设备。先由人工在套管前端挖土，待套管前端形成略大于套管外径的圆空间后，再顶进套管。待套管顶进后再继续进行人工掏土，如此循环作业,直至穿越公路为止。施工现场平面布置见图3-43。

图3-43 施工现场平面布置示意图

2. 设计符合性

（1）一般要求

穿越式涉路工程施工期间和完工后,应保证公路排水系统畅通,不应在排水沟内堆放材料、设备和其他妨碍公路排水的物品。本工程由于穿越地段水位高,所以实施了8个大口径井点降水。在操作坑开挖及接收坑之前采用打井措施,水井深度为25 m,分别布置在操作坑及接收坑的四个角上,井点分布见图3-44。本工程排水设置符合要求。

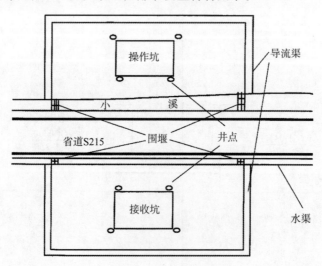

图3-44 井点分布示意图

① 施工时间应选择在有利于公路路面恢复的季节。本工程施工时间有利于公路路面恢复,避开冬季,符合要求。

② 穿越公路的管道接头应设置在公路用地外。若使用防水层密封管道接头,接头处应尽量远离公路,接头与公路用地的距离不宜小于管线埋深。本工程管线接头设置符合要求。

（2）禁止行为

严禁在公路交叉口、桥梁、隧道周围100 m范围内进行管线穿越。本工程管线穿越位置符合规范要求。

(3) 套管要求

① 管道穿越公路时,应设置套管保护。本工程穿越用混凝土套管保护,符合要求。

② 保护套管内径大于被保护直径5%以上,套管两端应使用耐久的材料密封。本工程套管直径符合规范要求。

③ 套管端部伸出路基坡脚长度不得小于2 m。条件受限时,套管端部要超出路基0.6 m以上,或超过排水边沟底部外边缘0.9 m以上,取二者中的较大值。本工程套管端部设置符合规范要求。

(4) 穿越位置

管线与公路交叉,一般采取垂直交叉,从公路路基下穿越,如需斜交,交角不应小于60°;受限制时,不宜小于45°;山岭地区特别困难路段不应小于30°。本工程为垂直穿越,符合要求。

(5) 埋深要求

本工程为输送燃气管道穿越省道,最小埋深应为1.2 m。本工程设计文件中没有明确管道埋深,不符合要求。

(6) 标志设置

穿越管线应在地面上设置永久标志,标志应设在管线中心线与公路用地最外沿的交点。标志的内容包括:管线产权单位、管道输送物质名称、管道压力、管道埋深及紧急联系电话。本工程设计文件中没有明确标志的设置,不符合要求。

3. 施工保障措施

(1) 施工人员必须参加安全培训,按要求穿戴劳动保护用品,遵守安全操作规程。

(2) 施工现场用电按照正式用电安装线路,架空线不低于3.5 m,沿地面敷设的电线要用双层橡胶电缆,过路时要加防护套管。

(3) 在穿越区附近,设置标志牌(如"前方施工,车辆慢行")或信号,警告接近车辆减速行驶。

(4) 穿越处晚间要设置并开启警示灯,以便警告行人、车辆注意安全。

(5) 顶管穿越挖操作坑、接收坑时,必须采取防塌方措施,操作坑、接收坑四周的支撑要随时检查,以确保施工安全。当操作坑内水位较高时,要采取降水措施,并有防塌措施。

(6) 操作坑四周必须有安全防护栏,有明显的标志,以及安全检查的照明设施。当夜间施工时,要有足够的照明设备。

4. 改进建议

(1) 施工时间应选择在有利于公路路面恢复的季节,应避开雨季,不可避免时应对路基边坡采取加固防护措施。挖掘路基应分段开挖,随挖随砌,不得长距离连续开挖或长期不砌。有坍塌可能时,应及时支撑。

(2) 施工时应根据有关要求对沟槽进行支护,特别是对已存在设施和结构进行水平和垂直方向的保护。

(3) 路基回填和路面修复应符合原路面技术条件,满足现行《公路沥青路面施工技术规范》(JTG F40)或《公路水泥混凝土路面施工技术规范》(JTG F30)的有关规定。

(4) 回填应至少分两步:首先回填至套管或管线的上端,其次回填至原路面。回填应使用不同材料分层压实,材料和压实度应满足公路工程相关技术标准。

4 平交与接入式涉路工程

交通主干道承载大量的交通流量,使得主干道极易出现带状发展的形式。商业和居民用地多布设在公路两旁,为了满足人们进入和穿越主干道的需要,主干道上面的平交与接入的道路开始逐渐增多,接入车辆与直行车辆以及公路上的行人和非机动车辆会产生各种交通冲突,造成不必要的延误,导致主干道的通行能力变差,增加了交通的阻塞,降低了道路安全。

平交和接入式涉路工程主要指在同一高程上与公路主路平面交叉的道路工程,包括公路、乡村道路、沿线单位出入口、加油加气站出入口等建设工程。这类工程多易破坏路面排水系统,交叉接坡处易形成跳车,造成路面破损、结构破坏,影响主路使用寿命。同时在出入口设计方面也普遍存在一些问题,如缺乏"路权分配"和左转保护等。交叉路口接入使得交通冲突点增多,影响主路交通通行能力,诱发交通事故[54—57]。

平交和接入式涉路行为按照接入的对象不同主要分为公路、乡村道路、单位出入口、加油加气站四类[58—59]。

4.1 公路平交

4.1.1 工程特点及危险源分析

公路平面交叉口是道路与道路在同一平面上相交的地方,是公路网的节点和枢纽,对转换交通流起着重要作用。虽然交叉口在公路网里程中所占比例很小,但是发生在交叉口及其附近的交通事故比例却很高。目前我国公路交叉口存在的主要问题有交叉口接入太多、选位不当等,导致大量冲突点的出现,致使交通冲突和事故的发生。目前交通事故产生的原因主要体现在交叉口间距过小、数量过多、路权概念缺失、转弯车道的错误设置、标志标线的缺失或错误设置、公路出入口几何形状设置不合理等方面。

4.1.2 安全评价内容

在公路上增设平交口,需要从交叉口间距、视距、交叉角度、交叉口平纵曲线、交叉口交通管理方案设计、施工管理等方面进行严格要求。对于一级公路或二级公路,平交路口设计方案应进行专家论证,以提高其安全性。

4.1.2.1 公路平交设计指标评价

公路平交设计指标评价是从包括交叉口间距、视距、交叉角度、平纵曲线等指标进行分析评价。

1. 交叉口间距

①《公路路线设计规范》(JTG D20—2017)[16]

10 公路与公路平面交叉

10.1.7 平面交叉间距的控制应符合下列规定:

1. 平面交叉的间距应根据公路功能、技术等级及其对行车安全、通行能力和交通延误的影响确定。

2. 一级公路、二级公路的平面交叉最小间距应符合表 4-1 的规定。

表 4-1 平面交叉最小间距

公路技术等级	一级公路			二级公路	
公路功能	干线公路		集散公路	干线公路	集散公路
	一般值	最小值			
间距(m)	2 000	1 000	500	500	300

3. 一级公路、二级公路作为干线公路时,应优先保证干线公路的畅通,采取排除纵、横向干扰的措施,平面交叉应保持足够大的间距,必要时可设置立体交叉。

4. 一级公路、二级公路作为集散公路时,应合理设置平面交叉,通过支路合并等措施,减少平面交叉的数量。

②《公路工程技术标准》(JTG B01—2014)[18]

9.1.5 平面交叉的间距应根据其对行车安全、通行能力和交通延误等的影响确定。有条件时应尽量通过支路合并等措施,减少平交口数量,增大平交口间距。一、二级公路平面交叉的最小间距应不小于表 4-2 的规定。

表 4-2 平面交叉最小间距

公路等级	一级公路			二级公路	
公路功能	干线公路		集散公路	干线公路	集散公路
	一般值	最小值			
间距(m)	2 000	1 000	500	500	300

③《涉路工程安全评价规范》(DB34/T 2395—2015)[15]

6.1.2 交叉口间距

一、二级公路平面交叉的最小间距应符合表 4-3 规定,三、四级公路平面交叉口间距宜按照二级集散公路的要求进行控制。

表 4-3 一、二级公路平面交叉口间距

公路等级	一级公路			二级公路	
公路功能	干线公路		集散公路	干线公路	集散公路
	一般值	最小值			
间距(m)	2 000	1 000	500	500	300

④《涉路工程安全评价规范(征求意见稿)》[14]

6.1.3.1 平面交叉选位、线形和视距除满足《公路路线设计规范》(JTG D20)相关规定外,还应符合下列规定:

1. 既有公路为一、二级公路时,相邻平面交叉最小间距应符合表 4-4 的规定。

表 4-4 平面交叉最小间距

公路等级	一级公路			二级公路	
公路功能	干线功能		集散公路	干线公路	集散公路
	一般值	最小值			
交叉间距(m)	2 000	1 000	500	500	300

2. 一级公路中央分隔带开口不宜设置于设置超高的平曲线路段和纵坡大于3%的路段,用于车辆通行的中央分隔带开口间距应不小于平面交叉最小间距。

2. 视距

①《公路路线设计规范》(JTG D20—2017)[16]

7 公路平面

7.9 视距

7.9.1 高速公路、一级公路的视距应采用停车视距。高速公路、一级公路的一般路段,每条车道的停车视距应不小于表4-5的规定。

表4-5 高速公路、一级公路停车视距

设计速度(km/h)	120	100	80	60
停车视距(m)	210	160	110	75

7.9.2 二级公路、三级公路、四级公路的视距应采用会车视距。受停车条件或其他特殊情况限制而采取分道行驶措施的路段,可采用停车视距。会车视距与停车视距应不小于表4-6的规定。

表4-6 二级、三级、四级公路会车视距与停车视距

设计速度(km/h)	80	60	40	30	20
会车视距(m)	220	150	80	60	40
停车视距(m)	110	75	40	30	20

7.9.3 二级公路、三级公路、四级公路双车道公路,应间隔设置满足超车视距的路段。具有干线功能的二级公路宜在3 min的行驶时间内,提供一次满足超车视距要求的超车路段。超车视距最小值应符合表4-7的规定。

表4-7 超车视距最小值

设计速度(km/h)		80	60	40	30	20
超车视距最小值(m)	一般值	550	350	200	150	100
	极限值	350	250	150	100	70

注:"一般值"为正常情况下的采用值;"极限值"为条件受限时可采用的值。

7.9.4 高速公路、一级公路以及大型车比例高的二级公路、三级公路的下坡路段,应采用下坡段货车停车视距对相关路段进行检验。各级公路下坡段货车停车视距应不小于表4-8的规定。

表4-8 下坡段货车停车视距(m)

设计速度(km/h)		120	100	80	60	40	30	20
纵坡坡度(%)	0	245	180	125	85	50	35	20
	3	265	190	130	89	50	35	20
	4	273	195	132	91	50	35	20
	5	—	200	136	93	50	35	20
	6	—	—	139	95	50	35	20
	7	—	—	—	97	50	35	20

续表

设计速度(km/h)		120	100	80	60	40	30	20
	8	—	—	—	—	—	35	20
	9	—	—	—	—	—	—	20

7.9.5 各级公路的互通式立体交叉、服务区、停车区、客运汽车停靠站等各类出口路段应满足识别视距要求,并应符合下列规定:

1. 不同设计速度对应的识别视距应符合表 4-9 的规定。

表 4-9 识别视距

设计速度(km/h)	120	100	80	60
识别视距(m)	350(460)	290(380)	230(300)	170(240)

注:括号中为行车环境复杂、路侧出口提示信息较多时应采取的视距值。

2. 受地形、地质等条件限制路段,识别视距可采用1.25倍的停车视距,但应进行必要的限速控制和管理措施。

7.9.6 路线设计应对采用较低几何指标、线形组合复杂、中间带设置护栏或防眩设施、路侧设有高边坡或构造物、公路两侧各类出入口、平面交叉、隧道等各种可能存在视距不良的路段和区域,进行视距检验。不符合对应的视距要求时,应采取相应的技术和工程措施予以改善。

10 公路与公路平面交叉

10.1.2 平面交叉设计应遵循下列原则:

4. 平面交叉范围内相交公路线形的技术指标应能满足视距的要求。

10.3 视距

10.3.1 引道视距应符合下列规定:

1. 每条岔路上都应提供与行驶速度相适应的引道视距,如图4-1所示。

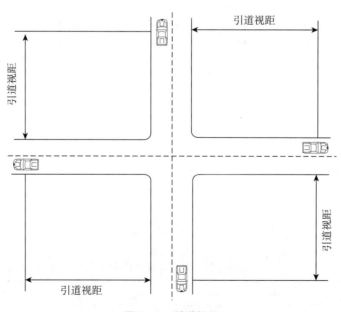

图 4-1 引道视距

2. 引道视距在数值上等于停车视距,但量取标准为:视点高 1.2 m,物高 0 m。各种设计速度所对应的引道视距及凸形竖曲线的最小半径应符合表 4-10 的规定。

表 4-10　引道视距及相应的凸形竖曲线最小半径

设计速度(km/h)	100	80	60	40	30	20
引道视距(m)	160	110	75	40	30	20
引道凸形竖曲线最小半径(m)	10 700	5 100	2 400	700	400	200

10.3.2　通视三角区的视距应符合下列规定:

1. 两相交公路间,由各自停车视距所组成的三角区内不得存在任何有碍通视的物体。如图 4-2 所示。

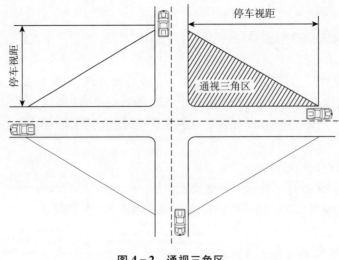

图 4-2　通视三角区

2. 条件受限制不能保证由停车视距所构成的通视三角区时,应保证主要公路的安全交叉停车视距和次要公路至主要公路边车道中心线 5~7 m 所组成的通视三角区,如图 4-3 所示。安全交叉停车视距值应符合表 4-11 的规定。

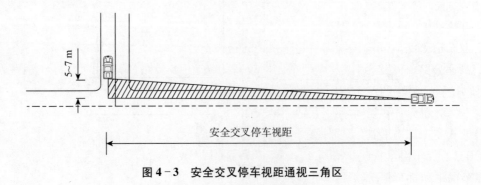

图 4-3　安全交叉停车视距通视三角区

表 4-11　安全交叉停车视距

设计速度(km/h)	100	80	60	40	30	20
停车视距(m)	160	110	75	40	30	20

续表

设计速度(km/h)	100	80	60	40	30	20
安全交叉停车视距(m)	250	175	115	70	55	35

12 公路与铁路、乡村道路、管线交叉

12.3.2 道口应设置在汽车瞭望视距不小于表4-12规定值的地点,并应符合下列要求:

表4-12 汽车瞭望视距

路段旅客列车设计行车速度(km/h)	120	100	80
汽车瞭望视距(m)	400	340	270

1. 道口不得设置在铁路站场、道岔、桥头、隧道洞口及有调车作业的地段附近。
2. 受地形等条件限制汽车在距铁路最外侧钢轨5 m处停车后,汽车驾驶者的侧向瞭望视距小于表4-12规定的道口必须设置看守。

②《公路工程技术标准》(JTG B01—2014)[18]

4.0.15 视距应符合下列规定:

1. 高速公路、一级公路的停车视距应不小于表4-13的规定。

表4-13 高速公路、一级公路停车视距

设计车速(km/h)	120	100	80	60
停车视距(m)	210	160	110	75

2. 二、三、四级公路的停车视距、会车视距与超车视距应不小于表4-14的规定。

表4-14 二、三、四级公路停车、会车与超车视距

设计车速(km/h)	80	60	40	30	20
停车视距(m)	110	75	40	30	20
会车视距(m)	220	150	80	60	40
超车视距(m)	550	350	200	150	100

3. 互通式立交、服务区、停车区、公共汽车停靠站等各类出、入口应满足识别视距要求。
4. 双车道公路应间隔设置满足超车视距的路段。
5. 高速公路、一级公路以及大型车比例较高的二、三级公路,应采用货车停车视距对相关路段进行检验。货车的停车视距、识别视距应符合附录B的规定。
6. 积雪冰冻地区的停车视距宜适当增长。

附录B 货车停车视距、识别视距

B.0.1 货车停车视距

停车视距和货车停车视距对照如表4-15、表4-16所示。

表4-15 高速公路、一级公路停车视距和货车停车视距

设计速度(km/h)	120	100	80	60
停车视距(m)	210	160	110	75

续 表

设计速度(km/h)	120	100	80	60
货车停车视距(m)	245	180	125	85

表4-16 二、三、四级公路停车视距和货车停车视距

设计速度(km/h)	80	60	40	30	20
停车视距(m)	110	75	40	30	20
货车停车视距(m)	125	85	50	35	20

货车停车视距在下坡路段,应随坡度大小进行修正,其值如表4-17所示。

表4-17 货车停车视距

	纵坡坡度(%)	设计速度(km/h)									
		120	110	100	90	80	70	60	50	40	30	20
下坡方向	0	245	210	180	150	125	100	85	65	50	35	20
	3	265	225	190	160	130	105	89	66	50	35	20
	4	273	230	195	161	132	106	91	67	50	35	20
	5	—	236	200	165	136	108	93	68	50	35	20
	6	—	—	169	139	110	95	69	50	35	20
	7	—	—	—	—	—	—	—	70	50	35	20
	8	—	—	—	—	—	—	—	—	—	35	—
	9	—	—	—	—	—	—	—	—	—	—	20

B.0.2 识别视距

识别视距是指在车辆以一定速度行驶中,驾驶员自看清前方分流、合流、交叉、渠化、交织等各种行车条件变化时的导流设施、标志、标线,做出制动减速、变换车道等操作,至变化点前使车辆达到必要的行驶状态所需要的最短行驶距离。不同设计速度对应的识别视距如表4-18所示。

表4-18 不同设计速度对应的识别视距

设计速度(km/h)	120	100	80	60
识别视距(m)	350(460)	290(380)	230(300)	170(240)

注:括号中为行车环境复杂、路侧出入口提示信息较多时应采取的视距值。

③《涉路工程安全评价规范》(DB34/T 2395—2015)[15]

6.1.3.1 无信号控制的交叉口两相交公路间通视三角区应保证通视,见图4-4。条件受限无法满足要求的,应保证主要公路的安全交叉停车视距和次要公路至主要公路车道中心线5~9 m所组成的通视三角区,见图4-5。

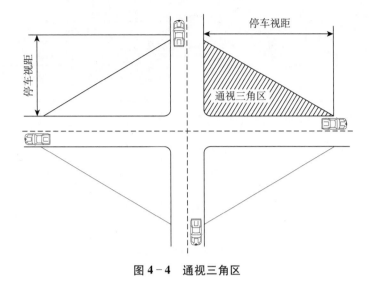

图 4-4　通视三角区

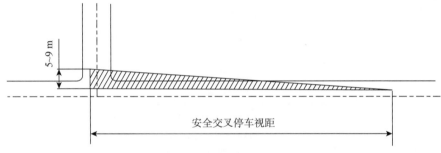

图 4-5　安全交叉停车视距通视三角区

6.1.3.2　平面交叉范围内,两相交公路的纵面宜平缓,纵面线形应满足停车视距要求,见表 4-19。

表 4-19　平面交叉口安全停车视距

设计速度(km/h)	100	80	60	40	30	20
停车视距(m)	160	110	75	40	30	20
安全交叉停车视距(m)	250	175	115	70	55	35

④《涉路工程安全评价规范(征求意见稿)》[14]

6.1.3.1　平面交叉选位、线形和视距除满足《公路路线设计规范》(JTG D20)相关规定外,还应符合下列规定:

3. 无控制平面交叉和减速让行控制平面交叉视距三角由各岔路停车视距组成,视距三角如图 4-6 所示。

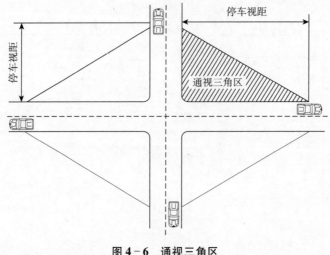

图 4-6 通视三角区

4. 信号控制平面交叉每个进口任一车道停止线的第一辆车应能被其他方向进口道第一辆车看到,视距三角区域如图 4-7 所示。

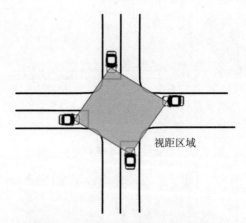

图 4-7 信号控制平面交叉视距区域

5. 停车让行控制平面交叉视距三角区为主要道路的安全交叉停车视距和次要道路至主要道路边车道中心线 5~7 m 所组成的区域,视距三角区域如图 4-8 所示。

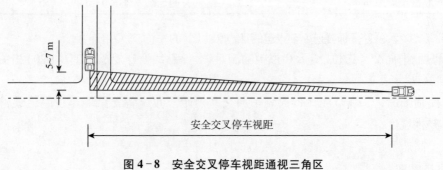

图 4-8 安全交叉停车视距通视三角区

3. 交叉角度

①《公路路线设计规范》(JTG D20—2017)[16]

10　公路与公路平面交叉

10.1.5 平面交叉交角与岔数的确定应符合下列规定：

1. 平面交叉的交角宜为直角。斜交时，其锐角应不小于70°；受地形条件或其他特殊情况限制时，应大于45°。

10.2 平面交叉处公路的线形

10.2.1 平面线形设计应符合下列规定：

1. 平面交叉范围内两相交公路应正交或接近正交，平面线形宜为直线或大半径圆曲线，不宜采用需设超高的圆曲线。
2. 新建公路与等级较低的既有公路交角小于70°，应对次要公路在交叉前后一定范围内实施局部改线。

12 公路与铁路、乡村道路、管线交叉

12.3 公路与铁路平面交叉

12.3.1 公路与铁路相交时，宜为正交；必须斜交时，交叉角度应大于45°。

② 《公路工程技术标准》(JTG B01—2014)[18]

9.1.3 平面交叉角宜为直角，必须斜交时，交叉角应大于45°。同一位置平面交叉岔数不宜多于5条。

9.3.5 公路、铁路平面相交时，宜为正交；必须斜交时，交叉角度应大于45°，且道口应符合侧向瞭望视距的规定。

③ 《涉路工程安全评价规范》(DB34/T 2395—2015)[15]

6.1.4.1 平面交叉的交角宜为直角。斜交时，其锐角不应小于45°，见图4-9。如小于45°，有条件时应优先将接入道路在交叉前后一定范围内作局部改线，无法改线时应组织专家论证交叉口设计、交通管理方案。

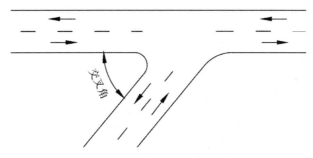

图4-9 平面交叉口交角示意图

6.1.4.2 接入公路不应直接与已建的四岔及以上的平面交叉相连接。

4. 平纵曲线

① 《公路路线设计规范》(JTG D20—2017)[16]

6 公路横断面

6.5 路拱坡度

6.5.1 高速公路、一级公路整体式路基的路拱宜采用双向路拱坡度，由路中央向两侧倾斜。位于中等强度降雨地区时，路拱坡度宜为2%；位于降雨强度较大地区时，路拱坡度可适当增大。

6.5.2 高速公路、一级公路分离式路基的路拱，宜采用单向横坡，并向路基外侧倾斜，也可采用双向路拱坡度。积雪冰冻地区，宜采用双向路拱坡度。

6.5.3 双向六车道及以上车道数的公路，当超高过渡段的路拱坡度过于平缓时，可采用双向路拱坡度。路拱坡度过于平缓路段应进行路面排水分析。

6.5.4 二级公路、三级公路、四级公路的路拱应采用双向路拱坡度,由路中央向两侧倾斜。路拱坡度应根据路面类型和当地自然条件确定,但不应小于1.5%。

6.5.5 硬路肩、土路肩横坡的设计应符合下列规定:

1. 直线路段的硬路肩应设置向外倾斜的横坡,其坡度值应与车道横坡值相同。路线纵坡平缓,且设置拦水带时,其横坡值宜采用3%~4%。

2. 曲线路段内、外侧硬路肩横坡的横坡值及其方向:当曲线超高小于或等于5%时,其横坡值和方向应与相邻车道相同;当曲线超高大于5%时,其横坡值应不大于5%,且方向相同。

3. 硬路肩的横坡应随邻近车道的横坡一同过渡,其过渡段的纵向渐变率应控制在1/330~1/150之间。

4. 土路肩的横坡:位于直线路段或曲线路段内侧,且车道或硬路肩的横坡值大于或等于3%时,土路肩的横坡应与车道或硬路肩横坡值相同;小于3%时,土路肩的横坡应比车道或硬路肩的横坡值大1%或2%。位于曲线路段外侧的土路肩横坡,应采用3%或4%的反向横坡值。

8 公路纵断面

8.2 纵坡

8.2.1 公路的最大纵坡应不大于表4-20的规定,并应符合下列规定:

表4-20 最大纵坡

设计速度(km/h)	120	100	80	60	40	30	20
最大纵坡(%)	3	4	5	6	7	8	9

1. 设计速度为120 km/h、100 km/h、80 km/h的高速公路,受地形条件或其他特殊情况限制时,经技术经济论证,最大纵坡可增加1%。

2. 改扩建公路设计速度为40 km/h、30 km/h、20 km/h的利用原有公路的路段,经技术经济论证,最大纵坡可增加1%。

3. 四级公路位于海拔2 000 m以上或积雪冰冻地区的路段,最大纵坡不应大于8%。

8.2.2 设计速度小于或等于80 km/h位于海拔3 000 m以上高原地区的公路,最大纵坡应按表4-21的规定予以折减。最大纵坡折减后小于4%时应采用4%。

表4-21 高原纵坡折减值

海拔高度(m)	3 000~4 000	4 000~5 000	5 000以上
纵坡折减(%)	1	2	3

8.2.3 公路纵坡不宜小于0.3%。横向排水不畅的路段或长路堑路段,采用平坡(0%)或小于0.3%的纵坡时,其边沟应进行纵向排水设计。

8.3 坡长

8.3.1 公路纵坡的最小坡长应符合表4-22的规定。

表4-22 最小坡长

设计速度(km/h)	120	100	80	60	40	30	20
最小坡长(m)	300	250	200	150	120	100	60

8.3.2 各级公路的最大坡长应符合表 4-23 的规定。

表 4-23 不同纵坡的最大坡长(m)

设计速度(km/h)		120	100	80	60	40	30	20
纵坡坡度(%)	3	900	1 000	1 100	1 200	—	—	—
	4	700	800	900	1 000	1 100	1 100	1 200
	5	—	600	700	800	900	900	1 000
	6	—	—	500	600	700	700	800
	7	—	—	—	—	500	500	600
	8	—	—	—	—	300	300	400
	9	—	—	—	—	—	200	300
	10	—	—	—	—	—	—	200

8.3.3 各级公路的连续上坡路段,应根据载重汽车上坡时的速度折减变化,在不大于表 4-23 规定的纵坡长度之间设置缓和坡段。其设置应符合下列规定:

1. 设计速度小于或等于 80 km/h 时,缓和坡段的纵坡应不大于 3%;设计速度大于 80 km/h 时,缓和坡段的纵坡应不大于 2.5%。

2. 缓和坡段的长度应大于表 4-22 的规定。

8.3.4 二级公路、三级公路、四级公路的越岭路段连续上坡或下坡路段,相对高差为 200~500 m 时,平均纵坡应不大于 5.5%;相对高差大于 500 m 时,平均纵坡应不大于 5%。任意连续 3 km 路段的平均纵坡宜不大于 5.5%。

9 线形设计

9.2 平面线形设计

9.2.3 圆曲线的运用应符合下列要求:

1. 设置圆曲线时应与地形相适应,宜采用超高为 2%~4% 对应的圆曲线半径。

2. 条件受限制时,可采用大于或接近于圆曲线最小半径的"一般值";地形条件特殊困难而不得已时,方可采用圆曲线最小半径的"极限值",并应采取措施保证视距的要求。

3. 设置圆曲线时,应同相衔接路段的平、纵线形要素相协调,使之构成连续、均衡的曲线线形,避免小半径圆曲线与陡坡相重合的线形。

4. 当交点转角不得已小于 7°时,应按规定设置足够长的曲线。

9.2.4 回旋线的运用应符合下列要求:

1. 设计速度大于或等于 60 km/h 时,回旋线应作为线形要素之一加以运用。回旋线—圆曲线—回旋线的长度以大致接近为宜。两个回旋线的参数值亦可以根据地形条件设计成非对称的曲线,但 $A_1:A_2$ 不应大于 2.0。

2. 回旋线参数宜依据地形条件及线形要求确定,并与圆曲线半径相协调。在确定回旋线参数时,宜在下述范围内选定:$R/3 \leqslant A \leqslant R$,但:

1) 当 R 小于 100 m 时,A 宜大于或等于 R。

2) 当 R 接近于 100 m 时,A 宜等于 R。

3) 当 R 较大或接近于 3 000 m 时,A 宜等于 $R/3$。

4) 当 R 大于 3 000 m 时,A 宜小于 $R/3$。

3. 两反向圆曲线径相衔接致插入的直线长度不足时,可用回旋线将两反向圆曲线连接组合为 S 形曲线。

1) S 形曲线的两回旋线参数 A_1 与 A_2 宜相等。

2) 当采用不同的回旋线参数时,A_1 与 A_2 之比应小于 2.0,有条件时以小于 1.5 为宜。当 $A_2 \leq 200$ 时,A_1 与 A_2 之比应小于 1.5。

3) 两圆曲线半径之比不宜过大,以 $R_1/R_2 \leq 2$ 为宜(R_1 为大圆曲线半径,R_2 为小圆曲线半径)。

4. 两同向圆曲径相衔接或插入的直线长度不足时,可用回旋线将两同向圆曲线连接组合为卵形曲线。

1) 卵形曲线的回旋线参数宜选 $R_2/2 \leq A \leq R_2$(R_2 为小圆曲线半径)。

2) 两圆曲线半径之比,以 $R_2/R_1 = 0.2 \sim 0.8$ 为宜。

3) 两圆曲线的间距,以 $D/R_2 = 0.003 \sim 0.03$ 为宜(D 为两圆曲线间的最小间距)。

5. 受地形条件限制时,可将两同向回旋线在曲率相同处径相衔接而组合为凸形曲线。凸形曲线只有在路线严格受地形限制,且对接点的曲率半径相当大时方可采用。

1) 凸形曲线的回旋线参数及其对接点的曲率半径,应分别符合容许最小回旋线参数和圆曲线最小半径的规定。

2) 对接点附近的 $0.3v$(以 m 计;其中 v 为设计速度,按 km/h 计)长度范围内,应保持以对接点的曲率半径确定的路拱横坡度。

6. 受地形条件或其他特殊情况限制时,可将两同向圆曲线的回旋线曲率为零处径相衔接而组合为 C 形曲线。C 形曲线仅限于地形条件特殊困难,路线严格受限制时方可采用。

7. 受地形条件限制时,大半径圆曲线与小半径圆曲线相衔接处,可采用两个或两个以上同向回旋线在曲率相同处径相连接而组合为复合曲线。复合曲线的两个回旋线参数之比以小于 1.5 为宜。复合曲线在受地形条件限制,或互通式立体交叉的匝道设计中可采用。

9.3.2 纵坡值的运用应符合下列要求:

1. 纵断面线形设计时应充分结合沿线地形等条件,宜采用平缓的纵坡,最小纵坡不宜小于 0.3%。对于采用平坡或小于 0.3% 的纵坡路段,应进行专门的排水设计。

2. 各级公路不宜采用最大纵坡值和不同纵坡最大坡长值,只有在为争取高度利用有利地形,或避开工程艰巨地段等不得已时,方可采用。

9.3.4 竖曲线设计应符合下列要求:

1. 设计速度大于或等于 60 km/h 的公路,竖曲线设计宜采用长的竖曲线和长直线坡段的组合。有条件时宜采用大于或等于表 4-24 所列视觉所需要的竖曲线半径值。

表 4-24 视觉所需要的最小竖曲线半径值

设计速度(km/h)	竖曲线半径(m)	
	凸形	凹形
120	20 000	12 000
100	16 000	10 000
80	12 000	8 000
60	9 000	6 000

2. 竖曲线应选用较大的半径。当条件受限制时,宜采用大于或接近于竖曲线最小半径的"一般值";地形条件特殊困难而不得已时,方可采用竖曲线最小半径的"极限值"。

3. 同向竖曲线间,特别是同向凹形竖曲线之间,直线坡段接近或达到最小坡长时,宜合并设置为单曲线或复曲线。

4. 双车道公路在有超车需求的路段,应考虑超车视距需求,采用较大的凸形竖曲线半径或设置必要的标志、标线等设施。

9.4 横断面设计

9.4.1 公路横断面设计应最大限度地降低路堤高度,减小对沿线生态的影响,保护环境,使公路融入自然。条件受限制不得已而出现高填、深挖时,应同桥梁、隧道、分离式路基等方案进行论证比选。

9.4.2 路基横断面布设应结合沿线地面横坡、自然条件、工程地质条件等进行设计。自然横坡较缓时,以整体式路基横断面为宜。横坡较陡、工程地质复杂时,高速公路宜采用分离式路基横断面。

9.4.3 整体式路基的中间带宽度宜保持等值。当中间带的宽度根据需要增宽或减窄时,应采用左右分幅线形设计。条件受限制,且中间带宽度变化小于3.0 m时,可采用渐变过渡,过渡段的渐变率不应大于1/100。

9.4.4 整体式路基分为分离式路基或分离式路基汇合为整体式路基时,其中间带的宽度增宽或减窄时,应设置过渡段。其过渡段以设置在圆曲线半径较大的路段为宜。

9.4.5 公路横断面设计应注重路侧安全,做好中间带、加(减)速车道、路肩以及渠化、左(右)转弯车道、交通岛等各组成部分的细节设计。在有条件的地区或路段,积极采用宽中央分隔带、低路基、缓边坡、宽浅边沟等断面形式。

9.4.6 中间带的设计应符合下列要求:

1. 中央分隔带形式:中央分隔带宽度大于或等于3.0 m时宜用凹形;中央分隔带宽度小于3.0 m时可采用凸形;对于存在风沙和风雪影响的路段,宜采用平齐式。

2. 中央分隔带缘石:中央分隔带宽度大于或等于3.0 m,或存在风沙和风雪影响的路段,宜采用平齐式;中央分隔带宽度小于3.0 m时可采用平齐式或斜式。高速公路、一级公路中央分隔带不得采用栏式缘石。

3. 中央分隔带表面处理:中央分隔带宽度大于或等于3.0 m时宜植草皮;中央分隔带宽度小于3.0 m时可栽灌木或铺面封闭。

9.4.7 公路横断面范围内的排水设计应自成体系、满足功能要求。设置在紧靠车道的边沟,其断面宜采用浅碟形或漫流等方式;当采用矩形或梯形边沟时,应加盖板。

9.4.8 冬季积雪路段、工程地质病害严重路段等可适当加宽路基,改善行车条件。

9.5 线形组合设计

9.5.1 线形组合设计应遵循下列原则:

1. 线形组合设计中,各技术指标除应分别符合平面、纵断面规定值外,还应考虑横断面对线形组合与行驶安全的影响。应避免平面、纵断面、横断面的最不利值相互组合的设计。

2. 在确定平面、纵断面的各相对独立技术指标时,各自除应相对均衡、连续外,还应考虑与之相邻路段的各技术指标值的均衡、连续。

3. 线形组合设计除应保持各要素间内部的相对均衡与变化节奏的协调外,还应注意同公路外部沿线自然景观的适应和地质条件等的配合。

4. 路线线形应能自然地诱导驾驶者的视线,并保持视线的连续性。

9.5.2 线形组合设计应符合下列要求:

1. 平、纵线形值宜相互对应,用平曲线宜比竖曲线长。当平竖曲线半径均较小时,其相互对应程度应较严格;随着平、竖曲线半径的同时增大,其对应程度可适当放宽;当平、竖曲线半径均大时,可不严格相互对应。
2. 长直线不宜与陡坡或半径小且长度短的竖曲线组合。
3. 长的平曲线内不宜包含多个短的竖曲线;短的平曲线不宜与短的竖曲线组合。
4. 半径小的圆曲线起、讫点,不宜接近或设在凸形竖曲线的顶部或凹形竖曲线的底部。
5. 长的竖曲线内不宜设置半径小的平曲线。
6. 凸形竖曲线的顶部或凹形竖曲线的底部,不宜同反向平曲线的拐点重合。
7. 复曲线、S形曲线中的左转圆曲线不设超高时,应采用运行速度对其安全性予以验算。
8. 应避免在长下坡路段、长直线路段或大半径圆曲线路段的末端接小半径圆曲线的组合。

9.5.3 设计速度大于或等于 60 km/h 的公路,应注重路线平、纵线形组合设计。设计速度小于或等于 40 km/h 的公路,可参照上述要求执行。

9.5.4 六车道及以上的高速公路,应重视直、曲线(含平、纵面)间的组合与搭配,在曲线间设置足够长的回旋线或直线,使其衔接过渡顺适,路面排水良好。

9.5.5 在高填方路段设置平曲线时,宜采用较大半径的圆曲线,并设置具有诱导功能的交通设施。

10 公路与公路平面交叉

10.1.2 平面交叉设计应遵循下列原则:

5. 相交公路在平面交叉范围内的路段宜采用直线;当采用曲线时,其半径宜大于不设超高的圆曲线半径。纵面应力求平缓,并符合视觉所需的最小竖曲线半径值。

10.2 平面交叉处公路的线形

10.2.2 纵面线形设计应符合下列规定:

1. 平面交叉范围内,两相交公路的纵面宜平缓。纵面线形应满足停车视距的要求。
2. 主要公路在交叉范围内的纵坡应在 0.15%~3% 的范围内;次要公路紧接交叉的引道部分应以 0.5%~2% 的上坡通往交叉。
3. 主要公路在交叉范围内的圆曲线设置超高时,次要公路的纵坡应服从主要公路的横坡。

12 公路与铁路、乡村道路、管线交叉

12.3 公路与铁路平面交叉

12.3.3 道口附近的铁路路线以直线为宜。公路路线宜为直线,道口两侧公路的直线长度,从最外侧钢轨算起,不应小于 50 m。

12.3.4 道口两侧公路的水平路段长度(不包括竖曲线),从铁路最外侧钢轨外侧算起,不应小于 16 m,乡村道路不应小于 10 m。紧接水平路段的公路纵坡,不应大于 3%;当受地形条件及其他特殊情况限制时,不得大于 5%。对于重车驶向道口一侧的公路下坡路段,紧邻道口水平路段的纵坡不应大于 3%。

② 《公路工程技术标准》(JTG B01—2014)[18]

4.0.17 圆曲线最小半径应符合表 4-25 的规定。

表 4-25 圆曲线最小半径

设计速度(km/h)		120	100	80	60	40	30	20
最大超高	10%	570	360	220	115	—	—	—
	8%	650	400	250	125	60	30	15
	6%	710	440	270	135	60	35	15
	4%	810	500	300	150	65	40	20
不设超高最小半径(m)	路拱≤2.0%	5 500	4 000	2 500	1 500	600	350	150
	路拱>2.0%	7 500	5 250	3 350	1 900	800	450	200

注:"—"为不考虑采用最大超高的情况。

4.0.18 公路圆曲线半径小于表 4-25"不设超高最小半径"时,应设置圆曲线超高。最大超高应符合下列规定:

1. 一般地区,圆曲线最大超高应采用8%。
2. 积雪冰冻地区,最大超高值应采取6%。
3. 以通行中、小型客车为主的高速公路和一级公路,最大超高可采用10%。
4. 城镇区域公路,最大超高值可采取4%。

4.0.19 直线与小于表 4-25 不设超高最小半径的圆曲线相衔接处,应设置缓和曲线。缓和曲线采用回旋线,应符合下列规定:

1. 缓和曲线参数及其长度应根据线形设计以及对安全、视觉、景观等的要求,选用较大的数值。
2. 四级公路直线与小于不设超高最小半径的圆曲线相衔接处,可不设置缓和曲线,用超高、加宽缓和段径相连接。

4.0.20 最大纵坡应符合表 4-26 的规定,并应符合下列规定:

表 4-26 最大纵坡

设计速度(km/h)	120	100	80	60	40	30	20
最大纵坡(%)	3	4	5	6	7	8	9

1. 设计速度为 120 km/h、100 km/h、80 km/h 的高速公路受地形条件或其他特殊情况限制时,经技术经济论证,最大纵坡值可增加1%。
2. 公路改扩建中,设计速度为 40 km/h、30 km/h、20 km/h 的利用原有公路的路段,经技术经济论证,最大纵坡值可增加1%。
3. 二级及二级以下公路的越岭路线连续上坡(或下坡)路段,相对高差为 200~500 m 时,平均纵坡不应大于5.5%;相对高差大于 500 m 时,平均纵坡不应大于5%。任意连续 3 km 路段的平均纵坡不应大于5.5%。
4. 高速公路、一级公路应论证采用合理的平均纵坡。对存在连续长、陡纵坡的路段应进行安全性评价。

4.0.21 不同纵坡的最大坡长应符合表 4-27 的规定。

表 4-27 不同纵坡的最大坡长(m)

纵坡坡度(%)	设计速度(km/h)						
	120	100	80	60	40	30	20
3	900	1 000	1 100	1 200	—	—	—
4	700	800	900	1 000	1 100	1 100	1 200
5	—	600	700	800	900	900	1 000
6	—	—	500	600	700	700	800
7	—	—	—	—	500	500	600
8	—	—	—	—	300	300	400
9	—	—	—	—	—	200	300
10	—	—	—	—	—	—	200

4.0.22 公路纵坡变更处应设置竖曲线。竖曲线最小半径和最小长度不应小于表 4-28 的规定值。

表 4-28 竖曲线最小半径和最小长度

设计速度(km/h)	120	100	80	60	40	30	20
凸形竖曲线最小半径(m)	11 000	6 500	3 000	1 400	450	250	100
凹形竖曲线半径(m)	4 000	3 000	2 000	1 000	450	250	100
竖曲线最小长度(m)	100	85	70	50	35	25	20

③《涉路工程安全评价规范》(DB34/T 2395—2015)[15]

6.1.5.1 平面交叉的纵坡设计应维持主要公路的纵、横断面不变,次要公路迁就主要公路,次要公路的纵坡应随主要公路横断面而变,其横断面则应随主要公路的纵坡而变,保证主要公路的交通便利。当调整接入公路的纵、横断面有困难时,应同时调整两公路。

6.1.5.2 接入点位于主要公路圆曲线上且设置有超高时,接入公路的纵坡度应服从主要公路的横坡。

6.1.5.3 接入公路紧接交叉的引道部分应以 0.5%~2.0% 的上坡通往交叉。

6.1.5.4 不同转弯速度对应的平面交叉路面内缘的最小圆曲线半径见表 4-29。

表 4-29 路面内缘最小半径

转弯速度(km/h)	≤15	20	25	30	40	50	60
最小半径(m)	15	20(15)	25(30)	30	45	60	75

注:条件受限时可采用括号内的值。

④《涉路工程安全评价规范(征求意见稿)》[14]

6.1.3.1 平面交叉选位、线形和视距除满足《公路路线设计规范》(JTG D20)相关规定外,还应符合下列规定:

2. 一级公路中央分隔带开口不宜设置于超高的平曲线路段和纵坡大于 3% 的路段,用于车辆通行的中央分隔带开口间距不小于平面交叉最小间距。

5. 转弯设计

①《公路路线设计规范》(JTG D20—2017)[16]

10 公路与公路平面交叉

10.4 转弯设计

10.4.1 平面交叉转弯曲线的线形及路幅宽度应根据设计车辆的转弯行迹确定。

10.4.2 转弯曲线所采用的设计车辆及设计速度应符合下列规定：

1. 各级公路应根据对应设计车辆的行迹进行转弯设计，必要时应对弯道的路面加宽、转向净空等进行检验。

2. 左转弯曲线应采用载重汽车的行迹控制设计，转弯设计速度宜采用5~15 km/h。大型车比例很少或条件受限的公路，可采用5 km/h速度时载重汽车的行迹控制设计，但左转弯内缘曲线的最小半径不应小于12.5 m。

3. 设置分隔的右转弯车道时，其转弯设计速度不宜大于40 km/h；当主要公路设计速度小于或等于60 km/h时，其右转弯设计速度不宜低于其50%。公路技术等级低、交通量不大时，可不设右转弯专用行车道。

10.4.3 转弯路面内缘的最小圆曲线半径和线形应符合下列规定：

1. 载重汽车在各种转弯速度情况下，路面内缘的最小圆曲线半径应根据转弯速度按表4-30确定。

表4-30 路面内缘的最小半径

转弯速度(km/h)	≤15	20	25	30	40	50	60	70
最小半径(m)	15	20(15)	25(20)	30	45	60	75	90
最小超高(%)	2	2	2	2	3	4	5	6
最大超高(%)	一般值:6；极限值:8							

注：条件受限制时可采用括号内的值。

2. 转弯路面边缘线形应符合车辆转弯时的行迹，其设计应符合下列规定：

1) 渠化平面交叉的右转弯车道，其内侧路面边缘应采用三心圆复曲线；左转弯内侧路面边缘以一单圆曲线来控制分隔岛端的边缘线。

2) 当按铰接列车设计时，路面边缘可采用符合转弯行迹的复曲线。

3) 非渠化平面交叉的转弯路面边缘可采用半径15 m的圆曲线。

②《涉路工程安全评价规范(征求意见稿)》[14]

6.1.3.2 平面交叉转弯辅助车道设置和转弯线形应满足《公路路线设计规范》(JTG D20)相关规定要求。

6. 交通管理方案

平面交叉口管理主要采用主路优先、无优先交叉管理、信号控制等方式，主要根据公路等级、交通量等情况进行选择。

①《公路路线设计规范》(JTG D20—2017)[16]

10 公路与公路平面交叉

10.1.3 平面交叉根据相交公路的功能、等级、交通量等可分别采用主路优先交叉、无优先交叉或信号交叉三种不同的交通管理方式，并应符合下列规定：

1. 公路功能、等级、交通量有明显差别的两条公路相交,或交通量较大的 T 形交叉,应采用主路优先交叉交通管理方式。

2. 两条相交公路或多条交叉岔路的等级均低且交通量较小时,应采用无优先交叉交通管理方式。

3. 下述交叉应采用信号交叉交通管理方式:

1) 两条交通量均大,且功能、等级相同的公路相交,难以用"主路优先"的规则管理时;

2) 两相交公路虽有主次之别,但交通量均较大(主要公路双向交通量大于或等于 750 辆/h,次要公路单向交通量大于或等于 300 辆/h),采用"主路优先"交通管理方式会出现较频繁的交通事故和过分的交通延误时;

3) 主要公路交通量相当大(主要公路双向交通量大于或等于 900 辆/h),而次要公路尽管交通量不大,但采用"主路优先"交通管理方式,次要公路上的车辆由于难以遇到可供驶入的主流间隙而引起不可接受的交通延误,或出现冒险驶入长度不足的主流间隙而危及安全时;

4) 两相交公路的交通量虽未达到上述程度,但由于有相当数量的行人和非机动车穿越交叉而引起交通延误,甚至造成阻塞或交通事故时;

5) 环形交叉的人口因交通量而出现过多的交通延误时;

6) 位于城镇路段的平面交叉。

10.2 平面交叉处公路的线形

10.2.3 立面设计应符合下列规定:

1. 平面交叉的两相交公路共有部分的立面形式及其引道横坡,应根据两相交公路的功能、等级、平纵线形、交通管理方式等因素而定。采用"主路优先"交通管理方式的交叉,应使主要公路的横断面贯穿交叉,而调整次要公路的纵断面以适应主要公路的横断面;当调整纵断面有困难时,应同时调整两公路的横断面。

2. 分隔的右转弯车道或右转弯附加路面上,各处的高程和横坡应满足相交公路共有部分及其相邻局部段落的岔路的立面、转弯曲线所需的超高、整个交叉范围内的路面排水和路容的需要。

3. 平面交叉范围内的路面排水应流畅,并以此作为立面设计的主要考虑因素之一。包括隐形岛在内的任何部分的路面上不得有积水。

② 《涉路工程安全评价规范》(DB34/T 2395—2015)[15]

6.1.1.3 公路功能、等级、交通量有明显差别的两条公路相交,或交通量较大的 T 形交叉,应采用主线优先交通管理方式。

6.1.1.4 相交两条公路的等级均较低且交通量较小时,应采用无优先交叉交通管理方式;能保证通视三角区的岔路上应采用"减速让行"交通管理方式;条件受限而只能保证安全交叉停车视距的岔路上,应采用"停车让行"交通管理方式。

6.1.1.5 符合下列情况之一者应采用信号交通管理方式:

a) 两相交公路虽有主次之别,但交通量均大(如主要公路双向交通量大于 600 辆/h,次要公路单向交通量大于 200 辆/h)时;

b) 主要公路交通量相当大(大于 900 辆/h),而次要公路尽管交通量不大,但采用"主线优先"规则管理时;

c) 两相交公路的交通量虽未达到上述程度,但由于有相当数量的行人和非机动车穿越交叉而引起的交通延误、阻塞和交通事故时。

6.1.1.6 无信号控制的交叉口应采取渠化设计、速度控制等措施对交通流进行有序、有效的引导和控制。

6.1.1.7 四车道及以上的多车道公路的平面交叉应根据交通流量情况设置左转弯的附加车道。二级干线公路的平面交叉,宜在主线上增设左、右转弯附加车道。因受地理条件限制,平面交叉位于纵坡或曲线范围,应设置附加车道。二级集散公路及以下公路的平面交叉,符合下列情况之一者,宜在主线上设置左转弯或右转弯附加车道。

a) 左转弯或右转弯交通量较大。

b) 运行速度超过 80 km/h。

附加车道宽度一般为 3.5 m,长度应不小于 30 m。

③《涉路工程安全评价规范(征求意见稿)》[14]

6.1.3.3 承担干线公路的一级公路平面交叉的设计服务水平应不低于三级;承担集散功能的一级公路及二级公路、三级公路的平面交叉的设计服务水平应不低于四级。

6.1.3.4 平面交叉渠化设计除满足现行《公路路线设计规范》(JTG D20)、《道路交通标志和标线》(GB 5768)、《公路安全设施设计规范》(JTG D81)、《公路交通标志和标线设置规范》(JTG D82)等相关规定外,还应符合下列规定:

1. 在无照明的平面交叉,实体交通岛不宜设置于车辆直行方向上,且实体交通岛边缘与直行车道边缘线横向距离不应小于对应路段硬路肩宽度。车道边缘线与实体交通岛之间宜设置斑马式渠化标线,实体交通岛边缘宜采用凸起路标、反光涂料等反光或主动发光设施标识轮廓。

2. 实体交通岛通常由路缘石围成。在无照明的平面交叉,实体交通岛路缘石应做成倾斜式,有照明的平面交叉可采用垂直式。路缘石高度不宜大于 15 cm。

3. 平面交叉入口引道直行车道数应不小于上游路段车道数,出口车道应不小于对应的入口直行车道数。

4. 应保持出口车道位置与入口直行车道位置对应,使直行车辆得以不采取转向或偏移措施而直接驶入出口车道。

4.1.2.2 公路平交施工指标评价

公路平交施工指标评价主要从施工管理、施工期间交通组织方案等方面进行评价。

1. 施工管理

平面交叉口施工对主线交通影响相对较小,主要是物料、机具堆放问题和主路路面路基保护问题。除要求将物料、机具放置在主路公路用地范围外,对于国省道为边沟外 1 m,以减少交叉口施工对主线交通安全的影响。对于原有路基,在进行专业保护措施设计的同时还需要公路管理部门和机构加强巡查,监督施工方文明施工。

①《公路路线设计规范》(JTG D20—2017)[16]

12 公路与铁路、乡村道路、管线交叉

12.3 公路与铁路平面交叉

12.3.5 道口应设置坚固、平整、稳定且易于翻修的铺砌层,其长度应延伸至钢轨以外 2.0 m;道口两侧公路在距钢轨外侧 20 m 范围内,宜铺砌沥青或水泥混凝土路面;道口铺砌宽度或公路引道宽度均不应小于相交公路的路基宽度。

②《涉路工程安全评价规范》(DB34/T 2395—2015)[15]

6.1.6.1 平面交叉处应采用涵洞方式来改造主线排水系统,具体设计 JTG D60。

6.1.6.2 施工用物料、机械等应堆放在主线路肩外。

6.1.6.3 施工过程不得污染公路路面。

6.1.6.4 新旧路基衔接要求如下：

a) 原路堤坡面应开挖成台阶,对原路堤的边坡,挖向内倾斜2%～4%的台阶,台阶宽度不应小于1 m。

b) 应将拼接面处的新老填料进行适当掺配。

c) 若原路基强度达不到新路基的设计要求,可采用冲击碾压或强夯等措施进行增强补压。

d) 在路基顶面与底基层之间宜铺设5 m宽的土工格栅,土工格栅应拉直平顺,紧贴路基顶面。

e) 软土地基上应对新路基进行加固处理,固结沉降稳定前不得进行搭接施工。

6.1.6.5 新旧基层衔接要求如下：

a) 新路面基层不得低于原有路面基层的强度。

b) 基层厚度大于或等于25 cm时,宜采取相错搭接法,见图4-10。

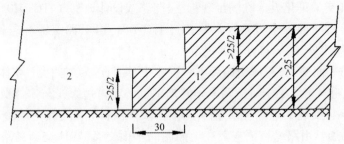

图4-10 相错搭接法(单位:cm)

图中：1——原有基层；
2——新基层。

c) 基层厚度小于25 cm,宜采取平头接头法,见图4-11。新铺筑的基层成型后,应与原路面基层平齐。

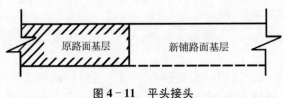

图4-11 平头接头

d) 邻接部分30 cm的旧面层应切除,并使原有沥青路面露出坚硬边缘,保持面层外缘垂直,基层顶面平整。旧基层上的松散浮土、浮石渣应清扫干净,并将其顶面拉毛,见图4-12、图4-13。

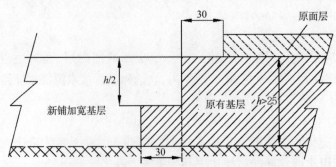

图4-12 相错搭接时面层的处理(单位:cm)

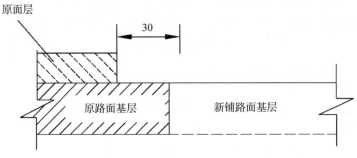

图 4-13 平头接头时面层的处理(单位:cm)

6.1.6.6 新旧沥青面层衔接要求如下：

a) 将原沥青路面边缘刨切整齐,使其露出坚硬的垂直边缘,原路面面层和新铺基层的粒料不可松动,并将新基层表面清扫干净。

b) 在新老基层与下面层之间及新老面层衔接处应均匀喷洒一层透层沥青,将透层沥青均匀撒在新老基层上,再均匀撒上石屑并用轻型压路机碾压一遍。

c) 新老面层间的纵缝应加强碾压,宜按 JTG F40—2004 对横缝冷接缝碾压的要求进行纵缝碾压。

d) 单层式面层接茬时,混合料铺摊时应与原路面平齐对接,压实后的高度与原路面面层平齐。见图 4-14。

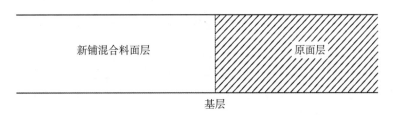

图 4-14 单层式面层纵向接茬

e) 双层式或多层式面层衔接时,上下层不宜接在同一垂直面上,应错开 30 cm 以上,做成台阶式,新上面层的压实高度应与原路面上面层平齐,见图 4-15。

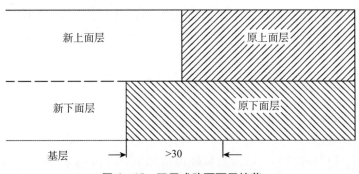

图 4-15 双层式路面面层接茬

f) 双层式或多层式面层衔接时,应在上下层沥青混凝土间洒布粘层沥青。摊铺沥青混凝土时,应将原沥青混凝土面及侧面清理干净并均匀涂上乳化沥青。

6.1.6.7 新旧水泥面层衔接要求如下：

a）新混凝土面板的强度、厚度、路拱、横缝均应与原混凝土面板相同。
b）新老混凝土面板间应设置传力杆,具体方法见 JTJ 073.1—2001。
c）新老混凝土面板间应按照 JTG D40 的规定设置胀缝。

6.1.6.8 水泥路面与沥青路面的衔接要求如下:

a）混凝土路面与沥青路面相接时,其间应设置不少于 3 m 长的过渡段。

b）过渡段的路面采用两种路面成阶梯状叠合布置,其下面铺设的变厚度混凝土过渡板的厚度不得少于 200 mm,见图 4-16。

c）过渡板与混凝土面层相接处的接缝内应设置直径 25 mm、长 700 mm、间距 400 mm 的拉杆。

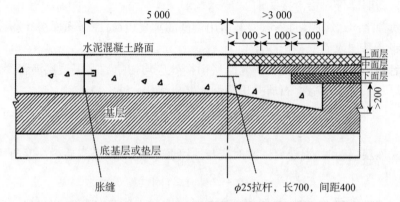

图 4-16 混凝土路面与沥青路面衔接要求(单位:mm)

③《涉路工程安全评价规范(征求意见稿)》[14]

6.1.3.5 平面交叉路基、路面及排水除满足相关规定外,还应符合下列要求:

1. 新旧路面横向交界处,应分层铣刨一定宽度台阶,使各基层的接缝错开,并在新旧基层的接缝上铺设玻纤维土工布,拉紧并固定。

2. 新铺沥青面层应高于旧路面 3~5 mm 左右,新旧路面结构层厚度不同时,应进行厚度渐变。

3. 原道路为沥青混凝土路面而新接入道路为水泥混凝土时,新接入道路距离原道路路面边缘 50 m 范围应采用沥青混凝土路面,且路面材料宜与原道路路面结构相同或相近。

4. 新接入道路为两车道及以下道路时,新接入道路纵坡应服从于原道路横坡,否则应对平面交叉面域进行竖向排水设计。接入道路为四车道及以上道路时,接入点交叉面域进行竖向排水设计。

5. 公路排水系统应综合考虑交叉公路排水和工程环境相适应,防排结合,形成完善的排水系统。

6.1.3.6 平面交叉施工方案除满足相关规定外,还应符合下列要求:

1. 施工前应查明接入点下方是否有通信电缆、油气管道等设施。

2. 施工前宜先完成临时排水设施,先截断流向拓宽作业区的水源,开挖临时排水沟,施工期间经常维护临时排水设施,保证排水通畅。

3. 老路堤与新路堤交界的坡面挖除清理的法向厚度不宜小于 30 cm,从老路堤坡脚向上挖设台阶,台阶宽度不小于 1 m,当加宽拼接宽度小于 0.75 m 时,可采取超宽填筑或翻挖原有路基等工程措施,当路堤高度超过 3 m 时,可在新老路基间横向铺设土工格栅。

4. 允许夜间施工时,对无照明路段应采取措施降低施工照明对驾驶人影响。

5. 工程完成应及时清理施工现场,运走施工产生的建筑垃圾,并将公路边坡以及施工破坏的其他设施恢复原貌。

2. 施工期间交通组织方案

施工期间交通组织方案参考第 7 章。

4.1.3 实际案例

案例一 镇江丹徒区 S265–S122 平面交叉

1. 工程概况

S265 省道镇江至荣炳(K16+000—K35+260)段改扩建工程项目全长 19.26 km,桩号为 K16+000~K35+260。本项目设计采用双向四车道一级公路标准,设计速度为 100 km/h,桥梁设计荷载为公路–Ⅰ级。路基宽度一般路段采用 26 m,其中中间带宽 3.5 m(含左侧路缘带 2×0.75 m),两侧行车道宽 2×2×3.75 m,硬路肩 2×3.0 m(含右侧路缘带 2×0.5 m),土路肩 2×0.75 m。路面横坡 2%,土路肩横坡 3%。

S265 省道在 K19+698.345 处与 S122 省道相交,本平交为十字形交叉,交叉口中心桩号 K19+698.804,设计范围 K19+698.804~K19+878.817;本次设计修改平交范围内被交道路设计,采用加铺转角方案,主线拓宽路基,增加一个左转车道,被交道路压缩硬路肩,增加一个左转车道;交叉道口路面高程重新设计。涉及 S122 改造平交口长度,共计 73 m。

S122 地势较高,现状无道路到达 S265 拟建道路,因此施工前拟修建一条宽 12 m 的施工临时便道,便于施工车辆运送机械、材料进入施工场地。施工便道设置在 S265 西侧最外侧行车道和路肩位置,施工期间形成临时平交口。S265 施工完成后形成 S265–S122 平交口。

图 4–17 道路现状图

2. 设计方案

(1) 交叉口间距

经检查,平交口与 S122 西侧搭接道口的距离不能满足货车的安全停车视距,车辆经过交叉口均减速,速度未达到 80 km/h,建议在运营期间,应在搭接道口前设置交叉警告标志,提醒驾驶员小心侧方来车,在搭接道口设置道口标柱、停车让行标志、凸面镜。

(2) 平纵线形

S265-S122 平交口交角为 85°25′,该交叉口位于 S265 大半径平曲线,$R=55$ m,S122 为曲线段。S265 横坡值为 2%,中央分隔带和道路两侧均有设置边沟,该交叉口范围内,S265 纵坡设计值为 1.5%,交叉口高程为 17.174 m,高于 S265、S122 路面高程。经检查,平纵横指标满足规范要求。

(3) 视距

经检查,交叉口现状视距范围内存在绿化遮挡,施工期方案中需要将平交口北侧行车视线 100 m 范围内原 S122 道路的行道树迁移。交叉口施工完成后应根据实际情况恢复绿化,并按照要求修建绿化,保持视距通透性。建议交叉路段路侧通视三角区绿化种植,沿行车道方向 3~5 m 范围内种植草坪,向后 5~10 m 范围内种植低矮灌木,再向外种植高大乔木,中分带绿化做降坡处理,保证通视三角区视距无遮挡。

(4) 渠化设计

经检查,S122 评价路段为双向两车道,S265 评价路段为双向四车道,在该交叉口处均已进行渠化设计。S265 渐变段长 60 m,减速车道长 100 m,S122 渐变段长 50 m,减速车道长 60 m,交叉口转弯路面内缘半径 $R=20$ m,进口渠化车道宽 3.75m,均满足规范要求。

该交叉口建成后,配以交通信号灯及监控设施,信号灯相位调整应符合交通流量特征,并应尽可能减少机动车冲突点。

(5) 交通安全设施

经检查,S265 三期工程建成后,该交叉口为十字交叉口,标志标线应及时调整。查看标志标线布置图,S265 上指路标志、车道指示标志距离交叉口距离未注明;该交叉口应取消调头标志,不能满足拖挂货车转弯半径;S265 上全部为新增标志,不存在仅仅是更换反光膜的标志版面;"S256"标错,应为"S265"。

(6) 交叉口交通管理

经检查,S265-S122 平交口建成后,实施信号灯控制,满足规范要求。

(7) 排水

经检查,S265-S122 平面交叉交点高程最高,平面交叉口范围内的雨污水沿着地面高程流至中央分隔带及道路两侧的边沟中,S122 路面高程明显高于 S265,因此在运营过程中,平交口的雨污水大部分会通过 S265 的排水系统排出,S265 路基路面排水设计已明确边沟排水、中央分隔带排水,以及超高排水,满足行车通畅及排水通畅的要求,同时应做好 S265 道路的排水工程。

(8) 搭接段路基路面

经检查,搭接段路面为新老沥青路面搭接,设计方案中提供了交叉口范围内路面结构层,自上而下结构为 4.5 cm SMA-13 改性沥青、7.5 cm AH-70 重交通石油沥青、18 cm 水泥稳定碎石、18 cm 水泥稳定碎石、20 cm 2%灰土底基层;施工方案中为防止新老路基的不均匀沉降,在新老路基搭接处挖成阶梯状,使用阶梯状的搭接方法,满足规范要求。

3. 施工方案

该交叉口施工已编制施工方案,施工方案中对材料的选择及施工便道施工的交通安全管理措施较详细,施工方案中应具体阐述 S265 与 S122 的搭接交通安全管理措施及应急预案,并补充施工现场负责人联系方式,施工期间应摆在明显可见位置;补齐 S122 路口标线渠化施工方案;补齐半幅路施工方案。

经检查,本工程施工方案中对交叉口施工总体进度已有具体安排,施工总体进度计划安排较合理,施工过程中应努力遵守,如遇恶劣天气或意外事故,应及时调整工期计划,保障工程在规定时间内顺利完成。

4. 安全保障措施

经检查,本工程机械、设备及人员配置较合理齐全,施工过程中应随工程进度及时调整各项资源配置,保障施工进度。在施工进度管理、工序管理、机械管理等方面制定了工期保障措施,保证工程顺利推进。在体系、人员、制度、工序、试验等方面制定了质量保障措施,施工期间应严格执行,能有效保障施工质量。

经检查,本工程在安全方面制定了相关的保证措施,施工时应严格执行并进行细化,应补充施工现场安全责任负责人及其联系方式,并在施工期间,将安全责任人的联系方式摆在明显可见位置,在处理管线、道路交通等危险点时细化安全保证措施。

经检查,本工程已在农田保护、水质环境、大气环境、噪声环境等方面制定了环境保护措施,切合本工程特点,施工期间应严格执行,尽量减少本工程施工对环境的干扰。

5. 交通组织及应急预案

(1) 交通组织

经检查,施工期安保设计图中在起点前650 m设置限速60 km/h、道路施工警告标志,距离起点前350 m设置限速40 km/h、道路施工警告标志,距离起点前50 m设置限速20 km/h警告标志,距离施工区域红线外30 m设置限速80 km/h警告标志,整体警告区+上游过渡区+缓冲区的长度略小于规范要求值,可根据实际情况调整该区域长度值,基本满足规范要求。车辆由施工便道进入S122,应在施工便道出口处设置停车让行标志。施工方案中应补齐施工期二期安保设计的文字说明。

建议:施工便道出口需设置"停车让行标志""限速5 km/h"标志牌。

(2) 应急预案

经检查,应急预案中已制定机械事故、土方坍塌等危险事件发生时的应急处置方案,且制定了应急救援的任务和目标、应急检查措施、应急救援流程、应急响应等。考虑到本工程的特点,应补充交通事故、管线故障等危险事件发生时的应急处置方案,同时应补充施工现场负责人的联系方式,并在施工期间将其置于明显位置。

案例二 铁白路(临汾—白沙段)与省道S202平交工程

1. 工程概况[29]

铁白路(临汾—白沙段)改建工程,是安徽省"861"行动计划,一号工程"煤化盐化一体化"项目的重点配套工程,也是濉溪县西部贯穿南北的一条主要县级公路,被列为市重点工程。本工程起于临汾镇北城门,止于煤化工工业园南侧道路,全长14 km。技术标准为平原微丘二级公路,设计速度80 km/h,路面宽9 m,路基宽12 m。此工程与省道S202平面交叉图见图4-18。

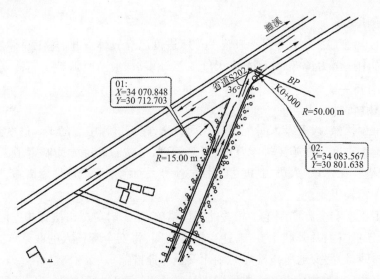

图 4-18 铁白路(临汾—白沙段)与省道 S202 平交平面图

2. 设计符合性

（1）一般要求

平面交叉设计应体现主线优先的原则，尽量减少冲突点，缩小冲突区，并分隔冲突区域。铁白路与省道 S202 平交工程没有完全体现这一设计原则，不符合要求。

（2）视距

铁白路设计速度为 80 km/h，停车视距应为 110 m，安全交叉停车视距应为 175 m，参考图 4-19，交叉口曲率半径为 15 m，通视三角区内绿化带影响视距，不符合要求。

（3）交叉角度

本工程铁白路与省道 S202 交角为 36°，不符合要求。

（4）交通管理

铁白路和省道 S202 均为双向两车道，交叉口采用渠化处理，增设附加车道，符合要求。交叉口交通组织示意图见图 4-19。

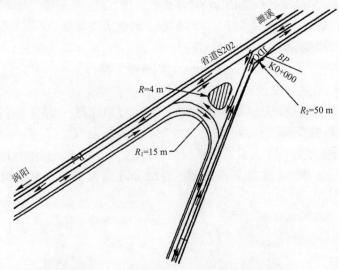

图 4-19 铁白路和省道 S202 平交渠化示意图

3. 施工保障措施

交叉口施工区设置施工警告栏("前方施工,减速慢行"警告栏)及限速牌、锥形交通路标等安全设施。道路设施横断面布置图见图4-20。

（1）夜间应有反光或施工警告灯号,施工期间应指派专人管制交通。
（2）施工用物料、机械等应堆放在主线路肩外。
（3）施工过程不得污染主线路面。

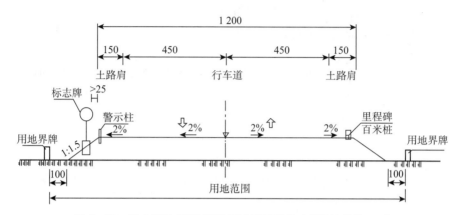

图4-20 铁白路和省道S202平交带路设施布置图(单位:cm)

4. 改进建议

（1）增大公路交叉角度,其锐角不应小于70°;受地形条件或其他特殊情况限制时,交叉角不应小于60°。
（2）增大转弯半径或采取安全技术措施,确保交叉口行车安全。
（3）交叉口通视三角区内存在障碍物,建议铲除三角区内绿化带或改种低矮灌木。

4.2 乡村道路接入

4.2.1 工程特点及危险源分析

乡村公路主要是指建在乡村、农场等地主要供人及各种农业运输工具通行的道路。乡村公路作为我国公路网络的重要组成部分,具有重要的集散功能和服务功能,极大地促进了乡村的经济发展,越来越受到国家重视。然而,由于乡村公路存在技术标准低、交通组成复杂和运营管理设施不完善等问题,其安全问题逐渐突出,尤其是在乡村公路的交叉口上,区域的交通冲突点数量多,存在较多的交通安全隐患。其安全隐患主要体现在道路周边用地不合理、接入点选址不合适、接入点设计不完善和安全设施不足、视距条件较差以及驾驶人的安全意识淡薄等方面[8]。

4.2.2 安全评价内容

乡村道路接入公路设计应纳入公路交叉设计部分的总体设计,统筹规划,合理布局。主要从交叉口间距、视距、交叉角度、交叉范围内的平纵曲线、交叉处路面铺装要求等方面来评价乡村道路接入的安全性[8]。

4.2.2.1 乡村道路接入设计指标评价

乡村道路接入设计指标评价是从乡村道路的一般要求、交叉口间距、视距等方面进行评价。

1. 一般要求

①《公路路线设计规范》(JTG D20—2017)[16]

12.4 公路与乡村道路交叉

12.4.1 公路与乡村道路的交叉设计应纳入公路交叉设计部分的总体设计,统筹规划,合理布局。公路与乡村道路交叉的形式、位置、间隔等应根据县级和乡(镇)土地利用总体规划中农业耕作机械需求布设。必要时应结合规划,对农业机耕道做适当调整或归并。

12.4.2 公路与乡村道路交叉设置应符合下列规定:

3. 二级、三级公路与乡村道路相交叉应设置平面交叉,四级公路与乡村道路相交宜设置平面交叉,地形条件有利或公路交通量大时宜设置通道或天桥。

4. 二级、三级、四级公路与乡村道路相交时,应对其交叉范围一定长度的路段进行改造,使其达到四级公路的标准。

5. 二级及二级以上公路位于城镇或人口稠密的村落或学校附近时,宜设置专供行人横向通行的人行通道或人行天桥。

②《公路工程技术标准》(JTG B01—2014)[18]

9.4.1 公路与乡村道路相交叉的位置、形式、间距等的确定,应考虑县、乡(镇)土地利用总体规划中农业耕作机械需求。必要时应结合规划,对农业机耕道做适当调整或归并。

9.4.2 高速公路与乡村道路相交叉必须设置通道或天桥。

1. 一级公路与乡村道路相交叉宜设置通道或天桥。

2. 二、三级公路与乡村道路相交叉应设置平面交叉,四级公路与乡村道路相交宜设置平面交叉,地形条件有利或公路交通量大时宜设置通道或天桥。

3. 二、三、四级公路与乡村道路相交时,应对其交叉范围一定长度的路段进行改造,使其达到四级公路的标准。

4. 二级及二级以上公路位于城镇或人口稠密的村落或学校附近时,宜设置专供行人横向通行的人行地道或人行天桥

③《涉路工程安全评价规范》(DB34/T 2395—2015)[15]

6.4.1.1 乡村道路接入宜按照先接入县乡公路,县乡公路再接入省道、国道的顺序。

6.4.1.2 接入点附近的地形、地质、视距或原乡村道路平面线形不适宜设置交叉时,应对乡村道路进行改线。

2. **交叉口间距**

①《公路路线设计规范》(JTG D20—2017)[16]

12 公路与铁路、乡村道路、管线交叉

12.4.4 通道设计应符合下列要求:

1. 通道的间隔以 400 m 为宜。农业机械化程度高的地区和人烟稀少地区间隔宜适当加大。

②《涉路工程安全评价规范》(DB34/T 2395—2015)[15]

6.4.2.2 乡村道路接入公路平面交叉的间距应根据交通流量、横向干扰情况、生产生活需要、交通安全等因素进行限制,以 400 m 为宜,农业机械化程度高的地区间隔可适当加大。

3. **视距**

①《公路路线设计规范》(JTG D20—2017)[16]

10 公路与公路平面交叉

10.1.2 平面交叉设计应遵循下列原则:

4. 平面交叉范围内相交公路线形的技术指标应能满足视距的要求。

10.3 视距

10.3.1 引道视距应符合下列规定：

1. 每条岔路上都应提供与行驶速度相适应的引道视距，如图 4-21 所示。

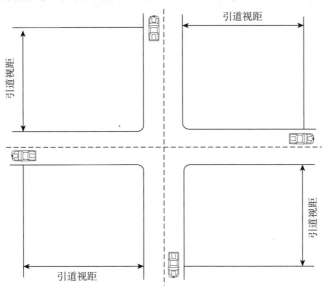

图 4-21 引道视距

2. 引道视距在数值上等于停车视距，但量取标准为：视点高 1.2 m，物高 0 m。各种设计速度所对应的引道视距及凸形竖曲线的最小半径应符合表 4-31 的规定。

表 4-31 引道视距及相应的凸形竖曲线最小半径

设计速度(km/h)	100	80	60	40	30	20
引道视距(m)	160	110	75	40	30	20
引道凸形竖曲线最小半径(m)	10 700	5 100	2 400	700	400	200

10.3.2 通视三角区的视距应符合下列规定：

1. 两相交公路间，由各自停车视距所组成的三角区内不得存在任何有碍通视的物体，如图 4-22 所示。

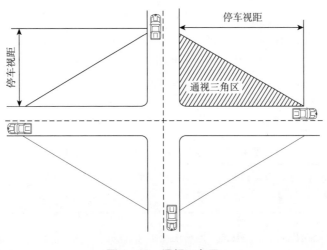

图 4-22 通视三角区

2. 条件受限制不能保证由停车视距所构成的通视三角区时,应保证主要公路的安全交叉停车视距和次要公路至主要公路边车道中心线 5~7 m 所组成的通视三角区,如图 4-23 所示。安全交叉停车视距值应符合表 4-32 的规定。

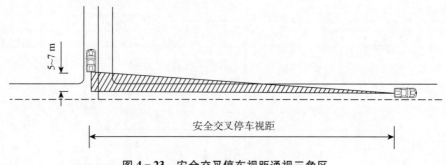

图 4-23 安全交叉停车视距通视三角区

表 4-32 安全交叉停车视距

设计速度(km/h)	100	80	60	40	30	20
停车视距(m)	160	110	75	40	30	20
安全交叉停车视距(m)	250	175	115	70	55	35

12 公路与铁路、乡村道路、管线交叉

12.3.2 道口应设置在汽车瞭望视距不小于表 4-33 规定值的地点,并应符合下列要求:

表 4-33 汽车瞭望视距

路段旅客列车设计行车速度(km/h)	120	100	80
汽车瞭望视距(m)	400	340	270

1. 道口不得设置在铁路站场、道岔、桥头、隧道洞口及有调车作业的地段附近。
2. 受地形等条件限制汽车在距铁路最外侧钢轨 5 m 处停车后,汽车驾驶者的侧向瞭望视距小于表 4-33 规定的道口必须设置看守。

12.4 公路与乡村道路交叉

12.4.8 平面交叉设计应符合下列规定:

4. 平面交叉处应使驾驶者在距交叉 20 m 处,能看到两侧二级、三级公路相应停车视距并不小于 50 m 范围内的汽车。视线范围内不得有障碍物。

②《公路工程技术标准》(JTG B01—2014)[18]

4.0.15 视距应符合下列规定:

1. 高速公路、一级公路的停车视距应不小于表 4-34 的规定。

表 4-34 高速公路、一级公路停车视距

设计车速(km/h)	120	100	80	60
停车视距(m)	210	160	110	75

2. 二、三、四级公路的停车视距、会车视距与超车视距应不小于表 4-35 的规定。

表 4-35 二、三、四级公路停车、会车与超车视距

设计车速（km/h）	80	60	40	30	20
停车视距（m）	110	75	40	30	20
会车视距（m）	220	150	80	60	40
超车视距（m）	550	350	200	150	100

③《涉路工程安全评价规范》(DB34/T 2395—2015)[15]

6.4.2.4 二、三级公路和乡村道路交叉的视距三角形区域为：乡村道路距交叉口 20 m，二、三级公路不小于 50 m 的停车视距，此视线范围内不得有障碍物，见图 4-24 所示。

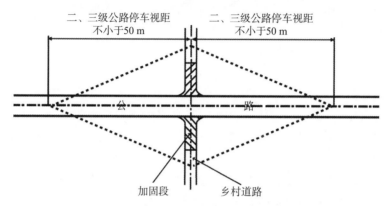

图 4-24 乡村道路平面交叉视距三角形和路面铺装段

4. 交叉角度

①《公路路线设计规范》(JTG D20—2017)[16]

10 公路与公路平面交叉

10.1.5 平面交叉交角与岔数的确定应符合下列规定：

1. 平面交叉的交角宜为直角。斜交时，其锐角应不小于 70°；受地形条件或其他特殊情况限制时，应大于 45°。

10.2 平面交叉处公路的线形

10.2.1 平面线形设计应符合下列规定：

1. 平面交叉范围内两相交公路应正交或接近正交，平面线形宜为直线或大半径圆曲线，不宜采用需设超高的圆曲线。

2. 新建公路与等级较低的既有公路交角小于 70°，应对次要公路在交叉前后一定范围内实施局部改线。

12 公路与铁路、乡村道路、管线交叉

12.4 公路与乡村道路交叉

12.4.3 公路与乡村道路相交，符合下列情况时应对乡村道路进行改线，且改线段平、纵技术指标不应低于四级公路的最小值：

1. 交叉的锐角小于 60°。

12.4.4 通道设计应符合下列要求：

2. 通道的交叉角以 90° 为宜。必须斜交时，其交叉的锐角应不小于 60°；受地形条件或其他特殊情况限制时，应不小于 45°。

12.4.8 平面交叉设计应符合下列规定：

1. 平面交叉以正交为宜。当必须斜交时，其交叉的锐角应不小于70°；受地形条件或其他特殊情况限制时，应不小于60°。

②《公路工程技术标准》(JTG B01—2014)[18]

9.1.3 平面交叉角宜为直角，必须斜交时，交叉角应大于45°。同一位置平面交叉岔数不宜多于5条。

③《涉路工程安全评价规范》(DB34/T 2395—2015)[15]

6.4.2.1 乡村道路与一级公路交叉宜设置立体交叉，即通道或天桥。乡村道路与二级公路的平面交叉应作渠化设计。

6.4.2.3 乡村道路接入公路以正交为宜，当需斜交时，交角应大于45°。

5. 平纵曲线

①《公路路线设计规范》(JTG D20—2017)[16]

6 公路横断面

6.5 路拱坡度

6.5.1 高速公路、一级公路整体式路基的路拱宜采用双向路拱坡度，由路中央向两侧倾斜。位于中等强度降雨地区时，路拱坡度宜为2%；位于降雨强度较大地区时，路拱坡度可适当增大。

6.5.2 高速公路、一级公路分离式路基的路拱，宜采用单向横坡，并向路基外侧倾斜，也可采用双向路拱坡度。积雪冰冻地区，宜采用双向路拱坡度。

6.5.3 双向六车道及以上车道数的公路，当超高过渡段的路拱坡度过于平缓时，可采用双向路拱坡度。路拱坡度过于平缓路段应进行路面排水分析。

6.5.4 二级公路、三级公路、四级公路的路拱应采用双向路拱坡度，由路中央向两侧倾斜。路拱坡度应根据路面类型和当地自然条件确定，但不应小于1.5%。

6.5.5 硬路肩、土路肩横坡的设计应符合下列规定：

1. 直线路段的硬路肩应设置向外倾斜的横坡，其坡度值应与车道横坡值相同。路线纵坡平缓，且设置拦水带时，其横坡值宜采用3%~4%。

2. 曲线路段内、外侧硬路肩横坡的横坡值及其方向：当曲线超高小于或等于5%时，其横坡值和方向应与相邻车道相同；当曲线超高大于5%时，其横坡值应不大于5%，且方向相同。

3. 硬路肩的横坡应随邻近车道的横坡一同过渡，其过渡段的纵向渐变率应控制在1/330~1/150之间。

4. 土路肩的横坡：位于直线路段或曲线路段内侧，且车道或硬路肩的横坡值大于或等于3%时，土路肩的横坡应与车道或硬路肩横坡值相同；小于3%时，土路肩的横坡应比车道或硬路肩的横坡值大1%或2%。位于曲线路段外侧的土路肩横坡，应采用3%或4%的反向横坡值。

8 公路纵断面

8.2 纵坡

8.2.1 公路的最大纵坡应不大于表4-36的规定，并应符合下列规定：

表 4-36 最大纵坡

设计速度(km/h)	120	100	80	60	40	30	20
最大纵坡(%)	3	4	5	6	7	8	9

1. 设计速度为 120 km/h、100 km/h、80 km/h 的高速公路,受地形条件或其他特殊情况限制时,经技术经济论证,最大纵坡可增加1%。

2. 改扩建公路设计速度为 40 km/h、30 km/h、20 km/h 的利用原有公路的路段,经技术经济论证,最大纵坡可增加1%。

8.2.2 设计速度小于或等于 80 km/h 位于海波 3000 m 以上高原地区的公路,最大纵坡应按表 4-37 的规定予以折减。最大纵坡折减后小于 4% 时应采用 4%。

表 4-37 高原纵坡折减值

海拔高度(m)	3000~4000	4000~5000	5000 以上
纵坡折减(%)	1	2	3

8.2.3 公路纵坡不宜小于 0.3%。横向排水不畅的路段或长路堑路段,采用平坡(0%)或小于 0.3% 的纵坡时,其边沟应进行纵向排水设计。

8.3 坡长

8.3.1 公路纵坡的最小坡长应符合表 4-38 的规定。

表 4-38 最小坡长

设计速度(km/h)	120	100	80	60	40	30	20
最小坡长(m)	300	250	200	150	120	100	60

8.3.2 各级公路的最大坡长应符合表 4-39 的规定。

表 4-39 不同纵坡的最大坡长(m)

设计速度(km/h)		120	100	80	60	40	30	20
纵坡坡度(%)	3	900	1 000	1 100	1 200	—	—	—
	4	700	800	900	1 000	1 100	1 100	1 200
	5	—	600	700	800	900	900	1 000
	6	—	—	500	600	700	700	800
	7	—	—	—	—	500	500	600
	8	—	—	—	—	300	300	400
	9	—	—	—	—	—	200	300
	10	—	—	—	—	—	—	200

8.3.3 各级公路的连续上坡路段,应根据载重汽车上坡时的速度折减变化,在不大于表 4-39 规定的纵坡长度之间设置缓和坡段。其设置应符合下列规定:

1. 设计速度小于或等于 80 km/h 时,缓和坡段的纵坡应不大于 3%;设计速度大于 80 km/h 时,缓和坡段的纵坡应不大于 2.5%。

2. 缓和坡段的长度应大于表4-38的规定。

8.3.4 二级公路、三级公路、四级公路的越岭路段连续上坡或下坡路段，相对高差为200~500 m时，平均纵坡应不大于5.5%；相对高差大于500 m时，平均纵坡应不大于5%。任意连续3 km路段的平均纵坡宜不大于5.5%。

9 线形设计

9.2 平面线形设计

9.2.3 圆曲线的运用应符合下列要求：

1. 设置圆曲线时应与地形相适应，宜采用超高为2%~4%对应的圆曲线半径。

2. 条件受限制时，可采用大于或接近于圆曲线最小半径的"一般值"；地形条件特殊困难而不得已时，方可采用圆曲线最小半径的"极限值"，并应采取措施保证视距的要求。

3. 设置圆曲线时，应同相衔接路段的平、纵线形要素相协调，使之构成连续、均衡的曲线线形，避免小半径圆曲线与陡坡相重合的线形。

4. 当交点转角不得已小于7°时，应按规定设置足够长的曲线。

9.2.4 回旋线的运用应符合下列要求：

1. 设计速度大于或等于60 km/h时，回旋线应作为线形要素之一加以运用。回旋线—圆曲线—回旋线的长度以大致接近为宜。两个回旋线的参数值亦可以根据地形条件设计成非对称的曲线，但$A_1:A_2$不应大于2.0。

2. 回旋线参数宜依据地形条件及线形要求确定，并与圆曲线半径相协调。在确定回旋线参数时，宜在下述范围内选定：$R/3 \leq A \leq R$，但：

1）当R小于100 m时，A宜大于或等于R。

2）当R接近于100 m时，A宜等于R。

3）当R较大或接近于3 000 m时，A宜等于$R/3$。

4）当R大于3 000 m时，A宜小于$R/3$。

3. 两反向圆曲线径相衔接或插入的直线长度不足时，可用回旋线将两反向圆曲线连接组合为S形曲线。

1）S形曲线的两回旋线参数A_1与A_2宜相等。

2）当采用不同的回旋线参数时，A_1与A_2之比应小于2.0，有条件时以小于1.5为宜。当$A_2 \leq 200$时，A_1与A_2之比应小于1.5。

3）两圆曲线半径之比不宜过大，以$R_1/R_2 \leq 2$为宜（R_1为大圆曲线半径，R_2为小圆曲线半径）。

4. 两同向圆曲径相衔接或插入的直线长度不足时，可用回旋线将两同向圆曲线连接组合为卵形曲线。

1）卵形曲线的回旋线参数宜选$R_2/2 \leq A \leq R_2$（R_2为小圆曲线半径）。

2）两圆曲线半径之比，以$R_2/R_1 = 0.2~0.8$为宜。

3）两圆曲线的间距，以$D/R_2 = 0.003~0.03$为宜（D为两圆曲线间的最小间距）。

5. 受地形条件限制时，可将两同向回旋线在曲率相同处径相衔接而组合为凸形曲线。凸形曲线只有在路线严格受地形限制，且对接点的曲率半径相当大时方可采用。

1）凸形曲线的回旋线参数及其对接点的曲率半径，应分别符合允许最小回旋线参数和圆曲线最小半径的规定。

2）对接点附近的$0.3v$（以m计；其中v为设计速度，按km/h计）长度范围内，应保持以对接点的曲率半径确定的路拱横坡度。

6. 受地形条件或其他特殊情况限制时,可将两同向圆曲线的回旋线曲率为零处径相衔接而组合为 C 形曲线。C 形曲线仅限于地形条件特殊困难,路线严格受限制时方可采用。

7. 受地形条件限制时,大半径圆曲线与小半径圆曲线相衔接处,可采用两个或两个以上同向回旋线在曲率相同处径相连接而组合为复合曲线。复合曲线的两个回旋线参数之比以小于 1.5 为宜。复合曲线在受地形条件限制,或互通式立体交叉的匝道设计中可采用。

9.3.2 纵坡值的运用应符合下列要求:

1. 纵断面线形设计时应充分结合沿线地形等条件,宜采用平缓的纵坡,最小纵坡不宜小于 0.3%。对于采用平坡或小于 0.3% 的纵坡路段,应进行专门的排水设计。

2. 各级公路不宜采用最大纵坡值和不同纵坡最大坡长值,只有在为争取高度利用有利地形,或避开工程艰巨地段等不得已时,方可采用。

9.3.4 竖曲线设计应符合下列要求:

1. 设计速度大于或等于 60 km/h 的公路,竖曲线设计宜采用长的竖曲线和长直线坡段的组合。有条件时宜采用大于或等于表 4-40 所列视觉所需要的竖曲线半径值。

表 4-40 视觉所需要的最小竖曲线半径值

设计速度(km/h)	竖曲线半径(m)	
	凸形	凹形
120	20 000	12 000
100	16 000	10 000
80	12 000	8 000
60	9 000	6 000

2. 竖曲线应选用较大的半径。当条件受限制时,宜采用大于或接近于竖曲线最小半径的"一般值";地形条件特殊困难而不得已时,方可采用竖曲线最小半径的"极限值"。

3. 同向竖曲线间,特别是同向凹形竖曲线之间,直线坡段接近或达到最小坡长时,宜合并设置为单曲线或复曲线。

4. 双车道公路在有超车需求的路段,应考虑超车视距需求,采用较大的凸形竖曲线半径或设置必要的标志、标线等设施。

9.4 横断面设计

9.4.1 公路横断面设计应最大限度地降低路堤高度,减小对沿线生态的影响,保护环境,使公路融入自然。条件受限制不得已而出现高填、深挖时,应同桥梁、隧道、分离式路基等方案进行论证比选。

9.4.2 路基横断面布设应结合沿线地面横坡、自然条件、工程地质条件等进行设计。自然横坡较缓时,以整体式路基横断面为宜。横坡较陡、工程地质复杂时,高速公路宜采用分离式路基横断面。

9.4.3 整体式路基的中间带宽度宜保持等值。当中间带的宽度根据需要增宽或减窄时,应采用左右分幅线形设计。条件受限制,且中间带宽度变化小于 3.0 m 时,可采用渐变过渡,过渡段的渐变率不应大于 1/100。

9.4.4 整体式路基分为分离式路基或分离式路基汇合为整体式路基时,其中间带的宽度增宽或减窄时,应设置过渡段。其过渡段以设置在圆曲线半径较大的路段为宜。

9.4.5 公路横断面设计应注重路侧安全,做好中间带、加(减)速车道、路肩以及渠化、左(右)转弯车道、交通岛等各组成部分的细节设计。在有条件的地区或路段,积极采用宽中央分隔带、低路基、缓边坡、宽浅边沟等断面形式。

9.4.6 中间带的设计应符合下列要求:

1. 中央分隔带形式:中央分隔带宽度大于或等于 3.0 m 时宜用凹形;中央分隔带宽度小于 3.0 m 时可采用凸形;对于存在风沙和风雪影响的路段,宜采用平齐式。

2. 中央分隔带缘石:中央分隔带宽度大于或等于 3.0 m、或存在风沙和风雪影响的路段,宜采用平齐式;中央分隔带宽度小于 3.0 m 时可采用平齐式或斜式。高速公路、一级公路中央分隔带不得采用栏式缘石。

3. 中央分隔带表面处理:中央分隔带宽度大于或等于 3.0 m 时宜植草皮;中央分隔带宽度小于 3.0 m 时可栽灌木或铺面封闭。

9.4.7 公路横断面范围内的排水设计应自成体系、满足功能要求。设置在紧靠车道的边沟,其断面宜采用浅碟形或漫流等方式;当采用矩形或梯形边沟时,应加盖板。

9.4.8 冬季积雪路段、工程地质病害严重路段等可适当加宽路基,改善行车条件。

9.5 线形组合设计

9.5.1 线形组合设计应遵循下列原则:

1. 线形组合设计中,各技术指标除应分别符合平面、纵断面规定值外,还应考虑横断面对线形组合与行驶安全的影响。应避免平面、纵断面、横断面的最不利值相互组合的设计。

2. 在确定平面、纵断面的各相对独立技术指标时,各自除应相对均衡、连续外,还应考虑与之相邻路段的各技术指标值的均衡、连续。

3. 线形组合设计除应保持各要素间内部的相对均衡与变化节奏的协调外,还应注意同公路外部沿线自然景观的适应和地质条件等的配合。

4. 路线线形应能自然地诱导驾驶者的视线,并保持视线的连续性。

9.5.2 线形组合设计应符合下列要求:

1. 平、纵线形值宜相互对应,用平曲线宜比竖曲线长。当平竖曲线半径均较小时,其相互对应程度应较严格;随着平、竖曲线半径的同时增大,其对应程度可适当放宽;当平、竖曲线均大时,可不严格相互对应。

2. 长直线不宜与陡坡或半径小且长度短的竖曲线组合。

3. 长的平曲线内不宜包含多个短的竖曲线;短的平曲线不宜与短的竖曲线组合。

4. 半径小的圆曲线起、讫点,不宜接近或设在凸形竖曲线的顶部或凹形竖曲线的底部。

5. 长的竖曲线内不宜设置半径小的平曲线。

6. 凸形竖曲线的顶部或凹形竖曲线的底部,不宜同反向平曲线的拐点重合。

7. 复曲线、S 形曲线中的左转圆曲线不设超高时,应采用运行速度对其安全性予以验算。

8. 应避免在长下坡路段、长直线路段或大半径圆曲线路段的末端接小半径圆曲线的组合。

9.5.3 设计速度大于或等于 60 km/h 的公路,应注重路线平、纵线形组合设计。设计速度小于或等于 40 km/h 的公路,可参照上述要求执行。

9.5.4 六车道及以上的高速公路,应重视直、曲线(含平、纵面)间的组合与搭配,在曲线间设置足够长的回旋线或直线,使其衔接过渡顺适,路面排水良好。

9.5.5 在高填方路段设置平曲线时,宜采用较大半径的圆曲线,并设置具有诱导功能的交通设施。

10 公路与公路平面交叉

10.1.2 平面交叉设计应遵循下列原则:

5. 相交公路在平面交叉范围内的路段宜采用直线;当采用曲线时,其半径宜大于不设超高的圆曲线半径。纵面应力求平缓,并符合视觉所需的最小竖曲线半径值。

10.2 平面交叉处公路的线形

10.2.2 纵面线形设计应符合下列规定:

1. 平面交叉范围内,两相交公路的纵面宜平缓。纵面线形应满足停车视距的要求。
2. 主要公路在交叉范围内的纵坡应在0.15%~3%的范围内;次要公路紧接交叉的引道部分应以0.5%~2%的上坡通往交叉。
3. 主要公路在交叉范围内的圆曲线设置超高时,次要公路的纵坡应服从主要公路的横坡。

12 公路与铁路、乡村道路、管线交叉

12.4 公路与乡村道路交叉

12.4.3 公路与乡村道路相交,符合下列情况时应对乡村道路进行改线,且改线段平、纵技术指标不应低于四级公路的最小值:

2. 按规划或交叉总体设计对交叉予以合并或调整交叉位置。
3. 交叉处的地形、地质、视距或原乡村道路平面线形不适宜设置交叉。
4. 改造原平面交叉其工程量增加较大。

12.4.4 通道设计应符合下列要求:

3. 通道处的乡村道路平面线形宜为直线。其两侧的直线长度不小于20 m。
4. 通道处的乡村道路纵面线形应为直坡,坡度宜不大于3%,构造物不得设于凹形竖曲线底部。通道应采用自流排水方式做好排水设计。
5. 通道的最小净空应根据通行车辆不同按表4-41的数值采用,必要时可加大桥下净空。

表4-41 通道净空要求

净高	通行拖拉机、畜力车时	≥2.70 m
	通行农用汽车时	≥3.20 m
净宽	按交通量和通行农业机械类型选用	≥4.00 m
	通道过长或敷设排水渠时	视情况增宽

12.4.8 平面交叉设计应符合下列规定:

2. 交叉处公路两侧的乡村道路直线长度应各不小于20 m。
3. 交叉处公路两侧的乡村道路应分别设置不小于10 m的水平段或缓坡段,缓坡段的纵坡应不大于2%。紧接水平段或缓坡段的纵坡不应大于3%,困难地段不应大于6%。
5. 经常有履带耕作机械通行时,交叉范围内的公路路面、路肩应进行加固,且公路路基边缘外侧的乡村道路应各设置不小于10 m的加固段。

② 《公路工程技术标准》(JTG B01—2014)[18]

4.0.17 圆曲线最小半径应符合表4-42的规定。

表 4-42 圆曲线最小半径

设计速度(km/h)		120	100	80	60	40	30	20
最大超高	10%	570	360	220	115	—	—	—
	8%	650	400	250	125	60	30	15
	6%	710	440	270	135	60	35	15
	4%	810	500	300	150	65	40	20
不设超高最小半径(m)	路拱≤2.0%	5 500	4 000	2 500	1 500	600	350	150
	路拱>2.0%	7 500	5 250	3 350	1 900	800	450	200

注:"—"为不考虑采用最大超高的情况。

4.0.18 公路圆曲线半径小于表 4-42"不设超高最小半径"时,应设置圆曲线超高。最大超高应符合下列规定:

1. 一般地区,圆曲线最大超高应采用 8%。
2. 积雪冰冻地区,最大超高值应采取 6%。
3. 以通行中、小型客车为主的高速公路和一级公路,最大超高可采用 10%。
4. 城镇区域公路,最大超高值可采取 4%。

4.0.19 直线与小于表 4-42 不设超高最小半径的圆曲线相衔接处,应设置缓和曲线。缓和曲线采用回旋线,应符合下列规定:

1. 缓和曲线参数及其长度应根据线形设计以及对安全、视觉、景观等的要求,选用较大的数值。
2. 四级公路直线与小于不设超高最小半径的圆曲线相衔接处,可不设置缓和曲线,用超高、加宽缓和段径相连接。

4.0.20 最大纵坡应符合表 4-43 的规定,并应符合下列规定:

表 4-43 最大纵坡

设计速度(km/h)	120	100	80	60	40	30	20
最大纵坡(%)	3	4	5	6	7	8	9

1. 设计速度为 120 km/h、100 km/h、80 km/h 的高速公路受地形条件或其他特殊情况限制时,经技术经济论证,最大纵坡值可增加 1%。
2. 公路改扩建中,设计速度为 40 km/h、30 km/h、20 km/h 的利用原有公路的路段,经技术经济论证,最大纵坡值可增加 1%。
3. 二级及二级以下公路的越岭路线连续上坡(或下坡)路段,相对高差为 200~500 m 时,平均纵坡不应大于 5.5%;相对高差大于 500 m 时,平均纵坡不应大于 5%。任意连续 3 km 路段的平均纵坡不应大于 5.5%。
4. 高速公路、一级公路应论证采用合理的平均纵坡。对存在连续长、陡纵坡的路段应进行安全性评价。

4.0.21 不同纵坡的最大坡长应符合表 4-44 的规定。

表 4-44 不同纵坡的最大坡长(m)

纵坡坡度(%)	设计速度(km/h)						
	120	100	80	60	40	30	20
3	900	1 000	1 100	1 200	—	—	—
4	700	800	900	1 000	1 100	1 100	1 200
5	—	600	700	800	900	900	1 000
6	—	—	500	600	700	700	800
7	—	—	—	—	500	500	600
8	—	—	—	—	300	300	400
9	—	—	—	—	—	200	300
10	—	—	—	—	—	—	200

4.0.22 公路纵坡变更处应设置竖曲线。竖曲线最小半径和最小长度不应小于表 4-45 的规定值。

表 4-45 竖曲线最小半径和最小长度

设计速度(km/h)	120	100	80	60	40	30	20
凸形竖曲线最小半径(m)	11 000	6 500	3 000	1 400	450	250	100
凹形竖曲线最小半径(m)	4 000	3 000	2 000	1 000	450	250	100
竖曲线最小长度(m)	100	85	70	50	35	25	20

③《涉路工程安全评价规范》(DB34/T 2395—2015)[15]

6.4.2.5 乡村道路接入部分直线段长度不小于 20 m。

6.4.2.6 乡村道路接入部分应设置不小于 10 m 的水平段,且紧接水平段的纵坡不大于 3%,困难地段不大于 6%。

6. 净空

①《公路工程技术标准》(JTG B01—2014)[18]

9.4.3 车行通道的净空应符合下列规定:

1. 通行拖拉机、畜力车时,通道净高应不小于 2.70 m;通行农用汽车时,通道净高应不小于 3.20 m。

2. 通道净宽应根据交通量和通行农业机械类型选用,一般应不小于 4.00 m;通道过长或敷设排水渠时,宜视情况加宽。

9.4.4 人行通道净高应不小于 2.20 m;净宽应不小于 4.00 m。

9.4.5 车行天桥桥面净宽按交通量和通行农业机械类型可选用 4.50 m 或 7.00 m;其汽车荷载应符合本标准第 7.0.2 条有关四级公路汽车荷载等级的规定。

9.4.6 人行天桥桥面净宽应大于或等于 3.00 m;其人群荷载应符合本标准第 7.0.8 条的规定。

7. 交通管理

①《公路路线设计规范》(JTG D20—2017)[16]

10 公路与公路平面交叉

10.1.3 平面交叉根据相交公路的功能、等级、交通量等可分别采用主路优先交叉、无优先交叉或信号交叉三种不同的交通管理方式,并应符合下列规定:

1. 公路功能、等级、交通量有明显差别的两条公路相交,或交通量较大的 T 形交叉,应采用主路优先交叉交通管理方式。

2. 两条相交公路或多条交叉岔路的等级均低且交通量较小时,应采用无优先交叉交通管理方式。

3. 下述交叉应采用信号交叉交通管理方式:

1)两条交通量均大,且功能、等级相同的公路相交,难以用"主路优先"的规则管理时;

2)两相交公路虽有主次之别,但交通量均较大(主要公路双向交通量大于或等于 750 辆/h,次要公路单向交通量大于或等于 300 辆/h),采用"主路优先"交通管理方式会出现较频繁的交通事故和过分的交通延误时;

3)主要公路交通量相当大(主要公路双向交通量大于等于 900 辆/h),而次要公路尽管交通量不大,但采用"主路优先"交通管理方式,次要公路上的车辆由于难以遇到可供驶入的主流间隙而引起不可接受的交通延误,或出现冒险驶入长度不足的主流间隙而危及安全时;

4)两相交公路的交通量虽未达到上述程度,但由于有相当数量的行人和非机动车穿越交叉而引起交通延误,甚至造成阻塞或交通事故时;

5)环形交叉的人口因交通量而出现过多的交通延误时;

6)位于城镇路段的平面交叉。

10.2 平面交叉处公路的线形

10.2.3 立面设计应符合下列规定:

1. 平面交叉的两相交公路共有部分的立面形式及其引道横坡,应根据两相交公路的功能、等级、平纵线形、交通管理方式等因素而定。采用"主路优先"交通管理方式的交叉,应使主要公路的横断面贯穿交叉,而调整次要公路的纵断面以适应主要公路的横断面;当调整纵断面有困难时,应同时调整两公路的横断面。

2. 分隔的右转弯车道或右转弯附加路面上,各处的高程和横坡应满足相交公路共有部分及其相邻局部段落的岔路的立面、转弯曲线所需的超高、整个交叉范围内的路面排水和路容的需要。

3. 平面交叉范围内的路面排水应流畅,并以此作为立面设计的主要考虑因素之一。包括隐形岛在内的任何部分的路面上不得有积水。

②《涉路工程安全评价规范》(DB34/T 2395—2015)[15]

6.4.2.7 因受地理条件限制,乡村道路接入公路纵坡、视距等不满足要求时,应采用设置附加车道和右进右出等方式进行交通管理。

6.4.3 乡村道路接入公路时,应采取主路优先的交通管理方式,必要时采取信号控制交通管理方式。

4.2.2.2 乡村道路接入施工指标评价

乡村道路接入施工指标评价主要针对乡村道路的施工要求和施工期间交通组织方案进行评价。

1. 施工要求

施工时应根据实际需要设置施工标志、路栏、锥形交通路标等安全设施,夜间应有反光或施工警告灯,必要时应指派专人管制交通。

《涉路工程安全评价规范》(DB34/T 2395—2015)[15]

6.4.4.1　公路路基边缘外侧的乡村道路应有不小于 10 m 的路面铺装段(加固段),使其达到四级公路的标准。

6.4.4.2　有履带耕作机械通行时,乡村道路接入段路面、路肩应有不小于 20 m 的铺装段。

2. 施工期间交通组织方案

施工期间交通组织方案参考第 7 章。

4.2.3　实际案例

案例一　通学乡村道路接入新 G310 国道

1. 工程概况

新 G310 国道采用一级公路技术标准,设计速度 80 km/h,是徐州市区主要的出入口线路之一,是重要的省际通道,联系着徐州市、安徽西北部以及河南、陕西等广大中西部地区,同时也是中西部地区与东部沿海地区相联系的过境路段,还是徐州市及沿线进出京福高速公路的联络道路。铜山区夹河高中和大彭镇中心中学受高铁建设的影响需将学校迁移至新 G310 国道南侧,但学生居住地大都在国道北侧,准备利用现有的村道和镇道与国道的平交开口作为学生越过新 G310 国道的主要途径,上放学时(尤其是在节假日放学时)将会产生大量人流和车流越过或利用新 G310 国道,存在一定的安全隐患,需对乡村道路接入国道的平交口进行分析。项目平面布置图如图 4-25 所示[8]。

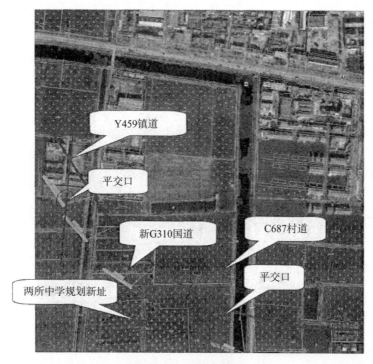

图 4-25　平面布置图

2. 交通影响分析

进行交通影响分析应选取交通影响最不利时段,故以节假日放学时作为交通影响分析的时间点,届时将会有大量交通流影响到新 G310 国道的运营。通过相位分析方法,引用概率论理论,经分析最不利情况下往西的出行概率最大可达到47.8%,为出行主要影响方向。学生放学的交通方式以非机动车为主,机动车接送相对较少。机动车对新G310国道的影响主要体现在当车辆并入后增加了国道的车流量,需评估新G310国道的通行能力是否能满足增加后的车流量;非机动车对新G310国道的影响主要为车辆进入国道之后将增加道路路侧的干扰,进而影响道路的实际通行能力。

由于学生节假日放学时将有大部分非机动车进入新G310国道,对新G310国道主线车辆将会产生路侧横向干扰。路侧横向干扰对通行能力的修正系数与干扰等级有关,根据《交通通行能力手册》规定,干扰等级按以下公式计算:

$$FRIC = aEEV + bPSV + cPED + dSMV + eTRA + fLU \qquad (4-1)$$

式中:EEV——支路车辆,辆/(200 m·h);

PSV——路侧车辆,辆/(200 m·h);

PED——行人数量,人/(200 m·h);

SMV——非机动车,辆/(200 m·h);

TRA——拖拉机,辆/(200 m·h);

LU——街道化程度,%;

a、b、c、d、e、f——修正系数。

由于学校节假日放学时行人和非机动车较多,行人和非机动车的影响等级按最高等级计算,得出$FRIC$等级为2级,对应的修正系数f为0.98。

考虑到非机动车的路侧影响和学生放学时的机动车车流量的影响,结合工程项目可行性研究报告(以下简称"工可报告")的预测交通量,经计算学生节假日放学时,新G310国道将在2029年提前达到工可报告中2031年的交通通行状态,学校节假日放学产生的交通影响有可能使新G310国道通行能力提前两年时间达到饱和。

3. 安全评估分析

1)交叉口间距

经核查,除此次评估的两处平交口外新G310国道分别在K254+907处设有平交口和K253+195处设有中央分隔带开口,用于两侧道路与新G310国道的平面交叉。新G310国道在此路段平面交叉情况如表4-46所示。

表4-46 平面交叉情况信息一览表

平面交叉桩号	K253+195	K253+925	K254+414	K254+907
间距(m)	730		489	493

本次评价的平交口和上述两处平交口之间的距离分别为730 m、489 m和493 m,除K253+925交叉口间距满足最小间距要求外,其余两个间距均不满足500 m的要求,但是也基本接近最小间距要求。

2)视距

C687村道与新G310国道平交口的通视三角区内并无任何建筑物,但是存在部分高大树木会影响到行车视距,建议将这类树木进行移植,并保证学校新建后的围墙不占用此三角区域,确保通视三角区内无任何影响视距的障碍物。

大彭镇Y459镇道与新G310国道平交口处的通视三角区内为大彭镇中心中学和某施工单

位拌和站,不过两处建筑物均为临时构造物,新 G310 国道完全建成时将全部拆除,只需保证在拆迁之后通视三角区内无障碍物即可。

3)交叉角度

经核查,大彭镇 Y459 镇道与新 G310 国道的平面交叉角度为 76°,满足规范要求。大彭镇 C687 村道与新 G310 国道的平面交叉角度为 39°,不满足规范要求,需对 C687 村道进行调整,保证其与新 G310 国道的平面交叉角度不小于 45°。

4)纵断面线形

经核查,两处平面交叉处新 G310 国道的纵坡值为 1.7%,满足规范要求。

由于两处平面交叉处新 G310 国道均存在超高,故大彭镇 C687 村道和 Y459 镇道紧接交叉的引道上下坡道应按干线公路的横坡坡度接入交叉口。经现场调查,C687 村道在交叉口南侧纵坡为-3.5%,北侧纵坡为 0;Y459 镇道在交叉口南北侧均未设置纵坡。两处平交口被交路的纵坡都不满足要求,应对次要公路引道纵坡进行调整。

5)交通管理

由于学校新址与大彭镇中心被新 G310 国道分隔开,势必造成学校师生上放学的时候穿越新 G310 国道,届时将会有大量的行人和非机动车车辆穿越交叉口,会引起交通阻塞,更为严重的还可能引发交通事故。根据规范要求,需要采用信号交通管理方式。

6)施工区交通组织

若在新 G310 国道通车之后对大彭镇 Y459 镇道和 C687 村道的两处平交口进行改造,为保证新 G310 国道行车安全,施工区交通组织可按照《公路养护安全作业规程》(JTG H30—2004)进行编制。

新 G310 国道设计速度为 80 km/h,行车速度较快,根据规范要求警示段长度应为 1 000 m;距离施工区 1 000 m 处设置"前方施工,减速慢行"警告标志和限速 60 km 标志,沿线设置限速标志,分别为 60 km/h、40 km/h、30 km/h 和 20 km/h,间距分别为 400 m、300 m 和 200 m。应自距离施工区 100 m 开始用安全锥桶或护栏等将施工区与正常行车道隔开,并设置夜间警示灯,施工需要占用行车道时还应设置线形诱导标志。

4. 改进建设

1)增加信号灯交通管理方式,利用信号灯控制提高交叉口的安全性。

2)根据增设信号灯的要求,在交叉口两侧增设配套的减速标志及减速设施。

3)根据规范要求调整上下引道的坡度,使其对应于国道的路面横坡。

4)Y459 镇道与新 G310 国道的交叉角度较小,需对 Y459 镇道进行适当的改造,以满足交角的要求。

5)保证交叉口停车视距三角区内不能有建筑物及能影响到视距的高大树木。

案例二 肥西县小庙新农村开道口工程

1. **工程概况**[29]

本项目位于合肥市西部的肥西县小庙镇,是当地社会主义新农村建设的主要进出口道路。与国道 G312 的交叉口设计,共有 3 条道路,其中需要开道口 2 处,封闭 1 处。

国道 G312 为一级公路,设计速度为 80 km/h,是合肥通往六安的出城口之一,交通量大,横断面现状为 1×0.5 m 中央分隔带+2×8.5 m 快车道+2×1.5 m 绿化带+2×5 m 慢车道。

入区路为整个小区路网的重要道路,两条道路路面宽分别为 14 m 和 7 m,设计速度均为 20 km/h,路面为水泥混凝土面层,路幅分别为 11 m 行车道+2×1.5 m 人行道和 4 m 行车道+2×

1.5 m 人行道。两交叉口之间距离为 473.6 m。

2. 设计符合性

(1) 设计要求

① 乡村道路接入公路平面交叉的间距应根据交通流量、横向干扰情况、生产生活需要、交通安全等因素进行限制,以 400 m 左右为宜,农业机械化程度高的地区间隔可适当加大。本工程两交叉口之间的距离为 473.6 m,符合要求。

② 乡村道路接入公路以正交为宜;当需斜交时,交角应大于 45°。本工程两交叉口符合要求。

③ 乡村道路接入部分直线段长度不应小于 20 m。本工程两个交叉路口均符合要求。

④ 乡村道路接入部分应设置不小于 10 m 的水平段,且紧接水平段的纵坡不应大于 3%,困难地段不应大于 6%。本工程两处交叉路口均符合要求。

交叉口平面设计图见图 4-26、图 4-27。

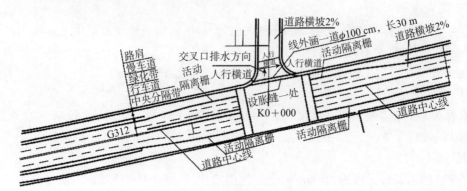

图 4-26 道口一平面设计图

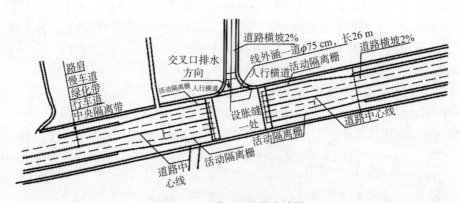

图 4-27 道口二平面设计图

(2) 交通管理

乡村道路接入交叉口应采取主线优先的交通管理方式。在主线公路上设置主线优先标志、交叉口警告标志到道口标柱,必要时可设置限速标志、鸣喇叭标志、禁止超车标线。在乡村道路上应设置停车让行标志、减速丘、停车让行标线。本工程主线设置了指路标志、警告标志、禁令标志,见图 4-28。

　　限速标志　　　　限速标志　　　　　指路标志　　　　　注意行人标志

图4-28　小庙新农村开道口主线标志示意图

本工程设置的标线有车行道分界线、人行横道线、振荡减速带等,见图4-29、图4-30。

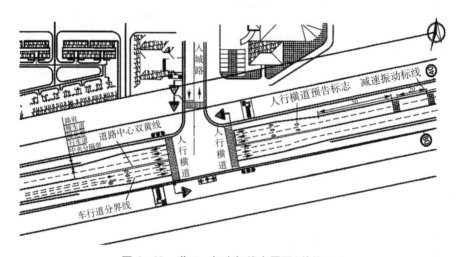

图4-29　道口一标志标线布置图(单位:m)

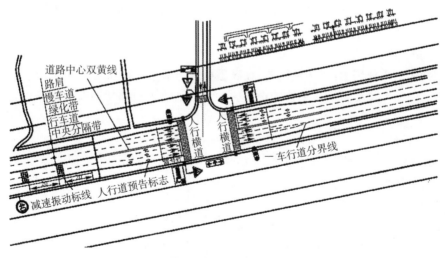

图4-30　道口二标志标线布置图(单位:m)

本工程主线和乡村道路标志标线设置符合要求。

3. 施工保障措施

(1)本交叉口在施工时应根据实际需要设置施工标志、路栏、锥形交通路标等安全设施,夜间应有反光或施工警告灯,施工期间应指派专人管制交通。

(2)施工区右侧桥前1 000 m、500 m、300 m处设置施工警告栏及限速牌等,在施工区布置安全锥形交通标志,间距 3 m,见图 4-31。

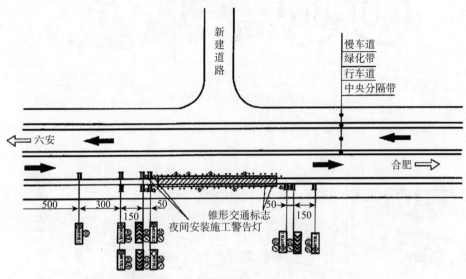

图 4-31 施工区安全标志布置图(单位:m)

4.3 沿线单位出入口接入

4.3.1 工程特点及危险源分析

单位出入口接入是指车辆从公路两侧的用地(如单位、居住小区、商业中心等交通集散地)汇入公路交通流中;或者是车辆从公路直行交通流中驶出进入路侧用地的情况。沿公路两侧的这些单位因生产、生活需要,在满足相应的单位规模和交通量要求的情况下,可在公路上设置平交接入口。影响接入口交通安全的主要因素主要有接入口平均间距较小、缺乏交通控制设施、几何线形设计不规范和未考虑实际情况等方面[8]。

4.3.2 安全评价内容

沿公路两侧的单位因生产、生活需要,在满足相应的单位规模和交通量要求的情况下,可在公路上开设交叉口。主要从沿线单位的规模、交通量、被接入道路等级等方面来评价出入口的安全性。

4.3.2.1 沿线单位出入口接入设计指标评价

沿线单位出入口接入设计指标包含单位规模、道路要求、视距、交通管理等方面,以下将从这四方面进行分析评价。

1. 单位规模

《涉路工程安全评价技术指南与案例分析》[29]

公路交通的发展,带动了周围经济发展,沿线纷纷建起厂矿、企业、商业、住宅小区、开发区。沿公路两侧的这些单位因生产、生活需要,在满足相应的单位规模和交通量要求的情况下,可在公路上开设交叉口。对此,《涉路工程安全评价规范》主要考虑沿线单位的规模、交通量、被接入道路等级。具体指标的数值参考江苏省的有关规定,见表 4-47。

表 4-47 公路沿线单位接入条件

公路等级		国、省道	县道
单位需要满足的条件	单位总人数(人)	>100	>50
	车辆数(辆)	>20	>10
	相邻出入口距离(m)	>500	>300

2. 道路要求

①《涉路工程安全评价规范》(DB34/T 2395—2015)[15]

6.3.1.1 接入口宜设置在公路直线路段上。

6.3.1.2 接入道路在公路边缘应有不小于 10 m 的水平段,紧接水平段的纵坡不宜大于 3%。

6.3.1.3 接入道路影响原公路排水系统的,应设置排水管涵。

②《公路工程技术标准》(JTG B01—2014)[18]

4.0.17 圆曲线最小半径应符合表 4-48 的规定。

表 4-48 圆曲线最小半径

设计速度(km/h)		120	100	80	60	40	30	20
最大超高	10%	570	360	220	115	—	—	—
	8%	650	400	250	125	60	30	15
	6%	710	440	270	135	60	35	15
	4%	810	500	300	150	65	40	20
不设超高最小半径(m)	路拱≤2.0%	5 500	4 000	2 500	1 500	600	350	150
	路拱>2.0%	7 500	5 250	3 350	1 900	800	450	200

注:"—"为不考虑采用最大超高的情况。

4.0.18 公路圆曲线半径小于表 4-48"不设超高最小半径"时,应设置圆曲线超高。最大超高应符合下列规定:

1. 一般地区,圆曲线最大超高应采用 8%。
2. 积雪冰冻地区,最大超高值应采取 6%。
3. 以通行中、小型客车为主的高速公路和一级公路,最大超高可采用 10%。
4. 城镇区域公路,最大超高值可采取 4%。

4.0.19 直线与小于表 4-48 不设超高最小半径的圆曲线相衔接处,应设置缓和曲线。缓和曲线采用回旋线,应符合下列规定:

1. 缓和曲线参数及其长度应根据线形设计以及对安全、视觉、景观等的要求,选用较大的数值。
2. 四级公路直线与小于不设超高最小半径的圆曲线相衔接处,可不设置缓和曲线,用超高、加宽缓和段径相连接。

4.0.20 最大纵坡应符合表 4-49 的规定,并应符合下列规定:

表 4-49　最大纵坡

设计速度(km/h)	120	100	80	60	40	30	20
最大纵坡(%)	3	4	5	6	7	8	9

1. 设计速度为 120 km/h、100 km/h、80 km/h 的高速公路受地形条件或其他特殊情况限制时,经技术经济论证,最大纵坡值可增加 1%。

2. 公路改扩建中,设计速度为 40 km/h、30 km/h、20 km/h 的利用原有公路的路段,经技术经济论证,最大纵坡值可增加 1%。

3. 二级及二级以下公路的越岭路线连续上坡(或下坡)路段,相对高差为 200~500 m 时,平均纵坡不应大于 5.5%;相对高差大于 500 m 时,平均纵坡不应大于 5%。任意连续 3 km 路段的平均纵坡不应大于 5.5%。

4. 高速公路、一级公路应论证采用合理的平均纵坡。对存在连续长、陡纵坡的路段应进行安全性评价。

4.0.21　不同纵坡的最大坡长应符合表 4-50 的规定。

表 4-50　不同纵坡的最大坡长(m)

纵坡坡度(%)	设计速度(km/h)						
	120	100	80	60	40	30	20
3	900	1 000	1 100	1 200	—	—	—
4	700	800	900	1 000	1 100	1 100	1 200
5	—	600	700	800	900	900	1 000
6	—	—	500	600	700	700	800
7	—	—	—	—	500	500	600
8	—	—	—	—	300	300	400
9	—	—	—	—	—	200	300
10	—	—	—	—	—	—	200

4.0.22　公路纵坡变更处应设置竖曲线。竖曲线最小半径和最小长度不应小于表 4-51 的规定值。

表 4-51　竖曲线最小半径和最小长度

设计速度(km/h)	120	100	80	60	40	30	20
凸形竖曲线最小半径(m)	11 000	6 500	3 000	1 400	450	250	100
凹形竖曲线最小半径(m)	4 000	3 000	2 000	1 000	450	250	100
竖曲线最小长度(m)	100	85	70	50	35	25	20

③《涉路工程安全评价规范(征求意见稿)》[14]

6.2.1.3　沿线单位接入公路,应遵守以下规定:

1. 遵循减少交通冲突点、干线优先等原则。

2. 高速公路、一级公路禁止沿线单位在其上开口。

3. 沿线单位接入国道、省道公路宜按照先辅道再支路，最后连接到主路上的顺序进行接入。

6.2.3.1 沿线单位接入公路等级及接入顺序、接入段道路等级评价原则应符合本规范6.2.1.3条的规定。

6.2.3.2 接入口平面线形、纵断面线形设置要求应符合下列规定：

1. 接入口宜设置在公路平缓路段上，且前后两个相邻的接入口的间距应大于300 m。
2. 接入道路在公路边缘应有不小于10 m的水平段，紧接水平段的纵坡不宜大于3%。
3. 在沿线单位距交叉口不小于20 m范围内，与主线公路的停车视距长度所构成的三角形区域内，应保证通视。
4. 相交公路在平面交叉范围内的路线宜采用直线；当采用曲线时，其半径宜大于不设超高了曲线半径。

6.2.3.5 接入点路面和路基衔接，接入部分的搭接施工要求应按规范6.1节的规定。

注：

6.1.3.5 平面交叉路基、路面及排水除满足相关规定外，还应符合下列要求：

1. 新旧路面横向交界处，应分层铣刨一定宽度台阶，使各基层的接缝错开，并在新旧基层的接缝上铺设玻纤维土工布，拉紧并固定。
2. 新铺沥青面层应高于旧路面3~5 mm左右，新旧路面结构层厚度不同时，应进行厚度渐变。
3. 原道路为沥青混凝土路面而新接入道路为水泥混凝土时，新接入道路距离原道路路面边缘50 m范围应采用沥青混凝土路面，且路面材料宜与原道路路面结构相同或相近。
4. 新接入道路为两车道及以下道路时，新接入道路纵坡应服从于原道路横坡，否则应对平面交叉面域进行竖向排水设计。接入道路为四车道及以上道路时，接入点交叉面域进行竖向排水设计。
5. 公路排水系统应综合考虑交叉公路排水和工程环境相适应，防排结合，形成完善的排水系统。

6.1.3.6 平面交叉施工方案除满足相关规定外，还应符合下列要求：

1. 施工前应查明接入点下方是否有通信电缆、油气管道等设施。
2. 施工前宜先完成临时排水设施，先截断流向拓宽作业区的水源，开挖临时排水沟，施工期间经常维护临时排水设施，保证排水通畅。
3. 老路堤与新路堤交界的坡面挖除清理的法向厚度不宜小于30 cm，从老路堤坡脚向上挖设台阶，台阶宽度不小于1 m，当加宽拼接宽度小于0.75 m时，可采取超宽填筑或翻挖原有路基等工程措施，当路堤高度超过3 m时，可在新老路基间横向铺设土工格栅。
4. 允许夜间施工时，对无照明路段应采取措施降低施工照明对驾驶人影响。
5. 工程完成应及时清理施工现场，运走施工产生的建筑垃圾，并将公路边坡以及施工破坏的其他设施恢复原貌。

3. 视距

①《公路路线设计规范》(JTG D20—2017)[16]

7 公路平面

7.9 视距

7.9.1 高速公路、一级公路的视距应采用停车视距。高速公路、一级公路的一般路段，每条车道的停车视距应不小于表 4-52 的规定。

表 4-52 高速公路、一级公路停车视距

设计速度(km/h)	120	100	80	60
停车视距(m)	210	160	110	75

7.9.2 二级公路、三级公路、四级公路的视距应采用会车视距。受停车条件或其他特殊情况限制而采取分道行驶措施的路段,可采用停车视距。会车视距与停车视距应不小于表 4-53 的规定。

表 4-53 二级、三级、四级公路会车视距与停车视距

设计速度(km/h)	80	60	40	30	20
会车视距(m)	220	150	80	60	40
停车视距(m)	110	75	40	30	20

7.9.3 二级公路、三级公路、四级公路双车道公路,应间隔设置满足超车视距的路段。具有干线功能的二级公路宜在 3 min 的行驶时间内,提供一次满足超车视距要求的超车路段。超车视距最小值应符合表 4-54 的规定。

表 4-54 超车视距最小值

设计速度(km/h)		80	60	40	30	20
超车视距最小值	一般值	550	350	200	150	100
	极限值	350	250	150	100	70

注:"一般值"为正常情况下的采用值;"极限值"为条件受限时可采用的值。

7.9.4 高速公路、一级公路以及大型车比例高的二级公路、三级公路的下坡路段,应采用下坡段货车停车视距对相关路段进行检验。各级公路下坡段货车停车视距应不小于表 4-55 的规定。

表 4-55 下坡段货车停车视距(m)

设计速度(km/h)		120	100	80	60	40	30	20
纵坡坡度(%)	0	245	180	125	85	50	35	20
	3	265	190	130	89	50	35	20
	4	273	195	132	91	50	35	20
	5	—	200	136	93	50	35	20
	6	—	—	139	95	50	35	20
	7	—	—	—	97	50	35	20
	8	—	—	—	—	—	35	20
	9	—	—	—	—	—	—	20

7.9.5 各级公路的互通式立体交叉、服务区、停车区、客运汽车停靠站等各类出口路段应满足识别视距要求,并应符合下列规定:

1. 不同设计速度对应的识别视距应符合表4-56的规定。

表4-56 识别视距

设计速度(km/h)	120	100	80	60
识别视距(m)	350(460)	290(380)	230(300)	170(240)

注：括号中为行车环境复杂、路侧出口提示信息较多时应采取的视距值。

2. 受地形、地质等条件限制路段，识别视距可采用1.25倍的停车视距，但应进行必要的限速控制和管理措施。

7.9.6 路线设计应对采用较低几何指标、线形组合复杂、中间带设置护栏或防眩设施、路侧设有高边坡或构造物、公路两侧各类出入口、平面交叉、隧道等各种可能存在视距不良的路段和区域，进行视距检验。不符合对应的视距要求时，应采取相应的技术和工程措施予以改善。

10 公路与公路平面交叉

10.1.2 平面交叉设计应遵循下列原则：

4. 平面交叉范围内相交公路线形的技术指标应能满足视距的要求。

10.3 视距

10.3.1 引道视距应符合下列规定：

1. 每条岔路上都应提供与行驶速度相适应的引道视距，如图4-32所示。

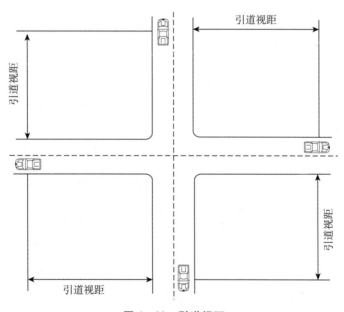

图4-32 引道视距

2. 引道视距在数值上等于停车视距，但量取标准为：视点高1.2 m，物高0 m。各种设计速度所对应的引道视距及凸形竖曲线的最小半径应符合表4-57的规定。

表4-57 引道视距及相应的凸形竖曲线最小半径

设计速度(km/h)	100	80	60	40	30	20
引道视距(m)	160	110	75	40	30	20
引道凸形竖曲线最小半径(m)	10 700	5 100	2 400	700	400	200

10.3.2 通视三角区的视距应符合下列规定：

1. 两相交公路间，由各自停车视距所组成的三角区内不得存在任何有碍通视的物体。如图4-33所示。

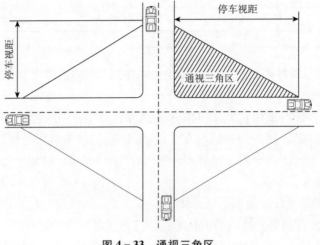

图4-33 通视三角区

2. 条件受限制不能保证由停车视距所构成的通视三角区时，应保证主要公路的安全交叉停车视距和次要公路至主要公路边车道中心线5~7 m所组成的通视三角区，如图4-34所示。安全交叉停车视距值应符合表4-58的规定。

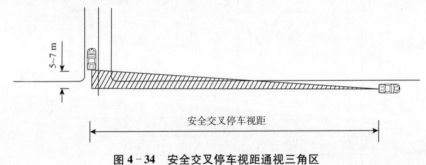

图4-34 安全交叉停车视距通视三角区

表4-58 安全交叉停车视距

设计速度(km/h)	100	80	60	40	30	20
停车视距(m)	160	110	75	40	30	20
安全交叉停车视距(m)	250	175	115	70	55	35

12 公路与铁路、乡村道路、管线交叉

12.3.2 道口应设置在汽车瞭望视距不小于表4-59规定值的地点，并应符合下列要求：

表4-59 汽车瞭望视距

路段旅客列车设计行车速度(km/h)	120	100	80
汽车瞭望视距(m)	400	340	270

1. 道口不得设置在铁路站场、道岔、桥头、隧道洞口及有调车作业的地段附近。
2. 受地形等条件限制汽车在距铁路最外侧钢轨5 m处停车后，汽车驾驶者的侧向瞭望视

距小于表4-59规定的道口必须设置看守。

②《公路工程技术标准》(JTG B01—2014)[18]

4.0.15 视距应符合下列规定：

1. 高速公路、一级公路的停车视距应不小于表4-60的规定。

表4-60 高速公路、一级公路停车视距

设计车速(km/h)	120	100	80	60
停车视距(m)	210	160	110	75

2. 二、三、四级公路的停车视距、会车视距与超车视距应不小于表4-61的规定。

表4-61 二、三、四级公路停车、会车与超车视距

设计车速(km/h)	80	60	40	30	20
停车视距(m)	110	75	40	30	20
会车视距(m)	220	150	80	60	40
超车视距(m)	550	350	200	150	100

3. 互通式立交、服务区、停车区、公共汽车停靠站等各类出、入口应满足识别视距要求。

③《涉路工程安全评价规范》(DB 34/T 2395—2015)[15]

6.3.1.4 在公路沿线单位距交叉口不小于20 m范围内，与公路的停车视距长度所构成的视距三角形区域内，应保证通视。

4. **交通管理**

①《公路路线设计规范》(JTG D20—2017)[16]

10 公路与公路平面交叉

10.1.3 平面交叉根据相交公路的功能、等级、交通量等可分别采用主路优先交叉、无优先交叉或信号交叉三种不同的交通管理方式，并应符合下列规定：

1. 公路功能、等级、交通量有明显差别的两条公路相交，或交通量较大的T形交叉，应采用主路优先交叉交通管理方式。

2. 两条相交公路或多条交叉岔路的等级均低且交通量较小时，应采用无优先交叉交通管理方式。

3. 下述交叉应采用信号交叉交通管理方式：

1) 两条交通量均大，且功能、等级相同的公路相交，难以用"主路优先"的规则管理时；

2) 两相交公路虽有主次之别，但交通量均较大(主要公路双向交通量大于或等于750辆/h，次要公路单向交通量大于或等于300辆/h)，采用"主路优先"交通管理方式会出现较频繁的交通事故和过分的交通延误时；

3) 主要公路交通量相当大(主要公路双向交通量大于或等于900辆/h)，而次要公路尽管交通量不大，但采用"主路优先"交通管理方式，次要公路上的车辆由于难以遇到可供驶入的主流间隙而引起不可接受的交通延误，或出现冒险驶入长度不足的主流间隙而危及安全时；

4) 两相交公路的交通量虽未达到上述程度，但由于有相当数量的行人和非机动车穿越交叉而引起交通延误，甚至造成阻塞或交通事故时；

5）环形交叉的入口因交通量大而出现过多的交通延误时；

6）位于城镇路段的平面交叉。

10.2 平面交叉处公路的线形

10.2.3 立面设计应符合下列规定：

1. 平面交叉的两相交公路共有部分的立面形式及其引道横坡，应根据两相交公路的功能、等级、平纵线形、交通管理方式等因素而定。采用"主路优先"交通管理方式的交叉，应使主要公路的横断面贯穿交叉，而调整次要公路的纵断面以适应主要公路的横断面；当调整纵断面有困难时，应同时调整两公路的横断面。

2. 分隔的右转弯车道或右转弯附加路面上，各处的高程和横坡应满足相交公路共有部分及其相邻局部段落的岔路的立面、转弯曲线所需的超高、整个交叉范围内的路面排水和路容的需要。

3. 平面交叉范围内的路面排水应流畅，并以此作为立面设计的主要考虑因素之一。包括隐形岛在内的任何部分的路面上不得有积水。

②《涉路工程安全评价规范》(DB34/T 2395—2015)[15]

6.3.2.1 公路沿线单位接入应采用主路优先或信号控制交通管理方式。

6.3.2.2 公路沿线单位应按相关标准规范要求在主线和接入道路设置安全设施。

③《涉路工程安全评价规范(征求意见稿)》[14]

6.2.3.3 标志、标线、附加车道设置应符合下列规定：

1. 根据相交公路的功能、等级、交通量等，沿线单位接入可采用主线优先交叉、无优先交叉或信号交叉三种不同的交通管理方式。

2. 沿线单位接入四车道及以上的多车道公路时必须设置左、右转弯的附加车道，四车道以上公路接入应设置信号灯。

3. 接入道路上可以根据实际情况设置减速丘等物理减速设施，设置时应按 GB 5768.2 配置相应交通标志、标线。

4. 主线和接入道路上的相关标志标线应定期维护。

4.3.2.2 沿线单位出入口接入施工指标评价

沿线单位出入口接入施工指标涉及道路的施工与养护管理、施工期间交通组织方案等方面的指标。

1. 施工与养护管理

《涉路工程安全评价规范(征求意见稿)》[14]

6.2.3.4 排水系统设置应符合下列规定：

1. 接入道路影响原公路排水系统的，应按照现行《公路排水设计规范》(JTG/T D33)的规定设置排水管涵。

2. 设计时应注意各种排水设施的功能和相互之间的衔接，防排结合，形成完善的排水系统，做好进出口位置的选择。

3. 施工前宜先完成临时排水设施，先截断流向拓宽作业区的水源，开挖临时排水沟，施工期间经常维护临时排水设施，保证排水通畅。

2. 施工期间交通组织方案

施工期间交通组织方案参考第 7 章。

4.3.3 实际案例

案例一 S338 二重集团段中分带开口改造工程

1. 工程概况

二重集团重型装备厂有限公司位于镇江市丹徒区高资镇,现存主出入口搭接于 S338:K23+300 处,出入口宽度为 80 m,长度约 46 m,出入车辆主要为大型货车,平均车长为 40 m,其中桥式组装货车最长车长为 106 m,为满足车辆出入方便,拟打开 80 m 中分带开口。

图 4-35 出入口位置示意图

图 4-36 出入口现状图片

长江路搭接路段为双向四车道,该处主线为弯道超高段,道路断面情况为 2×3.5 m(非机动车道)+4×4.0 m(机动车道)+4.0 m(中分带)。K22+700 处存在宽度为 5 m 的中分带开口、K22+900 处存在 60 m 中分带开口、K23+700 处存在 45m 中分带开口、K24+000 处存在十字交叉口。S338 路段限速为 80 km/h。现设计封闭 K22+900、K23+700 处中分带,置换打开 K23+300 处 80 m 中分带开口。

图 4-37 中分带开口概况

2. 设计方案评价

（1）中分带开口间距

经检查，拟开中分带开口位置位于 S338：K23+300 处，K22+700 处存在宽度为 5 m 的中分带开口、K22+900 处存在 60 m 中分带开口、K23+700 处存在 45 m 中分带开口，K24+000 处存在十字交叉口，考虑到中分带开口间距过近会影响到道路安全，现设计封闭 K22+900 及 K23+700 处中分带开口，置换 K23+300 处 80 m 中分带开口，保证中分带开口间距大于 500 m。

（2）视距

经检查，S338 搭接路段设计时速为 80 km/h，视距要求为 110 m，经查看设计文件，搭接道口上游 110 m，下游 30 m 绿化高度低于 40 cm，中分带两侧 110 m 范围内绿化高度低于 80 cm，搭接道口及中分带开口视距设计满足要求。

（3）横断面评价

经检查，该中分带开口设计工程需对 S338 现横断面形式进行更改，道路总体路基宽度不变，S338 中分带 K23+300 正对二重集团大门处开口 80 m，两个方向均切入中分带 3 m，保留 1.0 m 宽中分带。停车等待区长度 50 m，并在 1.0 m 中分带处增设单柱双面护栏。增加 30 m 渐变段，渐变段部分补设单柱单面护栏，中分带切入部分补设路缘石，停车等待区按 3×3.5 m 重新划分车道。增加的车道镇江方向为掉头专用车道，南京方向为左转和掉头车道，镇江方向外侧直行车道变为直行+右转，其余车道行驶方向不变。

改造后，中分带开口处车道宽度由 3.75 m 减为 3.5 m，中分带宽度由 4 m 减为 1 m，查看相关规范，车速为 40~60 km/h 时车道设计宽度为 3.5 m，改造后中分带开口处增加信号灯成为 T 形信号交叉口，交叉口处车速降低，车道宽度满足要求；本道路设计速度为 80 km/h，中央分隔带最小宽度为 1.0 m，满足规范要求。

（4）交叉口安保设施

经检查，该 T 形信号交叉口处设置了交通标志（包括警示标志、警告标志、指示标志等）、交通标线（包括停止线、车道线、导向箭头等）、交通信号灯及交通辅助信号灯等交通安全设施。该中分带开口宽度较大，设置信号灯可降低交叉口安全风险，辅助信号灯可帮助等待车辆判断信号灯状态，在一定程度上保障道路交通有序运行。经查看安保设施设计图纸，交通标志版面尺寸、设置位置等符合要求，标线与标志符合实际需求，配合使用，互为补充、含义一致，并与其他设施相协调。交通安全设施布置基本满足要求，因二重集团出入口宽度较大，建议增加左转车道引导线。

（5）排水设计

经检查，由于中分带开口处路面恢复，原有中分带排水系统被截断。本次排水设计在 K23+360、K23+170 处中分带设置渗水井与现有中分带排水盲管连接，并通过横向支管排出路外，排水设计较为合理，满足要求。

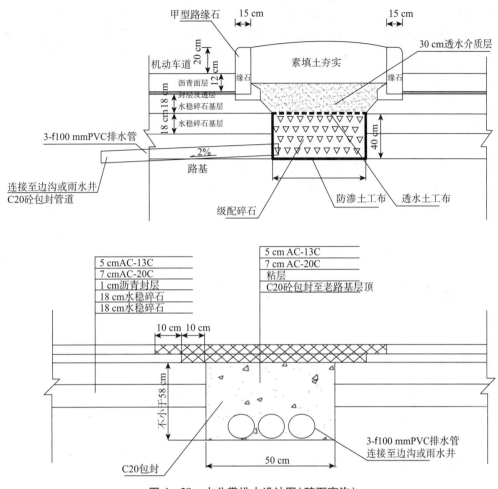

图 4-38 中分带排水设计图(碎石盲沟)

(6) 交叉口渠化设计

经检查,该交叉口处交通管理设计方案为开口处增设三组信号灯,分别对应主线两个方向和二重大门方向,并在主线设置两组电子警察及监控,由于该处为弯道超高段,为防止视线被遮挡,主线上设置两组辅助灯。S338 路段通行车辆较多,虽然与其形成 T 形交叉口的二重集团出入口交通量达不到设置信号灯的要求,但由于该中分带开口宽度较大,交通冲突暴露空间较大,且考虑前后中分带开口情况,在该中分带开口打开之后,在该交叉口处调头车辆较多。故综合考虑设置信号灯为较合适的方案。

经检查,S338 中分带开口处原道路断面为双向四车道,需作渠化设计以保障交叉口交通运行安全。

该处渠化方案为:S338 中分带 K23+300 正对二重集团大门处开口 80 m,两个方向均切入中分带 3 m,将原 4 m 宽的中分带压缩至 1.0 m 宽,渐变段为 30 m。停车等待区长度 50 m,并在 1.0 m 中分带处增设单柱双面护栏。增加 30 m 渐变段,渐变段部分补设单柱单面护栏,中分带切入部分补设路缘石,停车等待区按 3×3.5 m 重新划分车道。增加的车道镇江方向为掉头专用车道,南京方向为左转和掉头车道,镇江方向外侧直行车道变为直行+右转车道,其余车道行驶方向不变。

交叉口进口车道压缩了中分带增加了可左转或掉头的车道,在满足道路横断面设计要求的前提下,能够满足原有 K22+900 及 K23+700 处中分带开口封闭后车辆的调头需求,同时满足二重集团进出厂交通流转向。该 T 形交叉口可看作主-支交叉口类型,展宽段最小长度为 50 m,展宽渐变段最小长度为 20 m,查看设计图纸,本项目展宽段长度为 50 m,展宽渐变段长度为 30 m,满足要求。

(7) 行人交通组织

经检查,为满足行人过街需求,本项目在交叉口处设置了人行横道,人行横道长度为 29 m,按规范要求应设置行人过街安全岛,但参考《城市道路交叉口设计规程》关于安全岛宽度的设置要求,安全岛最小宽度不得小于 1.5 m,本项目压缩后中分带宽度为 1.0 m,不满足设置安全岛要求,故本项目不建议设置行人过街安全岛,但可按设计增加人行横道指示标志。

(8) 搭接段路基路面

经检查,本项目为防止新老路面接缝处产生不均匀沉降裂缝等病害,铣刨后的老路和开挖新建接缝处加铺 1 m 宽高性能聚酯布,在一定程度上可以稳定新老路面接缝处沉降,除此之外,建议对回填水稳的底面和顶面增设两层钢塑土工格栅,且在施工时保证路基的压实度。

3. 安全保障措施评价

(1) 施工方案

经检查,施工方案中计划施工工期为 59 个晴天工作日,每阶段施工工期安排较合理,因本工程需占路施工影响交通,在保障施工技术的前提下,建议尽可能缩短工期,施工开始前需提前与公路部门沟通施工工期。

经检查,施工方案中机具与人员安排措施较简单,缺少详细的施工各阶段各项资源需要量清单,建议根据施工方案进行具体补充。

经检查,本项目施工方案中缺少详细的施工进度保证措施,建议在施工前做好恶劣天气、资源缺损、意外事故等应急处置方案,保证施工进度。施工方案中缺少相应质量保证措施、环境保护措施和文明施工保证措施等。

经查看施工单位提供的施工方案及交通管理方案,施工期间对交通安全措施进行了较为详细安排,但为保证施工期间的安全工作,还应包括施工现场施工人员及机械的安全保护,项目部应成立以项目经理为组长的中分带开口施工安全领导小组,做好施工期间安全指导工作,做好开工前安全技术交底和施工期间安全检查指导工作,切实将各项安全工作落实到位。

经检查,施工期间除对交通安全措施进行详细安排外,还应包括施工现场施工人员及机械的安全保护,并加强施工期间的安全教育与培训。

(2) 施工期间的交通组织

本改造工程设计中心桩号为 K23+300 处,以此为中心两侧各 40 m 范围内的绿化带全部拆除,改建成平交路口。考虑到 S338 通行车辆较多,为保证车辆的正常通行,计划安排分两阶段进行施工。第一阶段拆除 80 m 中分带并封闭东西方向各一条机动车道。第二阶段对东西方向外侧机动车道进行封闭施工。

经检查,施工方案中对施工阶段进行了划分,并根据两个施工阶段制定了不同的施工期交通组织方案,但标志标牌及围挡范围的设置并不完善。建议按照《道路交通标志和标线 第 4 部分:作业区》(GB 5768.4)进行交通安全设施的布设,如需夜间施工,需提前做好反光标志及夜间警示灯的布设工作。

(3) 应急预案

经检查,应急预案内容主要为交通应急预案,但本项目施工过程中潜在危险点不仅包括交通事故,还包括机械伤害、恶劣天气等,施工方应考虑项目特点,补充其他可能情况下的应急预案处置方式。除此之外,施工现场应包括24 h紧急联系方式,以便在突发事故状态下及时启动应急程序。

(4)运营期安全保障措施

经检查,该项目交叉口处信号控制及渠化管理方式设置合理,交通安全设施布置较全面,运营期间若过往车辆、非机动车、行人严格遵循交通规则,加强安全意识,则可保证过往车辆及行人安全,且不会对S338造成过大干扰。

4. 改进建议

(1)建设单位需取得公路管理机构办理的合法行政许可手续后方可施工,否则本涉路工程交通安全评价报告所涉及的内容无效。

(2)项目施工前,建议施工方案、应急预案应报公路、交通主管部门批准。

(3)设计方案中对新老路面接缝处进行了沥青路面加铺一层聚酯玻纤布的设计,建议对回填水稳的底面和顶面增设两层钢塑土工格栅。

(4)本项目施工期交通安全设施布置过于简单,建议按照规范要求,如设置施工警告区、缓冲区、过渡区等进行细化。

(5)建议施工单位细化施工方案,补充详细的各项资源需要量计划、施工进度保证措施计划、质量保证措施、环境保护措施、文明施工措施,保证本施工项目顺利推进。

(6)施工方提供的应急预案内容主要为交通应急预案,还应考虑其他潜在的危险点,如机械伤害、恶劣天气等,针对潜在危险点应完善施工应急预案。

(7)本项目存在两个阶段施工,建议施工转换前应发布通告,提前通知,尽量避免因施工阶段的转换造成的交通混乱。

(8)建议在本项目中分带开口安保设施施工时,严格按照施工要求进行,在中分带开口施工完成以后,由专业施工队伍配合公路部门完成施工。

(9)建议对二重集团出入口出入车辆及人员进一步进行交通安全教育。

案例二 自强铝业有限公司与国道G318增设公路平交道口工程

1. 工程概况[29]

宣城市自强铝业有限公司,在寒亭辖区国道G318宣南方向K318+000处建厂,随着企业不断发展,每天货物进出量达120 t,进出车辆达到20车次。

公司门前公路中间有一条很长的绿化带。因为公司大部分车辆是自东向西行驶到该厂区,如果沿厂区东边最近的缺口进入厂区,则是逆向行驶,严重违反交通规则,存在很大安全隐患,如绕道沿厂区西边最近的缺口进入厂区,则需要多行驶300 m的路程。通过在自强铝业有限公司门前国道G318绿化带开设一宽度为10~12 m的缺口,可解决车辆进出困难的问题。

2. 设计符合性

(1)一般要求

本工程进出车辆达到20车次/d,基本符合要求,可以接入国道G318。

(2)设计要求

① 接入口宜设置在公路直线路段上。本工程沿国道G318接入口为直线,符合要求。

② 接入道路在公路边缘应有不小于10 m的水平段,紧接水平段的纵坡不宜大于3%。本工程公路边缘有14.6 m的水平段,符合要求,见图4-39。

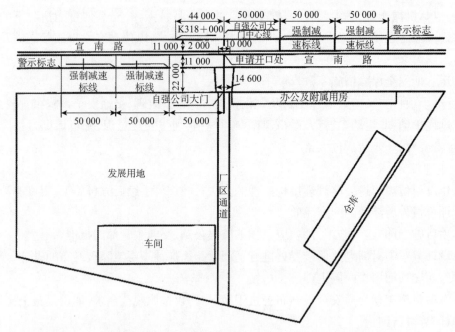

图 4-39 自强铝业有限公司与国道 G318 平交道口平面图(单位:mm)

(3) 交通管理

① 根据相交公路的功能、等级、交通量等,公路沿线单位接入可采用主线优先交叉、无优先交叉或信号交叉三种不同的交通管理方式。根据本工程的情况,应采用无信号灯控制的公路沿线单位 T 形接入,标志标线设置见图 4-40。

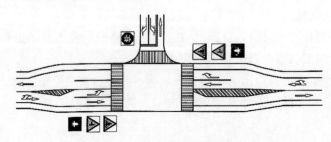

图 4-40 主线优先标志标线设置图

② 公路沿线单位接入二级及二级以上公路时,应采取主线优先交叉方式进行交通管理。主线上设置:平面交叉的警告标志或道路口标柱、人行横道标线。支路上设置:主线交通量较大、运行速度高设停车让行标志、停车让行标线;主线交通量较小时设减速让行标志、减速让行标线。本工程主线国道 G318 设置了警示标志和强制减速标线、人行横道标线;支线上缺少减速让行标志和标线,不符合要求。

3. 施工保障措施

(1) 对道口处中间绿化隔离带,在不损伤路面的情况下实施拆除,然后该路段原结构层处治:30 cm 砂砾石+26 cm C10 混凝土基层+6 cm 沥青下贯层+3 cm 沥青混凝土面层。

(2) 从自强铝业有限公司大门口到公路的搭界处降一点坡度或设几条安全减速带,在门口设置一块限速标志,要求驶出车辆以低于 5 km/h 的速度缓慢驶向公路。值班门卫对公路上交通状况进行观望,确认公路上交通状况无车辆行驶时对外出车辆才可以放行,确保交通安全。

(3) 在道口处两端各 50 m、100 m 处设强制减速标线,在道口处两端各 150 m 处设道路交叉标志牌一块,以提醒过往驾驶员在通过道口时提前减速慢行并在道口处设斑马线。

4. 改进建议

（1）主线及支线上标志标线设置,应参照规范要求进一步完善。

（2）接入道口水平段的纵坡应控制不大于3%。

（3）应设置排水管涵,不影响原公路排水系统。

（4）施工中新旧路基、路面衔接应符合规范要求。

4.4 加油加气站接入

4.4.1 工程特点及危险源分析

加油加气站是加油站、液化石油气加气站、压缩天然气加气站、加油加气合建站的统称,是公路的服务设施。随着原油开采量的不断增加及汽车消费的快速升温,各类汽车加油加气站的设计、建造与改扩建越来越多。加油加气站的安全管理,很大程度上取决于安全设计与施工工作的合理与完善。但由于部分加油加气站业主对国家安全生产法律、法规、技术标准缺乏了解,或受本身专业水平、建站资金等因素的影响,使得加油加气站在加油站的选址、设计、施工等方面难以规范、统一,存在较多的安全隐患。加油加气站的接入设计施工与管理作为问题诱发因素之一,是设计与建设所要考虑问题的重中之重[60]。

4.4.2 安全评价内容

加油加气站接入式涉路行为主要从间距、接入位置、出入口设计和交通工程设施设置等方面来评价其安全性。

4.4.2.1 加油加气站接入设计指标评价

加油加气站接入设计指标涉及间距、接入位置、出入口设计、交通工程设施设置等方面。

1. **间距**

①《汽车加油加气站设计与施工规范》（GB50156—2012）（2014年版）[61]

4 站址选择

4.0.4 加油站、加油加气合建站的汽油设备与站外建（构）筑物的安全间距,不应小于表4-62和4-63的规定。

表4-62 汽油设备与站外建（构）筑物的安全间距（m）

站外建（构）筑物		站内汽油设备					
		埋地油罐					
		一级站			二级站		
		无油气回收系统	有卸油油气回收系统	有卸油和加油油气回收系统	无油气回收系统	有卸油油气回收系统	有卸油和加油油气回收系统
重要公共建筑物		50	40	35	50	40	35
明火地点或散发火花地点		30	24	21	25	20	17.5
民用建筑物保护类别	一类保护物	25	20	17.5	20	16	14
	二类保护物	20	16	14	16	13	11
	三类保护物	16	13	11	12	9.5	8.5

续 表

站外建(构)筑物		站内汽油设备					
		埋地油罐					
		一级站			二级站		
		无油气回收系统	有卸油油气回收系统	有卸油和加油油气回收系统	无油气回收系统	有卸油油气回收系统	有卸油和加油油气回收系统
甲、乙类物品生产厂房、库房和甲、乙类液体储罐		25	20	17.5	22	17.5	15.5
丙、丁、戊类物品生产厂房、库房和丙类液体储罐,以及单罐容积不大于50 m³的埋地甲、乙类液体储罐		18	14.5	12.5	16	13	11
室外变配电站		25	20	17.5	22	18	15.5
铁路		22	17.5	15.5	22	17.5	15.5
城市道路	快速路、主干路	10	8	7	8	6.5	5.5
	次干路、支路	8	6.5	5.5	6	5	5
架空通信线		1倍杆高,且不应小于5 m			5		
架空电力线路	无绝缘层	1.5倍杆(塔)高,且不应小于6.5 m					
	有绝缘层	1倍杆(塔)高,且不应小于5 m			0.75倍杆(塔)高,且不应小于5		

表 4-63 汽油设备与站外建(构)筑物的安全间距(m)

站外建(构)筑物		站内汽油设备					
		埋地油罐			加油机、通气管管口		
		三级站					
		无油气回收系统	有卸油油气回收系统	有卸油和加油油气回收系统	无油气回收系统	有卸油油气回收系统	有卸油和加油油气回收系统
重要公共建筑物		50	40	35	50	40	35
明火地点或散发火花地点		18	14.5	12.5	18	14.5	12.5
民用建筑物保护类别	一类保护物	16	13	11	16	13	11
	二类保护物	12	9.5	8.5	12	9.5	8.5
	三类保护物	10	8	7	10	8	7
甲、乙类物品生产厂房、库房和甲、乙类液体储罐		18	14.5	12.5	18	14.5	12.5
丙、丁、戊类物品生产厂房、库房和丙类液体储罐,以及单罐容积不大于50 m³的埋地甲、乙类液体储罐		15	12	10.5	15	12	10.5
室外变配电站		18	14.5	12.5	18	14.5	12.5

续 表

站外建(构)筑物		站内汽油设备					
		埋地油罐			加油机、通气管管口		
		三级站					
		无油气回收系统	有卸油油气回收系统	有卸油和加油油气回收系统	无油气回收系统	有卸油油气回收系统	有卸油和加油油气回收系统
铁路		22	17.5	15.5	22	17.5	15.5
城市道路	快速路、主干路	8	6.5	5.5	6	5	5
	次干路、支路	6	5	5	5	5	5
架空通信线		5					
架空电力线路	无绝缘层	6.5					
	有绝缘层	5					

注:1. 室外变、配电站指电力系统电压为 35 kV~500 kV,且每台变压器容量在 10 MV·A 以上的室外变、配电站,以及工业企业的变压器总油量大于 5 t 的室外降压变电站。其他规格的室外变、配电站或变压器应按丙类物品生产厂房确定。
2. 表中道路系指机动车道路。油罐、加油机和油罐通气管管口与郊区公路的安全间距应按城市道路确定,高速公路、一级和二级公路应按城市快速路、主干路确定;三级和四级公路应按城市次干路、支路确定。
3. 与重要公共建筑物的主要出入口(包括铁路、地铁和二级及以上公路的隧道出入口)尚不应小于 50 m。
4. 一、二级耐火等级民用建筑物面向加油站一侧的墙为无门窗洞口的实体墙时,油罐、加油机和通气管管口与该民用建筑物的距离,不应低于本表规定的安全间距的 70%,并不得小于 6 m。

4.0.5 加油站、加油加气合建站的柴油设备与站外建(构)筑物的安全间距,不应小于表 4-64 的规定。

表 4-64 柴油设备与站外建(构)筑物的安全间距(m)

站外建(构)筑物		站内柴油设备			
		埋地油罐			加油机、通气管管口
		一级站	二级站	三级站	
重要公共建筑物		25			
明火地点或散发火花地点		12.5		10	
民用建筑物保护类别	一类保护物	6			
	二类保护物				
	三类保护物				
甲、乙类物品生产厂房、库房和甲、乙类液体储罐		12.5	11	9	
丙、丁、戊类物品生产厂房、库房和丙类液体储罐,以及单罐容积不大于 50 m³ 的埋地甲、乙类液体储罐		9			
室外变配电站		15	12.5		
铁路		15			

续 表

站外建(构)筑物		站内柴油设备			加油机、通气管管口
		埋地油罐			
		一级站	二级站	三级站	
城市道路	快速路、主干路	3			
	次干路、支路				
架空通信线		0.75倍杆高,且不应小于5 m			5
架空电力线路	无绝缘层	0.75倍杆(塔)高,且不应小于6.5 m			6.5
	有绝缘层	0.5倍杆(塔)高,且不应小于5 m			5

注:1. 室外变、配电站指电力系统电压为35 kV~500 kV,且每台变压器容量在10 MV·A以上的室外变、配电站,以及工业企业的变压器总油量大于5 t的室外降压变电站。其他规格的室外变、配电站或变压器应按丙类物品生产厂房确定。
2. 表中道路指机动车道路。油罐、加油机和油罐通气管管口与郊区公路的安全间距应按城市道路确定,高速公路、一级和二级公路应按城市快速路、主干路确定;三级和四级公路应按城市次干路、支路确定。

4.0.6 LPG加气站、加油加气合建站的LPG储罐与站外建(构)筑物的安全间距,不应小于表4-65的规定。

表4-65 LPG储罐与站外建(构)筑物的安全间距(m)

站外建(构)筑物		地上LPG储罐			埋地LPG储罐		
		一级站	二级站	三级站	一级站	二级站	三级站
重要公共建筑物		100					
明火地点或散发火花地点		45	38	33	30	25	18
民用建筑物保护类别	一类保护物	45	38	33	30	25	18
	二类保护物	35	28	22	20	16	14
	三类保护物	25	22	18	15	13	11
甲、乙类物品生产厂房、库房和甲、乙类液体储罐		45	45	40	25	22	18
丙、丁、戊类物品生产厂房、库房和丙类液体储罐,以及单罐容积不大于50 m³的埋地甲、乙类液体储罐		32	32	28	18	16	15
室外变配电站		45	45	40	25	22	18
铁路		45			22		
城市道路	快速路、主干路	15	13	11	10	8	8
	次干路、支路	12	11	10	8	6	6
架空通信线		1.5倍杆高	1倍杆高		0.75倍杆高		
架空电力线路	无绝缘层	1.5倍杆(塔)高	1.5倍杆(塔)高		1倍杆(塔)高		
	有绝缘层		1倍杆(塔)高		0.75倍杆(塔)高		

注:1. 室外变、配电站指电力系统电压为35 kV~500 kV,且每台变压器容量在10 MV·A以上的室外变、配电站,以及工业企业的变压器总油量大于5 t的室外降压变电站。其他规格的室外变、配电站或变压器应按丙类物品生产厂房确定。

2. 表中道路指机动车道路。LPG 储罐与郊区公路的安全间距应按城市道路确定,高速公路、一级和二级公路应按城市快速路、主干路确定;三级和四级公路应按城市次干路、支路确定。
3. 液化石油气储罐与站外一、二、三类保护物地下室的出入口、门窗的距离,应按本表一、二、三类保护物的安全间距增加50%。
4. 一、二级耐火等级民用建筑物面向加气站一侧的墙为无门窗洞口实体墙时,LPG 储罐与该民用建筑物的距离不应低于本表规定的安全间距的70%。
5. 容量小于或等于 10 m³ 的地上 LPG 储罐整体装配式的加气站。其罐与站外建(构)筑物的距离,不应低于本表三级站的地上罐安全间距的80%。
6. LPG 储罐与站外建筑面积不超过 200 m² 的独立民用建筑物的距离,不应低于本表三类保护物安全间距的80%,并不应小于三级站的安全间距。

4.0.7 LPG 加气站、加油加气合建站的 LPG 卸车点、加气机、放散管管口与站外建(构)筑物的安全间距,不应小于表 4-66 的规定。

表 4-66 LPG 卸车点、加气机、放散管管口与站外建(构)筑物的安全间距(m)

站外建(构)筑物		站内 LPG 设备		
		LPG 卸车点	放散管管口	加气机
重要公共建筑物		100		
明火地点或散发火花地点		25	18	
民用建筑物保护类别	一类保护物	25	18	
	二类保护物	16	14	
	三类保护物	13	11	
甲、乙类物品生产厂房、库房和甲、乙类液体储罐		22	20	
丙、丁、戊类物品生产厂房、库房和丙类液体储罐,以及单罐容积不大于 50 m³ 的埋地甲、乙类液体储罐		16	14	
室外变配电站		22	20	
铁路		22		
城市道路	快速路、主干路	8		6
	次干路、支路	6		5
架空通信线		0.75 倍杆高		
架空电力线路	无绝缘层	1 倍杆(塔)高		
	有绝缘层	0.75 倍杆(塔)高		

注:1. 室外变、配电站指电力系统电压为 35 kV~500 kV,且每台变压器容量在 10 MV·A 以上的室外变、配电站,以及工业企业的变压器总油量大于 5 t 的室外降压变电站。其他规格的室外变、配电站或变压器应按丙类物品生产厂房确定。
2. 表中道路指机动车道路。站内 LPG 设备与郊区公路的安全间距应按城市道路确定,高速公路、一级和二级公路应按城市快速路、主干路确定;三级和四级公路应按城市次干路、支路确定。
3. LPG 卸车点、加气机、放散管管口与站外一、二、三类保护物地下室的出入口、门窗的距离,应按本表一、二、三类保护物的安全间距增加50%。
4. 一、二级耐火等级民用建筑物面向加气站一侧的墙为无门窗洞口实体墙时,站内 LPG 设备与该民用建筑物的距离不应低于本表规定的安全间距的70%。
5. LPG 卸车点、加气机、放散管管口与站外建筑面积不超过 200 m² 独立的民用建筑物的距离。不应低于本表的三类保护物的安全间距的80%,并不应小于 11 m。

4.0.8 CNG 加气站和加油加气合建站的压缩天然气工艺设备与站外建(构)筑物的安全间距,不应小于表 4-67 的规定。CNG 加气站的橇装设备与站外建(构)筑物的安全间距,应符合表4-67的规定。

表4-67 CNG工艺设备与站外建(构)筑物的安全间距(m)

站外建(构)筑物		站内CNG工艺设备		
		储气瓶	集中放散管管口	储气井、加(卸)气设备、脱硫脱水设备、压缩机(间)
重要公共建筑物		50		30
明火地点或散发火花地点		30	25	20
民用建筑物保护类别	一类保护物	30	25	20
	二类保护物	20		14
	三类保护物	18	15	12
甲、乙类物品生产厂房、库房和甲、乙类液体储罐		25		18
丙、丁、戊类物品生产厂房、库房和丙类液体储罐,以及单罐容积不大于50 m³的埋地甲、乙类液体储罐		18		13
室外变配电站		25		18
铁路		30		22
城市道路	快速路、主干路	12	10	6
	次干路、支路	10	8	5
架空通信线		1倍杆高	0.75倍杆高	0.75倍杆高
架空电力线路	无绝缘层	1.5倍杆(塔)高		1倍杆(塔)高
	有绝缘层	1倍杆(塔)高		1倍杆(塔)高

注:1. 室外变、配电站指电力系统电压为35 kV~500 kV,且每台变压器容量在10 MV·A以上的室外变、配电站,以及工业企业的变压器总油量大于5 t的室外降压变电站。其他规格的室外变、配电站或变压器应按丙类物品生产厂房确定。
2. 表中道路指机动车道路。站内CNG工艺设备与郊区公路的安全间距应按城市道路确定,高速公路、一级和二级公路应按城市快速路、主干路确定;三级和四级公路应按城市次干路、支路确定。
3. 与重要公共建筑物的主要出入口(包括铁路、地铁和二级及以上公路的隧道出入口)尚不应小于50 m。
4. 储气瓶拖车固定停车位与站外建(构)筑物的防火间距,应按本表储气瓶的安全间距确定。
5. 一、二级耐火等级民用建筑物面向加气站一侧的墙为无门窗洞口实体墙时,站内CNG工艺设备与该民用建筑物的距离,不应低于本表规定的安全间距的70%。

4.0.9 加气站、加油加气合建站的LNG储罐、放散管管口、LNG卸车点、LNG橇装设备与站外建(构)筑物的安全间距,不应小于表4-68的规定。LNG加气站的橇装设备与站外建(构)筑物的安全间距,应符合本规范表4-68的规定。

表4-68 LNG设备与站外建(构)筑物的安全间距(m)

站外建(构)筑物	站内LNG设备				
	地上LNG储罐			放散管管口、加气机	LNG卸车点
	一级站	二级站	三级站		
重要公共建筑物	80				50

续 表

站外建(构)筑物		站内LNG设备				
		地上LNG储罐			放散管管口、加气机	LNG卸车点
		一级站	二级站	三级站		
明火地点或散发火花地点		35	30		25	
民用建筑物保护类别	一类保护物					
	二类保护物	25	20		16	
	三类保护物	16			14	
甲、乙类物品生产厂房、库房和甲、乙类液体储罐		35	30		25	
丙、丁、戊类物品生产厂房、库房和丙类液体储罐,以及单罐容积不大于50 m³的埋地甲、乙类液体储罐		25	22		20	
室外变配电站		40	35		30	
铁路		80	60		50	
城市道路	快速路、主干路	12	10		8	
	次干路、支路	10	8		6	
架空通信线		1倍杆高	0.75倍杆高			
架空电力线路	无绝缘层	1.5倍杆(塔)高	1.5倍杆(塔)高		1倍杆(塔)高	
	有绝缘层		1倍杆(塔)高		0.75倍杆(塔)高	

注:1. 室外变、配电站指电力系统电压为35 kV~500 kV,且每台变压器容量在10 MV·A以上的室外变、配电站,以及工业企业的变压器总油量大于5 t的室外降压变电站。其他规格的室外变、配电站或变压器应按丙类物品生产厂房确定。
2. 表中道路指机动车道路。站内LNG设备与郊区公路的安全间距应按城市道路确定,高速公路、一级和二级公路应按城市快速路、主干路确定;三级和四级公路应按城市次干路、支路确定。
3. 埋地LNG储罐、地下LNG储罐和半地下LNG储罐与站外建(构)筑物的距离,分别不应低于本表地上LNG储罐的安全间距的50%、70%和80%,且最小不应小于6 m。
4. 一、二级耐火等级民用建筑物面向加气站一侧的墙为无门窗洞口实体墙时,站内LNG设备与该民用建筑物的距离,不应低于本表规定的安全间距的70%。
5. LNG储罐、放散管管口、加气机、LNG卸车点与站外建筑面积不超过200 m²的独立民用建筑物的距离,不应低于本表的三类保护物的安全间距的80%。

4.0.10 本规范表4-62~表4-68中,设备或建(构)筑物的计算间距起止点应符合本规范附录A的规定。

附录A 计算间距的起止点

A.0.1 站址选择、站内平面布置的安全间距和防火间距起止点,应符合下列规定:
1. 道路——路面边缘。
2. 铁路——铁路中心线。
3. 管道——管子中心线。
4. 储罐——罐外壁。
5. 储气瓶——瓶外壁。
6. 储气井——井管中心。
7. 加油机、加气机——中心线。

8. 设备——外缘。

9. 架空电力线、通信线路——线路中心线。

10. 埋地电力、通信电缆——电缆中心线。

11. 建(构)筑物——外墙轴线。

12. 地下建(构)筑物——出入口、通气口、采光窗等对外开口。

13. 卸车点——接卸油(LPG、LNG)罐车的固定接头。

14. 架空电力线杆高、通信线杆高和通信发射塔塔高——电线杆和通信发射塔所在地面至杆顶或塔顶的高度。

注：本规范中的安全间距和防火间距未特殊说明时，均指平面投影距离。

4.0.11 本规范表 4-62～表 4-68 中，重要公共建筑物及民用建筑物保护类别划分应符合本规范附录 B 的规定。

附录 B 民用建筑物保护类别划分

B.0.1 重要公共建筑物，应包括下列内容：

1. 地市级及以上的党政机关办公楼。

2. 设计使用人数或座位数超过 1 500 人(座)的体育馆、会堂、影剧院、娱乐场所、车站、证券交易所等人员密集的公共室内场所。

3. 藏书量超过 50 万册的图书馆；地市级及以上的文物古迹、博物馆、展览馆、档案馆等建筑物。

4. 省级及以上的银行等金融机构办公楼，省级及以上的广播电视建筑。

5. 设计使用人数超过 5 000 人的露天体育场、露天游泳场和其他露天公众聚会娱乐场所。

6. 使用人数超过 500 人的中小学校及其他未成年人学校；使用人数超过 200 人的幼儿园、托儿所、残障人员康复设施；150 张床位及以上的养老院、医院的门诊楼和住院楼。这些设施有围墙者，从围墙中心线算起；无围墙者，从最近的建筑物算起。

7. 总建筑面积超过 20 000 m^2 的商店(商城)建筑，商业营业场所的建筑面积超过 15 000 m^2 的综合楼。

8. 地铁出入口、隧道出入口。

B.0.2 除重要公共建筑物以外的下列建筑物，应划分为一类保护物：

1. 县级党政机关办公楼。

2. 设计使用人数或座位数超过 800 人(座)的体育馆、会堂、会议中心、电影院、剧场、室内娱乐场所、车站和客运站等公共室内场所。

3. 文物古迹、博物馆、展览馆、档案馆和藏书量超过 10 万册的图书馆等建筑物。

4. 分行级的银行等金融机构办公楼。

5. 设计使用人数超过 2 000 人的露天体育场、露天游泳场和其他露天公众聚会娱乐场所。

6. 中小学校、幼儿园、托儿所、残障人员康复设施、养老院、医院的门诊楼和住院楼等建筑物。这些设施有围墙者，从围墙中心线算起；无围墙者，从最近的建筑物算起。

7. 总建筑面积超过 6 000 m^2 的商店(商城)、商业营业场所的建筑面积超过 4 000 m^2 的综合楼、证券交易所；总建筑面积超过 2 000 m^2 的地下商店(商业街)以及总建筑面积超过 10 000 m^2 的菜市场等商业营业场所。

8. 总建筑面积超过 10 000 m^2 的办公楼、写字楼等办公建筑。

9. 总建筑面积超过 10 000 m^2 的居住建筑。

10. 总建筑面积超过 15 000 m² 的其他建筑。

B.0.3 除重要公共建筑物和一类保护物以外的下列建筑物,应为二类保护物:

1. 体育馆、会堂、电影院、剧场、室内娱乐场所、车站、客运站、体育场、露天游泳场和其他露天娱乐场所等室内外公众聚会场所。

2. 地下商店(商业街);总建筑面积超过 3 000 m² 的商店(商场)、商业营业场所的建筑面积超过 2 000 m² 的综合楼;总建筑面积超过 3 000 m² 的菜市场等商业营业场所。

3. 支行级的银行等金融机构办公楼。

4. 总建筑面积超过 5 000 m² 的办公楼、写字楼等办公类建筑物。

5. 总建筑面积超过 5 000 m² 的居住建筑。

6. 总建筑面积超过 7 500 m² 的其他建筑物。

7. 车位超过 100 个的汽车库和车位超过 200 个的停车场。

8. 城市主干道的桥梁、高架路等。

B.0.4 除重要公共建筑物、一类和二类保护物以外的建筑物(包括通信发射塔),应为三类保护物。

注:本规范第 B.0.1 条至第 B.0.4 条所列建筑物无特殊说明时,均指单栋建筑物;本规范第 B.0.1 条至第 B.0.4 条所列建筑物面积不含地下车库和地下设备间面积;与本规范第 B.0.1 条至第 B.0.4 条所列建筑物同样性质或规模的独立地下建筑物等同于第 B.0.1 条至第 B.0.4 条所列各类建筑物。

4.0.12 本规范表 4-62~表 4-68 中,"明火地点"和"散发火花地点"的定义和"甲、乙、丙、丁、戊类物品"及"甲、乙、丙类液体"划分应符合现行国家标准《建筑设计防火规范》(GB 50016)的有关规定。

4.0.13 架空电力线路不应跨越加油加气站的加油加气作业区。架空通信线路不应跨越加气站的加气作业区。

4.0.14 CNG 加气站的橇装设备与站外建(构)筑物的安全间距,应按本规范表 4-67 的规定确定。LNG 加气站的橇装设备与站外建(构)筑物的安全间距,应按本规范表 4-68 的规定确定。

②《涉路工程安全评价规范》(DB34/T 2395—2015)[15]

6.2.1.7 油罐、加油机和通气管管口距离公路用地的防火距离不应小于表 4-69 的要求。

表 4-69 油罐、加油机和通气管管口距离公路用地的防火最小距离(单位:m)

公路等级	埋地油罐级别			通气管管口	加油机
	一级站	二级站	三级站		
一级公路	10	8	8	8	6
二级及以下公路	8	6	6	6	5

注:加油加气站等级标准见《汽车加油加气站设计标准》

③《涉路工程安全评价规范(征求意见稿)》[14]

6.3.3.3 接入口设置应满足本规范 6.3.1.4 的规定,尚应符合下列规定:

1. 沿线加油加气站接入口之间距离不宜小于 300 m。

④《石油天然气工程设计防火规范》(GB 50183—2004)[62]

4.0.4 石油天然气站场与周围居住区、相邻厂矿企业、交通线等的防火间距,不应小于表4-70、表4-71的规定。

火炬的防火间距应经辐射热计算确定,对可能携带可燃液体的火炬的防火间距,不应小于表4-70、表4-71的规定。

表4-70 石油天然气站场区域布置防火间距(m)

名称		序号	1	2	3	4	5	6	7
			100人以上的居住区、村镇、公共福利设施	100人以下的散居房屋	相邻厂矿企业	铁路		公路	
						国家铁路线	工业企业铁路线	高速公路	其他公路
油品站场、天然气站场	一级		100	75	70	50	40	35	25
	二级		80	60	60	45	35	30	20
	三级		60	45	50	40	30	25	15
	四级		40	35	40	35	25	20	15
	五级		30	30	30	30	20	20	10
液化石油气和天然气凝液站场	一级		120	90	120	60	55	40	30
	二级		100	75	100	60	50	40	30
	三级		80	60	80	50	45	35	25
	四级		60	50	60	50	40	35	25
	五级		50	45	50	40	35	30	20
可能携带可燃液体的火炬			120	120	120	80	80	80	60

表4-71 石油天然气站场区域布置防火间距(m)

名称		序号	8	9	10	11	12	13
			35 kV及以上独立变电所	架空电力线路		架空通信线路		爆炸作业场地(如采石场)
				35 kV及以上	35 kV以下	国家Ⅰ、Ⅱ级	其他通信线路	
油品站场、天然气站场	一级		60	1.5倍杆高且不小于30 m	1.5倍杆高	40	1.5倍杆高	300
	二级		50					
	三级		40					
	四级		40			1.5倍杆高		
	五级		30	1.5倍杆高				

4 平交与接入式涉路工程

续 表

序号		8	9	10	11	12	13
液化石油气和天然气凝液站场	一级	80	40	1.5倍杆高	40	1.5倍杆高	300
	二级	80	40				
	三级	70	1.5倍杆高且不小于30 m				
	四级	60					
	五级	50					
可能携带可燃液体的火炬		120	80	80	80	60	300

注：1. 表中数值系指石油天然气站场内甲、乙类储罐外壁与周围居住区、相邻场矿企业、交通线等的防火间距，油气处理设备、装卸区、容器、厂房与序号 1~8 的防火间距可按本表减少 25%。单罐容量小于或等于 50 m³ 的直埋卧式油罐与序号 1~12 的防火间距可减少 50%，但不得小于 15 m（五级油品站场与其他公路的距离除外）。

2. 油品站场当仅储存丙$_A$ 或丙$_A$ 和丙$_B$ 类油品时，序号 1、2、3 的距离可减少 25%，当仅储存丙$_B$ 类油品时，可不受本表限制。

3. 表中 35 kV 及以上独立变电所内单台变压器容量在 10 000 kV·A 及以上的变电所，小于 10 000 kV·A 的 35 kV 变电所防火间距可按本表减少 25%。

4. 注 1~注 3 所述折减不得叠加。

5. 放空管可按本表中可能携带可燃液体的火炬间距减少 50%。

6. 当油罐区按本规范 8.4.10 规定采用烟雾灭火时，四级油品站场的油罐区与 100 人以上的居住区、村镇、公共福利设施的防火间距不应小于 50 m。

7. 防火间距的起算点应按本规范附录 B 执行。

4.0.5 石油天然气站场与相邻厂矿企业的石油天然气站场毗邻建设时，其防火间距可按本规范表 4-72、表 4-73 的规定执行。

表4-72 一、二、三、四级油气站场总平面布置防火间距(m)

名称	地上油罐 甲B、乙类固定顶 >10000	地上油罐 甲B、乙类固定顶 ≤10000	地上油罐 甲B、乙类固定顶 ≤1000	地上油罐 单罐容量(m³) ≤500 或卧式罐	地上油罐 浮顶或丙类固定顶 ≥50000	地上油罐 浮顶或丙类固定顶 <50000	地上油罐 ≤10000	地上油罐 ≤1000	地上油罐 ≤500或卧式罐	全压力式天然气凝液、液化石油气储罐单罐容量(m³) >1000	全压力式天然气凝液、液化石油气储罐单罐容量(m³) ≤1000	全压力式天然气凝液、液化石油气储罐单罐容量(m³) ≤400	全压力式天然气凝液、液化石油气储罐单罐容量(m³) ≤100	全压力式天然气凝液、液化石油气储罐单罐容量(m³) ≤50	全冷冻式液化石油气储罐	天然气储罐总容量(m³) ≤10000	天然气储罐总容量(m³) ≤50000	甲、乙类厂房和密闭工艺装置(设备)	有明火的密闭工艺设备及加热炉	有明火或散发火花地点(含锅炉房)	敞口容器和除油池(m³) ≤30	敞口容器和除油池(m³) >30	全厂性重要设施	液化石油气罐装站	火车装卸鹤管	汽车装卸鹤管	码头装卸油臂及泊位	辅助生产厂房及辅助生产设施	10kV及以下户外变压器
全压力式天然气凝液、液化石油气储罐单罐容量(m³) >1000	60	50	40	30	45	45	37	30	22	30																			
≤1000	55	45	35	25	41		34	26	19	55	30																		
≤400	50	40	30	25	37	*	30	22	19	65	40	35			40														
≤100	40	30	25	20	30	*	22	19	15	60	30	30	30		50														
≤50	35	25	20	20	26		19	15	15	30	30	30	30	30	40														
全冷冻式液化石油气储罐	30	30	30	30	30	35	30	30	30	见6.6节																			
天然气储罐总容量(m³) ≤10000	30	25	20	15	30	35	25	20	15	55	45	40	35	30	40	25													
≤50000	35	30	25	20	35	40	30	25	20	65	55	45	45	35	50	30	35												
甲、乙类厂房和密闭工艺装置(设备)	25	20	15	15/12	20	25	15	15/12	15/12	60	50	40	35	30	60	25	30												
有明火的密闭工艺设备及加热炉	40	35	30	25	35	35	26	22	19	85	75	65	55	35	60	30	35	20	25										
有明火或散发火花地点(含锅炉房)	45	40	35	30	40	40	30	26	22	100	80	70	60	50	60	30	35	25/20	20	25									
敞口容器和除油池(m³) ≤30	28	24	20	16	24	20	18	16	12	44	36	32	30	30	40	25	30	—	25	35									
>30	35	30	25	20	30	30	22	20	15	55	45	40	35	35	40	20	25	20	30	35									
全厂性重要设施	40	35	30	25	35	35	30	26	20	85	75	55	45	30	70	30	35	25	25	—	25	30							
液化石油气罐装站	35	30	25	20	30	30	26	20	15	50	40	40	35	25	45	20	25	25/15	30	35	25	30	50						
火车装卸鹤管	30	25	20	15	25	25	20	15	15	45	40	35	25	20	50	20	20	35	35	35	20	25	30	30					
汽车装卸鹤管	25	20	15	15	22	15	20	15	12	40	35	30	25	20	45	15	25	25/15	15	35	20	25	25	25	20				
码头装卸油臂及泊位	50	40	35	30	40	45	30	25	15	55	50	45	35	25	55	25	30	35	15	15	25	40	40	30	15	30			
辅助生产厂房及辅助生产设施	30	25	20	15	25	30	20	18	15	60	50	40	30	25	60	30	35	15	15	30	—	—	—	30	20	30	—		
10kV及以下户外变压器	30	25	20	15	25	25	20	15	15	50	40	30	25	20	60	20	25	15	15	25	25	25	25	35	30	30	30	—	25
仓库 硫磺及其他甲、乙类物品	35	30	25	20	30	45	25	20	15	60	50	40	35	25	60	20	25	20	20	30	15	20	25	35	30	30	30	20	20
丙类物品	30	25	20	15	25	35	20	15	15	50	40	30	25	20	60	20	25	15	15	25	15	15	20	35	25	20	20	15	20
可能携带可燃液体的高架火炬	90	90	90	90	90	90	90	90	90	90	90	90	90	90	90	90	90	90	60	60	90	90	90	90	90	90	90	90	90

注：1. 两个丙类液体生产设施之间的防火间距，可按甲、乙类生产设施的防火间距减少25%。
2. 油田污水处理设施内除油罐（沉降罐）、污油罐可按小于或等于500 m³的甲、乙类固定顶池上油罐的防火间距减少25%，污油泵（设备）的防火间距不限。
3. 缓冲罐、零位罐与污油泵、除油池与污油提升泵、塔与塔底泵、回流泵与密闭油回收容器、泵与密闭油回收容器的防火间距不限。
4. 全厂性变电所指集中控制室、马达控制中心、消防泵房和消防器材间、35 kV及以上的变电所、自备电站、压缩机房和厂部办公室、空压站和空分装置。
5. 辅助生产厂房及辅助生产设施指标准生产设施系指维修间、车间办公室、工具间、化验室、深井泵房、排污泵房、循环水泵房、给水处理与污水处理等使用非防爆电气设备的厂房和设施。
6. 天然气储罐总容积按标准容积计算。大于50 000 m³时，防火间距不得折减。
7. 可能携带可燃液体的高架火炬与相关设施的防火间距应按本表增加25%。
8. 表中数字零表示甲A类，分母表示甲B、乙类厂房和密闭工艺装置（设备）防火间距。
9. 液化石油气灌装站系指进行液化石油气灌瓶、加压汽化及其有关的附属生产设施。
10. 事故存液池之间的防火间距，可按敞口容器和除油池的防火间距。
11. 表中"—"表示设施之间的防火间距应符合现行国家标准《建筑设计防火规范》的规定或设施间距只需满足安装、操作及维修要求；表中"*"表示本规范未涉及的内容。

表4-73 五级油气站场防火间距（m）

名称		油气井	露天油气密闭设备及阀组	可燃气体压缩机及压缩机房	天然气凝液泵及其泵房、阀组间	水套炉	加热炉、锅炉房	10 kV及以下户外变压器、配电间	隔油池、污油池、事故池（罐）、卸油池（m³）		≤500 m³油罐（除甲A类外）及装卸车鹤管	天然气凝液、液化石油气储罐（m³）			计量仪表间、值班室或配水间	辅助生产厂房及辅助生产设施	硫磺仓库
									≤30	>30		单罐容量<50时	总容量≤100	100<总容量≤200，单罐容量≤100			
油气井																	
露天油气密闭设备及阀组		5															
可燃气体压缩机及压缩机房		20															
天然气凝液泵及其泵房、阀组间		20															
水套炉		9	5	15	15/10												
加热炉、锅炉房		20	10	15	22.5/15	15											
10 kV及以下户外变压器、配电间		15	10	12	22.5/15	22.5	15										
隔油池、事故污油池（罐）、卸油池（m³）	≤30	—	—	9	—	—	15	15									
	>30	20	12	15	15	15	22.5	15									

续表

名称	油气井	露天油气密闭设备及阀组	可燃气体压缩机及压缩机房	天然气凝液泵、油泵及其泵房、阀组间	水套炉	加热炉、锅炉房	10 kV及以下户外变压器、配电间	隔油池、事故污油池、卸油池 (m³)		≤500 m³油罐(除甲A类外)及装卸车鹤管	天然气凝液、液化石油气储罐 (m³)			计量仪表间、值班室或配水间	辅助生产厂房及辅助生产设施	硫磺仓库
								≤30	>30		单罐且罐容量<50时	总容量≤100	100<总容量≤200,单罐容量≤100			
≤500 m³油罐(除甲A类外)及装卸车鹤管	15	10	15	10	15	20	15	15	15							
天然气凝液、液化石油气储罐 (m³) 单罐且罐容量<50时	*	—	9	—	22.5	22.5	15	15	30	25						
总容量≤100	*	10	15	10	30	30	22.5	15	30	25	22.5					
100<总容量≤200,单罐容量≤100	*	30	30	30	40	40	40	30	30	30	22.5	40				
计量仪表间、值班室或配水间	9	5	10	10	10	10	—	10	15	22.5	22.5	30				
辅助生产厂房及辅助生产设施	20	12	15	15/10	15	15	15	15	15	22.5		40		10	15	
硫磺仓库	15	10	10	10	5	5	10	15	15	15			*	10	15	5
污水池	5	5	5	5	5	5	5	5	5	5				10	10	5

注：1. 油罐与装车鹤管之间的防火间距，当采用自流装车时不受本表的限制。
2. 加热炉与分离器组成的合一设备、三甘醇火焰加热器再生釜、溶液脱硫再生釜等带直接火焰加热器或带正压燃烧炉，其防火间距可按火焰加热设备确定。
3. 克劳斯硫磺回收工艺的燃烧炉、再热炉、在线燃烧器应按本规范表5.2.1的规定执行。
4. 35 kV及以上的变配电间。
5. 辅助生产厂房系指发电机房及使用非防爆电气的厂房和设施，如：站内内的维修间、化验间、供注水泵房、工具间、会议室、办公室、仪表控制间、药剂泵房、循环水泵、空压机房、空分装置、空注仪表间、污水泵、卸药台等。
6. 计量仪表间系指分井分计量用计量间。
7. 缓冲罐系泵、零位罐头、除油泵、污油提升泵、压缩机与直接相关的附属设备，泵与密封调油回收容器的防火间距。
8. 表中数字分子表示甲A类，分母表示甲B，乙类设施的防火间距。
9. 油罐及出水处理设施内除油罐（沉降罐、污油罐、油气井除外）可按≤500 m³油罐及卸车鹤管的间距减少25%，污油罐（或泵房）的防火间距可按油泵及油泵房间距减少25%，但不应小于9 m。
10. 表中"—"表示设施之间的防火间距应符合现行国家标准《建筑设计防火规范》的规定或设施间距满足安装、操作及维修要求；表中"*"表示本规范未涉及的内容。

4.0.6 为钻井和采输服务的机修厂、管子站、供应站、运输站、仓库等辅助生产厂、站应按相邻厂矿企业确定防火间距。

4.0.7 油气井与周围建(构)筑物、设施的防火间距应按表4-74的规定执行,自喷油井应在一、二、三、四级石油天然气站场围墙以外。

表4-74 油气井与周围建(构)筑物、设施的防火间距(m)

名称		自喷油井、气井、注气井	机械采油井
一、二、三、四级石油天然气站场储罐及甲、乙类容器		40	30
100人以上的居住区、村镇、公共福利设施		45	25
相邻厂矿企业		40	20
铁路	国家铁路线	40	20
	工业企业铁路线	30	15
公路	高速公路	30	20
	其他公路	15	10
架空通信线	国家一、二级	40	20
	其他通信线	15	10
35 kV及以上独立变电所		40	20
架空电力线	35 kV以下	1.5倍杆高	
	35 kV及以上		

注:1. 当气井关井压力或注气井注气压力超过25 MPa时,与100人以上的居住区、村镇、公共福利设施及相邻厂矿企业的防火间距,应按本表规定增加50%。
2. 无自喷能力且井场没有储罐和工艺容器的油井按本表执行有困难时,防火间距可适当缩小,但应满足修井作业要求。

4.0.8 火炬和放空管宜位于石油天然气站场生产区最小频率风向的上风侧,且宜布置在站场外地势较高处。火炬和放空管与石油天然气站场的间距:火炬由本规范第5.2.1条确定;放空管放空量等于或小于$1.2×10^4$ m^3/h时,不应小于10 m;放空量大于$1.2×10^4$ m^3/h且等于或小于$4×10^4$ m^3/h时,不应小于40 m。

附录B 防火间距起算点的规定

1. 公路从路边算起。
2. 铁路从中心算起。
3. 建(构)筑物从外墙壁算起。
4. 油罐及各种容器从外壁算起。
5. 管道从管壁外缘算起。
6. 各种机泵、变压器等设备从外缘算起。
7. 火车、汽车装卸油罐管从中心线算起。
8. 火炬、放空管从中心算起。
9. 架空电力线、架空通信线从杆、塔的中心线算起。
10. 加热炉、水套炉、锅炉从烧火口或烟囱算起。
11. 油气井从井口中心算起。
12. 居住区、村镇、公共福利设施和散居房屋从邻近建筑物的外壁算起。

13. 相邻厂矿企业从围墙算起。

2. 接入位置

①《汽车加油加气站设计与施工规范》(GB 50156—2012)(2014年版)[61]

4 站址选择

4.0.1 加油加气站的站址选择,应符合城乡规划、环境保护和防火安全的要求,并应选在交通便利的地方。

4.0.3 城市建成区内的加油加气站,宜靠近城市道路,但不宜选在城市干道的交叉口附近。

②《涉路工程安全评价规范》(DB34/T 2395—2015)[15]

6.2.1.1 高速公路加油加气站应设置于服务区内。接入一级及以下等级公路的加油加气站,应设置在公路建筑控制区内。

6.2.1.2 以下路段不宜接入加油加气站:

a) 半径不符合《公路路线设计规范》规定的弯道;

b) 交叉口前后 500 m 范围内;

c) 县级以上公安机关交通管理部分或县级以上安全生产监督管理部门认定为易发生交通拥堵或交通事故的路段。

③《涉路工程安全评价规范(征求意见稿)》[14]

6.3.1.3 接入一级及以下等级公路的加油加气站,应设置在公路建筑控制区外。

6.3.1.4 县级以上公安交通管理部门或县级以上安全生产监督管理部门认定为易发生交通拥堵或交通事故、弯道、长大下坡下半段、视距不良、临近互通、人口密集的路段,不宜接入加油加气站。

④《石油天然气工程设计防火规范》(GB 50183—2004)[62]

4.0.2 石油天然气站场宜布置在城镇和居住区的全年最小频率风向的上风侧。在山区、丘陵地区建设站场,宜避开窝风地段。

4.0.3 油品、液化石油气、天然气凝液站场的生产区沿江河岸布置时,宜位于邻近江河的城镇、重要桥梁、大型锚地、船厂等重要建筑物或构筑物的下游。

4.0.8 火炬和放空管宜位于石油天然气站场生产区最小频率风向的上风侧,且宜布置在站场外地势较高处。火炬和放空管与石油天然气站场的间距:火炬由本规范第5.2.1条确定;放空管放空量等于或小于 $1.2×10^4 m^3/h$ 时,不应小于 10 m;放空量大于 $1.2×10^4 m^3/h$ 且等于或小于 $4×10^4 m^3/h$ 时,不应小于 40 m。

10 液化天然气站场

10.2.1 站址应选在人口密度较低且受自然灾害影响小的地区。

10.2.2 站址应远离下列设施:

1. 大型危险设施(例如,化学品、炸药生产厂及仓库等);
2. 大型机场(包括军用机场、空中实弹靶场等);
3. 与本工程无关的输送易燃气体或其他危险流体的管线;
4. 运载危险物品的运输线路(水路、陆路和空路)。

10.2.3 液化天然气罐区邻近江河、海岸布置时,应采取措施防止泄漏液体流入水域。

3. 出入口设计

①《汽车加油加气站设计与施工规范》(GB 50156—2012)(2014年版)[61]

5.0.1 车辆入口和出口应分开设置。

②《涉路工程安全评价规范》(DB34/T 2395—2015)[14]

6.2.1.3 加油加气站车辆出入口应分开设置,不能分开设置的应分别设置出口车道和入口车道。出入口引道单车道宽度不应小于 3.5 m,双车道宽度不应小于 6 m。

6.2.1.4 公路与加油加气站间应设置隔离设施。接入口主线路段中央分隔带不宜设置开口。

6.2.1.5 加油加气站接入口不应影响既有公路的排水。

6.2.1.6 出入口引道转弯半径根据行驶车型确定,且不宜小于 9 m。出入口引道坡度不应大于 6%,且坡宜向站外。

③《涉路工程安全评价规范(征求意见稿)》[14]

6.3.3.3 接入口设置应满足本规范 6.3.1.4 的规定,尚应符合下列规定:

1. 沿线加油加气站接入口之间距离不宜小于 300 m。
2. 加油加气站车辆出入口应分开设置,不能分开设置的应分别设置出口车道和入口车道。
3. 公路与加油加气站间应设置隔离设施。
4. 出入口引道不宜高于公路路肩标高,否则,应设置排水设施。
5. 出入口引道单车道宽度不应小于 3.5 m,双车道宽度不宜小于 6 m。
6. 出入口引道转弯半径根据行驶车型确定,且不宜小于 9 m。
7. 出入口引道坡度不应大于 3%,困难地段不应大于 4%,且坡宜向站外。
8. 出入口引道路面应符合现行《汽车加油加气站设计与施工规范》(GB 50156)的有关规定,不采用一般沥青路面,应采用不发火花的路面材料,如水泥路面或在沥青中加入阻燃材料。

④《石油天然气工程设计防火规范》(GB 50183—2004)[62]

5.3.1 一、二、三级油气站场,至少应有两个通向外部道路的出入口。

4. 交通工程设施设置

①《公路路线设计规范》(JTG D20—2017)[16]

10 公路与公路平面交叉

10.1.3 平面交叉根据相交公路的功能、等级、交通量等可分别采用主路优先交叉、无优先交叉或信号交叉三种不同的交通管理方式,并应符合下列规定:

1. 公路功能、等级、交通量有明显差别的两条公路相交,或交通量较大的 T 形交叉,应采用主路优先交叉交通管理方式。
2. 两条相交公路或多条交叉岔路的等级均低且交通量较小时,应采用无优先交叉交通管理方式。
3. 下述交叉应采用信号交叉交通管理方式:

1) 两条交通量均大,且功能、等级相同的公路相交,难以用"主路优先"的规则管理时;

2) 两相交公路虽有主次之别,但交通量均较大(主要公路双向交通量大于或等于 750 辆/h,次要公路单向交通量大于或等于 300 辆/h),采用"主路优先"交通管理方式会出现较频繁的交通事故和过分的交通延误时;

3) 主要公路交通量相当大(主要公路双向交通量大于或等于 900 辆/h),而次要公路尽管交通量不大,但采用"主路优先"交通管理方式,次要公路上的车辆由于难以遇到可供驶入的主流间隙而引起不可接受的交通延误,或出现冒险驶入长度不足的主流间隙而危及安全时;

4) 两相交公路的交通量虽未达到上述程度,但由于有相当数量的行人和非机动车穿越交叉而引起交通延误,甚至造成阻塞或交通事故时;

5) 环形交叉的入口因交通量大而出现过多的交通延误时;

6) 位于城镇路段的平面交叉。

10.2　平面交叉处公路的线形

10.2.3　立面设计应符合下列规定：

1. 平面交叉的两相交公路共有部分的立面形式及其引道横坡,应根据两相交公路的功能、等级、平纵线形、交通管理方式等因素而定。采用"主路优先"交通管理方式的交叉,应使主要公路的横断面贯穿交叉,而调整次要公路的纵断面以适应主要公路的横断面;当调整纵断面有困难时,应同时调整两公路的横断面。

2. 分隔的右转弯车道或右转弯附加路面上,各处的高程和横坡应满足相交公路共有部分及其相邻局部段落的岔路的立面、转弯曲线所需的超高、整个交叉范围内的路面排水和路容的需要。

3. 平面交叉范围内的路面排水应流畅,并以此作为立面设计的主要考虑因素之一。包括隐形岛在内的任何部分的路面上不得有积水。

②《涉路工程安全评价规范》(DB34/T 2395—2015)[15]

6.2.2.1　加油加气站接入的公路路段上应施划禁止超车标线。

6.2.2.2　加油加气站预告标志设置位置:一级公路在加油加气站前 1 km,二级及以下国省道在加油加气站前 500 m 处,三级以下县乡公路在加油加气站前 100 m 处。

6.2.2.3　加油加气站的出入口右侧应设置蓝底白字内容为"进口""出口"的反光标志,出入口路面应设置导向箭头。

6.2.2.4　没有开辟附加车道的加油加气站出入口两侧应设置道口标柱。

6.2.2.5　加油加气站出口行车方向与接入公路行车方向相同时,应在出口附近设置减速让行标志和标线;与接入公路行车方向相反时,应在出口附近设置停车让行标志和标线。

③《涉路工程安全评价规范(征求意见稿)》[14]

6.3.3.4　标志、标线、附加车道设置应符合下列规定:

1. 进出口公路路段应设置禁止超车标线及禁止超车禁令标志。

2. 加油加气站的接入口右侧设置蓝底白字内容为"进口""出口"的反光标志,出入口路面设置导向箭头。

3. 加油加气站预告标志设置位置:一级公路在加油加气站前 1 km,二级及以下国省道在加油加气站前 500 m 处,三级以下县乡公路在加油加气站前 100 m 处。标志设置必须保证行车视距良好。

4. 没有开辟附加车道的加油加气站接入口两侧应设置道口示警桩。道口示警桩一般沿主线方向,$L \leq 5$ m 路口两侧各设置一根道口桩,5 m 以上路口两侧各设置两根道口桩。

5. 加油加气站出口行车方向与主线公路行车方向相同时,应在出口附近设置减速让行标志。

6. 加油加气站出口行车方向与主线公路行车方向相反时,应在出口附近设置停车让行标志。

7. 加油加气站接入相关的标志标线应定期维护。

8. 排水设施的设置应符合现行《公路排水设计规范》(JTG/T D33)的有关规定。

4.4.2.2　加油加气站接入施工指标评价

加油加气站接入施工指标主要有施工方案、安全保障措施、施工期间交通组织方案和应急预案等。其中,施工方案、安全保障措施、应急预案的评价,针对不同项目,其评价要求有所差异,但大都包含如下内容:施工方案主要评价施工方案的内容是否齐全、工期计划安排等,安全保障措施包含人员、设备配置、环境保护等方面,应急预案主要是针对紧急情况下的方案制定与安排,施工期间的交通组织方案的具体设置可参考本书第七章。

4.4.3 实际案例

案例一 荣炳曙光加油站新建入口道路搭接 X314 工程

1. 工程概况

荣炳曙光加油站地块位于荣炳镇北侧约 3.5 km 处,镇荣公路与延茅公路交叉口的西北侧,距离镇江市中心约 35 km。该地块占地面积 0.16 km^2,总建筑面积为 472 m^2。加油站现状存在一进一出两个出入口,出口搭接于 X314 延茅公路,入口搭接于老镇荣公路。根据路网规划,S265 位于老镇荣公路东侧 60 m 处,建成后将取代老镇荣公路交通功能,并与 X314 延茅公路交叉形成新的交叉口,老镇荣公路停止通车,且废弃现状镇荣公路与 X314 延茅公路交叉口,故加油站现状入口失去车辆接入功能,需新建一处入口搭接于 X314 延茅公路:K2+600 处,与现状加油站出口配合使用。

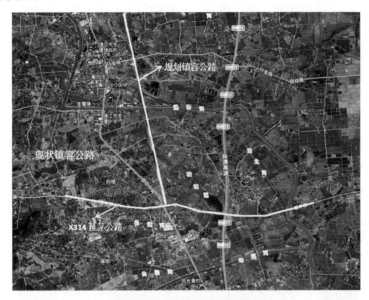

图 4-41 加油站地理位置图

图 4-42 规划道路与加油站位置关系

2. 设计方案评价

（1）平面线形

经检查，加油站出入口分开设置，距离约30 m，入口道路宽8 m，转弯半径9 m，新建入口道路与X314形成60°交角，出口道路与X314形成72.6°交角，交叉角度满足要求，X314为直线段，加油站进出口道路为直线，线形设计良好，满足规范要求。

（2）视距要求

经检查，加油站出入口两侧现状无绿化遮挡视距，但出口处应增设凸面镜，以便司机观察来车情况。

（3）排水要求

经检查，加油站场地高程低于X314，纵坡2%，坡向加油站场地内，现状排水属于自然排水，排至两侧农田内。

新建加油站入口后，不存在雨水由道路冲刷X314的隐患，雨水可自由排至两侧农田内。若后期X314修路改变高程，加油站应及时采取排水措施，保证站内道路雨水不得冲刷公路路面。

（4）出入口安保设施

经检查，加油站已增设运营期交通工程设计，满足规范要求。该项目处于交叉口功能区下游，在施工期间存在交通安全隐患，需完善交通标志、标线等交通安全设施，保障施工期间道路的安全、有序运行。

（5）搭接段路基路面评价

经检查，曙光加油站与X314搭接为新老沥青路面搭接，路面结构设计采用4 cm厚AC-13C沥青砼面层；粘层；5 cm厚AC-20C沥青砼面层；1 cm厚沥青透层及封层；15 cm厚水泥稳定碎石基层；15 cm厚新建石灰土底基层。

设计方案中为防止新老路基的不均匀沉降，在新老路基搭接处挖成阶梯状，使用阶梯状的搭接方法，满足规范要求。

3. 施工方案评价

经检查，曙光加油站新建入口施工已编制施工方案，施工方案较合理详细，因该交叉口施工需占用X314硬路肩西侧位置，施工方案中应具体阐述交通安全管理措施及应急预案。

施工总体进度计划安排较合理，施工过程中应努力遵守，如遇恶劣天气或意外事故，应及时调整工期计划，保证工程在较短时间内顺利完成。

4. 安全保障措施

经检查，本工程机械、设备及人员配置较合理安全，施工过程中应随工程进度及时调整各项资源配置，保障施工进度。并制定了设备、人员、施工组织、恶劣天气预报等方面的工期保证措施，严格保证工程顺利推进。

经检查，本工程在体系、管理、技术、材料等方面制定了质量保证措施，施工期间应严格执行，能有效保证施工质量。

经检查，本工程在安全方面制定了详细保证措施，施工时应严格执行并进行细化，将安全责任人的联系方式摆在明显可见位置，在处理道路交通等危险点时细化安全保证措施。

经检查，本工程已在建筑垃圾、噪声、废水、扬尘及场地清洁等方面制定了环境保护措施，施工期间应严格执行，尽量减少本工程施工对环境的干扰。

5. 交通组织及应急预案

（1）施工期间的交通组织

本工程施工期间，作业区位于路肩，并未侵入行车道，由于搭接道路为 X314，车速快，曙光加油站位于 X314-镇荣公路交叉口下游 50 m 范围内。出于安全考虑，封闭 1.0 m 硬路肩，采用锥形桶隔离施工范围，现场有安全人员 24 h 执勤，按照此交通方式封闭，能够满足非机动车和行人通行。

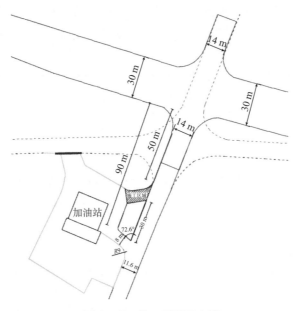

图 4-43 施工区域示意图

加油站入口距离交叉口 50 m，无法满足警告区 600 m 的要求，因此在交叉口至加油站入口前依据实际情况划分施工区域。

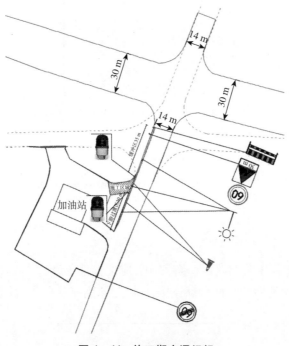

图 4-44 施工期交通组织

缓冲区 35 m，下游过渡区 30 m，采用锥形桶隔离，缓冲区起点设置敷设警示灯的路栏，距离缓冲区起点 5 m 处设置"限速 60 km/h"和"前方 30 m 施工"警告标志，在加油站出口南侧约 20 m 设置"解除限速 60 km/h"标志牌。

（2）应急预案

经检查，考虑到本工程特点，应急预案中已制定了火灾、机械事故、路肩坍塌等危险事件发生时的应急处置方案，制定了应急救援的任务和目标、应急检查措施、应急救援流程、应急响应等，且甲方承诺施工期间管线相关单位安排相关人员监督施工。应急预案对于应急事件的应对与处理具有有力的指导性意义。

考虑到本工程的特点，应补充交通事故、管线故障等危险事件发生时的应急处置方案，同时应将施工现场负责人的联系方式在施工期间置于明显位置。

案例二　砀山城东加油站接入国道 G310 线工程

1. 工程概况[29]

砀山城东加油站位于国道 G310 K321+000 处，加油站在出入口接入公路，需要在 G310 增设平面交叉道口。加油站路面面层采用 24 m C35 水泥混凝土，基层采用 30 cm 级配碎石。排水设计部分考虑道路排水，交叉处采用钢筋混凝土圆管涵连接，以满足道路排水要求，涵长 54 m。加油站出入道路与国道 G310 交叉，交叉角度为 90°，通视距离为 110 m，见图 4-45。

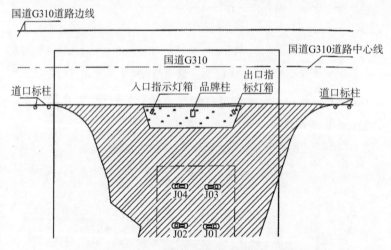

图 4-45　砀山城东加油站接入国道 G310 平面图

2. 设计符合性

（1）设计

① 加油加气站车辆出入口应分开设置，不能分开设置的应设置出口车道和入口车道。本工程分开设置出入口，符合要求。

② 公路与加油加气站间应设置隔离设施。本工程加油站与道路间设置了围墙、绿化带等隔离措施，符合要求。

③ 出入口引道不应高于公路路肩标高，否则，应设置排水设施。本工程排水设计部分考虑道路排水，交叉处采用钢筋混凝土圆管涵连接，以满足道路排水要求，涵长 54 m，符合要求。排水设施见图 4-46。

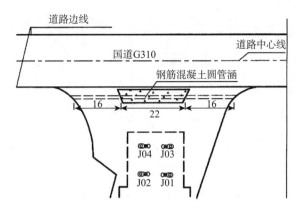

图 4-46 砀山城东加油站接入国道 G310 排水设施平面图(单位:m)

④ 出入口引道单车道宽度不应小于 3.5 m,双车道宽度不应小于 6 m。本工程出入口引道路面宽度为 16 m,符合要求。

⑤ 出入口引道转弯半径根据行驶车辆确定,且不应小于 9 m。本工程出入口引道转弯半径均为 110 m,符合要求,见图 4-47。

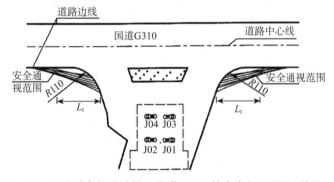

图 4-47 砀山城东加油站接入国道 G310 转弯半径平面图(单位:m)

⑥ 出入口引道坡度不应大于 6%,且坡宜向站外。本工程出入口引道坡度不大于 3%,符合要求,见图 4-48。

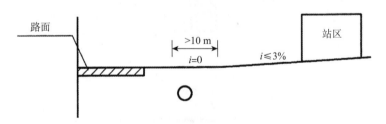

图 4-48 砀山城东加油站接入国道 G310 纵坡设计图

⑦ 本工程加油站距公路的距离没有明确设计,不符合要求。

(2) 交通管理

① 应在加油站外的主线路段上施划禁止超车标线。本工程施划了禁止超车标线,符合要求。

② 加油加气站预告标志设置位置:一级公路在加油加气站前 1 km,二级及以下国道在加油加气站前 500 m 处,三级及以下县乡公路在加油加气站前 100 m 处。本工程在距加油站 500 m 和 100 m 处设置标志,符合要求。加油站标志见图 4-49。

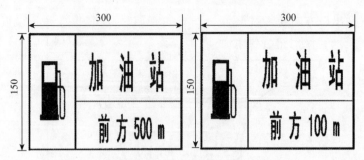

图 4-49 砀山城东加油站标志示意图(单位:cm)

③ 加油加气站的出入口右侧设置蓝底白字内容为"进口""出口"的反光标志,出入口设置导向箭头。本工程符合要求,见图 4-50。

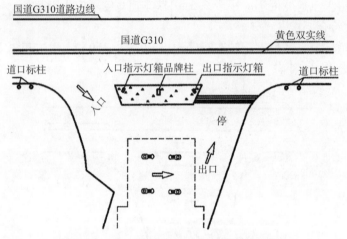

图 4-50 砀山城东加油站进出口标线示意图

④ 没有开辟附加车道的加油加气站出入口两侧应设置道口标柱。本工程设置了道口标柱,符合要求,见图 4-51。

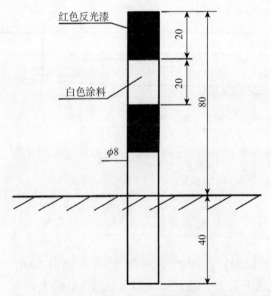

图 4-51 砀山城东加油站道口标柱示意图(单位:cm)

⑤ 加油加气站出口方向与主线公路行车方向相同时,应在出口附近设置减速让行标志。本工程设置了停车让行标志,符合要求,见图 4-52。

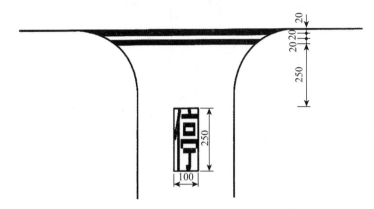

图 4-52　砀山城东加油站停车让行线示意图(单位:cm)

3. 施工保障措施

(1) 所有建筑材料一律堆放在加油站区域内,不得占用道路路面和道路控制区域。

(2) 履带式机械设备进场施工和退场,一律采用轮胎式车辆运输,严禁履带式机械设备在公路上自行。

(3) 施工人员穿统一黄色马夹。教育施工人员无事不要随意穿越马路。

(4) 以施工区域加油站为中心,在公路两端设置安全警示标志,提醒驾驶人员前方为施工现场,见图 4-53。

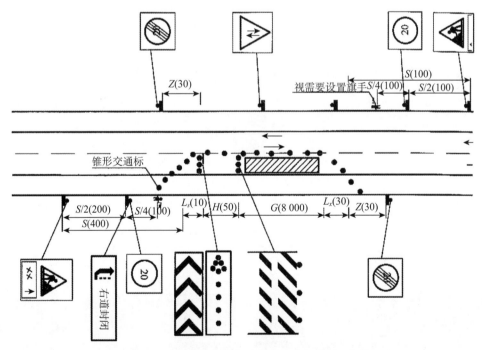

图 4-53　砀山城东加油站安全警示标志示意图(单位:m)

4. 改进建议

(1) 设置了减速标志或限速标志的进口匝道可设置减速垫或减速丘。

(2) 安全视距范围内不得种植能影响行车的高大植物,只允许种植低矮植物及花草。

(3) 进出口车行道的宽度,建议采用标准值,道口搭接平竖曲线设置应满足行车要求。

(4) 道口标柱不仅要符合《公路路政管理技术规范指南》,还应符合现行《公路养护技术规范》(JTJ 073)的要求。

5 并行式涉路工程

5.1 工程特点及危险源分析

并行式涉路工程是指在既有公路一侧或两侧平行设置铁路、公路、河道、电力通信线、油气水管道等工程,它与既有公路走向一致,无交叉角度问题。此类工程易影响公路边坡形貌和排水系统,造成公路毁损,侵入公路安全限界,对行车安全构成威胁。

电力线路、油气输送管道等大都沿道路一侧或两侧设置,由于其数量多、容量大、等级高,若线路与道路工程的关系处理不当,不仅会影响电网的安全运行,引发油气泄露,也将影响工程的实施和交通的安全运行,甚至造成人员和财产的损失。

根据线路运输性质将并行式涉路行为分为铁路并行式、公路并行式、河道并行式、架空电力线并行式、通信电缆光缆并行式、天然气和煤气管道并行式、石油管道并行式、自来水管道并行式等涉路工程[63]。

5.2 评价内容

根据现行标准及规范规定,对并行式涉路行为安全评价分为设计指标评价和施工指标评价。

5.2.1 并行式涉路工程设计指标评价

并行式涉路工程设计指标涉及间距、线形、排水、交通安全设施设置、防撞护栏、隔离栅等指标。

1. 间距

①《公路路线设计规范》(JTG D20—2017)[14]

4 总体设计

4.3 建设规模与建设方案

4.3.4 公路与邻近铁路、管线的相互布置关系,应在调查掌握铁路及各类管线设施的走向、位置的基础上合理确定,并应符合下列要求:

1. 应合理减少公路与铁路、管线的交叉次数。必须交叉时,应论证确定交叉位置和方式,采用较大的交叉角度,同时确保铁路、管线及其附属设施不得侵入公路限界、不得影响公路视距。

2. 当公路与铁路和管线设施平行相邻时,应保持必要的距离,且保证铁路、管线及其附属设施不得进入公路两侧建筑控制区范围。

12 公路与铁路、乡村道路、管线交叉

12.5.4 架空输电线路与公路交叉或平行时,杆(塔)内缘距离公路边沟的最小水平距离应符合表 5-1 的规定。

表 5-1 架空输电线路杆(塔)内缘距公路边沟外侧的最小水平距离

	标称电压(kV)	35~110	220	330	500	750	1000	±800 直流
	交叉(m)	8				10	15	15
平行	开阔地区(m)	最高杆(塔)高度						
	受限制地区(m)	5	5	6	8 高速 15	10 高速 20	单回路 15 双回路 13	12

注:标称电压 1 000 kV、±800 kV 直流输电线路与公路平行时的数值为边导线至公路边沟外侧的水平距离。

②《公路工程技术标准》(JTG B01—2014)[18]

9.3.6 铁路与公路平行相邻时,铁路用地界与高速公路用地界间距不宜小于 30 m,与一、二级公路用地界间距不应小于 15 m,与三、四级公路用地界间距不应小于 5 m。

③《涉路工程安全评价规范》(DB34/T 2395—2015)[14]

8.1 架设电缆

8.1.1.2 平行于公路线形的涉路工程,其支撑结构及附属物应设置在公路用地范围外,且支撑结构其基础距路肩外缘不少于 1 倍杆塔高度。

8.1.1.3 高压输电线跨河塔架的轴线与桥梁桥面外缘的最小间距,不得小于 1 倍塔高。

8.1.1.4 平行于公路架设的电缆在公路平面交叉口处,应保证杆塔基础距离路基边缘的距离不小于 1 倍杆塔高度,同时电力线距离平面交叉口路面的最小垂直净空应满足要求。

8.2 埋设管线

8.2.1.2 天然气输送管道至特大、大、中桥的安全距离不应小于 100 m,至小桥的安全距离不应小于 50 m。

8.2.1.4 油、气管道的中心线与公路用地范围外缘之间的距离应符合下列规定:

a) 对于石油管道,安全距离不应小于 10 m;

b) 对于天然气管道,安全距离不应小于 20 m。

在地形受限地段,上述安全距离可适当减小;在地形困难的个别地段,最小不应小于 1 m。对于地形特别困难,确实难以达到上述规定的局部地段,在对管道采取加强保护措施后,管道可埋设在公路路肩边线的公路用地范围内。

④《涉路工程安全评价规范(征求意见稿)》[14]

7.1.3.1 铁路用地界与高速公路用地界间距不宜小于 30 m,与一、二级公路用地界间距不应小于 15 m。

7.2.3.1 并行间距应符合下列规定:

1. 与公路并行的管线路由宜在公路用地范围外缘 3 m 以外。

2. 石油、天然气管道的中心线与公路用地范围外缘之间的距离应符合下列规定:

1) 设计压力 $P \geqslant 10.1$ MPa 的石油管道或石油长输管道设计压力 $P \geqslant 2.5$ MPa 的天然气管道或天然气长输管道,安全距离不应小于 10 m。

2) 如地形受限或其他条件限制的局部地段不满足要求时,应进行论证。

⑤《公路铁路并行路段设计技术规范》(JT/T 1116—2017)[64]

4 基本规定

4.1 公铁并行分为以下 3 种类型:

a) 公铁路基并行:公路与铁路均以路基形式实现并行,包括公铁路堤并行、公铁路堑并行和公铁路堑与路堤并行,如图 5-1~图 5-3 所示。

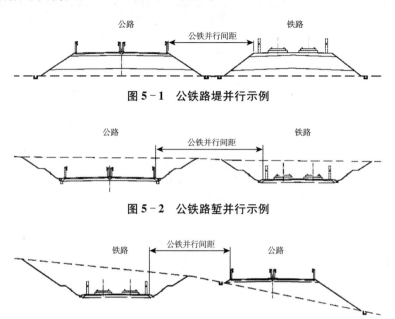

图 5-1 公铁路堤并行示例

图 5-2 公铁路堑并行示例

图 5-3 公铁路堑与路堤并行示例

b）公路桥梁并行：公路与铁路均以桥梁形式实现并行,如图 5-4 所示。

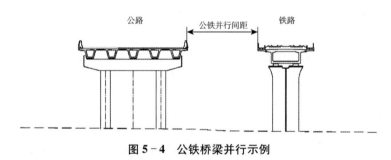

图 5-4 公铁桥梁并行示例

c）公铁路基与桥梁并行：公路与铁路以公路路基和铁路桥梁或以铁路路基和公路桥梁的形式实现并行,如图 5-5 所示。

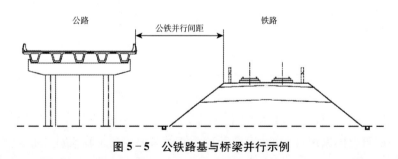

图 5-5 公铁路基与桥梁并行示例

4.2 公铁并行分级

按照不同等级的公路与铁路并行,公铁并行分为Ⅰ级公铁并行、Ⅱ级公铁并行、Ⅲ级公铁并行、Ⅳ级公铁并行和Ⅴ级公铁并行共 5 个等级,具体规定见表 5-2。

表 5-2　公铁并行分级

类型	高速铁路或设计速度等于 200 km/h 的城际铁路	设计速度小于 200 km/h 的城际铁路或重载铁路或Ⅰ级、Ⅱ级铁路	Ⅲ级、Ⅳ级铁路
高速铁路或设计速度等于 100 km/h 的一级公路	Ⅰ级	Ⅱ级	Ⅱ级
设计速度小于 100 km/h 的一级公路或二级公路	Ⅱ级	Ⅲ级	Ⅳ级
三级公路或四级公路	Ⅲ级	Ⅳ级	Ⅴ级

注：1. 高速公路为专供汽车分方向、分车道形式，全部控制出入的多车道公路。
2. 一级公路为供汽车分方向、分车道行驶，可根据需要控制出入的多车道公路。
3. 二级公路为供汽车行驶的双车道公路。
4. 三级公路为供汽车、非汽车交通混合形式的双车道公路。
5. 四级公路为供汽车、非汽车交通混合形式的双车道或单车道公路。
6. 高速铁路为设计速度 250 km/h(含预留)及以上动车组列车，初期运营速度不小于 200 km/h 的客运专线铁路。
7. 城际铁路为专门服务于相邻城市间或城市群，设计速度为 200 km/h 及以下的快速、便捷、高密度客运专线铁路。
8. 客货共线铁路为旅客列车与货物列车共线运营，旅客列车设计行车速度 200 km/h 及以下的铁路。
9. 重载铁路为满足列车牵引质量 8 000 t 及以上、轴重为 27 t 及以上、在至少 150 km 线路区段上年运量大于 4 000 万 t 三项条件中两项的铁路。

4.3　公铁并行间距

各级公铁并行间距应符合表 5-3 的规定，并符合下列规定：

a) 一般情况下，公铁并行间距不宜小于一般值；若小于一般值时，应对公铁并行进行交通安全性评价；

b) 公铁并行位于平缓路段，受条件限制时，其间距应大于极限值。

c) 公铁并行位于陡坡路段，受条件限制时，其间距不应小于最小值；困难条件下，经综合技术经济论证，其间距可小于最小值，但应大于极限值，并且应进行工程安全风险评估、交通安全性评价、防灾与救援评价。

表 5-3　公铁并行间距(单位:m)

项目	公铁并行等级				
	Ⅰ级	Ⅱ级	Ⅲ级	Ⅳ级	Ⅴ级
一般值	50	40	35	25	20
最小值	35	30	25	15	10
极限值	20	15	15	10	5

⑥《石油天然气工程设计防火规范》(GB 50183—2004)[62]

7.1.4　埋地集输管道与其他地下管道、通信电缆、电力系统的各种接地装置等平行或交叉敷设时，其间距应符合国家现行标准《钢质管道及储罐腐蚀控制工程设计规范》(SY 0007)的有关规定。

7.1.5　集输管道与架空输电线路平行敷设时，安全距离应符合下列要求：

1. 管道埋地敷设时，安全距离不应小于表 5-4 的规定。
2. 当管道地面敷设时，其间距不应小于本段最高杆(塔)高度。

5 并行式涉路工程

表 5-4 埋地集输管道与架空输电线路安全距离

名称	3 kV 以下	3~10 kV	35~66 kV	110 kV	220 kV
开阔地区	最高杆(塔)高				
路径受限制地区(m)	1.5	2.0	4.0	4.0	5.0

注：1. 表中距离为边导线至管道任何部分的水平距离。
2. 对路径受限制地区的最小水平距离的要求，应计及架空电力线路导线的最大风偏。

7.1.6 原油和天然气埋地集输管道同铁路平行敷设时，应距铁路用地范围边界 3 m 以外。当必须通过铁路用地范围内时，应征得相关铁路部门的同意，并采取加强措施。对相邻电气化铁路的管道还应增加交流电干扰防护措施。

管道同公路平行敷设时，宜敷设在公路用地范围外。对于油田公路，集输管道可敷设在其路肩下。

7.2.2 20℃时饱和蒸气压力大于或等于 0.1 MPa、管径小于或等于 DN200 的埋地天然气凝液管道，应按现行国家标准《输油管道工程设计规范》(GB 50253)中的液态液化石油气管道确定强度设计系数。管道同地面建(构)筑物的最小间距应符合下列规定：

1. 与居民区、村镇、重要公共建筑物不应小于 30 m；一般建(构)筑物不应小于 10 m。
2. 与高速公路和一、二级公路平行敷设时，其管道中心线距公路用地范围边界不应小于 10 m，三级及以下公路不宜小于 5 m。
3. 与铁路平行敷设时，管道中心线距铁路中心线的距离不应小于 10 m，并应满足本规范第 7.1.6 条的要求。

⑦《钢质管道及储罐腐蚀控制工程设计规范》(SY 0007—1999)[65]

5.1.4 外加电流阴极保护管道与其他地下管道的敷设，应符合以下原则：

1. 联合保护的平行管道可同沟敷设。均压线间距和规格，应根据管道电压降、管道间距离、管道防腐层质量等因素综合考虑确定。非联合保护的平行管道，二者间的距离不宜小于 10 m。当距离小于 10 m 时，后施工的管道在距离小于 10 m 内的管段及其两端各延伸 10 m 以上的管段上，应做特加级防腐层。
2. 被保护管道与其他地下管道交叉时，二者间的净垂直距离不应小于 0.3 m。当小于 0.3 m 时，两者间必须设有坚固的绝缘隔离物，确保交叉两管道不接触。同时两管道在交叉点两侧各延伸 19 m 以上的管段上应做特加强级防腐层。

5.1.5 外加电流阴极保护管道与埋地通信电缆相遇时，应符合以下设计原则：

1. 管道与电缆平行敷设时，二者间距离不宜小于 10 m。当小于 10 m 时，后施工的管道或电缆按 5.1.4 条中的第 1 款的规定执行。
2. 管道与电缆交叉时，相互间的净垂直距离不应小于 0.5 m。同时在交叉点两侧各延伸 10 m 以上的管段和电缆段上，应做特加强级防腐层。

⑧《油气输送管道工程水平定向钻穿越设计规范》(SY/T 6968—2013)[37]

5.0.4 定向钻穿越轴线应符合下列要求：

5. 并行穿越时，并行间距不宜小于 10 m。

⑨《水平定向钻法管道穿越工程技术规程》(CECS 382—2014)[39]

5.3.8 水平定向钻法敷设的管道与建筑物或既有地下管线的距离应符合下列规定：

4. 与既有地下管线平行敷设时，管道外径大于 200 mm 时，净距应为最大扩孔直径的 2 倍以上；管道外径小于 200 mm 时，净距不应小于 0.6 m。

2. 线形

①《公路路线设计规范》（JTG D20—2017）[16]

6　公路横断面

6.5　路拱坡度

6.5.1　高速公路、一级公路整体式路基的路拱宜采用双向路拱坡度，由路中央向两侧倾斜。位于中等强度降雨地区时，路拱坡度宜为 2%；位于降雨强度较大地区时，路拱坡度可适当增大。

6.5.2　高速公路、一级公路分离式路基的路拱，宜采用单向横坡，并向路基外侧倾斜，也可采用双向路拱坡度。积雪冰冻地区，宜采用双向路拱坡度。

6.5.3　双向六车道及以上车道数的公路，当超高过渡段的路拱坡度过于平缓时，可采用双向路拱坡度。路拱坡度过于平缓路段应进行路面排水分析。

6.5.4　二级公路、三级公路、四级公路的路拱应采用双向路拱坡度，由路中央向两侧倾斜。路拱坡度应根据路面类型和当地自然条件确定，但不应小于 1.5%。

6.5.5　硬路肩、土路肩横坡的设计应符合下列规定：

1. 直线路段的硬路肩应设置向外倾斜的横坡，其坡度值应与车道横坡值相同。路线纵坡平缓，且设置拦水带时，其横坡值宜采用 3%~4%。

2. 曲线路段内、外侧硬路肩横坡的横坡值及其方向：当曲线超高小于或等于 5% 时，其横坡值和方向应与相邻车道相同；当曲线超高大于 5% 时，其横坡值应不大于 5%，且方向相同。

3. 硬路肩的横坡应随邻近车道的横坡一同过渡，其过渡段的纵向渐变率应控制在 1/330~1/150 之间。

4. 土路肩的横坡：位于直线路段或曲线路段内侧，且车道或硬路肩的横坡值大于或等于 3% 时，土路肩的横坡应与车道或硬路肩横坡值相同；小于 3% 时，土路肩的横坡应比车道或硬路肩的横坡值大 1% 或 2%。位于曲线路段外侧的土路肩横坡，应采用 3% 或 4% 的反向横坡值。

8　公路纵断面

8.2　纵坡

8.2.1　公路的最大纵坡应不大于表 5-5 的规定，并应符合下列规定：

表 5-5　最大纵坡

设计速度(km/h)	120	100	80	60	40	30	20
最大纵坡(%)	3	4	5	6	7	8	9

1. 设计速度为 120 km/h、100 km/h、80 km/h 的高速公路，受地形条件或其他特殊情况限制时，经技术经济论证，最大纵坡可增加 1%。

2. 改扩建公路设计速度为 40 km/h、30 km/h、20 km/h 的利用原有公路的路段，经技术经济论证，最大纵坡可增加 1%。

3. 四级公路位于海波 2 000 m 以上或积雪冰冻地区的路段，最大纵坡不应大于 8%。

8.2.2　设计速度小于或等于 80 km/h 位于海波 3 000 m 以上高原地区的公路，最大纵坡应按表 5-6 的规定予以折减。最大纵坡折减后小于 4% 时应采用 4%。

表 5-6　高原纵坡折减值

海拔高度(m)	3 000~4 000	4 000~5 000	5 000 以上
纵坡折减(%)	1	2	3

8.2.3　公路纵坡不宜小于0.3%。横向排水不畅的路段或长路堑路段,采用平坡(0%)或小于0.3%的纵坡时,其边沟应进行纵向排水设计。

8.3　坡长

8.3.1　公路纵坡的最小坡长应符合表5-7的规定。

表 5-7　最小坡长

设计速度(km/h)	120	100	80	60	40	30	20
最小坡长(m)	300	250	200	150	120	100	60

8.3.2　各级公路的最大坡长应符合表5-8的规定。

表 5-8　不同纵坡的最大坡长(m)

设计速度(km/h)		120	100	80	60	40	30	20
纵坡坡度(%)	3	900	1 000	1 100	1 200	—	—	—
	4	700	800	900	1 000	1 100	1 100	1 200
	5	—	600	700	800	900	900	1 000
	6	—	—	500	600	700	700	800
	7	—	—	—	—	500	500	600
	8	—	—	—	—	300	300	400
	9	—	—	—	—	—	200	300
	10	—	—	—	—	—	—	200

8.3.3　各级公路的连续上坡路段,应根据载重汽车上坡时的速度折减变化,在不大于表5-8规定的纵坡长度之间设置缓和坡段。其设置应符合下列规定:

1. 设计速度小于或等于80 km/h 时,缓和坡段的纵坡应不大于3%;设计速度大于80 km/h 时,缓和坡段的纵坡应不大于2.5%。

2. 缓和坡段的长度应大于表5-7的规定。

8.3.4　二级公路、三级公路、四级公路的越岭路段连续上坡或下坡路段,相对高差为200~500 m 时,平均纵坡应不大于5.5%;相对高差大于500 m 时,平均纵坡应不大于5%。任意连续3 km 路段的平均纵坡宜不大于5.5%。

9　线形设计

9.2　平面线形设计

9.2.3　圆曲线的运用应符合下列要求:

1. 设置圆曲线时应与地形相适应,宜采用超高为2%~4%对应的圆曲线半径。

2. 条件受限制时,可采用大于或接近于圆曲线最小半径的"一般值";地形条件特殊困难而不得已时,方可采用圆曲线最小半径的"极限值",并应采取措施保证视距的要求。

3. 设置圆曲线时,应同相衔接路段的平、纵线形要素相协调,使之构成连续、均衡的曲线线形,避免小半径圆曲线与陡坡相重合的线形。

4. 当交点转角不得已小于 7°时,应按规定设置足够长的曲线。

9.2.4 回旋线的运用应符合下列要求:

1. 设计速度大于或等于 60 km/h 时,回旋线应作为线形要素之一加以运用。回旋线—圆曲线—回旋线的长度以大致接近为宜。两个回旋线的参数值亦可以根据地形条件设计成非对称的曲线,但 $A_1:A_2$ 不应大于 2.0。

2. 回旋线参数宜依据地形条件及线形要求确定,并与圆曲线半径相协调。在确定回旋线参数时,宜在下述范围内选定:$R/3 \leqslant A \leqslant R$,但:

1) 当 R 小于 100 m 时,A 宜大于或等于 R。

2) 当 R 接近于 100 m 时,A 宜等于 R。

3) 当 R 较大或接近于 3 000 m 时,A 宜等于 $R/3$。

4) 当 R 大于 3 000 m 时,A 宜小于 $R/3$。

3. 两反向圆曲线径相衔接致插入的直线长度不足时,可用回旋线将两反向圆曲线连接组合为 S 形曲线。

1) S 形曲线的两回旋线参数 A_1 与 A_2 宜相等。

2) 当采用不同的回旋线参数时,A_1 与 A_2 之比应小于 2.0,有条件时以小于 1.5 为宜。当 $A_2 \leqslant 200$ 时,A_1 与 A_2 之比应小于 1.5。

3) 两圆曲线半径之比不宜过大,以 $R_1/R_2 \leqslant 2$ 为宜(R_1 为大圆曲线半径,R_2 为小圆曲线半径)。

4. 两同向圆曲径相衔接或插入的直线长度不足时,可用回旋线将两同向圆曲线连接组合为卵形曲线。

1) 卵形曲线的回旋线参数宜选 $R/2 \leqslant A \leqslant R_2$($R_2$ 为小圆曲线半径)。

2) 两圆曲线半径之比,以 $R_2/R_1 = 0.2 \sim 0.8$ 为宜。

3) 两圆曲线的间距,以 $D/R_2 = 0.003 \sim 0.03$ 为宜(D 为两圆曲线间的最小间距)。

5. 受地形条件限制时,可将两同向回旋线在曲率相同处径相衔接而组合为凸形曲线。凸形曲线只有在路线严格受地形限制,且对接点的曲率半径相当大时方可采用。

1) 凸形曲线的回旋线参数及其对接点的曲率半径,应分别符合允许最小回旋线参数和圆曲线最小半径的规定。

2) 对接点附近的 $0.3v$(以 m 计;其中 v 为设计速度,按 km/h 计)长度范围内,应保持以对接点的曲率半径确定的路拱横坡度。

6. 受地形条件或其他特殊情况限制时,可将两同向圆曲线的回旋线曲率为零处径相衔接而组合为 C 形曲线。C 形曲线仅限于地形条件特殊困难,路线严格受限制时方可采用。

7. 受地形条件限制时,大半径圆曲线与小半径圆曲线相衔接处,可采用两个或两个以上同向回旋线在曲率相同处径相连接而组合为复合曲线。复合曲线的两个回旋线参数之比以小于 1.5 为宜。复合曲线在受地形条件限制,或互通式立体交叉的匝道设计中可采用。

9.3.2 纵坡值的运用应符合下列要求:

1. 纵断面线形设计时应充分结合沿线地形等条件,宜采用平缓的纵坡,最小纵坡不宜小于 0.3%。对于采用平坡或小于 0.3% 的纵坡路段,应进行专门的排水设计。

2. 各级公路不宜采用最大纵坡值和不同纵坡最大坡长值,只有在为争取高度利用有利地形,或避开工程艰巨地段等不得已时,方可采用。

9.3.4 竖曲线设计应符合下列要求:

1. 设计速度大于或等于60 km/h的公路,竖曲线设计宜采用长的竖曲线和长直线坡段的组合。有条件时宜采用大于或等于表5-9所列视觉所需要的竖曲线半径值。

表5-9 视觉所需要的最小竖曲线半径值

设计速度(km/h)	竖曲线半径(m)	
	凸形	凹形
120	20 000	12 000
100	16 000	10 000
80	12 000	8 000
60	9 000	6 000

2. 竖曲线应选用较大的半径。当条件受限制时,宜采用大于或接近于竖曲线最小半径的"一般值";地形条件特殊困难而不得已时,方可采用竖曲线最小半径的"极限值"。

3. 同向竖曲线间,特别是同向凹形竖曲线之间,直线坡段接近或达到最小坡长时,宜合并设置为单曲线或复曲线。

4. 双车道公路在有超车需求的路段,应考虑超车视距需求,采用较大的凸形竖曲线半径或设置必要的标志、标线等设施。

9.4 横断面设计

9.4.1 公路横断面设计应最大限度地降低路堤高度,减小对沿线生态的影响,保护环境,使公路融入自然。条件受限制不得已而出现高填、深挖时,应同桥梁、隧道、分离式路基等方案进行论证比选。

9.4.2 路基横断面布设应结合沿线地面横坡、自然条件、工程地质条件等进行设计。自然横坡较缓时,以整体式路基横断面为宜。横坡较陡、工程地质复杂时,高速公路宜采用分离式路基横断面。

9.4.3 整体式路基的中间带宽度宜保持等值。当中间带的宽度根据需要增宽或减窄时,应采用左右分幅线形设计。条件受限制,且中间带宽度变化小于3.0 m时,可采用渐变过渡,过渡段的渐变率不应大于1/100。

9.4.4 整体式路基分为分离式路基或分离式路基汇合为整体式路基时,其中间带的宽度增宽或减窄时,应设置过渡段。其过渡段以设置在圆曲线半径较大的路段为宜。

9.4.5 公路横断面设计应注重路侧安全,做好中间带、加(减)速车道、路肩以及渠化、左(右)转弯车道、交通岛等各组成部分的细节设计。在有条件的地区或路段,积极采用宽中央分隔带、低路基、缓边坡、宽浅边沟等断面形式。

9.4.6 中间带的设计应符合下列要求:

1. 中央分隔带形式:中央分隔带宽度大于或等于3.0 m时宜用凹形;中央分隔带宽度小于3.0 m时可采用凸形;对于存在风沙和风雪影响的路段,宜采用平齐式。

2. 中央分隔带缘石:中央分隔带宽度大于或等于3.0 m、或存在风沙和风雪影响的路段,宜采用平齐式;中央分隔带宽度小于3.0 m时可采用平齐式或斜式。高速公路、一级公路中央分隔带不得采用栏式缘石。

3. 中央分隔带表面处理：中央分隔带宽度大于或等于3.0 m时宜植草皮；中央分隔带宽度小于3.0 m时可栽灌木或铺面封闭。

9.4.7 公路横断面范围内的排水设计应自成体系、满足功能要求。设置在紧靠车道的边沟，其断面宜采用浅碟形或漫流等方式；当采用矩形或梯形边沟时，应加盖板。

9.4.8 冬季积雪路段、工程地质病害严重路段等可适当加宽路基，改善行车条件。

9.5 线形组合设计

9.5.1 线形组合设计应遵循下列原则：

1. 线形组合设计中，各技术指标除应分别符合平面、纵断面规定值外，还应考虑横断面对线形组合与行驶安全的影响。应避免平面、纵断面、横断面的最不利值相互组合的设计。

2. 在确定平面、纵断面的各相对独立技术指标时，各自除应相对均衡、连续外，还应考虑与之相邻路段的各技术指标值的均衡、连续。

3. 线形组合设计除应保持各要素间内部的相对均衡与变化节奏的协调外，还应注意同公路外部沿线自然景观的适应和地质条件等的配合。

4. 路线线形应能自然地诱导驾驶者的视线，并保持视线的连续性。

9.5.2 线形组合设计应符合下列要求：

1. 平、纵线形值宜相互对应，用平曲线宜比竖曲线长。当平竖曲线半径均较小时，其相互对应程度应较严格；随着平、竖曲线半径的同时增大，其对应程度可适当放宽；当平、竖曲线半径均大时，可不严格相互对应。

2. 长直线不宜与陡坡或半径小且长度短的竖曲线组合。

3. 长的平曲线内不宜包含多个短的竖曲线；短的平曲线不宜与短的竖曲线组合。

4. 半径小的圆曲线起、讫点，不宜接近或设在凸形竖曲线的顶部或凹形竖曲线的底部。

5. 长的竖曲线内不宜设置半径小的平曲线。

6. 凸形竖曲线的顶部或凹形竖曲线的底部，不宜同反向平曲线的拐点重合。

7. 复曲线、S形曲线中的左转圆曲线不设超高时，应采用运行速度对其安全性予以验算。

8. 应避免在长下坡路段、长直线路段或大半径圆曲线路段的末端接小半径圆曲线的组合。

9.5.3 设计速度大于或等于60 km/h的公路，应注重路线平、纵线形组合设计。设计速度小于或等于40 km/h的公路，可参照上述要求执行。

9.5.4 六车道及以上的高速公路，应重视直、曲线（含平、纵面）间的组合与搭配，在曲线间设置足够长的回旋线或直线，使其衔接过渡顺适，路面排水良好。

9.5.5 在高填方路段设置平曲线时，宜采用较大半径的圆曲线，并设置具有诱导功能的交通设施。

②《公路工程技术标准》(JTG B01—2014)[18]

4.0.17 圆曲线最小半径应符合表5-10的规定。

表5-10 圆曲线最小半径

设计速度(km/h)		120	100	80	60	40	30	20
最大超高	10%	570	360	220	115	—	—	—
	8%	650	400	250	125	60	30	15

续　表

设计速度(km/h)		120	100	80	60	40	30	20
最大超高	6%	710	440	270	135	60	35	15
	4%	810	500	300	150	65	40	20
不设超高 最小半径(m)	路拱≤2.0%	5 500	4 000	2 500	1 500	600	350	150
	路拱>2.0%	7 500	5 250	3 350	1 900	800	450	200

注:"—"为不考虑采用最大超高的情况。

4.0.18　公路圆曲线半径小于表5-10"不设超高最小半径"时,应设置圆曲线超高。最大超高应符合下列规定:

1. 一般地区,圆曲线最大超高应采用8%。
2. 积雪冰冻地区,最大超高值应采取6%。
3. 以通行中、小型客车为主的高速公路和一级公路,最大超高可采用10%。
4. 城镇区域公路,最大超高值可采取4%。

4.0.19　直线与小于表5-10不设超高最小半径的圆曲线相衔接处,应设置缓和曲线。缓和曲线采用回旋线,应符合下列规定:

1. 缓和曲线参数及其长度应根据线形设计以及对安全、视觉、景观等的要求,选用较大的数值。
2. 四级公路直线与小于不设超高最小半径的圆曲线相衔接处,可不设置缓和曲线,用超高、加宽缓和段径相连接。

4.0.20　最大纵坡应符合表5-11的规定,并应符合下列规定:

表5-11　最大纵坡

设计速度(km/h)	120	100	80	60	40	30	20
最大纵坡(%)	3	4	5	6	7	8	9

1. 设计速度为120 km/h、100 km/h、80 km/h的高速公路受地形条件或其他特殊情况限制时,经技术经济论证,最大纵坡值可增加1%。
2. 公路改扩建中,设计速度为40 km/h、30 km/h、20 km/h的利用原有公路的路段,经技术经济论证,最大纵坡值可增加1%。
3. 二级及二级以下公路的越岭路线连续上坡(或下坡)路段,相对高差为200~500 m时,平均纵坡不应大于5.5%;相对高差大于500 m时,平均纵坡不应大于5%。任意连续3 km路段的平均纵坡不应大于5.5%。
4. 高速公路、一级公路应论证采用合理的平均纵坡。对存在连续长、陡纵坡的路段应进行安全性评价。

4.0.21　不同纵坡的最大坡长应符合表5-12的规定。

表5-12　不同纵坡的最大坡长(m)

纵坡坡度(%)	设计速度(km/h)						
	120	100	80	60	40	30	20
3	900	1000	1100	1200	—	—	—

续 表

纵坡坡度(%)	设计速度(km/h)						
	120	100	80	60	40	30	20
4	700	800	900	1000	1100	1100	1200
5	—	600	700	800	900	900	1000
6	—	—	500	600	700	700	800
7	—	—	—	—	500	500	600
8	—	—	—	—	300	300	400
9	—	—	—	—	—	200	300
10	—	—	—	—	—	—	200

4.0.22 公路纵坡变更处应设置竖曲线。竖曲线最小半径和最小长度不应小于表5-13的规定值。

表5-13 竖曲线最小半径和最小长度

设计速度(km/h)	120	100	80	60	40	30	20
凸形竖曲线最小半径(m)	11000	6500	3000	1400	450	250	100
凹形竖曲线最小半径(m)	4000	3000	2000	1000	450	250	100
竖曲线最小长度(m)	100	85	70	50	35	25	20

③《公路铁路并行路段设计技术规范》(JT/T 1116—2017)[64]

5.2 路线(线路)设计

5.2.1 公路路线和铁路线路的设计应符合现行公路与铁路有关标准、规范的规定,各等级公路和铁路的平、纵技术指标应结合工程条件、设计速度、公铁并行间距等因素,因地制宜,合理选用。

5.2.2 符合下列情况之一时,各级公路均应采用运行速度方法,对平纵线形组合设计、几何指标的协调性和一致性、视距以及路线视觉连续性等进行检验,以优化公路线形设计:

a) Ⅰ级、Ⅱ级公铁并行间距小于一般值时;

b) Ⅲ级、Ⅳ级、Ⅴ级公铁并行间距小于最小值时。

5.2.3 公铁并行间距小于一般值时,公路路线与铁路线路的设计符合下列规定:

a) 公路与铁路的平、纵技术指标不宜低于一般值,当采用相应公路或铁路等级的最小值时,应进行充分的工程条件及经济比选论证;

b) 公路与铁路的线形应选用较高的平、纵技术指标,并注重线形组合设计,使之视野开阔、视线诱导良好;

c) 公路与铁路的线形组合设计除应均衡、连续外,还应与既有铁路或公路工程相协调。

5.2.4 公铁并行间距小于最小值时,公路与铁路的平面线形设计符合下列规定:

a) 公路平面线形宜采用直线或不设超高的圆曲线;

b) 铁路平面线形宜采用直线或大于圆曲线的最小值。

5.2.5 公铁并行间距小于最小值时,公路与铁路的纵面线形设计符合下列规定:

a) 铁路路肩设计高程宜高于公路路肩设计高程1.0 m;
b) 公路与铁路的纵坡应采用平缓的纵坡,不应采用最大纵坡值和不同纵坡最大坡长值;
c) 公路与铁路的纵坡不应小于0.3%;
d) 公路竖曲线应采用大于视觉所需的竖曲线半径值。

5.2.6 公铁并行间距小于最小值时,公路的合成坡度应小于8%,大于0.5%。

3. 排水

① 《涉路工程安全评价规范(征求意见稿)》[14]

7.1.3.4 排水应符合现行《公路铁路并行路段设计技术规范》(JT/T 1116)要求。

7.2.3.2 管线施工不应对公路排水系统造成影响。

② 《公路铁路并行路段设计技术规范》(JT/T 1116—2017)[64]

6.5 共用排水设施

6.5.1 公铁并行受条件限制公路与铁路各自设置排水设施困难时,宜在公路与铁路之间设置共用排水设施(参见图5-6)。

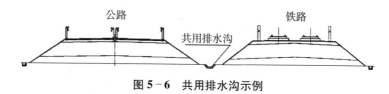

图5-6 共用排水沟示例

6.5.2 公路与铁路间共用排水沟宜采用整体式预制拼装结构或混凝土浇筑。

6.5.3 公路与铁路间共用排水沟的纵坡应大于0.3%。

6.5.4 公路与铁路间设置共用排水沟时,其纵向排水坡段长度不宜大于300 m,必要时应增设横向排水设施将水流引出公路或铁路外侧。

6.5.5 共用排水沟的断面形状、尺寸应根据设计流量、沟底纵坡、沟壁材料、排水沟长度等经计算确定。

6.5.6 后建项目应在综合考虑新老路基共同排水需求的基础上,对既有排水设施实施利用、修复、升级、改造和拆除新建等工程措施。

4. 交通工程设施设置

① 《涉路工程安全评价规范(征求意见稿)》[14]

7.1.3.5 公路交通标志标线应符合下列规定:

1. 应在并行段前设置告示标志,提示驾驶员"前方公铁并行,严禁超速"。
2. 应在并行段前设置警告标志,警告驾驶员"公铁并行,谨慎驾驶"。
3. 宜在该段的公路路面上设置严禁跨越同向车行道分界线或严禁跨越对向车行道分界线。

7.2.3.4 警示标志

1. 并行段管道应加密设置警示带、标识桩和警示牌,并应在管顶上方连续埋设警示带。
2. 标志在管道新建、改线和大修施工时,随管体回填埋入地下,位于管顶上方500 mm。

② 《公路铁路并行路段设计技术规范》(JT/T 1116—2017)[64]

8.3 公路交通标志标线

8.3.1 各级公铁并行间距小于一般值时,公路交通标志标线设计符合下列规定:

a) 应在该段前设置告示标志,提示驾驶员"前方公铁并行,严禁超速";

b) 应在该段设置警告标志,警告驾驶员"公铁并行,谨慎驾驶";

c) 宜在该段的公路路面上设置严禁跨越同向车行道分界线或严禁跨越对向车行道分界线,以禁止变换车道或借道超车。

8.3.2 各级公铁并行间距小于最小值时,公路交通标志标线设计符合下列规定:

a) 应在该段前设置告示标志,提示驾驶员"前方公铁并行,减速慢行";

b) 应在该段设置警告标志,警告驾驶员"公铁并行,谨慎驾驶";

c) 当公路设计速度或运行速度大于 100 km/h 时,应在该段前设置限制速度标志,小客车限速为 100 km/h,大货车限速为 80 km/h,并在该段后设置解除限制速度标志;

d) 应在该段的公路路面上设置严禁跨越同向车行道分界线或严禁跨越对向车行道分界线,以禁止变换车道或借道超车;

e) 宜在该段的公路路面上设置振动车道边缘线,以提醒车辆不能偏离车道行驶。

5. 防撞护栏、隔离栅等

①《涉路工程安全评价规范(征求意见稿)》[14]

7.1.3.2 护栏应符合下列规定:

1. 应对并行段公路护栏等级按照不低于《公路交通安全设施设计规范》(JTG D81—2017)规定的防护等级进行重新设计、施工。

2. 公铁并行段公路路侧护栏与一般路段护栏相衔接处为不同防撞等级、或不同结构形式时,应设置过渡段,使护栏的刚度逐渐过渡,并形成一个整体。

7.1.3.3 隔离栅应符合下列规定:

1. 在满足公路与铁路建筑限界及运行安全要求的前提下,应设置隔离栅。

2. 并行间距较小时,论证后可设置公用隔离栅。

7.1.3.6 防眩设施应符合下列规定:

1. 分析公路与铁路的位置关系,铁路列车光源对公路行车的眩光影响,设置、调整有效的防眩设施。

2. 防眩设施的设置高度与设置位置应满足遮光的要求。

7.1.3.7 声屏障设施应符合下列规定:

1. 分析高速运行列车产生的噪声对公路行车的影响,设置有效的声屏障设施。

2. 当公路已设置声屏障时,应验算公路和铁路声源合并后的影响,其声源超过噪声标准后,对既有噪声防护设施进行改造或采取治理措施。

②《公路交通安全设施设计规范》(JTG D81—2017)[22]

6.2 路基护栏

6.2.3 路侧计算净区宽度范围内有高速铁路、高速公路、高压输电线路、危险品储藏仓库等设施时,事故严重程度等级为高,必须设置护栏。

6.2.4 路侧计算净区宽度范围内有下列情况时,事故严重程度等级为中,应设置护栏:

1. 二级及二级以上公路边坡坡度和路堤高度在图 5-7 的Ⅰ区、Ⅱ区阴影范围之内的路段,三级、四级公路路侧有深度 30 m 以上的悬崖、深谷、深沟等的路段;

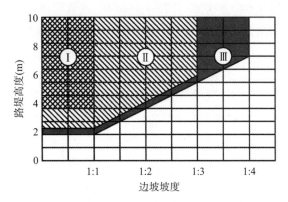

图 5-7 边坡坡度、路堤高度与设置护栏的关系

2. 有江、河、湖、海、沼泽等水深 1.5 m 以上水域的路段；

3. 有Ⅰ级铁路、一级公路等；

4. 高速公路、一级公路路外设有车辆不能安全越过的照明灯、摄像机、交通标志、声屏障、上跨桥梁的桥墩或桥台、隧道入口处的检修道或洞门等设施的路段。

6.2.5 路侧计算净区宽度范围内有下列情况时，事故严重程度等级为低，宜设置护栏：

1. 二级及二级以上公路边坡坡度和路堤高度在图 5-7 的Ⅲ区阴影范围之内的路段，三级、四级公路边坡坡度和路堤高度在图 5-7 的Ⅰ区阴影范围之内的路段；

2. 二级及二级以上公路路侧边沟无盖板、车辆无法安全越过的挖方路段；

3. 高出路面或开挖的边坡坡面有 30 cm 以上的混凝土砌体或大孤石等障碍物。

6.2.10 设置路基护栏的防护等级应符合表 5-14 的规定。

表 5-14 路基护栏防护等级的选取

公路等级	设计速度（km/h）	事故严重程度等级		
		低	中	高
高速公路	120	三(A、Am)级	四(A、Am)级	六(SS、SSm)级
	100、80			五(SA、SAm)级
一级公路	100、80			
	60	二(B、Bm)级	三(A、Am)级	四(SB、SBm)级
二级公路	80、60		三(A)级	
三级公路、四级公路	40	一(C)级	二(B)级	三(A)级
	30、20		一(C)级	二(B)级

注：括号内为护栏防护等级的代码。

6.2.21 护栏最小结构长度应根据下列因素确定：

1. 发挥护栏整体作用的最小结构长度应符合表 5-15 的规定，或根据护栏产品使用说明书确定。

2. 护栏最小防护长度应根据车辆驶出路外的轨迹和计算净区宽度内障碍物的位置、宽度确定。

3. 护栏最小结构长度应同时满足以上两个要求。

4. 相邻两段护栏的间距小于护栏最小结构长度时宜连续设置。

5. 通过过渡段连接的两种形式护栏的长度之和不应小于两种形式护栏的最小结构长度的大值。

表 5–15 护栏最小结构长度

公路等级	护栏类型	最小长度(m)
高速公路、一级公路	波形梁护栏	70
	混凝土护栏	36
	缆索护栏	300
二级公路	波形梁护栏	48
	混凝土护栏	24
	缆索护栏	120
三级公路、四级公路	波形梁护栏	28
	混凝土护栏	12
	缆索护栏	120

8 隔离栅

8.1 一般规定

8.1.2 隔离栅应根据地形进行设置，隔离栅的高度不宜低于1.5 m；在动物身高不超过50 cm等人烟稀少的荒漠地区，经分析论证后隔离栅高度可降低10~20 cm。靠近城镇区域的隔离栅高度不宜低于1.8 m。

10 防眩设施

10.1 一般规定

10.1.1 防眩设施应按部分遮光原理设计，直线段遮光角不小于8°，平、竖曲线路段遮光角为8°~15°，计算防眩设施的眩光距离采用120 m。

10.2 设置原则

10.2.1 高速公路、一级公路中央分隔带宽度小于9 m且符合下列条件之一者，宜设置防眩设施：

5. 与相邻公路、铁路或交叉公路、铁路有严重眩光影响的路段。

10.2.5 防眩设施连续设置时应符合下列规定：

2. 各结构段应相互独立，每一结构段的长度不宜大于12 m。

3. 结构形式、设置高度、设置位置发生变化时应设置渐变过渡段，过渡段长度以50 m为宜。

附录 A 净区宽度计算方法

A.0.1 净区宽度可分为计算净区宽度和实际净区宽度。

A.0.2 计算净区宽度应根据公路平面线形指标状况、路基填挖情况、运行速度确定，并符合下列规定：

1. 直线段计算净区宽度宜根据路基的填方、挖方情况分别由图 5–8 和图 5–9 确定。

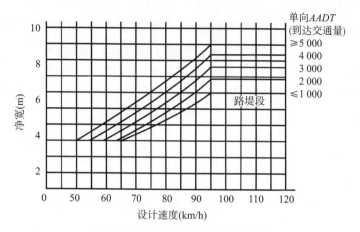

图 5-8 填方直线段计算净区宽度

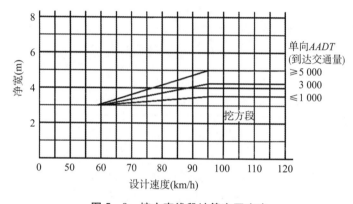

图 5-9 挖方直线段计算净区宽度

2. 曲线段计算净区宽度宜采用相同路基类型对应的直线段计算净区宽度乘以调整系数 F_c 进行修正,其中 F_c 由图 5-10 查得。

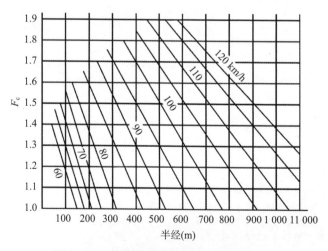

图 5-10 曲线段计算净区宽度调整系数 F_c

A.0.3 实际净区宽度应为从外侧车行道边缘线开始,向公路外侧延伸的平缓、无障碍物区域的有效宽度,包括硬路肩、土路肩及可利用的路侧边坡,并应符合下列规定:

1. 当路侧边坡坡度缓于 1 : 6 时,有效宽度为整个边坡坡面宽度。
2. 当路侧边坡坡度在 1 : 4 和 1 : 6 之间时,有效宽度为整个边坡坡面宽度的 1/2。
3. 当路侧边坡坡度陡于 1 : 4 时,边坡上不能行车,不作为有效宽度。
4. 路侧存在未设盖板的砌石边沟、排水沟区域时,不作为有效宽度。
5. 路侧存在不可移除的行道树、花坛、标志立柱或其他障碍物时,不作为有效宽度。

③《公路铁路并行路段设计技术规范》(JT/T 1116—2017)[64]

8.2 公路护栏

8.2.1 公铁并行间距小于一般值时,应对公路运行车辆在碰撞条件下护栏的安全性以及对铁路运营的安全性进行评价。

8.2.2 公铁并行位于平缓路段,公路采用桥梁、路堤或浅路堑(靠近铁路的公路路堑边坡高度小于 1.0 m),并且公路路肩高程高于铁路路肩高程,或低于铁路路肩高程 1.0 m 以内时,应在靠近铁路的公路路侧设置护栏,并符合下列规定:

a) 当公铁并行间距(D)大于或等于最小值并且小于一般值时,其护栏应根据运行速度,按照 JTG D81 中"车辆驶出路外有可能造成二次特大事故"规定的防护等级进行设计;

b) 当公铁并行间距(D)大于极限值并且小于最小值时,其护栏的防护等级应按表 5-16 的规定选取。

表 5-16 靠近铁路的公路路侧护栏防护等级及适用条件

公路并行等级	平缓路段		陡坡路段			
	极限值<D<最小值		最小值≤D<一般值			
	公路路肩高于铁路路肩,或低于铁路路肩 1.0 m 以内		铁路以路堤或桥梁布设于低线位(图 5-11)		铁路以路堑布设于低线位(图 5-12)	
	双层护栏	单层护栏	双层护栏	单层护栏	双层护栏	单层护栏
I 级	内侧 SS 级 外侧 SS 级	HB 级	内侧 SS 级 外侧 SS 级	HB 级	内侧 HB 级 外侧 SS 级	HA 级
II 级	内侧 SS 级 外侧 SA 级	HB 级	内侧 SS 级 外侧 SA 级	HB 级	内侧 SS 级 外侧 SS 级	HB 级
III 级	—	SS 级	—	SS 级	—	SS 级
IV 级 V 级	—	JTG D81 "车辆驶出路外有可能造成二级特大事故" 规定的防护等级提高一个等级	—	JTG D81 "车辆驶出路外有可能造成二级特大事故" 规定的防护等级提高一个等级	—	SS 级

注:1. SA 级为 JTG B05—01 规定的五级防护等级,其设计防护能量为 400 kJ。
2. SS 级为 JTG B05—01 规定的六级防护等级,其设计防护能量为 520 kJ。
3. HB 级为 JTG B05—01 规定的七级防护等级,其设计防护能量为 640 kJ。
4. HA 级为 JTG B05—01 规定的八级防护等级,其设计防护能量为 760 kJ。

8.2.3 公铁并行位于陡坡路段,公路以桥梁、路堤或浅路堑(靠近铁路的公路路堑边坡高度小于 1.0 m)布设于高线位,铁路以路堤或桥梁布设于低线位(图 5-11),或铁路以路堑布设于低线位(图 5-12)时,应在靠近铁路的公路路侧设置护栏,并符合下列规定:

a) 当公铁并行间距(D)大于或等于最小值且小于一般值时,其护栏的防护等级应按表 5-16 的规定选取。

b) 当公铁并行间距(D)大于极限且小于最小值时,应根据公铁并行的空间位置,对护栏形式和防护等级进行专题论证。

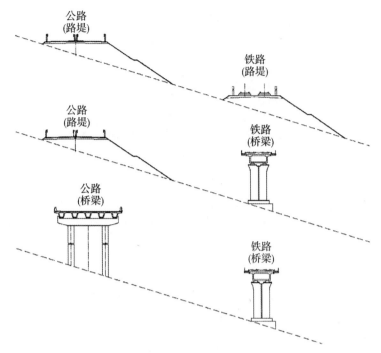

图 5-11　铁路以路堤或桥梁布设于低线位示例

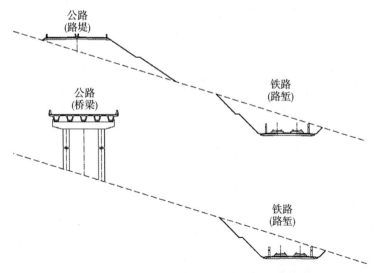

图 5-12　铁路以路堑布设于低线位示例

8.2.4　靠近铁路的公路路侧护栏应优先设置双层护栏,双层护栏之间的距离不宜小于 1.5 m,内侧护栏宜采用半刚性护栏,外侧护栏宜采用刚性护栏(参见图 5-13);已建公路加宽困难或新建公路受条件限制时,经技术论证可采用单层护栏,单层护栏宜采用刚性护栏。其护栏的防护等级应按表 5-16 的规定选取。

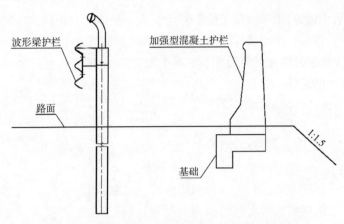

图 5-13 靠近铁路的公路路侧双层护栏布置示例

8.2.5 公铁并行公路路侧护栏与非并行路段护栏相衔接处为不同防护等级或不同结构形式时,应设置过渡段,使护栏的刚度逐渐过渡。

8.4 隔离栅

8.4.1 公铁并行时,在满足公路与铁路建筑限界及运行安全要求的前提下,应合理设置隔离栅。

8.4.2 公铁并行间距较小时,宜在公路与铁路之间设置共用隔离栅。

8.4.3 共用隔离栅的中心线宜结合公铁并行间重新划定的用地界情况设置。

8.4.4 共用隔离栅高度应根据公铁并行段地形及周边具体情况等因素确定,以距离地面高 1.5~1.8 m 为宜。

8.5 公路防护网

8.5.1 公路采用桥梁、路堤或浅路堑(靠近铁路的公路路堑边坡高度小于 2.0 m),凡符合下列情况之一时,应在靠近铁路的公路路侧设置防护网:

a) 公铁并行位于平缓路段,公路路肩高程高于铁路路肩高程,或低于铁路路肩高程 2.0 m 以内,并且公铁并行间距小于最小值的路段;

b) 公铁并行位于陡坡路段,铁路布设于低线位,并且公铁并行间距小于一般值的路段。

8.5.2 公铁并行的公路防护网高度不应低于 2.5 m。

8.5.3 公铁并行的公路防护网设置范围为公铁并行段起终点各向外延长 10 m。

8.5.4 防护网应做防雷接地处理,接地电阻应小于 10 Ω。

8.6 防眩设施和声屏障设施

8.6.1 公铁并行的防眩设施设置应符合下列规定:

a) 分析公铁并行的铁路列车光源对公路行车的眩光影响,设置相应的防眩设施;

b) 采用三维虚拟仿真技术等分析评价防眩设施的设置方案,并满足遮光的要求。

8.6.2 公铁并行的声屏障设置应符合下列规定:

a) 分析评价运行列车的噪声对公路行车的影响,设置相应的噪声防护设施;

b) 验算公路声源和铁路声源合并对既有声屏障设施的影响,其声源超过噪声标准时,对既有噪声防护设施进行改造或采取综合治理措施;

c) 验算公路声源和铁路声源合并对公铁并行两侧敏感区的影响,其声源超过噪声标准时,设置声屏障措施或采取综合治理措施。

8.7 铁路桥梁墩台防撞设施

8.7.1 公路采用桥梁、路堤或浅路堑(靠近铁路的公路路堑边坡高度小于1.0 m),凡符合下列情况之一时,应在靠近公路的铁路桥梁墩台侧设置防撞设施:

a) 公铁并行位于平缓路段,并且公铁并行间距小于最小值的路段;

b) 公铁并行位于陡坡路段,铁路以桥梁布设于低线位,并且公铁并行间距小于一般值的路段。

8.7.2 铁路桥梁墩台防撞设施应根据防撞要求采用相应结构的护栏。

8.8 铁路安全防护设施

8.8.1 公铁并行位于平缓路段,铁路采用桥梁、路堤或浅路堑(靠近公路的铁路路堑边坡高度小于1.0 m),铁路路肩高程高于公路路肩高程,或低于公路路肩高程1.0 m以内,并且公铁并行间距小于最小值时,铁路安全防护设施符合下列规定:

a) 设计速度大于或等于200 km/h的有砟轨道铁路上应设置防护墙(可兼作挡砟墙),其设置要求应满足相关铁路规范的规定;

b) 设计速度小于200 km/h的铁路基本轨内侧应铺设护轨,其铺设长度及要求应满足相关铁路规范的规定;

c) 设计速度大于或等于200 km/h的铁路上应设置铁路异物侵限监测设施;

d) 宜在靠近公路的有砟轨道铁路路侧设置防护网。

8.8.2 公铁并行位于陡坡路段,铁路以桥梁、路堤或浅路堑(靠近铁路的公路路堑边坡高度小于1.0 m)布设于高线位,公路布设于低线位,并且公铁并行间距小于一般值时,铁路安全防护设施符合下列规定:

a) 设计速度大于或等于200 km/h的有砟轨道铁路上应设置防护墙(可兼挡砟墙),其设置要求应满足相关铁路规范的规定;

b) 设计速度小于200 km/h的铁路基本轨内侧应铺设护轨,其铺设长度及要求应满足相关铁路规范的规定;

c) 设计速度大于或等于200 km/h的铁路上应设置铁路异物侵限监测设施;

d) 宜在靠近公路的有砟轨道铁路路侧设置防护网。

8.8.3 公铁并行位于陡坡路段,铁路以桥梁、路堤或浅路堑(靠近铁路的公路路堑边坡高度小于1.0 m)布设于高线位,公路以桥梁布设于低线位,并且公铁并行间距小于一般值时,应在靠近铁路的公路桥梁墩台侧设置防撞设施。

8.8.4 公铁并行位于陡坡路段,铁路以桥梁、路堤或浅路堑(靠近铁路的公路路堑边坡高度小于1.0 m)布设于高线位,受条件限制公路以路堑布设于低线位,并且公铁并行间距小于一般值时,应在靠近铁路的公路路堑坡顶截水沟外边缘(无截水沟则为坡顶)5 m以外设置隔离墙。

5.2.2 并行式涉路工程施工指标评价

并行式涉路工程施工指标评价主要是对施工安全措施进行评价。

1. 施工安全措施

①《涉路工程安全评价规范》(DB34/T 2395—2015)[14]

8.1 架设电缆

8.1.2 施工

8.1.2.1 公路用地范围内使用临时支撑设施进行电力线架设时,应保证临时支撑设施的基础稳固,并采取措施防止临时设施和电力线坠落到行车道上。

8.1.2.2 临时支撑设施距离路肩边缘外不应少于1.5 m。

8.1.2.3 承力绳腾空后到临时支撑设施拆除期间,应保证不对交通造成影响。

8.1.2.4 应制定临时支架拆除安全保障方案。

8.2 埋设管线

8.2.2 施工

8.2.2.1 挖掘路面和公路用地前,应根据设计文件复查地下构造物(电缆、管道)的埋设位置及走向,并采取保护措施;施工中若发现有危险品及其他可疑物品时,应停止下挖,报请有关部门处理。

8.2.2.2 管线敷设应尽量减少接头和人工孔,以降低运营故障和巡检次数,减少对公路交通的影响。

8.2.2.3 管线应埋设于冻土层以下,当受条件限制时,应采取防止管线发生故障或受到破坏的措施。

8.2.2.4 并行式涉路工程施工应尽量不影响公路边坡形貌和排水系统,在施工完毕应恢复原状。雨季施工应及时排除积水。

8.2.2.5 平行公路施工不宜全线同时进行,应分段进行施工。

②《涉路工程安全评价规范(征求意见稿)》[14]

7.1.3.8/7.2.3.5 施工安全应符合下列规定:

1. 夜间施工照明不应对驾驶员视线、驾驶行为造成影响。
2. 施工噪声不应对驾驶员行为造成影响。
3. 施工机械、施工围挡不应对驾驶员视线、驾驶行为造成影响。
4. 禁止占用高速公路硬路肩。

5.3 实际案例

案例一 苏州工业园区沪宁高速园区快速连接线并行沪宁高速公路安全性评价

1. 工程概况

苏州工业园区沪宁高速园区快速连接线工程为苏州城市快速路规划的一部分,连接高速公路和城市系统,工程起点位于G312国道唯亭高架桥以东、沪宁高速以西,连接G312国道和沪宁高速园区互通。本工程的建设对于建立环金鸡湖地区与沪宁高速园区出入口之间的快捷联系,缓解现代大道交通压力、带动老唯亭地区开发、促进区域整体发展具有十分重要的意义[8]。

图5-14 连接线效果图

苏州工业园区沪宁高速园区快速连接线为城市快速路标准,设计时速主线 80 km/h,该工程北起 G312 国道,南接沪宁高速园区收费站,沿沪宁高速南侧布线,根据出入高速的车道分为南北两条线路(N 线和 S 线),N 线为出高速进园区车道,全长约 3.4 km;S 线为园区进高速车道,全长约 3.7 km。

2. 符合性核查

1)并行式涉路工程的实施不得与公路的规划情况相冲突。沪宁高速公路已于 2004 年按照八车道标准进行了拓宽改建,虽然目前交通量仍较大,但根据江苏省高速公路网规划情况,沪宁高速公路不再拓宽改建,而是建设二通道,该项目目前正在前期工作中。因此连接线工程的实施符合本条要求。

2)经核查,连接线工程未侵入公路建筑限界内,也未侵入高速公路用地范围内。

3)经核查,并行段连接线工程路基、桥梁排水自成体系,未占用、借用沪宁高速公路排水系统。

4)由于受工业园区国家保税区用地影响,连接线工程施工图线位基本与既有沪宁高速并行,虽然该方案基本无拆迁量,减少连接线与高速公路之间的夹心地,充分节约了土地,减少了资源浪费,保护了环境,但经核查,连接线与沪宁高速公路的净距(土路肩外边缘之间的距离)在 24~40 m 之间,约 2.33 km 进入沪宁高速公路建筑控制区,不满足《江苏省高速公路条例》规定的高速公路隔离栅外缘起 30 m 的范围为高速公路建筑控制区要求,同时违反了《中华人民共和国公路法》禁止在公路两侧的建筑控制区内修建除公路防护、养护需要以外的建筑物和地面构筑物的规定。应将连接线工程对沪宁高速公路的影响进行全面分析,排除隐患,确保安全。

3. 安全影响分析

1)对高速公路桩基础的影响

连接线桥梁桩基础距高速公路桥梁基础均在 30 m 外,远大于高速公路本身左右幅构造物基础间距,桩基间距也远大于规范规定的 2.5 倍桩径要求,同时连接线桥梁桩基均采用振动很小的钻孔灌注施工方法,因此连接线在施工阶段对并行的沪宁高速公路构造物的影响较小,构造物是安全的。

2)车辆灯光引起的眩光影响

前照灯眩光影响与光源强度、扩散角、下倾角、射程、光源高度、环境背景亮度、汽车驾驶员视点高低、行驶方向、高速公路平面、纵断面线形等诸多因素有关。

经空间分析,沪宁高速苏州工业园区互通处,北线出互通时会对沪宁高速产生眩光效应,为降低眩光影响,建议 NK2+360 至 NK2+550 段设置防眩装置;其余并行段施工中对既有绿化带有破坏的,施工后应不低于原标准的恢复,且连接线工程自身应种植大型花灌木和松柏类绿化。

3)对高速公路路基稳定性的影响

连接线工程下部结构桩基础施工时的开挖、振动及路基施工时机械的振动碾压对沪宁高速公路路基稳定性有一定的影响。为加强安全控制,动态跟踪高速公路路基受到的影响,及时发现可能发生的路基失稳、沉降等危害,建议对沪宁高速公路路基进行位移和沉降观测,要求沪宁高速每隔 100 m 分别在坡脚和土路肩边缘各设一个观测点,对水平位移和竖向位移进行动态观测,每两天观测一次,若土路肩观测点累计水平位移大于 10 mm,或竖向位移大于 15 mm,或坡脚观测点累计水平位移大于 10 mm,则应立即停止施工寻找原因,采取相应措施加强路基稳定。

4)为防止车辆失控冲出路基外形成二次事故,建议连接线北线靠近沪宁高速公路一侧路基段防护栏等级提高一级,以确保沪宁高速公路及自身的行车安全。

5）建议桥梁承台、桩基施工时必须采用一定的防护措施以确保路基的安全,其施工方案和防护措施要通过专项审查后方可施工。

6）连接线工程施工时应尽量不影响公路边坡形貌和排水系统,若有破坏的施工后应予以原标准的恢复。雨季施工应采取措施及时排除积水。

6 利用公路结构物的涉路工程

6.1 工程特点及危险源分析

利用公路结构物的涉路工程是指依附桥梁、通道等公路结构物或构造物来通过河流、交通通道等障碍物的涉路工程。此类建设工程主要为敷设管线设施,施工过程会造成公路建筑物破损,敷设管线的自重会破坏原有公路建筑物的受力平衡,影响公路建筑物的结构安全。

根据一般的规范规定:桥梁上不宜敷设管线,仅当跨越河流等障碍物的方案不可行时才可考虑在桥梁上敷设管线。当条件允许,保证桥梁自身结构安全的前提下,原则上仅允许通信广播线缆、热力管线、供水管、35 kV 以下的输配电线路通过桥梁敷设[8]。

6.2 评价内容

6.2.1 利用公路结构物涉路工程设计指标评价

根据现行标准及规范规定,对利用公路结构物的涉路工程设计安全评价的主要内容如下:
①《涉路工程安全评价规范》(DB34/T 2395—2015)[15]

7.1 利用桥梁敷设管线时,涉路工程所有人应提供由具有相关资质的单位或人员出具的桥梁支撑载荷验算结果。

7.2 禁止利用公路桥梁(含桥下空间)、公路隧道、涵洞搭建设施以及铺设高压电线(10 kV 以上)和输送易燃、易爆或者其他有毒有害气体、液体的管道。

7.3 在桥梁上不宜敷设管线,仅当跨越河流等障碍物的方案不可行时才可考虑在桥梁上敷设管线。在桥梁上敷设通信电缆、热力管、供水管时,应采取安全防护措施。

7.4 利用桥梁敷设管线的附件安装不得破坏桥梁主体结构安全,在桥梁两侧应设置紧急切断阀门。

7.5 通讯线、电力线、管道等的设置不应侵入桥面净空限界和桥下通航净空,不应损害桥梁的构造和设施,不应妨害桥梁交通安全。

7.6 管线敷设位置应满足如下要求:
a) 避免在桥梁立面上外露;
b) 不应设置在机动车道下;
c) 输送液体的管道不允许安装在钢板桥架梁或混凝土箱梁内;
d) 相互间能引起危险后果的管线必须分别安装在桥梁的两边;
e) 管线应放置在桥梁下游一侧;
f) 多条管线在桥梁上应配重平衡。

7.7 利用桥梁敷设的各类管线其附件安装应满足如下要求:
a) 安装附件时,不应在直径小于 0.15 m 的预应力钢绞线的混凝土梁上钻孔;
b) 不应将各类管道附件焊入桥梁部件中;
c) 在不引起桥梁部件应力太过集中的情况下,应使用螺栓连接桥梁;
d) 附件装置应与钢桥电绝缘。

7.8 不应由于风荷载或车辆荷载而引起管线的过度振动。

7.9 应充分考虑管线的热胀冷缩,管道内液体不应由于温度过低而冻结。

②《涉路工程安全评价规范(征求意见稿)》[14]

8.1 利用桥梁敷设管线

8.1.1 一般规定

8.1.1.2 严禁污水管、有毒有害、易燃易爆、高压等管线设施利用或通过公路桥梁。

8.1.1.3 不应利用公路桥梁总体技术状况评定等级为三类及以下的桥梁敷设管线。

8.1.1.4 利用公路桥梁敷设管线时,涉路项目申请人应提供具有相关资质单位出具的桥梁载荷验算资料。

8.1.3 评价标准

8.1.3.1 利用公路桥梁敷设的管线设施不得侵入公路桥梁净空限界,不得妨害桥梁交通安全,并不得损害桥梁的构造和设施。

8.1.3.2 利用公路桥梁敷设的管线的敷设位置和附加结构安装应保证公路桥梁安全。

8.1.3.3 管线敷设位置应符合下列规定:

1. 不应设置在桥面上。
2. 不应设置在行车道下。
3. 输送液体的管道应敷设于公路桥梁构件体外。
4. 相互间能引起危险后果的管线应分别安装在桥梁的两侧。
5. 多条管线在桥梁上应配重平衡。
6. 不应影响桥梁正常的检测维修。

8.1.3.4 利用公路桥梁敷设的管线附加结构安装应符合下列规定:

1. 不应在预应力混凝土梁上钻孔。
2. 不应将各类管道附加结构焊入桥梁部件中。
3. 附加结构应与钢桥电绝缘。

8.1.3.5 管线应有可靠的防护措施防止管线发生事故影响桥梁结构及运营安全,防止因交通事故引发二次事故,应符合下列规定:

1. 利用公路桥梁敷设的管线应直线布置,供水管道在桥梁上不应设置阀门,桥梁两端安装的阀门应远离桥梁 10 m 以上,并应有控制水锤冲击力的措施。
2. 高地震烈度区的桥渠上管道应安装压力敏感型的可自动关闭的阀门,管道应有防震措施。
3. 应充分考虑管线的热胀冷缩,输送液体的管道应做保温防冻处理。

8.2 利用隧道涵洞敷设管线

8.2.3 评价标准

8.2.3.1 禁止利用公路隧道搭建设施以及铺设高压电线(1 kV 及以上)和输送易燃、易爆、有毒有害气体和液体的管道。

8.2.3.2 利用隧道设置管线时,不能将管线直接明敷在路面上。不得开挖隧道两侧检修道或人行道进行管线敷设。

8.2.3.3 利用隧道敷设管线应符合下列规定:

1. 在隧道中,管线应沿隧道电缆沟或预留管道敷设,并使其固定在电缆沟或预留管道内。通信、信号电缆必须和电力电缆分槽敷设,不应布置在同一槽内。
2. 利用隧道涵洞敷设管道的附件安装不得破坏隧道涵洞主体结构安全,在隧道涵洞两侧应设置紧急切断阀门。

8.2.3.4 利用涵洞敷设管线应符合下列规定:

1. 利用具有排水功能涵洞设置管线穿越道路时,应根据涵洞内设置管线及套管所占用涵洞净空面积,保证涵洞净空满足原有设计洪水、漫流物等安全通过,并满足排灌等需要。

2. 电力、通信线缆、输水管道、石油及天然气管道利用现有涵洞穿越公路,应设置保护套管,套管外缘距涵洞墩台边缘应留有不小于5 m的距离。

3. 应充分考虑管线的热胀冷缩,管道内液体不应由于温度过低而冻结。

4. 利用具有行车功能涵洞设置管线时,需保证行人行车的安全。

6.2.2 利用公路结构物涉路工程施工指标评价

根据现行标准及规范规定,对利用公路结构物的涉路工程施工安全评价的主要内容如下:

《涉路工程安全评价规范(征求意见稿)》[14]

8.1.3.6 利用公路桥梁敷设管线施工期应符合下列规定:

1. 施工过程不宜对公路正常运营产生影响。
2. 管线安装和桥上行车存在相互影响的,应提前对桥上交通进行管制,编制交通组织方案。
3. 桥下有通行道路或航道的,采取吊装施工时,应对桥下交通及通航进行管制或封闭。

8.2.3.5 利用隧道涵洞敷设管线施工期安全应符合下列规定:

1. 沟槽开挖遇到管道、电缆或其他结构物时,应妥善保护并及时与相关单位协商处理。
2. 沟槽开挖后,应及时铺管,不得有积水。

6.3 实际案例

案例一 潘一矿瓦斯管路穿过省道S225桥涵工程

1. 工程概况

潘一矿瓦斯再利用项目,一个D325瓦斯管路在省道S225(南风井附近)两孔小桥(2×4 m)处穿越,穿过方式为利用现有桥下空间以管道(无缝钢管 $\phi 325$ mm×9 mm)穿越,桥下两侧设置支撑墩各一座,桥上两侧在管路保护范围长度内设置钢筋混凝土防撞护栏。平面布置见图6-1[29]。

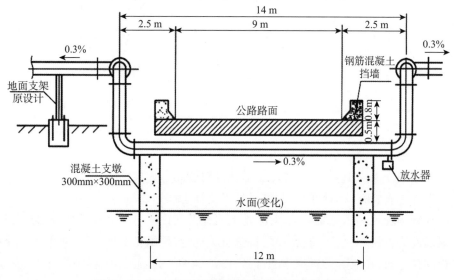

图6-1 潘一矿瓦斯管路穿过省道S225涵洞平面图

2. 设计符合性

（1）一般要求

本工程采用钢支撑支撑起管路，不会对桥梁及其基础结构造成损害，符合要求。

（2）设计要求

本工程在混凝土基础上采用活动支架支撑钢管，可根据水位和桥的下沉调节管子的高度，符合要求，见图6-2、图6-3。

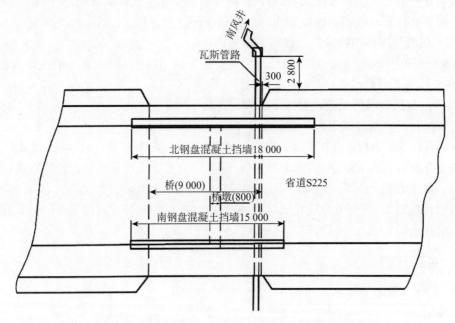

图6-2 潘一矿瓦斯管路穿过省道S225涵洞结构图（1）（单位：mm）

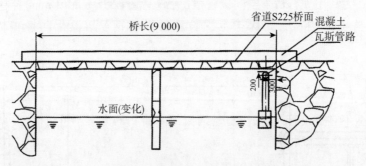

图6-3 潘一矿瓦斯管路穿过省道S225涵洞结构图（2）（单位：mm）

3. 施工保障措施

（1）钢管采用RD105-2/144加强型。

（2）桥梁两侧修混凝土防护栏，防止交通意外对管路造成破坏。

（3）在工地上设置有针对性的简明醒目的安全标志和标语。

（4）工地现场配置一名专职电工，对工地的机械及架设的电线等进行检查和整改工作。工地上施工架设的用电线路，必须安全可靠，符合有关规定，配电箱要加锁，并采取防雨措施。

（5）夜间作业时，作业区设置足够的灯具，以加强照明，危险区应有警戒标志，夜间要设置红灯示警。

（6）运输砂石料及土方的车辆通过既有公路时，要尽量进行覆盖，保持清洁上路，不得抛洒，并有专人负责保持清洁。

（7）施工区段和交通要道，应设醒目的安全标牌或标志、路障设施。在电杆、沟槽等处，为保证夜间行车安全，这些地段还必须加强照明。各路口设专人值班指挥交通，设置指示方向和提示减速慢行的标志。

（8）建筑材料及施工机具不得占用道路。

4. 改进建议

（1）施工现场缺少安全警示标志，应根据规范要求，设置安全警示标志。

（2）工程没有制定突发事件的应急预案，建议根据工程实际，对可能造成的突发性事件制定应急预案。

案例二　中国移动通信有限公司光缆穿过南照大桥工程

1. 工程概况[29]

南照大桥南北跨越淮河，全长2 334 m。目前，电信和联通两家电信运营商已经在大桥的边缘下内侧，采用设置穿钉固定吊线的措施敷设光缆跨越淮河。中国移动光缆跨越南照大桥也采用和电信、联通同样的方式，采用吊线敷设光缆跨越南照大桥。

全程在南照大桥上需设置终端拉攀2个，吊线固定装置77个，打膨胀穿钉154个，三根 $\phi 40/33$ mm 硅管用1.0 mm 钢线绕扎在吊线上，见图6-4。

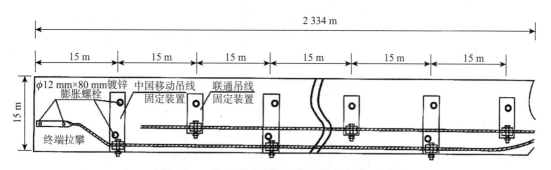

图6-4　中国移动光缆穿过南照大桥平面图

2. 设计符合性

（1）一般要求

① 在桥梁上不宜敷设管线，仅当跨越河流等障碍物的方案不可行时才可考虑在桥梁上敷设管线。本工程符合要求。

② 利用桥梁敷设管道时，涉路工程所有人应提供桥梁支撑载荷验算结果。本工程膨胀螺栓固定在桥梁边缘下内侧，与原有联通吊线错开布放，经载荷验算，符合要求。

（2）设计要求

① 通信线、电力线、管道等的设置不应侵入桥面净空限界和桥下通航净空，不应损害桥梁的构造和设施，不应妨碍桥梁交通安全。本工程符合要求。

② 管线敷设位置应满足如下要求：

a. 避免敷设在桥梁立面上外露；

b. 不应设置在机动车道下；

c. 管线应放置在桥梁下游一侧；

d. 多条管线在桥梁上应配重平衡。

本工程符合以上要求。

（3）管线附件装置

利用桥梁敷设的各类管线其附件安装应满足如下要求：

① 安装附件时，不宜在预应力混凝土梁上钻孔；

② 不应将各类管道附件焊入桥梁部件中；

③ 在不引起桥梁部件应力太过集中的情况下，应使用螺栓连接桥梁；

④ 附件装置应与钢桥电绝缘。

本工程采用设置穿钉固定吊线的措施敷设光缆，避免在箱梁上钻孔，用膨胀螺栓避免应力集中，符合以上要求。

3. 施工保障措施

（1）在大桥的两端行人能伸手摸到的地方需要采用钢管保护一定长度。

（2）在大桥水泥混凝土护坡上新增石护坡，采用 $\phi110$ mm 钢管保护，见图 6-5、图 6-6。

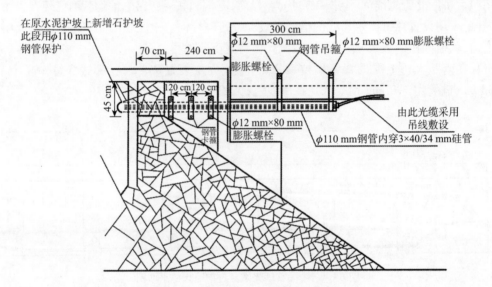

图 6-5 南照大桥北端施工方案图

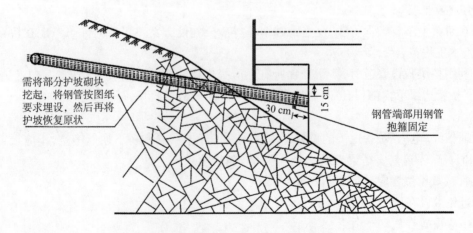

图 6-6 南照大桥南端施工方案图

4. 改进建议

(1) 建议增加长绞线固定压板的横向间距。

(2) 桥梁两端接线部分属于高路堤路段,边坡坡脚以内不得埋设光缆,应满足现行《公路路线设计规范》(JTG D20)的要求。

(3) 增加桥梁两端施工工艺沉井(手井)设计,沉井盖板必须满足有关技术标准的要求。

7 交通组织方案和通行能力

7.1 施工交通组织方案

7.1.1 作业区组成及一般布置

1. 作业区组成

①《道路交通标志和标线 第4部分:作业区》(GB 5768.4—2017)[66]

4.1 作业区由警告区、上游过渡区、缓冲区、工作区、下游过渡区和终止区六个区域组成,如图7-1所示。

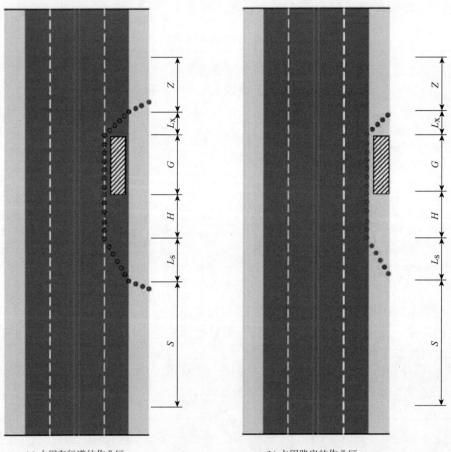

(a) 占用车行道的作业区　　　　(b) 占用路肩的作业区

图7-1　作业区组成图

说明:S——警告区;
L_S——车道封闭上游过渡区;
H——缓冲区;
G——工作区;
L_X——下游过渡区;
Z——终止区。

4.2 作业区的限速值不应大于表7-1规定的值,限速过渡的差不宜超过20 km/h,可按每200 m降低20 km/h设置。

表7-1 作业区限速值

设计速度/(km/h)	限速值/(km/h)
120	80
100	70
80	60
60	40
50、40、30	30
20	20

4.3 警告区的长度不应小于表7-2的规定。

表7-2 警告区最小长度

设计速度/(km/h)	公路作业区/m	城市道路作业区/m
120	1 500	—
100	1 000	1 000
80	600	100
60	400	40
50	400	40
40	300	40
30	300	40
20	200	40

注:城市道路上平面交叉口间距小于表中的数值时,以平面交叉口为起点设置警告区。

4.4 上游过渡区长度根据作业占用道路宽度和设计车速确定,取值宜按照GB 5768.3渐变段长度的规定。当作业区位于隧道内时,上游过渡区应适当延长。作业区位于路肩时,上游过渡区长度可按以上数值的三分之一选取。

4.5 缓冲区的长度宜大于表7-3的规定。

表7-3 缓冲区的最小长度

限制速度/(km/h)	缓冲区长度/m
20、30	15
40	40
60	80
80	120

4.6 工作区长度应综合考虑交通延误和作业经济性确定。
4.7 下游过渡区的长度不应小于道路缩减宽度。

4.8 终止区最小长度应按照表7-4选取。

表7-4 终止区的最小长度

限制速度/(km/h)	终止区长度/m
≤40	10~30
>40	30

2. 作业区布置的一般规定

①《道路交通标志和标线 第4部分:作业区》(GB 5768.4—2017)[66]

5 作业区道路交通标志和标线

5.1.4 改道标志

用以告示车辆改道行驶,用于借用对向车道或改道于便道的作业区,设置于警告区中点附近。

(a)   (b)   (c)

图7-2 改道标志

图7-2(a)用于作业方向道路完全封闭、车辆借用对向车道或便道通行时。

图7-2(b)用于作业方向道路未完全封闭,一部分车辆借用对向车道通行,一部分车辆在原方向车道行驶的情况。

图7-2(c)用于作业方向道路完全封闭、车辆借用同向便道通行时。

6 作业区布置的一般规定

6.1 作业区交通标志、标线及其他设施,是针对作业期间设置的临时性设施,作业完成后应及时拆除并恢复原交通标志、标线及其他设施。其他实施参见附录B。

6.2 作业区设置交通标志、标线及其他设施时,应从警告区开始,向终止区推进,移除顺序应与设置顺序相反。

6.3 公路上与作业区相邻的机动车道宽度不应小于3.0 m,城市道路上不应小于2.75 m,否则应封闭该车道。

6.4 除移动作业外,必须设置渠化设施分隔作业区域和交通流。分隔对向交通流时宜使用活动护栏,可使用塑料注水(砂)隔离栏,条件不具备时也可使用交通锥、交通桶或交通柱。

6.5 渠化设施的设置范围包括上游过渡区、缓冲区、工作区及下游过渡区,按图7-1摆放。交通锥、交通桶、交通柱的间距不宜大于10 m,在上游过渡区宜适当加密。位于道路交叉范围内的作业区和临时作业区可根据实际情况简化上游过渡区、缓冲区、下游过渡区的渠化设施的设置。

6.6 除移动作业区外,作业区应根据实际交通组织设置作业区交通标志:

① 警告区起点应设置作业区距离标志,预告作业区位置;
② 作业区车道数减少时,应设置车道数变少标志;
③ 作业区借用对向车道或便道通行时,应设置改道标志;
④ 上游过渡区内,应根据实际情况设置线形诱导标或可变箭头信号;
⑤ 作业区较长时,缓冲区起点宜设置作业区长度标志;
⑥ 工作区前应设置路栏;
⑦ 终止区末端宜设置作业区结束标志;
⑧ 需要绕行其他道路的作业区交通标志,应设置橙色箭头或绕行标志;
⑨ 根据实际需要设置其他作业区标志;
⑩ 临时作业区可根据实际情况缩短作业区距离标志与上游过渡区的距离,并简化车道数变少标志、改道标志、作业区长度标志、作业区结束标志的设置。

6.7 在上游过渡区的起点前应设置限速标志,在缓冲区和工作区可根据需要重复设置;终止区末端对作业区的速度限制应予解除;原路段限速值与作业区限速值差值较大时,宜进行限速过渡。如图7-3。位于交叉口的作业区、临时作业区和移动作业区可简化限速标志设置。

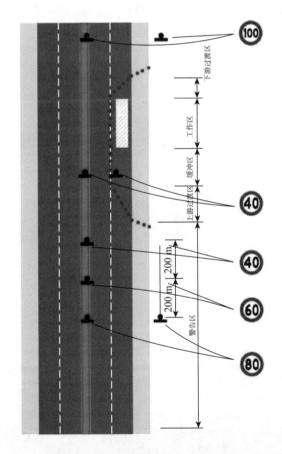

注:⓴,40为作业区限速值。⓺⓼,60和80为限速过渡值。⓵⓪⓪,100为原路段限速值,也可用⓺⓺。

图7-3 作业区限速标志设置的示例

6.8 无中间带路段内侧车道的作业区和借用对向车道组织交通的作业区,对向应设置作业区交通标志、标线及其他设施。

6.9 长期作业区,已有交通标志和标线适用于道路作业期间交通通行时,应予以保留并维持整个作业区内其良好状态;已有交通标志和标线与作业期间交通组织冲突时,应予以去除或遮挡。

6.10 移动作业区应在移动作业车上安装移动性作业标志或可变箭头信号,并宜配备交通引导人员或在移动作业车后设置安装有移动性作业标志或可变箭头信号的保护车辆,也可在移动作业车上配备车载防撞垫。

6.11 作业区夜间宜设置照明或主动发光标志,除移动作业区外,同时应设置施工警告灯。施工警告灯应设置在路栏顶部,同时宜设置在渠化设施的顶部,也可同时设置在围绕工作区的其他设施上,设置间距不宜大于20 m,高度宜为1.2 m且不应低于1.0 m。

6.12 作业区附近存在隧道、急弯、陡坡、铁路道口、视线不良等路段时,应根据实际情况增设相应的标志。

7.1.2 高速公路及一级公路作业区布置要求

《道路交通标志和标线 第4部分:作业区》(GB 5768.4—2017)[66]

7.1 一般规定

7.1.1 根据需要在警告区起点上游可增设一块作业区距离标志,并与警告区起点距离不宜超过1 000 m。

7.1.2 单向三车道及以上时,警告区内设置的作业区交通标志应同时设置于路肩外侧及中央分隔带上。

7.1.3 高速公路因作业关闭出口时,应在所关闭出口的出口标志和出口预告标志上附着设置出口关闭标志或遮蔽该出口原有的相关交通标志。作业区影响驾驶人对出口位置和开放情况的预判断时,应在受影响的出口前方视线较好的位置设置出口标志(图7-4)。

图7-4 出口标志

7.2 单向三车道及以上公路因作业区封闭部分车道

7.2.1 同时封闭两条及以上车道时,宜在每条车道设置上游过渡区和下游过渡区,如图7-5所示。

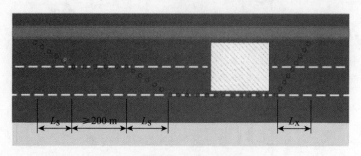

图7-5 每条车道设置过渡区的示例

7.2.2 中间车道作业时,应符合以下规定:
(1) 一般情况下应封闭作业车道及两侧车道中的一条;
(2) 交通量大、封闭两条车道会发生严重拥堵的情况时,经交通工程论证后,可只封闭作业车道,但应在道路作业区上游设置前置缓冲区,如图7-6。

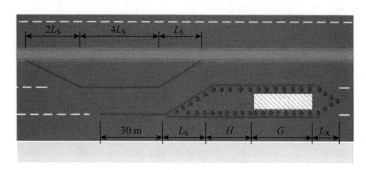

图7-6 前置缓冲区设置示例

7.3 作业区借用对向车道

7.3.1 在借用的对向车道结束端应设置线形诱导标或可变箭头信号,指引车辆驶回原车道。

7.3.2 在被借用的车道开始端前设置对向缓冲区、对向过渡区和对向警告区,指引对向车辆注意避让,如图7-7。

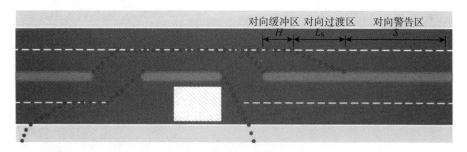

图7-7 对向车道设置缓冲区和过渡区示例

7.4 因作业区道路封闭

7.4.1 在封闭路段两端应设置路栏。高速公路封闭路段的前一出口的主线处、进入封闭路段的入口匝道前均应设置路栏,路栏与主线或匝道宽度相同。

7.4.2 应在封闭路段前的交叉口或互通互交出口处设置橙色箭头,指引车辆离开;应在绕行路线沿线设置橙色箭头;在封闭路段后的交叉口或互通立交处设置橙色箭头,指引车辆驶回。见图7-8。

7.4.3 相关的"入口预告标志""出口预告标志""出口标志""出口地点方向标志"交叉口指路标志和绕行路线沿线指路标志上均应附着橙色箭头。

7.4.4 宜利用公路信息发布系统发布路段封闭信息。

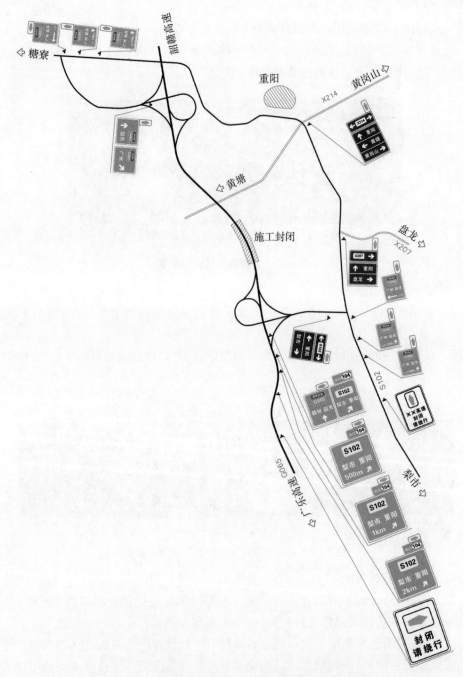

图 7-8 高速公路施工封闭路段绕行路径指示示例
注:仅以广乐高速至韶赣高速方向的橙色箭头设置为例。

7.5 作业区位于加速车道

7.5.1 加速车道上游主线路段应设置作业区距离标志,其距离汇流点不宜小于表 7-2 (警告区最小长度)的规定。

7.5.2 匝道上应设置作业区距离标志,如果警告区的最小长度大于匝道长度,作业区距离标志应设置于匝道起点附近。

7.5.3 作业区的上游过渡区应延长至匝道内,并应在汇流点前适当位置设置停车/减速让行标志和标线。下游过渡区可不设置,渠化设施应设置至加速车道终点处。如图7-9。

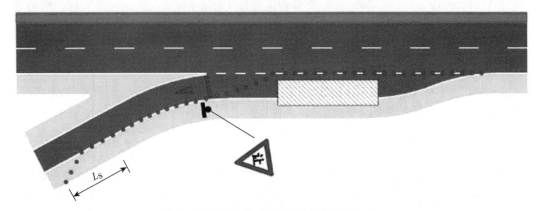

图7-9 加速车道上作业区过渡区布置示例

7.5.4 必要时可封闭汇流点附近部分相邻车道,如图7-10。封闭相邻车道时,汇流点前可不设置停车/减速让行标志和标线。

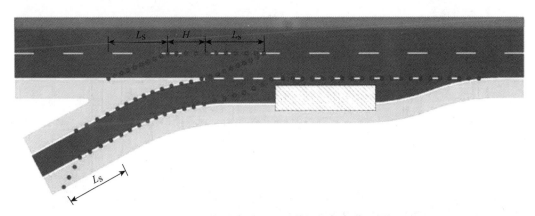

图7-10 加速车道作业区封闭相邻车道示例

7.6 作业区位于减速车道

7.6.1 作业区距离标志应设置在渐变段起点前。

7.6.2 作业区可能影响驾驶人对出口的判断时,应增设作业区出口标志(图7-4)。

7.6.3 上游过渡区应起始于渐变段的起点附近,可根据实际情况缩减上游过渡区和缓冲区的长度,如图7-11。

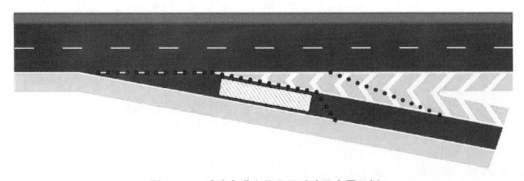

图7-11 减速车道上作业区过渡区布置示例

7.7 作业区位于匝道

7.7.1 作业区位于入口匝道时,如果警告区长度大于匝道长度,作业区距离标志宜设置于匝道起点附近。

7.7.2 作业区位于出口匝道时,主线渐变段起点附近应设置施工标志。

7.8 作业区位于变速车道相邻车道

7.8.1 作业区位于加速车道的相邻车道上时,主线和匝道上均应设置作业区距离标志。匝道上警告区长度按匝道设计速度选取,如果警告区长度大于匝道长度,作业区距离标志宜设置于匝道起点附近。上游过渡区应起始于鼻端前,如图7－12。

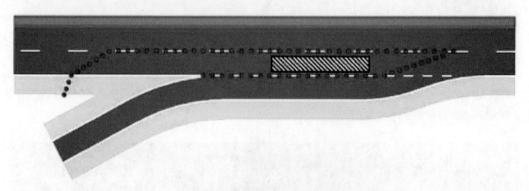

图 7－12 加速车道相邻车道上作业区过渡区布置示例

7.8.2 作业区位于减速车道相邻的车道时,应设置渠化设施分离驶入匝道的交通流,设置长度不宜小于 300 m,如图 7－13。上游过渡区设置的可变箭头信号或线形诱导标,应避免影响匝道上车辆。

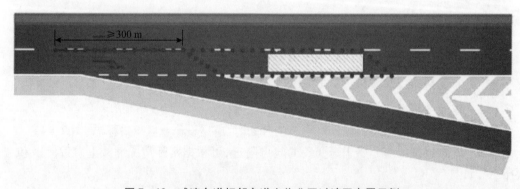

图 7－13 减速车道相邻车道上作业区过渡区布置示例

7.9 作业区位于平面交叉

7.9.1 工作区位于交叉口出口外侧车道时,宜将上游过渡区延伸至相邻的右转车道,如图 7－14。

7.9.2 工作区位于交叉口入口处,可不设下游过渡区。

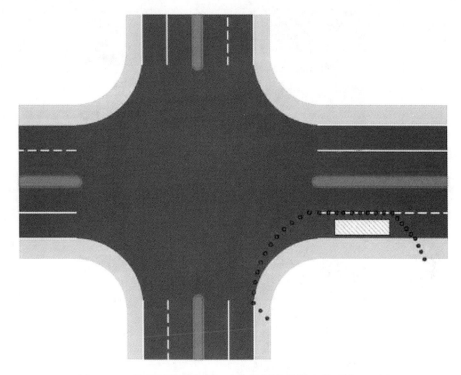

图 7-14 作业区位于交叉口出口外侧车道的上游过渡区示例

7.9.3 工作区位于交叉口的一个出口时,其余三个方向的入口均应设置施工标志。交叉口中心作业时,四个方向均应设置施工标志。

7.9.4 工作区位于交叉口出口并借用对向车道组织交通时,对向车道应按照 7.3 布置作业区、设置作业区道路交通标志。

7.10 高速公路及一级公路作业区布置示例参见附录 C。

附录 C 典型作业区布置示例

C.2.1 四车道高速公路、一级公路封闭外侧车道作业时,作业区布置示例如图 7-15 所示:

a) 警告区起点应设置作业区距离标志预告作业区位置。
b) 警告区中点附近应设置车道数变少标志。
c) 应利用塑料注水(砂)隔离栏(或交通锥、交通桶、交通柱,有条件时可用活动护栏)将上游过渡区、缓冲区、工作区及下游过渡区围起。
d) 上游过渡区的合流点前方施划禁止跨越同向车行道分界线,与原有标线构成虚实线,提示作业占用车道上的车辆尽快合流,非作业占用车道上的车辆禁止变换车道。配合禁止跨越同向车行道分界线设置导向箭头引导车辆合流。
e) 上游过渡区的起点前应设置作业区限速标志,在上游过渡区之前完成限速过渡。
f) 上游过渡区内,应根据车辆行驶方向设置线形诱导标或可变箭头信号。
g) 缓冲区起点设置作业区长度标志预告作业区长度。
h) 工作区前端设置路栏。
i) 终止区末端宜设置作业区结束标志说明作业区结束位置。
j) 终止区末端应设置限速标志,限速值为该路段的原限速值。

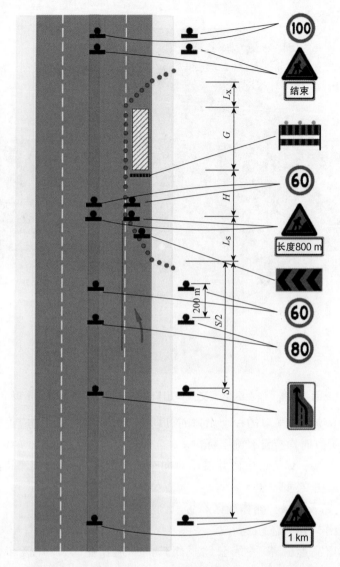

图 7-15 四车道高速公路、一级公路封闭外侧车道作业区布置示例
注：以原限速为 100 km/h 为例。

C.2.2 四车道高速公路、一级公路封闭内侧车道作业时，作业区布置示例如图 7-16 所示：

a) 警告区起点应设置作业区距离标志预告作业区位置。

b) 警告区中点附近应设置车道数变少标志。

c) 应利用塑料注水(砂)隔离栏(或交通锥、交通桶、交通柱，有条件时可用活动护栏)将上游过渡区、缓冲区、工作区以及下游过渡区围起。

d) 可以利用硬路肩增辟一条车道。

e) 上游过渡区、缓冲区、工作区及下游过渡区施划禁止跨越同向车行道分界线，标明供车辆通行的车道和封闭交通范围。禁止跨越同向车行道分界线向上游过渡区前方和下游过渡区后方延伸一段距离，禁止车辆变换车道。配合车行道分界线设置导向箭头引导车辆行驶方向。

f) 上游过渡区的起点前应设置作业区限速标志，在上游过渡区之前完成限速过渡。

g) 上游过渡区内，应根据车辆行驶方向设置线形诱导或可变箭头信号。

h) 缓冲区起点宜设置作业区长度标志预告作业区长度。

i) 缓冲区重复设置作业区限速标志。
j) 工作区前端设置路栏。
k) 终止区末端宜设置作业区结束标志说明作业区结束位置。
l) 终止区末端应设置限速标志,限速值为该路段的原限速值。

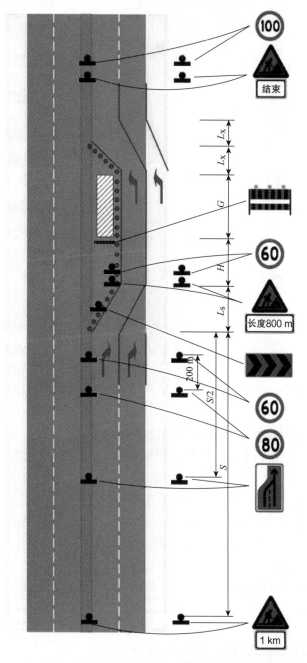

图 7-16 四车道高速公路、一级公路封闭内侧车道借用路肩作业区布置示例
注:以原限速为 100 km/h 为例。

C.2.3 四车道高速公路、一级公路封闭一个方向交通借用对向车道通行时,作业区布置示例如图 7-17 所示:

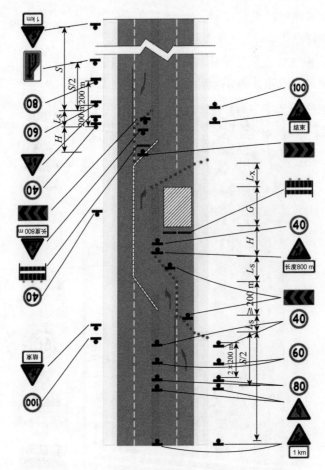

图 7-17 四车道高速公路、一级公路封闭一个方向交通借用对向车道通行作业区布置示例
注：以原限速为 100 km/h 为例。

a) 封闭方向及对向警告区起点应设置作业区距离标志预告作业区位置。

b) 封闭方向警告区中点附近应设置改道标志图 7-2(a)，对向警告区中点附近应设置车道数变少标志。

c) 应利用塑料水(砂)隔离栏(或交通锥、交通桶、交通柱，有条件时可用活动护栏)将封闭方向的上游过渡区、下游过渡区围起，宜在每条封闭车道设置上游过渡区。

d) 利用渠化设施围起对向上游过渡区和对向缓冲区，有条件可使用活动护栏。

e) 双向交通流路段宜使用活动护栏分离。

f) 上游过渡区的合流点前方宜施划禁止跨越同向车行道分界线，与原有标线构成虚实线，提示作业占用车道上的车辆尽快合流，非占用车道上的车辆禁止变换车道，配合设置导向箭头引导车辆合流，指示行驶方向。

g) 对向上游过渡区起点附近设置双向交通标志。

h) 封闭方向及对向上游过渡区的起点前应设置作业区限速标志，在上游过渡区之前完成限速过渡。

i) 封闭方向及对向上游过渡区内，应根据车辆行驶方向设置线形诱导标或可变箭头信号。

j) 封闭方向及对向缓冲区起点设置作业区长度标志预告作业区长度。

k) 封闭方向及对向缓冲区重复设置作业区限速标志。

l) 工作区前端设置路栏。
m) 在借用的对向车道结束端设置线形诱导标或可变箭头信号及导向箭头指引车辆驶回原车道。
n) 封闭方向及对向终止区末端宜设置作业区结束标志说明作业区结束位置。
o) 封闭方向及对向终止区末端应设置限速标志,限速值为该路段的原限速值。

C.2.4 六车道高速公路封闭内侧两个车道作业时,作业区布置示例如图 7-18 所示:

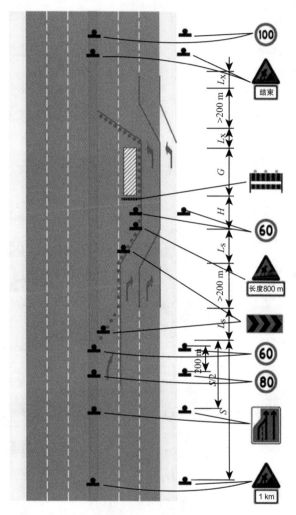

图 7-18 六车道高速公路封闭两车道借用路肩作业区布置示例
注:以原限速为 100 km/h 为例。

a) 警告区起点应设置作业区距离标志预告作业区位置。
b) 警告区中点附近设置车道数变少标志。
c) 应利用塑料注水(砂)隔离栏(或交通锥、交通桶、交通柱,有条件时可用活动护栏)将上游过渡区、缓冲区、工作区及下游过渡区围起。宜在每条封闭的车道上设置上游过渡区。
d) 可以利用硬路肩增辟一条车道。
e) 上游过渡区、缓冲区、工作区及下游过渡区施划禁止跨越同向车行道分界线,标明供车辆同行的车道和封闭交通范围。禁止跨越同向车行道分界线向上游过渡区前方和下游过渡区后方延伸一段距离,禁止车辆变换车道。

f）上游过渡区的合流点前方施划禁止跨越同向车行道分界线,与原有标线构成虚实线,提示作业占用车道上的车辆尽快合流,非作业占用车道上的车辆禁止变换车道。

g）配合车行道分界线设置导向箭头引导车辆行驶方向。

h）上游过渡区的起点前应设置作业区限速标志,在上游过渡区之前完成限速过渡。

i）上游过渡区内,应根据车辆行驶方向设置线形诱导标或可变箭头信号。

j）缓冲区起点设置作业区长度标志预告作业区长度。

k）缓冲区重复设置作业区限速标志。

l）工作区前端设置路栏。

m）终止区末端宜设置作业区结束标志作业区结束位置。

n）终止区末端应设置限速标志,限速值为该路段的原限速值。

C.2.5 六车道高速公路封闭一个方向作业借用对向车道通行时,作业区布置如图 7–19、图 7–20 所示：

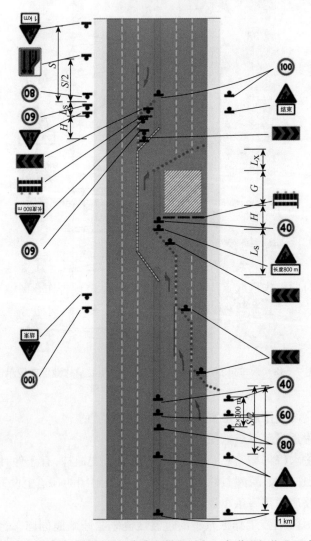

图 7–19 六车道高速公路封闭一个方向借用对向一车道通行作业区布置示例

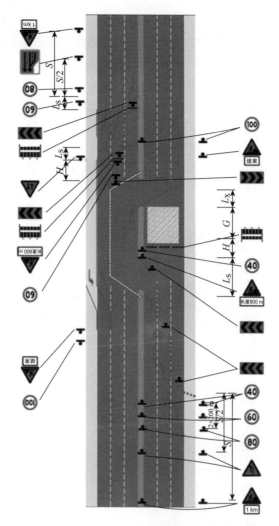

图 7-20 六车道高速公路封闭一个方向借用对向两车道通行作业区布置示例
注：以原限速为 100 km/h 为例。

a）封闭方向及对向警告区起点应设置作业区距离标志预告作业区位置。

b）封闭方向警告区中点附件应设置改道标志图 7-2(a)，对向警告区中点附近应设置车道数变少标志。

c）应利用塑料注水（砂）隔离栏（或交通锥、交通桶、交通柱，有条件时可用互动护栏）将封闭方向的上游过渡区、下游过渡区围起。宜在每条封闭车道设置上游过渡区。

d）利用渠化设施围起对向上游过渡区和对向缓冲区，有条件可使用活动护栏。

e）双向交通流路段宜使用活动护栏分隔。

f）上游过渡区的合流点前方施划禁止跨越同向车行道分界线，与原有标线构成虚实线，提示作业占用车道上的车辆尽快合流，非占用车道上的车辆禁止变换车道，配合设置导向箭头引导车辆合流、指示行驶方向。

g）对向上游过渡区起点附近设置双向交通标志。

h）封闭方向及对向上游过渡区的起点前应设置作业区限速标志，在上游过渡区之前完成限速过渡。

i）封闭方向及对向上游过渡区内，应根据车辆行驶方向设置线形诱导标或可变箭头信号。

j）封闭方向及对向缓冲区起点设置作业区长度标志预告作业区长度。

k）封闭方向及对向缓冲区重复设置作业区限速标志。

l）工作区前端及对向缓冲区开始端设置路栏。

m）在借用的对向车道结束端设置线形诱导标或可变箭头信号及导向箭头指引车辆驶回原车道。

n）封闭方向及对向终止区末端宜设置作业区结束标志说明作业区结束位置。

o）封闭方向及对向终止区末端应设置限速标志，限速值为该路段的原限速值。

C.2.6 六车道高速公路封闭一个方向作业借用同向便道通行时，作业区布置示例如图 7-21 所示：

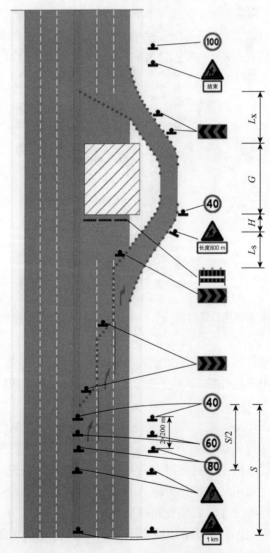

图 7-21 六车道高速公路封闭一个方向借用同向便道通行作业区布置示例
注：以原限速为 100 km/h 为例。

a）封闭方向警告区起点应设置作业区距离标志预告作业区位置。

b）封闭方向警告区中点附近应设置改道标志图 7-2(c)。

c) 应利用塑料注水(砂)隔离栏(或交通锥、交通桶、交通柱,有条件时可用活动护栏)将封闭方向的上游过渡区、下游过渡区围起。宜在每条封闭车道设置上游过渡区。

d) 上游过渡区的合流点前方施划禁止跨越同向车行道分界线,与原有标线构成虚实线,提示作业占用车道上的车辆尽快合流,非占用车道上的车辆禁止变换车道。配合设置导向箭头引导车辆合流,指示行驶方向。

e) 封闭方向上游过渡区的起点前应设置作业区限速标志,在上游过渡区之前完成限速过渡。

f) 封闭方向上游过渡区内,应根据车辆行驶方向设置线形诱导标或可变箭头信号。

g) 便道起点附近宜设置作业区长度标志预告作业区长度,重复设置作业区限速标志。

h) 终止区末端宜设置作业区结束标志说明作业区结束位置。

i) 终止区末端应设置限速标志,限速值为该路段的原限速值。

C.2.7 高速公路、一级公路入口加速车道作业时,作业区布置示例如图 7-22、图 7-23 所示:

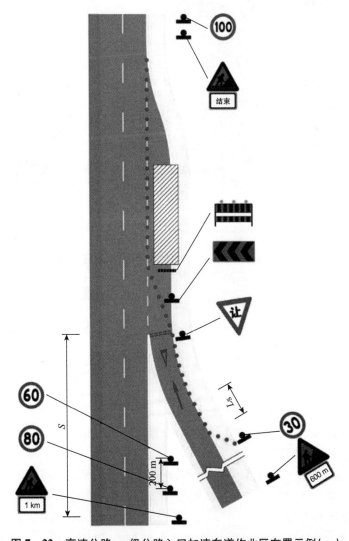

图 7-22 高速公路、一级公路入口加速车道作业区布置示例(一)

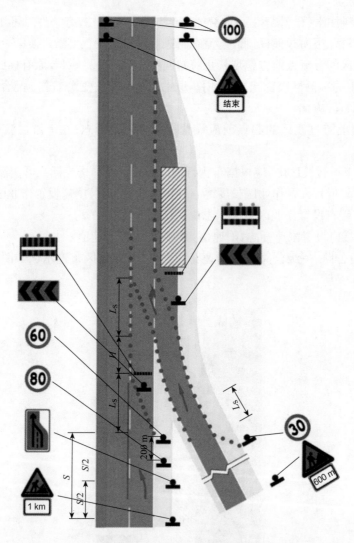

图 7-23 高速公路、一级公路入口加速车道作业区布置示例(二)
注:以原限速为 100 km/h 为例。

a) 利用塑料注水(砂)隔离栏(或交通锥、交通桶、交通柱,有条件时可用活动护栏)将上游过渡区、缓冲区、工作区围起,渠化设施应设置至加速车道终点处。上游过渡区向匝道内延伸。

b) 为匝道车辆服务的标志设置:

1) 匝道上应设置作业区距离标志,如果警告区的最小长度大于匝道长度,作业区距离标志应设置于匝道起点附近;

2) 上游过渡区起点前应设置作业区限速标志;

3) 上游过渡区内,应根据车辆行驶方向设置线形诱导标或可变箭头信号;

4) 工作区前端设置路栏;

5) 应在汇流点前适当位置设置停车/减速让行标志或标线。可封闭汇流点附近部分相邻车道,此时可不设置停车/减速让行标志或标线。

c) 为主线服务的标志设置:

1) 加速车道上游主线路段应设置作业区距离标志,其距离汇流点不宜小于表 7-2 的规定。

2) 汇流点附近相邻车道封闭时,主线警告区中点附近应设置车道数变少标志;

3) 在汇流鼻前完成限速过渡,设置作业区限速标志。

d) 终止区末端宜设置作业区结束标志;应设置限速标志,限速值为该路段的原限速值。

C.2.8 高速公路、一级公路出口减速车道作业时,作业区布置示例如图 7-24 所示:

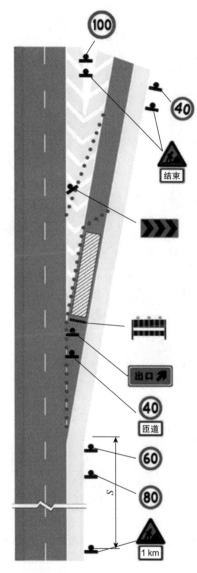

图 7-24 高速公路出口减速车道作业区布置示例
注:以原限速为 100 km/h 为例。

a) 利用塑料注水(砂)隔离栏(或交通锥、交通桶、交通柱,有条件时可用活动护栏)将上游过渡区、缓冲区围起。上游过渡区应起始于渐变段的起点附近,缓冲区和上游过渡区的渠化设施与主线车道平行设置。

b) 利用减速车道分流点与分流鼻之间的空间,使用渠化设施开辟出车辆驶出的通道。

c) 从渐变段的起点开始设置警告区,警告区起点附近设置作业区距离标志。

d) 渐变段起点前应设置作业区限速标志,并在渐变段起点前完成限速过渡。

e) 在车辆驶出车道前方设置出口标志和限速标志,限速值可根据需要在作业区限速值的基础上适当下调。

f) 工作区前端设置路栏。

g) 根据车辆行驶方向设置线形诱导标或可变箭头信号。

h) 主线分流鼻后方及作业区终止区后方宜设置作业区结束标志；应设置限速标志，限速值为该路段的原限速值。

C.2.9 高速公路、一级公路出口匝道路段作业时，作业区布置示例如图7-25所示：

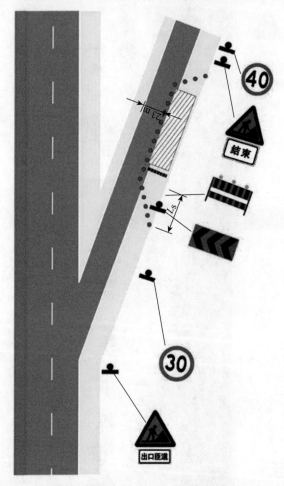

图7-25 高速公路、一级公路出口匝道路段作业区布置示例

注：以原限速为100 km/h为例。

a) 利用塑料注水（砂）隔离栏（或交通锥、交通桶、交通柱，有条件时可用活动护栏）将上游过渡区、缓冲区围起。剩余车辆通道宽度应符合6.3的规定。

b) 主线渐变段起点附近设置施工标志。

c) 上游过渡段的起点前应设置作业区限速标志。

d) 上游过渡区内，应根据车辆行驶方向设置线形诱导标或可变箭头信号。

e) 工作区前端设置路栏。

f) 终止区末端宜设置作业区结束标志。

g) 终止区末端应设置限速标志，限速值为该路段的原限速值。

C.2.10 高速公路、一级公路加速车道的相邻车道作业时，作业区布置示例如图7-26所示。

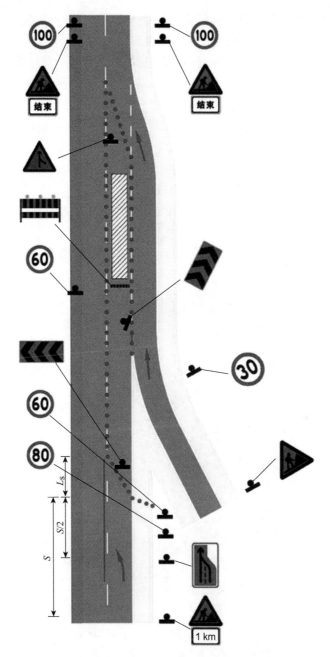

图 7-26 高速公路、一级公路加速车道的相邻车道作业区布置示例
注：以原限速为 100 km/h 为例。

a) 上游过渡区应起始于汇流鼻之前。并应利用塑料注水（砂）隔离栏（或交通锥、交通桶、交通柱，有条件时可用活动护栏）将上游过渡区、缓冲区、工作区以及下游过渡区围起。

b) 为匝道车辆服务的标志设置：
    1) 在汇流鼻之前设置施工标志；
    2) 在汇流点附近设置限速标志，其限速值可在匝道限制速度的基础上适当下调；
    3) 根据车辆行驶方向设置线形诱导标志或可变箭头信号。

c) 为主线车辆服务的标志设置：

1) 主线警告区起点附近应设置作业区距离标志预告作业区位置；
2) 主线警告区中点附近应设置车道数变少标志；
3) 主线上游过渡区的起点前设置作业区限速标志，在主线上游过渡区之前完成限速过渡；
4) 主线上游过渡区内，根据车辆行驶方向设置线形诱导标或可变箭头信号；
5) 缓冲区内重复设置作业区限速标志；
6) 工作区前端设置路栏；
7) 车辆实际合流点前方设置注意合流标志。

d) 终止区末端宜设置作业区结束标志说明作业区结束位置。
e) 终止区末端应设置限速标志，限速值为该路段的原限速值。

C.2.11 高速公路、一级公路减速车道的相邻车道作业时，作业区布置示例如图7-27所示：

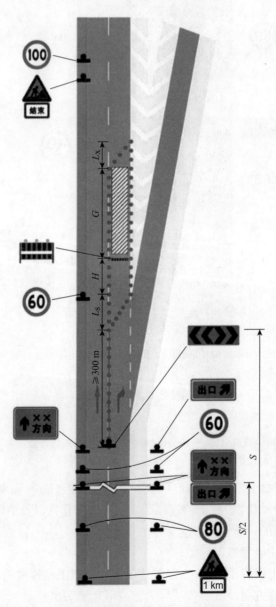

图7-27 高速公路、一级公路减速车道的相邻车道作业区布置示例
注：以原限速为100 km/h为例。

a) 上游过渡区应起始于分流点之前。应利用塑料注水(砂)隔离栏(或交通锥、交通桶、交通柱,有条件时可用活动护栏)将上游过渡区、缓冲区、工作区及下游过渡区围起。

b) 设置渠化设施分离驶入匝道交通流,设置长度不宜小于 300 m,配合设置导向箭头引导车辆合流、指示行驶方向。如使用活动路栏,其端头应贴附反光面。

c) 警告区起点附近应设置作业区距离标志预告作业区位置。

d) 警告区中点附近设置出口标志和直行方向指路标志。

e) 分离驶入匝道交通流的渠化设施端头之前设置作业区限速标志,并在端头之前完成限速过渡。

f) 分离驶入匝道交通流的渠化设施端头设置线形诱导标志或可变箭头信号,并在中间带和路侧对应位置重复设置直行方向指路标志和出口标志。

g) 缓冲区重复设置作业区限速标志。

h) 工作区前端设置路栏。

i) 终止区末端宜设置作业区结束标志说明作业区结束位置。

j) 终止区末端应设置限速标志,限速值为该路段的原限速值。

7.1.3 双车道和单车道作业区布置要求

《道路交通标志和标线 第 4 部分:作业区》(GB 5768.4—2017)[66]

8.1 一般规定

8.1.1 根据需要可在警告区上游增设一块作业区距离标志,其与警告区起点距离不宜超过 500 m。

8.1.2 单车道公路占用部分路面作业时,宜封闭交通或临时加宽。

8.2 作业区借用对向车道

8.2.1 优先安排交通引导人员指挥双向交通。

8.2.2 当作业路段两端可通视时,如不设交通引导人员,宜在作业区两端的过渡区设置会车先行标志和会车让行标志。

8.2.3 夜间作业且满足以下条件之一时,可设置临时信号灯:

1. 受作业区影响只能单向通行的路面长度大于 30 m;
2. 受作业区影响只能单向通行的路面长度小于 30 m,但不能看清对向车辆。

8.3 作业区位于平面交叉

8.3.1 宜配备交通引导人员,引导四个方向车辆通行。

8.3.2 工作区位于交叉口的一个出口时,其余三个方向的入口均设置施工标志。工作区位于交叉口中心时,四个方向均设置施工标志。

8.3.3 工作区位于交叉口出口时,可简化上游过渡区和缓冲区。

8.3.4 工作区位于交叉口入口时,可简化下游过渡区。

8.4 双车道和单车道公路作业区布置示例

双车道和单车道公路作业区布置示例参见附录 C。

附录 C 典型作业区布置示例

C.3.1 双车道公路路肩作业时,作业区布置示例如图 7-28 所示:

a) 警告区起点附近应设置作业区距离标志预告作业区位置。

b) 应利用塑料注水(砂)隔离栏(或交通锥、交通桶、交通柱,有条件时可用活动护栏)将上游过渡区、缓冲区、工作区及下游过渡区围起。

c）工作区前端设置路栏。

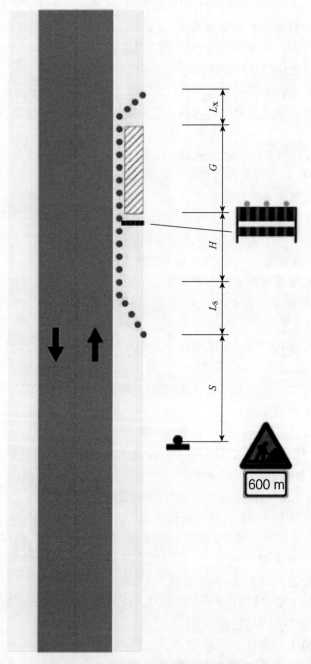

图 7-28 双车道公路路肩作业区布设示例

C.3.2 双车道公路封闭一车道作业时,作业区布置示例如图 7-29 所示:

a）工作区两端均设置缓冲区和上游过渡区,并应利用塑料注水(砂)隔离栏(或交通锥、交通桶、交通柱,有条件时可用活动护栏)将双向的上游过渡区、缓冲区和工作区围起。沿渠化设施施划橙色实线,分隔作业区域。

b）双向上游过渡区前均应施划禁止跨越对向车行道边缘线,禁止车辆超车。

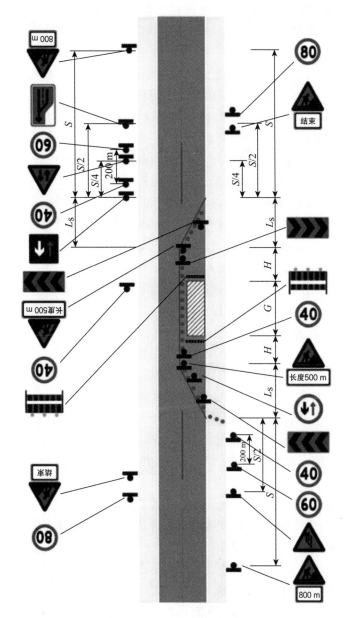

图 7-29 双车道公路封闭一车道交通作业区布置示例

注：以原限速为 80 km/h 为例。

c）封闭交通方向标志设置：
1）警告区起点附近应设置作业区距离标志预告作业区位置；
2）警告区中点附近应设置改道标志图 7-2(a)；
3）上游过渡区的起点前应设置作业区限速标志，在上游过渡区之前完成限速过渡；
4）上游过渡区的起点附近，设置会车让行标志；
5）上游过渡区内，根据车辆行驶方向设置线形诱导标或可变箭头信号；

6) 缓冲区起点附近宜设置作业区长度标志预告作业区长度；
　　　7) 缓冲区重复设置作业区限速标志；
　　　8) 工作区前端设置路栏；
　　　9) 在借用的对向车道结束端设置线形诱导标或可变箭头信号,指引车辆驶回原车道；
　　　10) 终止区末端宜设置作业区结束标志说明作业区结束位置；
　　　11) 终止区末端应设置限速标志,限速值为该路段的原限速值。
　d) 对向车道标志设置：
　　　1) 对向警告区起点附近应设置作业区距离标志预告作业区位置；
　　　2) 对向警告区中点附近应设置车道数变少标志；
　　　3) 对向车道距离上游警告区起点 $S/4$ 附近设置双向交通标志；
　　　4) 上游过渡区的起点前应设置作业区限速标志,在上游过渡区之前完成限速过渡；
　　　5) 对向车道上游过渡区附近设置会车先行标志；
　　　6) 上游过渡区内,根据车辆行驶方向设置线形诱导标或可变箭头信号；
　　　7) 缓冲区起点附近宜设置作业区长度标志预告作业区长度；
　　　8) 缓冲区重复设置作业区限速标志；
　　　9) 工作区前端设置路栏
　　　10) 终止区末端宜设置作业区结束标志说明作业区结束位置；
　　　11) 终止区末端应设置限速标志,限速值为该路段的原限速值。
　e) 作业区两端配有交通引导人员的作业区,可简化会车让行标志、会车先行标志、双向交通标志的设置,并应在交通引导人员前方至少 100 m 处设置注意交通引导人员标志。

C.3.3　双车道公路绕行便道作业时,作业区布置示例如图 7-30 所示：
　a) 工作区两端均应设置缓冲区和上游过渡区,并利用渠化设施将双向的上游过渡区与便道平顺连接。
　b) 双向上游过渡区及便道路段均施划禁止跨越对向车行道边缘线,禁止车辆超车。
　c) 双向警告区起点附近应设置作业区距离标志预告作业区位置。
　d) 双向警告区中点应设置改道位置。
　e) 双向上游过渡区的起点前设置作业区限速标志,在上游过渡区之前完成限速过渡。
　f) 双向上游过渡区内,根据车辆行驶方向设置线形诱导标或可变箭头信号。
　g) 双向便道起点宜设置作业区长度标志预告作业区长度。
　h) 工作区两端设置路栏。
　i) 便道上重复设置作业区限速标志。
　j) 便道路段双向结束端宜设置线形诱导标或可变箭头信号指示车流走向。
　k) 双向终止区末端宜设置作业区结束标志说明作业区结束位置。
　l) 双向终止区末端应设置限速标志,限速值为该路段的原限速值。

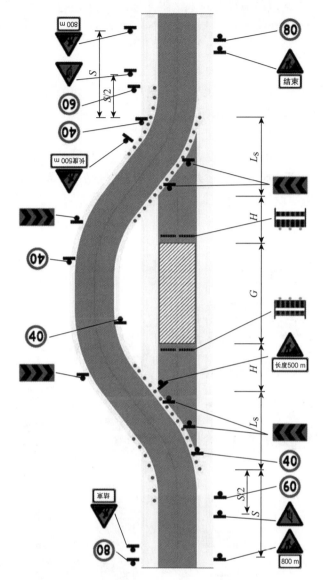

图 7-30 双车道公路绕行便道作业区布置示例
注：以原限速为 80 km/h 为例。

C.3.4 双车道公路弯道附近路段作业时,作业区布置示例如图 7-31 所示：

a) 工作区两侧均设置缓冲区和上游过渡区,靠近弯道一侧的缓冲区延长至弯道起点前方,利用渠化设施将双向的上游过渡区、缓冲区、工作区和下游过渡区围起。沿渠化设施宜施划橙色实线,分隔作业区域。

b) 双向上游过渡区前均施划禁止跨域对向车行道边缘线,禁止车辆超车。

c) 封闭交通方向标志设置：
  1) 警告区起点附近应设置作业区距离标志预告作业区位置；
  2) 警告区中点附近应设置改道标志图 7-2(a)；

3）上游过渡区的起点前应设置作业区限速标志,在上游过渡区之前完成限速过渡;
4）弯道前方设置急弯标志;
5）上游过渡区的起点附近,设置会车让行标志;
6）上游过渡区内,根据车辆行驶方向设置线形诱导标或可变箭头信号;
7）缓冲区起点宜设置作业区长度标志预告作业区长度;
8）缓冲区重复设置作业区限速标志;
9）工作区前端设置路栏;
10）在借用的对向车道结束端设置线形诱导标或可变箭头信号,指引车辆驶回原车道;
11）终止区末端宜设置作业区结束标志说明作业区结束位置;
12）终止区末端应设置限速标志,限速值为该路段的原限速值。

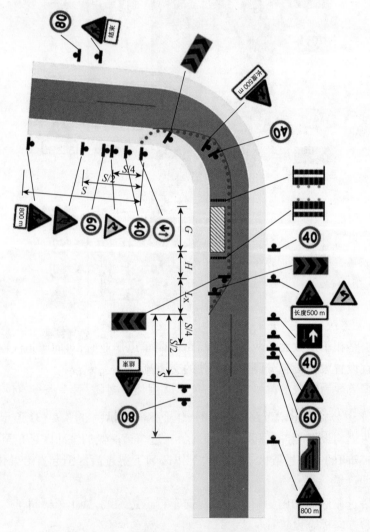

图 7-31 双车道公路弯道作业区布置示例
注:以原限速为 80 km/h 为例。

d) 对向车道标志设置:

1) 对向警告区起点附近应设置作业区距离标志预告作业区位置;
2) 对向警告区中点附近应设置车道数变少标志;
3) 对向车道距离上游警告区起点 $S/4$ 附近设置双向交通标志;
4) 上游过渡区的起点前应设置作业区限速标志,在上游过渡区之前完成限速过渡;
5) 对向车道上游过渡区起点附近设置会车先行标志;
6) 上游过渡区内,根据车辆行驶方向设置线形诱导标或可变箭头信号;
7) 缓冲区起点附近宜设置作业区长度标志预告作业区长度,设置急弯标志;
8) 缓冲区重复设置作业区限速标志;
9) 工作区前端设置路栏;
10) 终止区末端宜设置作业区结束标志说明作业区结束位置;
11) 终止区末端应设置限速标志,限速值为该路段的原限速值。

e) 两端配有交通引导人员的作业区,可简化会车让行标志、会车先行标志,双向交通标志的设置,并应在交通引导人员前方至少 100 m 处设置注意交通引导人员标志。

7.1.4 城市道路作业区布置要求

《道路交通标志和标线　第 4 部分:作业区》(GB 5768.4—2017)[66]

9.1　一般规定

9.1.1　长期作业区宜采用围挡将工作区与交通流分隔,围挡的高度不小于 1.8 m,距离交叉口 20 m 范围内、距离地面 0.8 m 以上的部分应采用网状或者镂空等通透式围挡。

9.1.2　作业区标志可附着在路灯杆或设置在支架上,设置在支架上应保证其可见性。

9.1.3　城市道路上作业区布置,应减少对非机动车、行人的影响。作业区占用人行道或非机动车道时,宜提供另外的人行通道或非机动车通道。

9.1.4　位于城市快速路上的作业区的布置可按第 7 章的要求。

9.2　作业区位于主干路、次干路和支路的路段上

9.2.1　两幅路和四幅路作业区借用对向车道组织交通时,宜按 7.3.2 设置对向缓冲区、对向过渡区和对向警告区。

9.2.2　三幅路和车道数大于两条的单幅路内侧车道作业时,对向车道应同时设置作业区道路交通标志,宜设置渠化设施分隔双向行驶的交通流。

9.2.3　在车道数为两条的单幅路上,一条车道因作业封闭,另一条车道供双向通行时,应在作业区两端分别设置交通引导人员,对车辆进行引导。条件允许时,可在作业区两端的过渡区外分别设置临时信号灯。

9.2.4　因作业而封闭的路段,应在该路段两端交叉口设置禁止驶入标志,并设置绕行标志指示绕行路线,如图 7-32 所示。

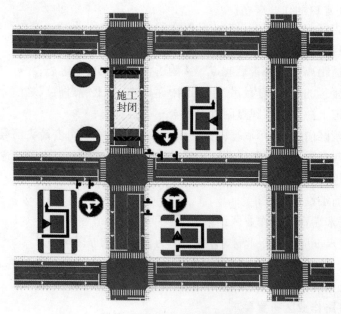

图 7-32　绕行标志设置示例

9.3　作业区位于交叉口

9.3.1　作业区位于交叉口出口道时,应遵循以下规定:

(1) 进入该出口道的所有进口道的适当位置都应设置施工标志,并宜以辅助标志说明作业区的位置;

(2) 在正对作业区直行方向进口道宜进行渠化管理,使该方向进入交叉口的车辆提前合流,如图 7-33;

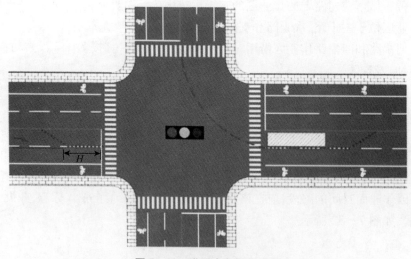

图 7-33　进口方向渠化示例

(3) 导致交叉口车行道错位时,应设置路口导向线。

9.3.2　进口道上的作业区借用对向车道组织交通时,应设置路口导向线。

9.3.3　作业区位于交叉口中心时,所有进口前适当位置均应设置施工标志,作业区的来车方向应设置线形诱导标或可变箭头信号。

9.3.4 位于交叉口的作业区,其交通安全设施的设置不应妨碍驾驶人的安全视距。

9.4 城市道路作业区布置示例

城市道路作业区布置示例参见附录C。

附录C 典型作业区布置示例

C.4.1 城市道路非机动车道和人行道作业时,作业区布置示例如图7-34、图7-35所示:

a) 宜采用围挡将工作区与交通流分隔,并利用渠化设施将上游过渡区、缓冲区和下游过渡区围起。夜间应设置施工警告灯,施工警告灯应设置于围挡、路栏上,同时宜设置于渠化设施顶部。

b) 应提供人行通道或非机动车通道。

c) 警告区起点附近应设置作业区距离标志预告作业区位置。

d) 上游过渡区适当位置设置行人、非机动车通道指示标志。

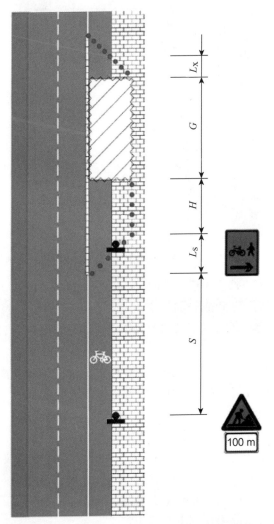

图7-34 城市道路非机动车道和人行道作业区布设示例(一)

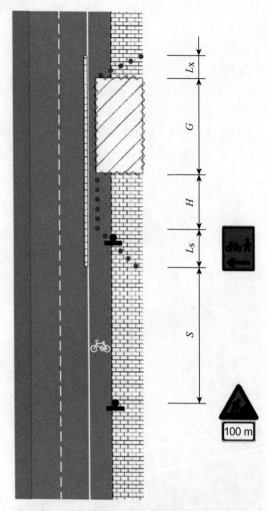

图 7-35 城市道路非机动车道和人行道作业区布设示例(二)

C.4.2 城市道路单幅路外侧车道作业时,作业区布置示例如图 7-36 所示:

a) 宜采用围挡将工作区与交通流分隔,并利用渠化设施将上游过渡区、缓冲区和下游过渡区围起。夜间应设置施工警告灯,施工警告灯应设置于围挡、路栏上,同时宜设置于渠化设施顶部。

b) 在作业区上游交叉口所有相交道路上设置标志预告作业区位置。

c) 警告区起点附近应设置作业区距离标志预告作业区位置。

d) 警告区中点附近应设置车道数变少标志。

e) 上游过渡区的起点前应设置作业区限速标志。

f) 上游过渡区内,根据车辆行驶方向设置线形诱导标或可变箭头信号。影响行人或非机动车时,宜在适当位置设置行人、非机动车通道指示标志。

g) 终止区末端宜设置作业区结束标志说明作业区结束位置。

h) 终止区末端应设置解除限速标志。

i) 对向警告区起点设置作业区距离标志预告作业区位置。

7 交通组织方案和通行能力

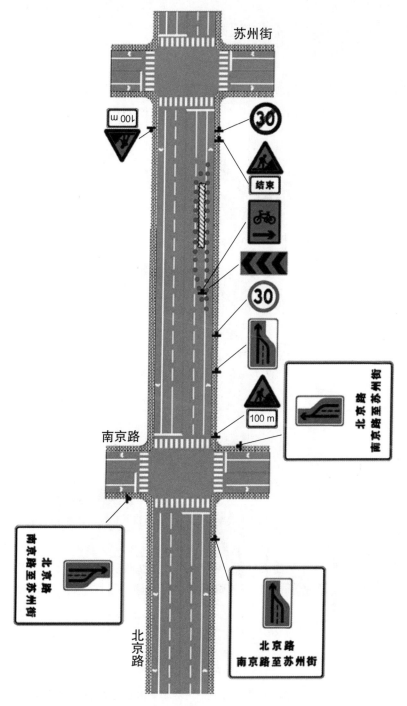

图 7-36 城市道路单幅路、三幅路外侧车道作业区布置及预告示例

注：以原限速为 50 km/h 为例。

C.4.3 城市道路单幅路内侧道路作业时，作业区布置示例如图 7-37 所示：

a）宜采用围挡将工作区与交通流分隔，并利用渠化设施将上游过渡区、缓冲区和下游过渡区围起。

b）在作业区上游交叉口所有相交道路上设置标志预告作业区位置。

c) 作业方向和对向警告区起点附近应设置作业区距离标志预告作业区位置。

d) 警告区中点附近应设置车道数变少标志。

e) 作业方向上游过渡区的起点前和对向下游过渡区末端的相应位置应设置作业区限速标志。

f) 上游过渡区内,根据车辆行驶方向设置线形诱导标或可变箭头信号。

g) 作业方向和对向终止区末端设置作业区结束标志说明作业区结束位置,并设置解除限速标志。

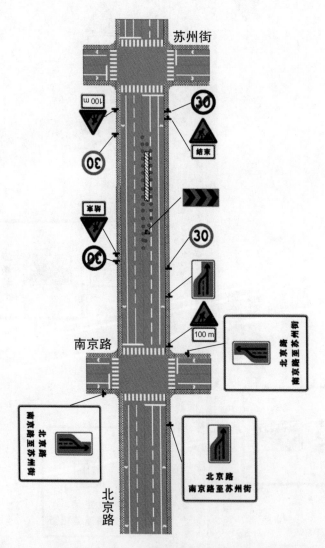

图 7-37 城市道路单幅路、三幅路内侧车道作业区布置及预告示例
注:以原限速为 50 km/h 为例。

C.4.4 城市道路两幅路外侧车道作业时,作业区布置示例如图 7-38 所示:

a) 宜采用围挡将工作区与交通流分隔,并利用渠化设施将上游过渡区、缓冲区和下游过渡区围起。夜间应设置施工警告灯,施工警告灯应设置于围挡、路栏上,同时宜设置于渠化设施顶部。

b) 应在作业区上游交叉口所有相交道路上设置标志预告作业区位置。

c）警告区起点附近应设置作业区距离标志预告作业区位置。

d）警告区中点附近应设置车道数变少标志。

e）上游过渡区合流点前方施划禁止跨越同向车行道分界线,与原有标线构成虚实线,提示作业占用车道上的车辆尽快合流,非作业占用车道上的车辆禁止变换车道。配合禁止跨越同向车行道分界线设置导向箭头引导车辆合流。

f）上游过渡区的起点前应设置作业区限速标志,并在上游过渡区之前完成限速过渡。

g）上游过渡区内,根据车辆行驶方向设置线形诱导标或可变箭头信号。影响行人或非机动车时,宜在适当位置设置行人、非机动车通道指示标志。

h）终止区末端宜设置作业区结束标志说明作业区结束位置。

i）终止区末端应设置限速标志,限速值为该路段的原限速值。

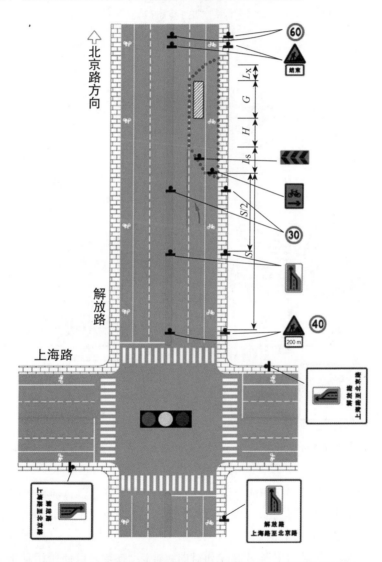

图 7-38 城市道路两幅路外侧车道作业区布置及预告示例

注：以原限速为 60 km/h 为例。

C.4.5 城市道路四幅路一个方向作业借用对向车道通行时,作业区布置示例如图 7-39 所示：

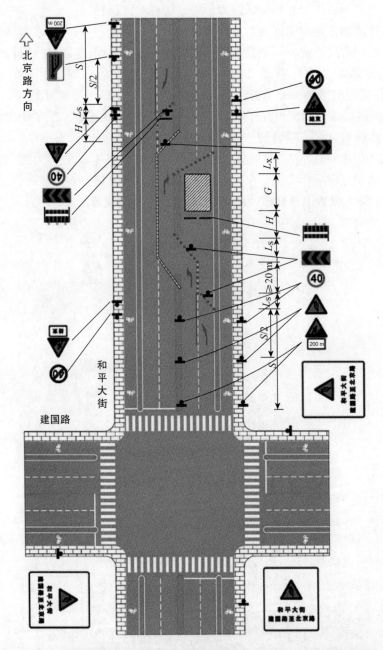

图 7-39 城市道路四幅路一个方向作业借用对向车道通行作业区布置及预告示例
注：以原限速为 60 km/h 为例。

    a）宜采用围挡将工作区与交通流分隔，并利用渠化设施将上游过渡区、缓冲区和下游过渡区围起。夜间应设置施工警告灯，施工警告灯应设置于围挡、路栏上，同时宜设置于渠化设施顶部。宜在每条车道设置上游过渡区。
    b）利用渠化设施围起对向上游过渡区和对向缓冲区，有条件可使用活动护栏。
    c）双向交通流路段宜使用活动护栏分隔。
    d）封闭方向及对向警告区起点附近应设置作业区距离标志预告作业区位置。
    e）封闭方向警告区中点附近应设置改道标志图 7-2(a)，对向警告区中点附近应设置车道数变少标志。

f) 上游过渡区的合流点前方施划禁止跨越同向车行道分界线,与原有标线构成虚实线,提示占用车道上的车辆尽快合流,非占用车道上的车辆禁止变换车道,配合设置导向箭头引导车辆合流、指示行驶方向。

g) 上游过渡区、工作区及下游过渡区宜配合车行道分界线设置导向箭头引导车辆行驶方向。

h) 对向上游过渡区起点附近设置双向交通标志。

i) 封闭方向及对向上游过渡区的起点前应设置作业区限速标志,在上游过渡区之前完成限速过渡。

j) 封闭方向及对向上游过渡区内,应根据车辆行驶方向设置线形诱导标或可变箭头信号。

k) 在借用的对向车道结束端设置线形诱导标或可变箭头信号及导向箭头指引车辆驶回原车道。

l) 作业方向和对向终止区末端设置作业区结束标志说明作业区结束位置,并设置解除限速标志。

C.4.6 城市道路交叉口进口道作业时,作业区布置示例如图 7-40 所示:

a) 宜采用围挡将工作区与交通流分隔,距离交叉口 20 m 范围内、地面 0.8 m 以上的部分采用网状或者镂空等通透式围挡。

b) 利用渠化设施将上游过渡区、缓冲区和工作区围起,简化下游过渡区和终止区。夜间应设置施工警告灯,施工警告灯应设置于围挡、路栏上,同时宜设置于渠化设施顶部。封闭多条车道时,宜在每条车道设置上游过渡区。

c) 根据交通量情况重新渠化进口道车道数,并配合设置导向箭头引导车辆行驶方向。

d) 警告区起点附近应设置作业区距离标志预告作业区位置。

e) 警告区中点附近根据作业占用车道情况和渠化情况重复设置施工标志或车道变少标志。

f) 上游过渡区内,根据车辆行驶方向设置线形诱导标或可变箭头信号。影响行人或非机动车时,在适当位置设置行人、非机动车通道指示标志。

g) 作业区借用对向车道组织交通时,在对向进口道进行渠化:

　　1) 设置路口导向线,并在对向进口道设置缓冲区和上游过渡区,诱导对向车辆提前合流。

　　2) 对向进口道合流点前方宜施划禁止跨越同向车行道分界线,与原有标线构成虚实线,提示占用车道上的车辆尽快合流,非占用车道上的车辆禁止变换车道。配合设置导向箭头引导车辆合流。

　　3) 对向进口道警告区起点设置作业区距离标志,警告区中点附近设置车道数变少标志,上游过渡区的起点附近设置作业区限速标志,上游过渡区内根据车辆行驶方向设置线形诱导标或可变箭头信号,缓冲区开始端设置路栏。

h) 受作业区影响的出口道设置作业区结束标志说明作业区结束位置,并设置解除限速标志。

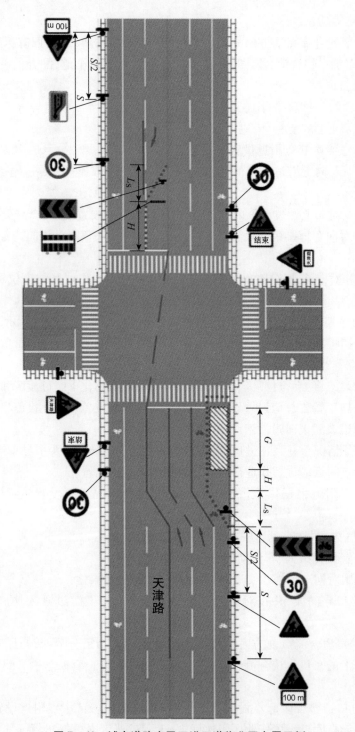

图 7-40　城市道路交叉口进口道作业区布置示例

C.4.7　城市道路交叉口出口道作业时,作业区布置示例如图 7-41、图 7-42、图 7-43 所示:

a) 可不设置上游过渡区,缓冲区从交叉口出口道起点开始设置。利用渠化设施将缓冲区、工作区和下游过渡区围起。作业区位置紧邻交叉口时,可不设置缓冲区。

b) 宜采用围挡将工作区与交通流分隔,距离交叉口 20 m 范围内、地面 0.8 m 以上的部分采用网状或者镂空等通透式围挡。

c）夜间应设置施工警告灯，施工警告灯应设置与围挡、路栏上，同时宜设置于渠化设施顶部。

d）交叉口出口道起点设置路栏、线形诱导标或可变箭头信号，路侧对应位置设置作业区限速标志。

e）影响行人或非机动车时，在适当位置设置行人、非机动车通道指示标志。

f）终止区末端设置作业区结束标志说明作业区结束位置和解除限速标志。

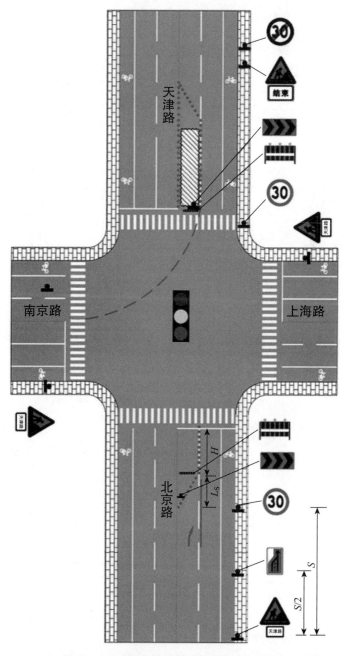

图 7-41　交叉口出口作业区布置示例（一）

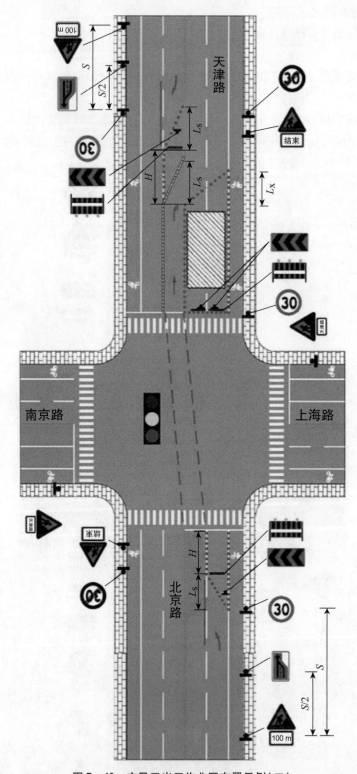

图 7-42 交叉口出口作业区布置示例(二)

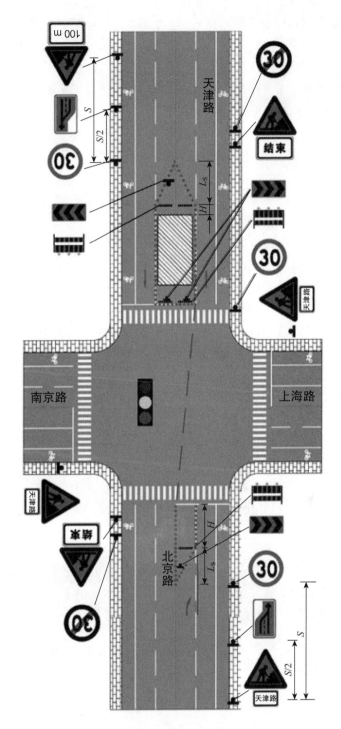

图 7-43 交叉口出口作业区布置示例

g) 直行进入作业区的进口道的对应车道设置上游过渡区和缓冲区,使该方向进入交叉口的车辆提前合流,同时:

1) 上游过渡区的合流点前方宜施划禁止跨越同向车行道分界线,与原有标线构成虚实线,提示占用车道上的车辆尽快合流,非占用车道上的车辆禁止变换车道。配合设置导向箭头引导车辆合流。

2)警告区起点设置作业区距离标志,警告区中点附近设置车道数变少标志,上游过渡区的起点附近设置作业区限速标志,上游过渡区内根据车辆行驶方向设置线形诱导标或可变箭头信号,缓冲区开始端设置路栏。

3)交通量较大时,需进行交叉口重新渠化,并配合设置导向箭头引导车辆行驶方向。渠化导致交叉口车行道错位时,应设置路口导向线。

h)其他能进入该出口道的所有进口道都应设置施工标志,并以辅助标志说明。

i)终止区末端设置作业区结束标志说明作业区结束位置,并设置解除限速标志。

j)作业区借用对向车道组织交通时,应符合:

1)应设置对向上游过渡区和对向缓冲区,并利用渠化设施围起,有条件可使用活动护栏;

2)双向交通流路段宜使用活动护栏分隔;

3)对向警告区起点附近应设置作业区距离标志预告作业区位置;

4)对向警告区中点附近应设置车道数变少标志;

5)对向上游过渡区的起点前设置作业区限速标志;

6)对向上游过渡区内,根据车辆行驶方向设置线形诱导标或可变箭头信号;

7)缓冲区开始端设置路栏;

8)受作业区影响的出口道设置作业区结束标志说明作业区结束位置,并设置解除限速标志。

C.4.8 城市道路交叉口中心作业时,作业区布置示例如图7-44所示:

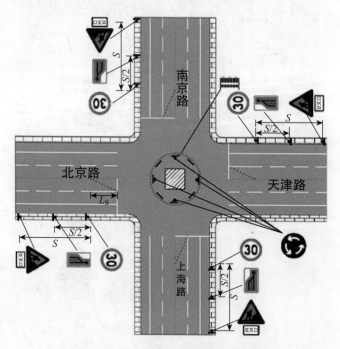

图7-44 交叉口中心作业区布置示例

a)可不设置上游过渡区和下游过渡区,根据实际需要在工作区和渠化设施之间预留缓冲区。

b)宜采用围挡将工作区与交通流分隔,地面0.8 m以上的部分采用网状或者镂空等通透式围挡。

c)四个进口道的内侧车道均设置上游过渡区,引导进入交叉口的车辆提前合流、围作业区绕行。合流点前方施划禁止跨越同向车行道分界线,与原有标线构成虚实线,提示占用车道上的车辆尽快合流,非占用车道上的车辆禁止变换车道。配合设置导向箭头引导车辆合流、指示行驶方向。

d) 沿渠化设施设置路栏,并配合线形诱导标、可变箭头信号或环形交通标志。

e) 夜间应设置施工警告灯,施工警告灯应设置于围挡、路栏上,同时宜设置于渠化设施顶部。

f) 四个进口道警告区起点附近应设置施工标志,并以辅助标志说明作业区位置。

g) 四个进口道警告区中点附近应设置车道数变少标志。

h) 进口道上游过渡区的起点前设置作业区限速标志。

C.5 临时作业区布置示例

C.5.1 高速公路、一级公路、城市快速路上临时作业时,作业区布置示例如图 7-45 所示:

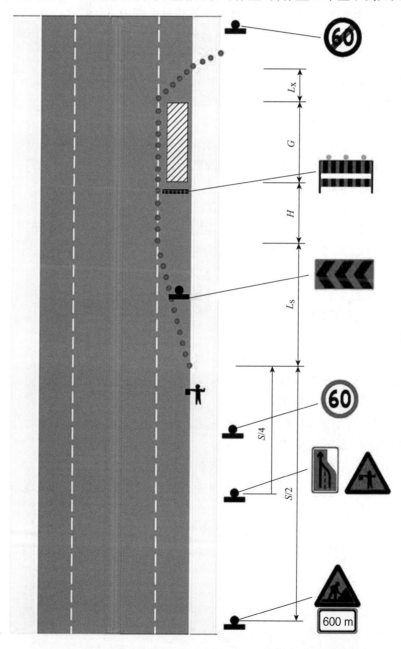

图 7-45 高速公路、一级公路、城市快速路上的临时作业区布置示例

a) 应利用塑料注水(砂)隔离栏(或交通锥、交通桶、交通柱)将上游过渡区、缓冲区、工作区及下游过渡区围起。如设置安装有移动性作业标志的保护车辆,可不设置上游过渡区。

b) 警告区中点附近设置作业区距离标志。

c) 在距离上游过渡区 $S/4$ 处设置车道数变少标志。

d) 在上游过渡区之前设置作业区域限速标志,配备交通引导人员,交通引导人员之前至少 100 m 处宜设置注意交通引导人员标志。

e) 上游过渡区内,根据车辆行驶方案设置线形诱导标或可变箭头信号。

f) 工作区前端设置路栏。

g) 终止区末端设置解除限速标志。

7.1.5 作业区标志的颜色、大小、尺寸和版面设计合理性

①《道路交通标志和标线　第 2 部分:道路交通标志》(GB 5768.2—2017)[67]

3.4　颜色

一般情况下交通标志颜色的基本含义如下:

a) 红色:表示禁止、停止、危险,用于禁令标志的边框、底色、斜杠,也用于叉形符号和斜杠符号、警告性线形诱导标的底色等。

b) 黄色或荧光黄色:表示警告,用于警告标志的底色。

c) 蓝色:表示指令、遵循,用于指示标志的底色;表示地名、路线、方向等行车信息,用于一般道路指路标志的底色。

d) 绿色:表示地名、路线、方向等行车信息,用于高速公路和城市快速路指路标志的底色。

e) 棕色:表示旅游区及景点项目的指示,用于旅游区标志的底色。

f) 黑色:用于标志的文字、图形符号和部分标志的边框。

g) 白色:用于标志的底色、文字和图形符号以及部分标志的边框。

h) 橙色或荧光橙色:用于道路作业区的警告、指路标志。

i) 荧光黄绿色:用于警告,用于注意行人、注意儿童警告标志。

3.5　形状

交通标志形状的一般使用规则如下:

- 正等边三角形:用于警告标志;
- 圆形:用于禁令和指示标志;
- 倒等边三角形:用于"减速让行"禁令标志;
- 八角形:用于"停车让行"禁令标志;
- 叉形:用于"铁路平交道口叉形符号"警告标志;
- 方形:用于指路标志,部分警告、禁令和指示标志,旅游区标志,辅助标志,告示标志等。

3.6　边框和衬边

3.6.1　除个别标志外,标志边框的颜色应与标志的图形或字符的颜色一致,除指示标志外标志衬边的颜色应与标志底色一致。个别标志除外。各类标志的边框和衬边如表 7-5 所示。

表 7-5 各类标志边框和衬边

标志类别	边框	衬边	备注
警告	黑色	黄色	叉形符号和斜杠符号除外
禁令	红色	白色	个别标志除外
指示	—	白色	白色衬边无蓝色
指路	白色	蓝色或绿色	—
旅游区	白色	棕色	—
道路作业区	黑色	橙色	道路作业区所用禁令、指示等标志不变,只对警告、绕行等标志
辅助	黑色	白色	—
告示	黑色	白色	—

3.6.2 相同底色标志套用时,应使用边框;不同底色标志套用时,套用的禁令标志一般不使用衬边,套用的指路标志一般不使用边框,道路编号标志套用于指路标志上,也可使用边框,如图 7-46 所示。

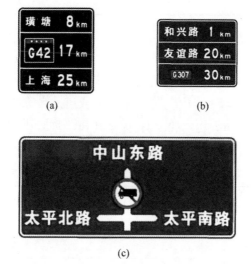

图 7-46 标志套用示例

3.7 字符

3.7.1 道路交通标志的字符应规范、正确、公正。按从左至右、从上至下顺序排列。一般一个地名不写成两行或两列。

根据需要,可并用汉字和其他文字。标志上的汉字应使用规范汉字,除有特殊规定之外,汉字应排在其他文字上方。

如果标志上使用英文,地名用汉语拼音,相关规定按照 GB 17733,第一个字母大写,其余小写;专用名词用英文,第一个字母大写,其余小写,根据需要也可全部大写。交通标志常用名词的中英对照参见附录 A。

3.7.2 除特殊规定外,指路标志汉字高度一般值应根据设计速度,按表 7-6 选取。汉字字宽和字高相等。字高可考虑设置路段的运行速度(V85)进行调整。

表 7-6　汉字高度与速度的关系

速度/(km/h)	100~120	71~99	40~70	<40
汉字高度/cm	60~70	50~60	35~50	25~30

3.7.3 指路标志的阿拉伯数字和其他文字的高度应根据汉字高度确定,其与汉字高度的关系宜符合表 7-7 的规定。在特殊情况下,由于具体原因不能满足要求时,经论证字符高度最小不应低于规定值的 0.8 倍。

表 7-7　其他文字与汉字高度的关系

其他文字		与汉字高度(h)的关系
拼音字母、拉丁字母或少数民族文字	大小写	$\frac{1}{3}h \sim \frac{1}{2}h$
阿拉伯数字	字高	h
	字宽	$\frac{1}{2}h \sim \frac{4}{5}h$
	笔划粗	$\frac{1}{6}h \sim \frac{1}{5}h$

3.7.4 道路编号标识中的字母标识符、数字等高,出口编号标志中的数字、字母高度不等,其高度应根据设计速度,按表 7-8 选取。国家高速公路的编号标识的字母标识符、数字字高具体规定符合附录 B。标识在一般道路指路标志箭头杆中的公路编号或道路名称,字高可适当减小,一般取表 7-6 规定值的 0.5~0.7 倍,但公路编号或道路名称的汉字高度不应小于 20 cm,英文字母和阿拉伯数字高度不应小于 15 cm。设置在指路标志版面中的方向标志的字高可适当减小,但不应小于表 7-6 规定值的 0.5 倍。

表 7-8　道路编号标志和出口编号标志的字母、数字高度

速度/(km/h)		100~120	71~99	40~70	<40
道路编号/cm	字母	40~50	35~40	25~30	15~20
	数字				
出口编号/cm	字母	40~50	35~40	25~30	—
	数字	约数字字高的 2/3			
	"出口"	25 或 30			

3.7.5 指路标志的汉字或其他汉字的间隔、行距等宜符合表 7-9 的规定。

表 7-9　文字的间隔、行距等的规定

文字设置	与汉字高度(h)的关系
字间隔	$\frac{1}{10}h$ 以上
笔划粗	$\frac{1}{14}h \sim \frac{1}{10}h$

续 表

文字设置	与汉字高度(h)的关系
字行距	$\frac{1}{5}h \sim \frac{1}{3}h$
距标志边缘最小距离	$\frac{2}{5}h$

3.7.6 文字性警告、禁令标志的字高按表7-6确定。特殊情况下,经论证文字性警告标志的字高可以适当降低,但最小不应小于表7-6字高下限值的0.6倍。

3.7.7 辅助标志、告示标志的字高一般值可按照表7-6规定值的一半确定,但最小值不应小于10 cm。

3.7.8 标志的汉字、拼音字母、拉丁字母、数字等采用道路交通标志字体(简体)。

3.8 尺寸

3.8.1 警告标志的尺寸代号,如图7-47所示。其边长、边宽的一般值应根据设计速度,按表7-10选取。可考虑设置路段的运行速度(V85)进行调整。设置在胡同、隔离带的警告标志,设置空间受限制时,如果采用柱式标志可采用最小值,三角形的边长最小值不应小于60 cm。

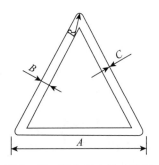

图7-47 警告标志尺寸代号

表7-10 警告标志尺寸与速度的关系

速度/(km/h)	100~120	71~99	40~70	<40
三角形边长(A)/cm	130	110	90	70
黑边宽度(B)/cm	9	8	6.5	5
黑边圆角半径(R)/cm	6	5	4	3
衬边宽度(C)/cm	1.0	0.8	0.6	0.4

3.8.2 禁令标志的尺寸代号,如图7-48所示。其各部分尺寸的一般值应根据设计速度,按表7-11选取。可考虑设置路段的运行速度(V85)进行调整。设置在胡同、隔离带的禁令标志,设置空间受限制时,如果采用柱式标志可采用最小值。圆形禁令标志的直径最小不应小于50 cm,三角形禁令标志的边长最小不应小于60 cm,八角形对角线长度最小不应小于50 cm。

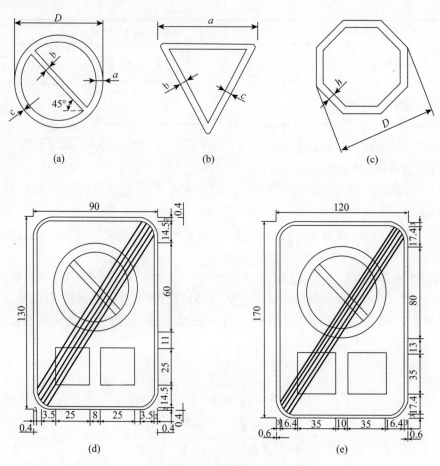

图 7-48 禁令标志各部分尺寸代号
注:单位为厘米。

表 7-11 禁令标志尺寸与速度的关系

	速度/(km/h)	100~120	71~99	40~70	<40
圆形标志/cm	标志外径(D)	120	100	80	60
	红边宽度(a)	12	10	8	6
	红杠宽度(b)	9	7.5	6	4.5
	衬边宽度(c)	1.0	0.8	0.6	0.4
三角形标志（减速让行标志）/cm	三角形边长(a)	—	—	90	70
	红边宽度(b)	—	—	9	7
	衬边宽度(c)	—	—	0.6	0.4
八角形标志（停车让行标志）/cm	标志外径(D)	—	—	80	60
	白边宽度(b)	—	—	3.0	2.0

续 表

速度/(km/h)		100~120	71~99	40~70	<40
矩形标志 (区域限制和解除标志)/cm	长(a)	—	—	120	90
	宽(b)	—	—	170	130
	黑边框宽度(c)	—	—	3	2
	衬边宽度(d)	—	—	0.6	0.4

3.8.3 指示标志的尺寸代号如图 7-49 所示,其各部分尺寸的一般值应根据设计速度,按表 7-12 选取。可考虑设置路段的运行速度($V85$)进行调整。设置在胡同、隔离带的指示标志,设置空间受限制时,如果采用柱式标志可采用最小值,指示标志的直径(或短边边长)最小不应小于 50 cm。

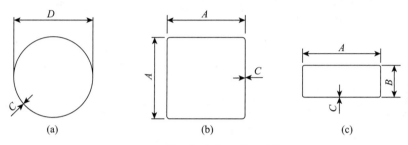

图 7-49 指示标志各部分尺寸代号

表 7-12 指示标志尺寸与速度的关系

速度/(km/h)	100~120	71~99	40~70	<40
圆形(直径 D)/cm	120	100	80	60
正方形(变成 A)/cm	120	100	80	60
长方形(边长 $A×B$)/cm	190×140	160×120	140×100	—
单行线标志(长方形 $A×B$)/cm	120×60	100×50	80×40	60×30
会车先行标志(正方形 A)/cm	—	—	80	60
衬边宽度 C/cm	1.0	0.8	0.6	0.4

3.8.4 指路标志的大小,除另有规定外,应根据字数、文字高度及排列情况确定。
3.8.5 指路标志外边框和衬边的尺寸,如图 7-50 所示。

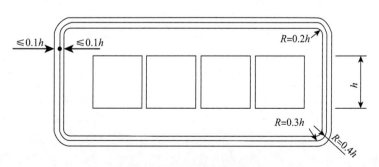

图 7-50 外边框和衬边尺寸

3.8.6 其他规定如下：

警告、禁令、指示标志最小尺寸仅适用于城市里狭窄道路、分隔交通的隔离栏上，并应采用柱式支撑形式。

用于城市里狭窄道路、分隔交通的隔离栏上的禁令、指示标志小于最小尺寸时，其他禁令、指示标志小于表7-11、表7-12规定的一般值时，仅表示信息告知。

3.8.7 旅游指引标志尺寸由字高、字数和图形确定。旅游符号标志尺寸一般采用60 cm×60 cm。

3.8.8 作业区标志一般为警告、禁令、指示、指路标志用于作业区的临时标志，尺寸根据作业区限制速度按照相应标志尺寸的规定确定。

3.8.9 辅助标志、告示标志的尺寸由字高、字数确定。字间隔、行距等按表7-9的规定执行。如有需要可增加辅助标志板的尺寸。

3.8.10 3.8.1~3.8.9规定的尺寸基本上按设计速度选取，可考虑根据运行速度或限制速度进行调整。标志尺寸及字高根据需要可增加。

3.9 图形

3.9.1 交通标志应使用本部分及 GB 5768.1—2009 的规定。除另有规定外，图形可以单独、组合使用于不同的标志中。

3.9.2 交通标志如使用本部分规定以外的图形或标志，应按 GB 5768.1—2009 附录A规定程序执行，并应以附加辅助标志的方式说明标志的含义。

3.10 设置位置

3.10.1 警告标志前置距离一般根据道路的设计速度按表7-13选取。也可考虑所处路段的最高限制速度或运行速度等按表7-13进行适当的调整。

表7-13 警告标志前置距离一般值（单位：m）

速度/(km/h)	条件A	减速到下列速度/(km/h) 条件B									
	0	10	20	30	40	50	60	70	80	90	100	110
40	*	*	*	*								
50	*	*	*	*	*							
60	30	*	*	*	*							
70	50	40	30	*	*	*	*					
80	80	60	55	50	40	30	*	*				
90	110	90	80	70	60	40	*	*	*			
100	130	120	115	110	100	90	70	60	40	*		
110	170	160	150	140	130	120	110	90	70	50	*	
120	200	190	185	180	170	160	140	130	110	90	60	40

注：条件A——道路使用者有可能停车后通过警告地点，典型的标志如注意信号灯标志、交叉口警告标志、铁路道口标志等。
条件B——道路使用者应减速后通过警告地点，典型的标志如急弯路标志、连续弯路标志、陡坡标志等。
*——不提供具体建议值，视当地具体条件确定。

3.10.2 禁令、指示标志应设置在禁止、限制或遵循路段开始的位置。部分禁令、指示标志开始路段的路口前适当位置应设置相应的指路标志提示，使被限制车辆能够提前绕道行驶。

3.10.3 指路标志设置位置应符合每一指路标志的具体规定。

3.10.4 除另有规定外,标志安装应使标志面垂直于行车方向,视实际情况调整其水平或俯仰角度:

a) 标志安装应尽量减少标志面对驾驶员的眩光;

b) 标志安装角度宜根据设置地点道路的平、竖曲线线形进行调整;

c) 路侧标志应尽可能与道路中线垂直或成一定角度。其中,禁令和指示标志为0°~45°,如图7-51(a)所示;指路和警告标志为0°~10°,如图7-51(b)所示;

d) 门架、悬臂、车行道上方附着式标志的板面应垂直于道路行车方向,并且板面宜倾斜0°~15°,如图7-51(c)所示。

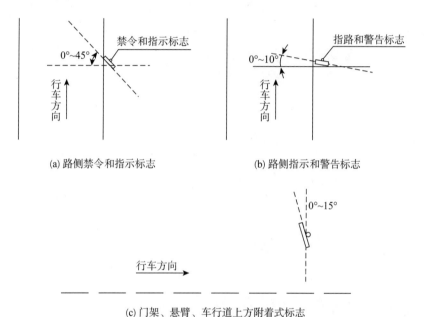

图 7-51 标志安装角度示意

② 《道路交通标志和标线 第3部分:道路交通标线》(GB 5768.3—2017)[68]

3.6 道路交通标线的颜色为白色、黄色、蓝色或橙色,路面图形标记中可出现红色或黑色的图案或文字。道路交通标线的形式、颜色及含义如表7-14所示。

表 7-14 道路交通标线的形式、颜色及含义

编号	名称	图例	含义
1	白色虚线		划于路段中时,用以分隔同向行驶的交通流;划于路口时,用以引导车辆行进
2	白色实线		划于路段中时,用以分隔同向行驶的机动车、机动车和非机动车,或指示车行道的边缘;划于路口时,用作导向车道线或停止线,或用以引导车辆行驶轨迹;划为停车位标线时,指示收费停车位

续 表

编号	名称	图例	含义
3	黄色虚线		划于路段中时,用以分隔对向行驶的交通流或作为公交车专用车道线;划于交叉口时,用以告示非机动车禁止驶入的范围或用于连接相邻道路中心线的路口导向线;划于路侧或缘石上时,表示禁止路边长时停放车辆
4	黄色实线		划于路段中时,用以分隔对向行驶的交通流或作为公交车、校车专用停靠站标线;划于路侧或缘石上时,表示禁止路边停放车辆;划为网格线时,表示禁止停车的区域;划为停车位标线时,表示专属停车位
5	双白虚线		划于路口,作为减速让行线
6	双白实线		划于路口,作为停车让行线
7	白色虚实线		用于指示车辆可临时跨线行驶的车行道边缘,虚线侧允许车辆临时跨越,实线侧禁止车辆跨越
8	双黄实线		划于路段中,用以分隔对向行驶的交通流
9	双黄虚线		划于城市道路路段中,用于指示潮汐车道
10	黄色虚实线		划于路段中时,用以分隔对向行驶的交通流。实线侧禁止车辆越线,虚线侧准许车辆临时越线
11	橙色虚、实线		用于作业区标线
12	蓝色虚、实线		作为非机动车专用道标线;划为停车位标线时,指示免费停车位
13	本部分规定的其他路面线条、图形、图案、文字、符号、凸起路标、轮廓标等		

示例:

本工程应根据《江苏省公路施工段管理办法》《道路交通标志和标线 第4部分:作业区》有关规定,制定施工期间车道封闭的交通管制方案,查看业主提供的资料,已制定施工期交通组织方案,交通组织方案中警告区、下游过渡、终止区长度设置不满足规范,错误使用车道减少标志,应对施工期交通组织方案进行修改,可参考本报告的施工期交通组织方案建议。本项目施工方案应结合修改后的交通组织方案编制交通安全设施配备表。

评价建议:

本工程施工期间,作业区侵入行车道,拟封闭某四级公路半幅路面4.5 m,施工期间四级公路向西侧拓宽借道,借道路段使用锥形桶隔离。

高红路限速40 km/h,建议警告区设置300 m,上游过渡区30 m,缓冲区40 m,工作区70 m,下游过渡区40 m,终止区30 m。

警告区起点设置施工距离预告标志300 m,警告区中点设置"向左、向右改道""道路变窄+施工警告"组合标志、频闪灯,距离警告区终点100 m设置施工距离预告标志100 m、限速30 km/h,上游过渡区起点设置线形诱导标志、禁止超车标志,施工区起点设置敷设警示灯的路栏,上游过渡区至终止区设置1.8 m高的水马,终止区终点设置解除限速30 km/h标志、解除禁止超车标志。

施工期交通安全设施规格应参考表7-15。

表7-15 交通安全设施配备表

名称	示意图	尺寸	数量
施工预告标志		边长90 cm	2
施工预告标志		边长90 cm	2
向左改道标志		140 cm×100 cm	1
向右改道标志		140 cm×100 cm	1
线形诱导标志(向左)		140 cm×100 cm	1

续　表

名称	示意图	尺寸	数量
线形诱导标志(向右)		140 cm×100 cm	1
限速 30 km/h 标志		直径 80 cm	2
禁止超车标志		直径 80 cm	2
解除禁止超车标志		直径 80 cm	2
解除限速 30 km/h 标志		直径 80 cm	2
频闪警示灯		符合《道路交通标志和标线》GB 5768 中的规定	2
敷设施工警示灯的护栏		符合《道路交通标志和标线》GB 5768 中的规定	2
围挡		180 cm×104 cm×38 cm 水马	210
反光背心			50
锥形交通标志		符合《道路交通标志和标线》GB 5768 中的规定	400

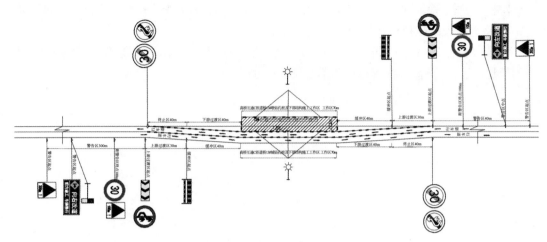

图 7-52 施工期交通组织布置图

7.2 车道通行能力和服务水平

7.2.1 公路通行能力和服务水平

①《涉路工程安全评价规范(征求意见稿)》[14]

9.3.2 作业区通行能力应根据《公路通行能力手册》对通行能力进行量化计算,数据取值应有据可循,宜包括高峰小时交通需求分析和作业前后的实际通行能力分析,并应依据饱和度、速度等指标查表判断各阶段服务水平分级。

② 公路路线设计规范(JTG D20—2017)[16]

3.1 一般规定

3.1.1 公路设计应进行通行能力和服务水平的分析与评价,使服务水平保持协调均衡,并应符合下列规定:

1. 高速公路、一级公路的路段和互通式立体交叉的匝道、分合流区段、交织区及收费站等设施必须进行通行能力和服务水平的分析与评价。

2. 二级公路、三级公路的路段和一级公路、二级干线公路的平面交叉,应进行通行能力和服务水平的分析和评价。

3. 二级集散公路、三级公路的平面交叉,宜进行通行能力和服务水平的分析与评价。

3.1.2 高速公路、一级公路的通行能力和服务水平分析评价应分方向进行,二级公路、三级公路应按双向整体交通流进行。三级及三级以上公路的连续上坡路段,应单独进行通行能力和服务水平的分析与评价。

3.1.3 公路汽车代表车型分类应符合表 7-16 的规定。

表 7-16 汽车代表车型分类

汽车代表车型	说明
小客车	座位≤19 座的客车和载质量≤2 t 的货车
中型车	座位>19 座的客车和 2 t<载质量≤7 t 的货车
大型车	7 t<载质量≤20 t 的货车
汽车列车	载质量>20 t 的货车

3.1.4 交通量换算的标准车型应采用小客车。非汽车交通的交通量换算应符合下列规定:
1. 公路上行驶的拖拉机每辆折算为4辆小客车。
2. 被交支路车辆、路侧停车、畜力车、人力车、自行车等非机动车,街道化程度等影响因素按路侧干扰因素计,路侧干扰等级应符合表7-17的规定。

表7-17 路侧干扰等级

路侧干扰等级		典型状况描述
1	轻微干扰	公路条件符合标准、交通状况基本正常、各类路侧干扰因素很少
2	较轻干扰	公路设施两侧为农田、有少量自行车、行人出行或横穿公路
3	中等干扰	公路穿过村镇或路侧偶有停车,被交支路有少量车辆出入
4	严重干扰	公路交通流中有较多的非机动车混合行驶
5	非常严重干扰	路侧设有集市、摊位,交通管理或交通秩序很差

3.2 服务水平

3.2.1 公路设计服务水平应根据公路功能、技术等级、地形条件等合理选用,并不低于表7-18的规定。承担集散功能的一级公路或路段,设计服务水平可降低一级。公路长隧道及特长隧道路段、非机动车及行人密集路段、条件受限的互通式立体交叉匝道、分合流及交织区段,设计服务水平也可降低一级。

表7-18 各级公路设计服务水平

公路技术等级	高速公路	一级公路	二级公路	三级公路	四级公路
服务水平	三级	三级	四级	四级	—

3.2.2 各级公路的服务水平分级与服务交通量应符合表7-19~表7-21的规定。

表7-19 高速公路路段服务水平分级

服务水平	v/C 值	设计速度(km/h)		
		120	100	80
		最大服务交通量 [pcu/(h·ln)]	最大服务交通量 [pcu/(h·ln)]	最大服务交通量 [pcu/(h·ln)]
一	$v/C \leq 0.35$	750	730	700
二	$0.35 < v/C \leq 0.55$	1 200	1 150	1 100
三	$0.55 < v/C \leq 0.75$	1 650	1 600	1 500
四	$0.75 < v/C \leq 0.90$	1 980	1 850	1 800
五	$0.90 < v/C \leq 1.00$	2 200	2 100	2 000
六	$v/C > 1.00$	0~2 200	0~2 100	0~2 000

注:v/C是在基准条件下,最大服务交通量与基准通行能力之比。基准通行能力是五级服务水平条件下对应的最大服务交通量。

表 7-20 一级公路路段服务水平分级

服务水平	v/C 值	设计速度(km/h)		
		100	80	60
		最大服务交通量 [pcu/(h·ln)]	最大服务交通量 [pcu/(h·ln)]	最大服务交通量 [pcu/(h·ln)]
一	v/C≤0.3	600	550	480
二	0.3<v/C≤0.5	1 000	900	800
三	0.5<v/C≤0.7	1 400	1 250	1 100
四	0.7<v/C≤0.9	1 800	1 600	1 450
五	0.9<v/C≤1.0	2 000	1 800	1 600
六	v/C>1.00	0~2 000	0~1 800	0~1 600

表 7-21 二级、三级公路路段服务水平分级

服务水平	延误率(%)	设计速度(km/h)									
		80				60				≤40		
		速度(km/h)	v/C 禁止超车区(%)			速度(km/h)	v/C 禁止超车区(%)			速度(km/h)	v/C 禁止超车区(%)		
			<30	30~70	≥70		<30	30~70	≥70		<30	30~70	≥70
一	≤35	≥76	0.15	0.13	0.12	≥58	0.15	0.13	0.11		0.14	0.12	0.10
二	≤50	≥72	0.27	0.24	0.22	≥56	0.26	0.22	0.20		0.25	0.19	0.15
三	≤65	≥67	0.40	0.34	0.31	≥54	0.38	0.32	0.28		0.37	0.25	0.20
四	≤80	≥58	0.64	0.60	0.57	≥48	0.58	0.48	0.43		0.54	0.42	0.35
五	≤90	≥48	1.00	1.00	1.00	≥40	1.00	1.00	1.00		1.00	1.00	1.00
六	>90	<48	—	—	—	<40	—	—	—		—	—	—

注:延误率为车头视距小于或等于 5 s 的车辆数占总交通量的百分比。

7.2.2 城市道路通行能力和服务水平

①《城市道路工程设计规范》(CJJ 37—2012)(2016 年版)[32]

4 通行能力和服务水平

4.1 一般规定

4.1.1 道路通行能力和服务水平应符合下列规定:

1. 快速路的路段、分合流区、交织区段及互通式立体交叉的匝道,应分别进行通行能力分析,使其全线服务水平均衡一致。

2. 主干路的路段和与主干路、次干路相交的平面交叉口,应进行通行能力和服务水平分析。

3. 次干路、支路的路段及其平面交叉口,宜进行通行能力和服务水平分析。

4.1.2 交通量换算应采用小客车为标准车型,各种车辆的换算系数应符合表 7-22 的规定。

表 7-22 车辆换算系数

车辆类型	小客车	大型客车	大型货车	铰接车
换算系数	1.0	2.0	2.5	3.0

4.2 快速路

4.2.1 快速路应根据交通流形式特征分为基本路段、分合流区和交织区,应分别采用相应的通行能力和服务水平。

4.2.2 快速路基本路段一条车道的基本通行能力和设计通行能力应符合表 7-23 的规定。

表 7-23 快速路基本路段一条车道的通行能力

设计速度(km/h)	100	80	60
基本通行能力(pcu/h)	2 200	2 100	1 800
设计通行能力(pcu/h)	2 000	1 750	1 400

4.2.3 快速路基本路段服务水平分级应符合表 7-24 的规定,新建道路应按三级服务水平设计。

表 7-24 快速路基本路段服务水平分级

设计速度(km/h)	服务水平等级		密度[pcu/(km·ln)]	平均速度(km/h)	负荷度 v/C	最大服务交通量[pcu/(h·ln)]
100	一级(自由流)		≤10	≥88	0.40	880
	二级(稳定流上段)		≤20	≥76	0.69	1 520
	三级(稳定流)		≤32	≥62	0.91	2 000
	四级	饱和流	≤42	≥53	≈1.00	2 200
		强制流	>42	<53	>1.00	—
80	一级(自由流)		≤10	≥72	0.34	720
	二级(稳定流上段)		≤20	≥64	0.61	1 280
	三级(稳定流)		≤32	≥55	0.83	1 750
	四级	饱和流	≥50	≥40	≈1.00	2 100
		强制流	<50	<40	>1.00	—
60	一级(自由流)		≤10	≥55	0.30	590
	二级(稳定流上段)		≤20	≥50	0.55	990
	三级(稳定流)		≤32	≥44	0.77	1 400
	四级	饱和流	≤57	≥30	≈1.00	1 800
		强制流	>57	<30	>1.00	—

4.2.4 快速路设计时采用的最大服务交通量应符合下列规定:

1. 双向四车道快速路折合成当量小客车的年平均日交通量为 40 000 pcu~80 000 pcu。
2. 双向六车道快速路折合成当量小客车的年平均日交通量为 60 000 pcu~120 000 pcu。

3. 双向八车道快速路折合成当量小客车的年平均日交通量为 100 000 pcu~160 000 pcu。

4.3 其他等级道路

4.3.1 其他等级道路根据交通流特征和交通管理方式,可分为路段、信号交叉口、无信号交叉口等,应分别采用相应的通行能力和服务水平。

4.3.2 其他等级道路路段一条车道的基本通行能力和设计通行能力应符合表 7-25 的规定。

表 7-25 其他等级道路路段一条车道的通行能力

设计速度(km/h)	60	50	40	30	20
基本通行能力(pcu/h)	1 800	1 700	1 650	1 600	1 400
设计通行能力(pcu/h)	1 400	1 350	1 300	1 300	1 100

4.3.3 信号交叉口服务水平分级应符合表 7-26 的规定,新建道路应按三级服务水平设计。

表 7-26 信号交叉口服务水平分级

服务水平 指标	一级	二级	三级	四级
控制延误(s/veh)	<30	30~50	50~60	>60
负荷度 v/C	<0.6	0.6~0.8	0.8~0.9	>0.9
排队长度(m)	<30	30~80	80~100	>100

4.3.4 无信号交叉口可分为次要道路停车让行、全部道路停车让行和环形交叉口三种形式。次要道路停车让行交叉口通行能力应保证次要道路上车辆可利用的穿越空档能满足次要道路上交通需求。

4.4 自行车道

4.4.1 不受平面交叉口影响的一条自行车道的路段设计通行能力,当有机非分隔设施时,应取 1 600 veh/h~1 800 veh/h;当无分隔时,应取 1 400 veh/h~1 600 veh/h。

4.4.2 受平面交叉口影响的一条自行车道的路段设计通行能力,当有机非分隔设施时,应取 1 000 veh/h~1 200 veh/h;当无分隔时,应取 800 veh/h~1 000 veh/h。

4.4.3 信号交叉口进口道一条自行车道的设计通行能力可取为 800 veh/h~1 000 veh/h。

4.4.4 路段自行车车道服务水平分级应符合表 7-27 的规定,设计时宜采用三级服务水平。

表 7-27 路段自行车车道服务水平分级

服务水平 指标	一级 (自由骑行)	二级 (稳定骑行)	三级 (骑行受限)	四级 (间断骑行)
骑行速度(km/h)	>20	20~15	50~60	10~5
占用道路面积(m^2)	>7	7~5	0.8~0.9	<3
负荷度	<0.40	0.55~0.70	0.70~0.85	>0.85

4.4.5 交叉口自行车车道服务水平分级应符合表 7-28 的规定,设计时宜采用三级服务水平。

表7-28 交叉口自行车车道服务水平分级

指标＼服务水平	一级（自由骑行）	二级（稳定骑行）	三级（骑行受限）	四级（间断骑行）
停车延误时间(s)	<40	40~60	60~90	>90
通过交叉口骑行速度(km/h)	>13	13~9	9~6	6~4
负荷度	<0.7	0.7~0.8	0.8~0.9	>0.9
路口停车率(%)	<30	30~40	40~50	>50
占用道路面积(m²)	8~6	6~4	4~2	<2

4.5 人行设施

4.5.1 人行设施的基本通行能力和设计通行能力应符合表7-29的规定。行人较多的重要区域设计通行能力宜采用低值，非重要区域宜采用高值。

表7-29 人行设施基本通行能力和设计通行能力

人行设施类型	基本通行能力	设计通行能力
人行道，人/(h·m)	2 400	1 800~2 100
人行横道，人/(h·m)	2 700	2 000~2 400
人行天桥，人/(h·m)	2 400	1 800~2 000
人行地道，人/(h·m)	2 400	1 440~1 640
车站码头的人行天桥、人行地道，人/(h·m)	1 850	1 400

注：hg为绿灯时间。

4.5.2 人行道服务水平分级应符合表7-30的规定，设计时宜采用三级服务水平。

表7-30 人行道服务水平分级

指标＼服务水平	一级	二级	三级	四级
人均占用面积(m²)	>2.0	1.2~2.0	0.5~1.2	<0.5
人均纵向间距(m)	>2.5	1.8~2.5	1.4~1.8	<1.4
人均横向间距(m)	>1.0	0.8~1.0	0.7~0.8	<0.7
步行速度(m/s)	>1.1	1.0~1.1	0.8~1.0	<0.8
最大服务交通量[人/(h·m)]	1 580	2 500	2 940	3 600

示例：

本工程施工期间，会对现状道路进行围挡，根据工程特点，制定围挡方案如下：

第一阶段：施工HY75、HY76墩、HY79、HY80墩部分桩基、承台、墩柱，围挡结构线两侧12 m，围挡占用西侧部分辅道及人行道，占用东侧一条机动车道、部分辅道及人行道。西侧断面形式由3条主路机动车道(3.75 m+3.75 m+3.5 m)+2条辅道机动车道(3.5 m+3.5 m)+1条非机动车道(3.5 m)+1条人行道(3 m)变更为3条主路机动车道(3.75 m+3.75 m+3.5 m)+1条辅道机动车道(3.25 m)+1条人非混合车道(3 m)。东侧断面形式由3条主路机动车道

(3.75 m+3.75 m+3.5 m)+2 条辅道机动车道(3.5 m+3.5 m)+1 条非机动车道(3.5 m)+1 条人行道(3 m)变更为 2 条机动车道(3.5 m+3.75 m)+1 条人非混合车道(3 m)。

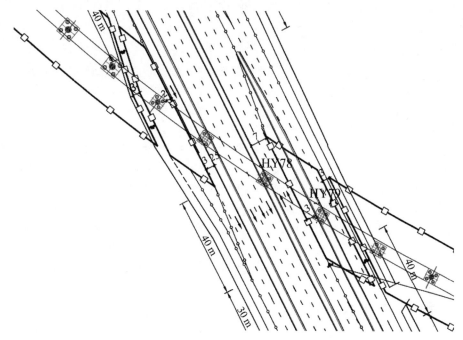

图 7-53 第一阶段施工围挡平面图

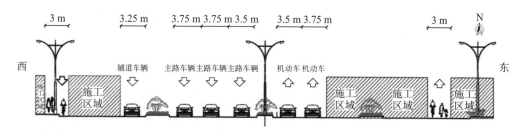

图 7-54 第一阶段施工围挡通行道路最窄处断面图

根据现状交通量,参照《公路路线设计规范》(JTG D20—2017)的相关规定,不同围挡情况下道路饱和度及服务水平如表 7-31 所示。

表 7-31 第一阶段施工围挡后道路服务水平(高峰小时)

方向	交通量(pcu/h)	封闭车道后 v/C 及服务水平		
		不围挡	预留 2 个车道	预留 1 个车道
往句容方向	1 301	0.31/二级	—	—
往句容方向	318	—	—	0.23/一级
往南京方向	1 524	—	0.54/三级	—

评价意见:第一阶段施工围挡后,每个方向均能预留至少两条机动车道,高峰小时 v/C 为 0.65,对应服务水平为三级,通行状态较好,施工时间可自由安排。

参考文献

[1] 全国人民代表大会常务委员会.中华人民共和国公路法(修正)[M].北京:法律出版社,2017.
[2] 安徽省质量技术监督局.涉路工程安全评价规范:DB34/T 790-2008[S].2008.
[3] 中华人民共和国国务院.公路安全保护条例[M].北京:法律出版社,2011.
[4] 王骥.公路平交式涉路工程安全评价研究[D].重庆:重庆交通大学,2016.
[5] 中国安全生产科学研究院.关于印发《安全评价过程控制文件编写指南》的通知[EB/OL].(2005-11-21)[2019-09-12].http://www.chinasafety.ac.cn/main/bmgz/aqpjgl/gzwj/2005-11-21/359.html.
[6] 浙江省安全生产监督管理局.关于安全评价机构年度审核和评价报告抽查工作情况的通报[EB/OL].(2007-07-25)[2019-09-12].http://www.jdzj.com/hot/article/2007-7-25/12862-1.htm.
[7] 江苏省质量技术监督局.公路涉路工程安全影响评价报告编制标准:DB32/T 2677-2014[S].2014.
[8] 陈国佳.重要涉路行为安全评价技术研究[D].南京:东南大学,2016.
[9] 中华人民共和国住房和城乡建设部,国家质量监督检验检疫总局.66 kV及以下架空电力线路设计规范:GB 50061-2010[M].北京:中国计划出版社,2010.
[10] 徐欣,彭道月,李伟.跨越式涉路工程安全评价技术研究[J].公路交通科技(应用技术版),2008(5):33-36,51.
[11] 张波.高速公路穿跨越式涉路工程安全评价技术探讨与应用实例[J].科技资讯,2014(9):137.
[12] 胡兴旺.浅谈路政管理工作中涉路工程安全评价技术的应用与分析[J].经营管理者,2013(15):309.
[13] 张洋,孟力,俞孟杰.跨越式涉路工程安全评价技术研究[J].上海公路,2014(2):22-23.
[14] 中华人民共和国交通运输部.涉路工程安全评价规范(征求意见稿)[EB/OL].[2019-11-12].http://www.doc88.com/p-2671696669392.html,2019.
[15] 安徽省质量技术监督局.涉路工程安全评价规范:DB34/T 2395-2015[S].2015.
[16] 中华人民共和国交通运输部.公路路线设计规范:JTG D20-2017[S].北京:人民交通出版社,2017.
[17] 广西壮族自治区质量技术监督局.公路涉路施工活动技术评价规范:DB45/T 1202-2015[S].2015.
[18] 中华人民共和国交通运输部.公路工程技术标准:JTG B01-2014[S].北京:人民交通出版社,2014.
[19] 中华人民共和国交通运输部.公路桥涵设计通用规范:JTG D60-2015[S].北京:人民交通出版社,2015.
[20] 中华人民共和国交通运输部.公路排水设计规范:JTG/T D33-2012[S].北京:人民交通出版社,2012.
[21] 中华人民共和国住房和城乡建设部.城市桥梁设计规范(2019年版):CJJ 11-2011[S].北京:中国建筑工业出版社,2019.
[22] 中华人民共和国交通运输部.公路交通安全设施设计规范:JTG D81-2017[S].北京:人民交通出版社,2017.
[23] 中华人民共和国交通部.高速公路交通工程及沿线设施设计通用规范:JTG D80-2006[S].北京:人民交通出版社,2006.
[24] 中华人民共和国交通运输部.公路桥涵地基与基础设计规范:JTG 3363-2019[S].北京:人民交通出版社,2019.
[25] 中华人民共和国交通运输部.公路路基设计规范:JTG D30-2015[S].北京:人民交通出版社,2015.
[26] 中华人民共和国国家质量监督检验检疫总局,中国国家标准化管理委员会.道路交通标志和标线 第2部分:道路交通标志:GB 5768.2-2009[S].北京:中国标准出版社,2009.
[27] 中华人民共和国住房和城乡建设部.架空绝缘配电线路设计标准:GB 51302-2018[S].北京:中国计划出版社,2018.

[28] 中华人民共和国国家发展和改革委员会.架空送电线路基础设计技术规定:DL/T 5219-2005[S].北京:中国电力出版社,2005.

[29] 李伟.涉路工程安全评价技术指南与案例分析[M].北京:人民交通出版社,2009.

[30] 中华人民共和国交通部.公路隧道设计规范:JTG D70-2004[S].北京:人民交通出版社,2004.

[31] 中华人民共和国交通运输部.公路立体交叉设计细则:JTG/T D21-2014[S].北京:人民交通出版社,2014.

[32] 中华人民共和国住房和城乡建设部.城市道路工程设计规范(2016年版):CJJ 37-2012[S].北京:中国建筑工业出版,2016.

[33] CJJ11-2011,城市桥梁设计规范[S].北京:中华人民共和国住房和城乡建设部,2011.

[34] 中国人民共和国国家质量监督检验检疫总局,中华人民共和国建设部.铁路线路设计规范:GB 50090-2006[S].北京:中国计划出版社,2006.

[35] 国家标准局.标准轨距铁路建筑限界:GB146.2-1983[S].北京:中国标准出版社,1983.

[36] 国家铁路局.城际铁路设计规范:TB 10623-2014[S].北京:中国铁道出版社,2014.

[37] 国家能源局.油气输送管道工程水平定向钻穿越设计规范:SY/T 6968-2013[S].北京:石油工业出版社,2013.

[38] 中华人民共和国建设部,中华人民共和国国家质量监督检验检疫总局.电力工程电缆设计规范:GB 50217-2007[S].北京:人民出版社,2007.

[39] 中国工程建设标准化协会.水平定向钻法管道穿越工程技术规程:CECS 382-2014[S].北京:中国计划出版社,2014.

[40] 中国工程建设标准化协会.给水排水工程顶管技术规程(附条文说明):CECS 246-2008[S].北京:中国计划出版社,2008.

[41] 中华人民共和国建设部.油气输送管道穿越工程设计规范:GB 50423-2007[S].北京:中国计划出版社,2007.

[42] 中华人民共和国住房和城乡建设部.城市工程管线综合规划规范:GB 50289-2016[S].北京:中国建筑工业出版社,2016.

[43] 国家经济贸易委员会.钢质管道穿越铁路和公路推荐作法:SY/T 0325-2001[S].北京:石油工业出版社,2001.

[44] 国家能源局.城市电力电缆线路设计技术规定:DL/T 5221-2016[S].北京:中国电力出版社,2016.

[45] 中华人民共和国交通运输部.公路水泥混凝土路面设计规范:JTG D40-2011[S].北京:人民交通出版社,2011.

[46] 中华人民共和国交通部.公路沥青路面设计规范:JTG D50-2006[S].北京:人民交通出版社,2006.

[47] 魏新江,魏纲.水平平行顶管引起的地面沉降计算方法研究[J].岩土力学,2006(7):1129-1132.

[48] 朱正国.隧道顶管预支护技术研究[D].石家庄:石家庄铁道大学,2004.

[49] 邱宇恒.顶管施工技术在截污管线工程中应用[J].城市建设理论研究(电子版),2011(23):1-4.

[50] 郎开静.着重分析市政工程顶管施工技术[J].城市建设理论研究(电子版),2013(17):1-5.

[51] 安丽丽.顶管穿越公路工程的危险有害因素分析及安全对策措施建议[J].黑龙江交通科技,2014(6):121-121.

[52] 吴建军.顶管法在污水管网中的应用技术研究[D].重庆:重庆交通大学,2013.

[53] 周路平,顾宋华.顶管技术在高港枢纽排水工程中的应用[J].江苏水利,2009(7):12-13.

[54] 程勇.浅谈平交接入式涉路工程安全专项设计方法[J].城市建设理论研究(电子版),2012(33):23-25.

[55] 姚信贵,杨权涛,赵鹏飞,等.平交与接入式涉路工程安全评价技术研究与应用实例[J].中国科技纵横,2013(5):247.

[56] 李伟,沈国华,徐莹,等.接入式涉路工程安全评价技术与应用实例[J].公路交通科技(应用技术版),

2009(6):18-20.

[57] 毛应萍,魏朝晖,方守恩.公路接入管理的基本原则和方法[C].2006北京国际道路交通安全产品博览会暨智能交通论坛,2006.

[58] 郭瑞利.基于理解性的道路交通标志优化设计方法研究[D].北京:北京工业大学,2012.

[59] 唐于林.公路超限超载货物运输形成机理分析及治理对策研究[D].成都:西南交通大学,2007.

[60] 李伟.加油加气站控制方法[J].商品与质量:房地产研究,2014(7):215.

[61] 中华人民共和国住房和城乡建设部,中华人民共和国国家质量监督检验检疫总局.汽车加油加气站设计与施工规范:GB 50156-2012[S].北京:中国计划出版社,2012.

[62] 中华人民共和国建设部,中华人民共和国国家质量监督检验检疫总局.石油天然气工程设计防火规范:GB 50183-2004[S].北京:中国计划出版社,2004.

[63] 姜明.论重要涉路行为行政许可技术安全评价的实施办法[J].公路交通科技(应用技术版),2008(5):26-28.

[64] 中华人民共和国交通运输部.公路铁路并行路段设计技术规范:JT/T 1116-2017[S].北京:人民交通出版社,2017.

[65] 国家石油和化学工业局.钢质管道及储罐腐蚀控制工程设计规范:SY 0007-1999[S].1999.

[66] 国家质量监督检验检疫总局,国家标准化管理委员会.道路交通标志和标线 第4部分:作业区[S].北京:中国标准出版社,2017.

[67] 国家质量监督检验检疫总局,国家标准化管理委员.道路交通标志和标线 第2部分:道路交通标志[S].北京:中国标准出版社,2017.

[68] 国家质量监督检验检疫总局,国家标准化管理委员会.道路交通标志和标线 第3部分:道路交通标线[S].北京:中国标准出版社,2017